JN442725

모두를 위한 인재개발

Exploring HRD 1

정재삼 편저

교육과학사

이시대의 인재개발을 생각하며

우리는 어느 때보다도 인재(人材, talent)가 중요한 시기에 살고 있다. 아무리 인공지능이나 로봇을 포함하는 첨단 테크놀로지가 현재의 지능정보사회에서 중요한 역할을 한다 해도 우리의 삶과 세상을 변화시키는 주체는 우리 사람, 인적자본, 인적자원, 우리 인재이다.

관련 고고학이나 지질학 연구에 의하면 우리가 사는 지구는 46억 년 전(지질학적 시대) 탄생하였고 다섯 번의 대격변기를 거쳐서 250만 년 전 지구에 초기 인류가 출현하여 불을 이용하였다고 추정된다. 현생 인류는 10만 년 전 아프리카 동부(탄자니아 지역)에서 발현하여 전 세계로 퍼져나간 것으로 추정된다. 4만 년 전의 동굴벽화는 스페인(알타미라)과 인도네시아 지역에서 발견되었다. 그리고 1만 년 이전에 중동의 레반트(초승달 지대)에서 농업이 시작되었고 그 후, 3000년 전에 메소포타미아 지역에서 쐐기문자가 사용되었으며 지구의 4대 문명(메소포타미아, 이집트, 황하, 인더스)이 발생하고 역사시대(고대, 중세, 근대, 현대)로 이어져 오늘에 이르렀다.

인재개발(HRD)이라는 용어는 1964년에 Harbison과 Myers에 의하여 최초로 정의가 내려졌다고 하지만, 우리가 개념적으로 알고 있는 "人材開發"은 언제, 어디에서 시작했을까? 기록으로 입증할 수는 없지만 아마도 선사시대에 수렵 채집하고 유목하며 정착해온 가족 단위나 종족이 해왔을 것이다. 선사 시대부터 오늘의 역사 시대에 이르기까지 그 유구한 시간의 흐름 속에서 인간의 삶과 지식, 조직의 변화를 위한 몸부림이 얼마나 많았을까? 여기에는 의식주를 해결하기 위한 몸부림, 전쟁에서 이기기 위한 몸부림뿐만 아니라, 교육, 직장생활, 건강증진, 사회복지, 국가정책 등 개인과 조직, 그리고 사회와 국가, 국제적 수준에서 時의 고금과 洋의 동서를 막론하고 일어났고 앞으로도 그럴 것이다.

이 책, 「모두를 위한 인재개발(Exploring HRD 1)」은 필자가 본격적으로 인재개발에 관심을 가졌던 1980년대 초반부터 40여 년의 국내외 학교기관, 공공부문과 민간부문의 산 경험을 바탕으로 고려하여 왔고, 분야의 전문가 여러분들에게 원고를 의뢰하고 검토하면서 편집하여 출판한 것이다. 지금까지 마음 한구석에 쌓여있던 묵은 짐을 벗은 듯하여 마음이 후련하기도 하다. 이 책이 교육테크놀로지, 교육학, 평생교육, 사회교육, 심리학, 경영학, 사회학, 행정학 등 교육과 인재개발 분야를 공부하는 대학생과 대학원생들, 그리고 인재개발 프로그램을 개발하고 운영하는 현장의 각 분야에서 종사하는 분들에게 일말의 도움이 되었으면 한다.

원고를 집필해주신 인재개발 전문가들의 의견과 필자의 실무경험을 기반으로 인재개발 원고들을 4부로 구성했다. 제1부는 "HRD의 이해"를 다룬다. 여기는 HRD의 정의, 영역과 역사, 전략적 인적자원관리(SHRM), 그리고 퍼포먼스 테크놀로지(HPT)로 구성된다. 제2부는 "HRD의 이론적 기초"를 다룬다. 여기에는 체제이론, 경제학적 이론(인적자본과 투자), 그리고 심리학적 이론(학습이론, 성인교육이론, 교수설계이론)으로 구성된다. 제3부는 "HRD의 과정"을 다룬다. 여기에는 ADDIE의 프로그램 개발모형을 바탕으로 요구분석(전단분석, FEA), 프로그램 설계와 개발, 프로그램 실행과 모니터링, 그리고 프로그램 평가의 내용이 포함된다. 제4부는 "HRD의 실제"를 다루는데, 여기에는 경력계획 및 개발, 조직개발, 수행성과관리, 리더십 개발과 교육, 그리고 테크놀로지의 변화와 HRD의 내용이 포함된다.

인재개발 분야의 여러 전문가들의 귀중한 원고 내용과 필요한 부분의 편집 노력은 있었지만 현장 종사자나 독자의 입장에서 보면 이 책의 도처에 흡족하지 못한 부분이 많을 것으로 예상된다. 이러한 점에 대해서는 독자 여러분의 질책을 받아들여 개선하여 나갈 것임을 약속드린다. 잘못된 내용을 지적하시거나 개선 방향을 충고하실 분은 전자메일(chungj@ewha.ac.kr)로 연락 주시면 감사하게 맞이하고 싶다. 실제로 몇 년 전에 시작된 교재개발 프로젝트에 인재개발 전문가분들이 보내주신 옥고들이 HRD의 핵심 내용, 등장하는 주요 이슈와 연구 동향을 고르게 포함하고 있어서 50여 편의 커다란 핸드북으로 시작했지만 하나로 묶기가 생각보다 힘들어 어쩔 수 없이 집필자들의 양해하에 두 개의 책으로 나누기로 했다. 곧이어 나올 책은 「인재개발의 주요 이슈와 연구 동향(Exploring HRD 2)」이다. 이 책 또한 독자들에게 더욱 유용한 읽을거리가 되길 기대한다.

필자는 이 책을 정리하면서 감사를 드려야 할 분들께 이 자리를 빌려 고마운 마음을 전하고 싶다. 먼저 귀중한 원고를 보내주시고도 묵묵히 기다려 주신 각 챕터의 집필자분들인 이진구 교수님, 장환영 교수님, 박수홍 교수님, 김두규 박사님, 이영민 교수님, 김은지 교수님, 임규연 교수님, 하영자 교수님, 이성흠 교수님, 두민영 교수님, 박선영 교수님, 박경연 박사님, 오현아 박사님, 김진희 박사님, 그리고 금혜진 교수님께 심심한 감사를 드린다. 이화의 학문공동체에서 30년 가까이 음으로 양으로 도와주신 선·후배와 동료 교수님들과, 여러 해에 걸쳐서 인재개발 관련 강좌에 참여하면서 불명료한 아이디어들을 공부하고 토론해온 이화여대 교육공학과의 수많은 대학원생들과 학부생들에게도 감사함을 전한다.

필자의 졸고를 여러 해 동안 인내하며 기다려주신 교육과학사의 한정주 사장님을 비롯한 임직원 여러분께도 깊이 감사드린다. 여러 번 원고를 모으고 교정을 꾸준히 도와준 정다희 선생님, 그리고 바쁜 와중에도 마지막 순간까지 서슴없이 마무리를 도와준 조은혜 선생님과 이세영 선생님께 특별히 고마움을 느낀다. 마지막으로, 40여 년 동안 불편을 감내하면서 묵묵히 후원해준 사랑스런 아내에게도 항상 감사하고 존경하고 있음을 여기에 밝힌다.

2022년 9월 24일
가을을 시작하는 이화교정에서
정 재 삼

차 례

제1부 HRD의 이해

- 제1장 HRD의 의미, 영역 및 역사
- 제2장 전략적 인적자원관리
- 제3장 퍼포먼스 테크놀로지

인재개발(HRD)을 이해하려면 인접 학문과의 관계를 파악해야 한다고 본다. 비영리조직이든 영리조직이든 조직경영을 해나가려면 기획, 조직, 지휘, 조정, 통제의 기능(function)이 필요하다. 경영관리(management)를 위해서 재무, 회계, 생산운영, 마케팅, 인사조직 등 각 분야의 관리가 필요한데 인재개발(HRD)은 경영활동의 인사조직 관리의 일부이다. 아래 그림은 HRD와 인접학문들과의 관계를 보여준다.

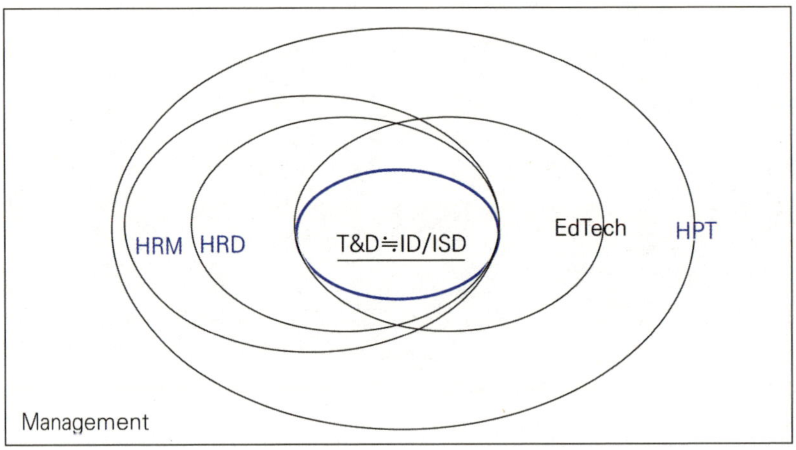

경영관리(management)의 일부가 인사조직관리이고, 인사조직관리는 조직관리와 인사관리(인재관리, HRM)로 구성되고, HRM은 인재확보(HR Planning), 인재개발(HR Development), 인재활용(HR Utilization)으로 구성되며. HRD에는 훈련개발(T&D), 경력개발(CD), 조직개발(OD) 활동이 포함된다. 퍼포먼스 테크놀로지(HPT)는 개인과 조직의 퍼포먼스(수행성과) 향상을 추구하기 때문에 조직경영(management)활동의 많은 부분과 관련되어 있고 그중에는 교육적 해결책(T&D, 학습 등 지식과 스킬 개발 방법)과 교육외적 해결책(동기유발, 환경개선, 인센티브 시스템, 도구와 자원, 피드백 시스템 등의 다양한 방법)을 포함한다. 여기에는 교육테크놀로지(EdTech)의 교수설계와 같은 소프트 테크놀로지와 교수매체와 같은 하드 테크놀로지도 포함된다. 소프

트 테크놀로지인 교수설계(instructional design, ID/ISD)는 HRD 영역의 핵심 활동인 훈련개발(T&D)에 필요한 모든 것을 해내는 엔진이다.

1부에서는 HRD의 본질을 먼저 파악하고(1장), HRD의 상위 영역인 HRM을 전략적 관점에서 논의하며(2장), 조직의 퍼포먼스 향상을 위한 HRD, HRM, EdTech, 환경개선 등의 다양한 해결책(intervention, solution)을 포함하는 HPT를 비중있게 다룬다(3장). 이렇게 함으로써 독자들이 인재개발(HRD)의 본질과 위상을 파악하고 그 하위 체제와 상위체제를 연결할 수 있길 기대한다. 이 이해를 바탕으로 2부에서는 이러한 인재개발의 바탕으로 이루고 있는 이론적 기초를 논의하고, 3부에서는 인재개발의 과정(process)으로 다루며, 4부에서는 조직내 인재개발의 주요한 실제 모습을 조망한다.

제1장

HRD의 의미, 영역 및 역사

정재삼 (이화여자대학교)

목표

1. 학습자는 다학문적, 거시적, 미시적 관점으로 접근하여 HRD의 개념을 파악할 수 있다.
2. 학습자는 HRD와 HRM의 관계를 설명할 수 있다.
3. 학습자는 HRD를 개인개발/훈련개발, 경력개발, 조직개발 영역별로 구분하여 설명할 수 있다.
4. 학습자는 HRD의 역사를 보면서 한국 HRD의 발전 방향을 논의할 수 있다.

핵심용어

HRD의 개념과 정의, HRM(인재관리), 개인개발, 훈련개발, 경력개발, 조직개발, 인재개발(HRD)의 역사, 한국의 인재개발

1. HRD의 의미

어떤 것의 의미나 뜻을 설명할 때 '개념'과 '정의'가 자주 등장한다. 개념(槪念, concept)이란 어떤 것에 대한 일반적인 뜻이나 의미를 나타낸다. 개념은 개개의 사물로부터 공통적이고 일반적인 성질을 뽑아내서 이루어진 표상이나 지식을 말한다. 반면에, 정의(定義, definition)는 어떤 것의 뜻이나 의미를 상황적이고 구체적으로 명백하게 밝혀 규정한다. 그래서 어떤 학자/전문가나 전문조직에서 특별한 새로운 정의를 내리곤 한다. 여기에서는 인재개발 또는 인적자원개발(human resource development, 이하 HRD)의 개념과 정의를 다룬다. HRD는 교육테크놀로지(EdTech), 경영학, 교육학, 심리학뿐만 아니라 사회학, 경제학, 행정학, 문화인류학, 과학기술학 등 여러 학문에서 접근하고 있다. 그 중에서 문화인류학, 사회학, 경제학에서는 이 분야를 보다 넓고 크게 보는 반면에, 교육테크놀로지, 경영학, 교육학, 심리학, 과학기술학에서는 보다 좁고 구체적으로 본다. 여기에서는 HRD의 학제적 차원, 개념, 그리고 수준(국제, 국가, 지역사회, 조직)을 논의하고 마지막으로 HRD의 주요 정의들을 다루기로 한다.

1) HRD의 학제적 접근

HRD에 대한 접근을 학제적으로 보면 거시적 접근 및 미시적 접근으로 나눌 수 있다. 문화인류학, 사회학 및 경제학 분야에서는 거시적인 접근을, 교육테크놀로지(EdTech), 경영학, 교육학, 심리학 및 과학기술학은 미시적인 접근을 한다고 볼 수 있다. 〈표 1-1〉은 위의 다학문적 HRD의 초점, 핵심요소 및 주요 이론을 정리한 것이다.

〈표 1-1〉 학문별 HRD의 초점 및 주요 이론

학문	HRD의 초점	핵심 요소	주요 이론
문화인류학	• 인간보편성에 입각한 공동체 인식 제고 • 개방성을 가진 인간 품성의 개발	보편적 인간성 공동체적 도덕적 인간	문화인류학, 사회생물학
사회학	• 민주적, 도덕적, 공동체적, 비판적, 미학적 성찰 증진	사회, 안전, 환경, 부패, 지역감정, 청소년비행 문제	구조기능주의, 갈등론, 상징적 상호작용론
경제학	• 가장 부가가치가 높은 부문부터 투자 • 우수인력 우대, 인력 유출 방지 • 다수에게 문화적, 정신적 역량을 발휘할 수 있는 유연한 프로그램 제공	효율성 공정성	전통경제이론, 인적자본이론, 내생적 성장이론, 복합 경제학
경영학	• 외부 환경 및 조직의 변화에 적극 대응 • 다양한 경력개발 및 네트웍 형성 • 의사결정 능력개발에 초점 • 자기 학습과 다양한 가치 표현	직무 인간관계 자아개발	과학적 경영, 인적자원론, 인간관계론, 학습조직
EdTech/ 교육학/ 심리학	• 학습자 주도적 학습(교육) 패러다임 • 네트웍을 통한 관계의 학습과 문화 형성 • 수요자 중심, 자기 해방적 성인교육 • 열린 교육	학습/교수설계 학교/기업/평생교육 e-learning 퍼포먼스 테크놀로지 (HPT)	학습이론, 구성주의, 교수설계이론, 포스트모더니즘, 수행성과개선이론
과학기술학	• 과학기술자의 사회적 책임성 • 과학기술자의 사회규범 현실화	과학기술학 (technology)	구조기능주의, 구성주의

출처: 정재삼(2002)의 문헌(인적자원개발의 개념 및 영역)을 수정・보완함

문화인류학 및 사회학적 접근은 경제적인 논리를 벗어난 인간 사회에 관심을 기울이는 것이 공동적인 관심사로서 인간 사회 및 규범에 초점을 기울인다. 이에 비하여 경영학, 교육테크놀로지, 교육학, 심리학 및 과학기술학은 조직 혹은 개인이라는 보다 미시적인 관점을 견지하고 있다. 경영학에서는 조직의 효율화 향상이란 관점에서 HRD를 보고 심리학, 교육학, 특히 교육테크놀로지에서는 기업교육, 성인교육 및 평생

교육을 강조하면서 HRD의 방법적인 측면(소프트 테크놀로지와 하드 테크놀로지)을 그 중심에 둔다. 한마디로 말하면, 거시적인 관점에서 문화인류학, 사회학 및 경제학은 HRD 정책의 방향을 정립하는데 기여한다고 할 수 있는 반면에, 경영학, 교육테크놀로지/교육학/심리학 및 과학기술학은 미시적인 관점에서 HRD의 전략 개발 및 프로그램의 실행에 필요한 방법론을 제공한다고 할 수 있다.

2) HRD의 개념과 수준

(1) HRD의 개념

인재개발(HRD)에 대한 문헌을 종합해 보면, HRD는 협의의 개념과 광의의 개념으로 구분된다. HRD의 협의 개념은 '한 조직 내에서 직무성과의 향상 가능성 및 조직과 개인의 성장 가능성을 증대시키기 위하여 개인개발(ID)[1], 경력개발(CD)[2], 조직개발(OD)[3]을 통합한 의도적이고 계획적이며 조직적인 학습활동'으로 볼 수 있다. HRD의 광의 개념은 '기존 조직 차원의 교육·훈련·개발을 중시한 차원에서 확대되고 국가 차원에서 기초능력, 기술력, 정보력, 도덕적 성숙 등 인간의 제 능력과 품성을 갖춘 인적자원의 효율적 개발과 활용을 위한 국가·사회적 제반 노력'이라고 볼 수 있다(교육부·한국직업능력개발원, 2000).

HRD의 개념간의 차이점을 살펴보면, 협의 개념은 주로 조직 또는 기업 내 교육훈련으로 제한되는 반면, 광의 개념은 대상이 조직뿐만 아니라 국민, 가정, 지역사회, 국가로 확대된 개념이다. 또한, 협의 개념에서 HRD 목적은 조직의 생산성과 서비스 증대를 최우선으로 하고 있지만, 광의 개념에서의 HRD는 직업준비 및 직업능력개발을

1) Individual Development(ID). 교육훈련 또는 훈련개발(Training and Development, T&D)의 다른 표현임.
2) Career Development(CD). 경력개발을 생애개발 또는 진로개발로 표현하기도 함.
3) Organizational Development(OD).

위한 계속 교육 더 나아가 평생학습을 통하여 국민들이 행복한 삶을 추구하는 데 그 목적을 두고 있다.

앞에서 논의한 바와 같이, HRD는 좁게는 조직의 차원에서, 넓게는 지역사회, 국가와 국제적 차원에서 다룬다. 그러나 어떤 관점에서는 HRD란 인재를 양성하는 것뿐만 아니라 인재를 적재적소에 배치하고 평생에 걸쳐 잠재능력이 개발될 수 있도록 하는 일체의 활동을 포함한다고 볼 수 있다. 이 경우에 협의의 HRD는 생애단계별로 평생에 걸쳐 이루어지는 교육과 훈련이 중심이 되지만, 광의의 HRD는 교육, 훈련, 연구개발 등을 통한 인재의 양성활동(cultivating)이 기본이고, 양성된 인재를 적재적소에 배치(posting)하고 이를 효과적으로 활용(utilizing)하는 것을 포함하고 있다. 즉, 맥락에 따라서는 HRD가 인적자원경영(HRM)과 같은 넓은 개념이 될 수도 있다.

(2) HRD의 수준

HRD란 용어가 여러 수준 또는 범주에서 사용하고 있다. 영국의 Walton(1999)은 HRD의 개념이 기업조직의 훈련과 개발에서 점차 사회수준, 국가수준, 국제수준으로 점차 확장되어지고 있다고 주장했다. McLean과 McLean(2001) 역시 "인적자원개발이란 그 목적이 개인, 집단, 조직이든, 혹은 공동체, 국가, 전 인류의 이익을 위한 것이든 간에 성인의 일과 관련된 지식, 전문성, 생산성 및 만족을 개발할 잠재능력을 가진 어떠한 과정이나 활동"이라고 정의하였다. 이들은 HRD의 개념을 개인 및 조직 차원뿐만 아니라 사회, 국가와 범세계적 차원으로 확장시켰다. 한국기업교육학회[4]에서는 2010년에 「HRD용어사전」을 편찬하면서 개인 삶의 질 향상과 조직의 생산성 증진과 직결되는 "조직 수준의 인재개발(HRD in Organization)"과 구분되는 "지역 수준의 인재개발(Regional HRD)", "국가 수준의 인재개발(National HRD)", 그리고 "국제 수준의 인재개발(International/Global HRD)"을 아래와 같이 구분하였다.

4) Korean Society for Learning and Performance(KSLP). 대표적 학회지는 "기업교육과 인재연구".

국제 수준의 인재개발(International/Global HRD, 이하 IHRD 또는 GHRD)는 UNESCO를 포함하는 국제연합(UN), 유럽연합(EU), OECD와 같은 국제기구에서 인적자원을 개발하려는 노력이다. IHRD/GHRD는 국제적, 사회적, 조직적 차원에서 필요로 하는 인재의 개발, 인재개발시스템, 인재개발을 위한 실제 방법, 그리고 인재정책들을 확립, 실행하는 관련 노력을 의미한다(한국기업교육학회, 2010). IHRD/GHRD의 주요 목적은 정부 기관들과 국제적 기관들이 국가 간 문화개발, 비즈니스 촉진, 정치적 발전을 효과적으로 담당할 수 있는 인재를 개발하고 국제적인 인재시스템을 구성하는 데 있다. 이러한 목적을 달성하기 위해 국가 간의 인재개발 접근 방식과 각국의 인재개발 정책을 비교 연구한다. IHRD/GHRD는 글로벌 경쟁 속에서 환경의 변화에 신속하게 대응하여 경쟁력을 갖추고, 끊임없는 혁신과 지속가능한 경영을 수행하기 위하여 조직의 인재/인적자원을 육성하고 개발하며 역량을 증대시키는 것을 목적으로 한다. HRD와 관련된 UN 최초의 보고서는 1990년 UN사무총장이 총회에 제출한 것으로 UN기구를 통하여 각국의 HRD를 강화시킬 수 있는 방법을 모색하라는 총회의 결정에 근거하여 HRD에 대한 관심이 높아졌다. UNESCO는 HRD가 경제사회개발에 기여하는 도구적인 측면을 강조하면서도 HRD가 가지고 있는 다차원적인 측면도 고려하고 있다. UN뿐만 아니라 유럽연합(EU)에서도 경제뿐만 아니라 정치, 교육, 사회문화의 통합을 목적으로 교육적 측면에서는 ERASMUS, SOCRATES, LEONARDO da Vinci와 같은 프로그램을 운영해 온 것이나 유럽공동체 교육정보 네트워크 구성 등이 국제 수준의 인재개발 활동과 직결된다고 볼 수 있다.

국가 수준의 인재개발(National HRD, 이하 NHRD)는 2001년 이후 우리나라 정부에서 하고 있는 교육, 직업훈련, 연구개발, 고용, 복지, 산업을 총괄하는 NHRD 계획이 좋은 보기가 된다. NHRD는 국가적 관점에서 인재의 효율적 개발과 활용을 위한 교육훈련, 기타 문화적 활동과 제도 개선을 포함하는 국가와 사회적 제반 노력을 의미한다. 국가 수준의 전체 산업부문의 성장을 위한 인력개발뿐만 아니라 국민의 기초학력과 직업 능력을 배양하고 바람직한 인성 및 가치관을 함양하여 활용도를 높이기 위한 국가행정 및 재정활동과 관련되며, 구조 및 제도개선을 포함한 국가적 제반 활동을 포함한다. 즉, 교육훈련 등을 통해 전 국민의 자질과 능력을 향상시키고 국가 차원에서 가용인력을 최대한 효율적으로 활용하려는 노력을 총괄적으로 지칭하는 개념이다(한국기업교육학회, 2010). 국가 차원의 HRD에 대한 논의는 HRD가 국가전략의 하나로서 중시됨에 따라 NHRD란 개념을 교육인적자원부(현 교육부), 한국교육개발원(KEDI), 한국직업능력개발원(KRIVET) 등에서 보편화시켰다. NHRD는 국가·지방 자치단체·교육기관·연구기관·기업 등이 인적자원을 양성·배분·활용하고, 이와 관련되는 사회적 규범과 네트워크를 형성하기 위해 행하는 제반 활동을 말한다고 규정하고 있다(인적자원개발기본법 제2조 제2호). 우리나라의 NHRD 계획에 따르면 개발과제에는 전 국민의 기본역량 강화, 성장을 위한 지식과 인재개발, 국가 인재 활용 및 관리의 선진화, 그리고 NHRD의 인프라 구축 등 네 가지의 범주가 있다(대한민국정부, 2001).

지역사회 수준의 인재개발(Regional HRD, 이하 RHRD)는 한 지역사회(예를 들면 제주도 또는 서울 마포구)의 시민으로서 자기 직업을 영위할 수 있는 능력과 다른 지역 사회적, 문화적, 지적, 정치적 역할을 모두 수행할 수 있는 지식과 스킬을 획득하게 한다. RHRD는 지역내 인적자원인 주민 개개인이 삶의 질을 높이고, 지역의 경쟁력을 강화하는데 활용될 수 있도록 지역 주민을 개발(양성)하고, 배분·활용하고, 유시·관리하기 위하여 지역 단위에서 투입하는 제반 노력을 의미한다(한국기업교육학회, 2010). 다시 말하면, RHRD는 지역의 인적자원이 가진 잠재능력을 최대한 개발하여 활용할 수 있도록 지원하는 정책적 노력이며, 이에는 지역에서 필요로 하는 인재를 양성·배출하는 단계, 양성된 인재를 필요에 따라 적소에 배치하고 그들이 가진 역량을 최대한 활용하는 단계, 그들이 가진 역량을 지속적으로 유지할 수 있도록 관리하는 단계 등이 포함되는 개념이라고 할 수 있다.

이상의 논의를 정리하면 GHRD/IHRD는 국제 또는 세계 차원에서, NHRD가 국가 차원에서, RHRD은 지역사회 차원에서 인적자원(HR)을 양성·배분·활용하기 위하여 기울이는 종합적인 노력을 의미한다. 다시 말하면, 인재개발(HRD)은 개인, 조직,

지역사회, 국가, 국제의 차원에서 총체적으로 이루어지고 있다. 즉, 개인 차원에서는 개인의 지식(knowledge)과 스킬(skills)[5]의 형성, 숙련과 개발을 도모하는 개인에 대한 교육훈련 및 경력개발, 조직 차원(민간부문, 공공부문 포함)에서는 조직의 목표달성을 통하여 조직의 생산성 창출과 서비스와 봉사에 기여하고자 하는 조직의 프로세스 및 성과향상을 위한 조직개발, 나아가 지역사회, 국가의 경쟁력 향상에 기여하려는 사회, 국가 및 국제 차원의 교육인프라 구축 및 제도 개혁 등을 총괄한다고 할 수 있다. 여기에서 논하는 국제 수준, 국가 수준, 그리고 지역사회 수준의 HRD는 광의 개념과 관련되고 기업이나 공공부문의 조직 수준의 HRD는 협의 개념과 관련된다고 할 수 있다.

3) HRD의 주요 정의와 관련 용어

(1) 최초의 정의

원시 시대의 동굴벽화를 보고 유추할 수 있듯이 교육훈련과 학습은 스킬 개발을 통하여 인류가 세상에 적응하는 과정을 지원하는데 적용된 아주 오래된 활동으로 본다. 그러나 이 인재개발 분야에서 "인적자원개발"이라는 용어를 1960년대 후반에 처음 사용한 사람은 조지워싱턴대학교의 Nadler 교수라고 알려졌다. Leonardo Nadler(1970)의 첫 정의[6]는 "HRD는 행동의 변화를 일으키기 위하여 설계되고 정해진 시간 내에 실행된 일련의 조직화된 활동(HRD is a series of organized activities conducted within a specified time and designed to produce behavioral change)"이었다. 그가 20여년이 지난 후(1989년)에 새롭게 수정한 정의는 "HRD는 수행성과향상과 개인의 성장의 가능성을 이끌어 내기 위하여 고용주에 의하여 특정한 기간 내에 제공되는

5) 스킬은 기능(技能) 또는 기술(技術)로 번역하기고 하지만, 여기서는 기능(機能, function)과 과학기술(科學技術, technology)과 혼란을 최소화 하기 위하여 "스킬"로 표현함.

6) 협의(좁은 의미)의 정의.

조직화된 학습경험(HRD is organized learning activities provided by employers within a specified period of time to bring about the possibility of performance improvement and personal growth)"이다. 20여 년이 지나면서 표현하는 용어(행동변화 → 수행성과향상)만 다를 뿐 같은 의미라고 본다.

교육학(성인교육, 평생교육, 교육행정)의 입장에서는 Nadler의 정의가 최초일 수는 있지만, 문헌에 의하면 Harbison과 Myers가 1964년에 "HRD는 사회에 있는 모든 사람들의 지식, 스킬, 그리고 역량을 증가시키는 과정(HRD is the process of increasing the knowledge, the skills, and the capacities of all the people in the society)" 이라고 경제학적으로 정의했다. 이 정의는 Nadler 보다 5-6년 전에 사용된 정의이고 아직도 이 정의는 그대로 광의의 HRD로 사용할 수 있다고 판단된다. 결과적으로 HRD의 최초 정의는 Harbison과 Myers(1964)에 의하여 개발경제학적 관점으로 폭넓게(광의로) 내려졌고, 협의의 HRD는 Nadler(1970)에 의하여 내려졌다고 보는 것이 합당하다.

(2) 주요 정의

HRD는 연구자들의 다양한 시각과 입장, 용어의 추상성 등으로 인해 개념에 대한 정의가 다양하다. Harbison 등과 Nadler를 포함한 초기 연구자들 외에도 1980년대 이후에 계속적으로 주요한 정의들이 구체적으로 등장했다. 여기에는 Chalofsky, Gilley, McLagan, Swanson, 그리고 Noe가 포함된다.

Chalfsky와 Lincoln(1983)은 HRD 학문은 조직의 개인과 집단이 학습을 통하여 어떻게 변하는지를 연구하는 것이라고 하였고, 1992년에는 HRD는 인간과 조직의 성장과 효과성 최적화를 위하여 학습기반 인터벤션을 개발하고 적용함으로써 개인, 집단, 조직의 학습역량을 증사시키는 연구와 실천이라고 수정하였다. 처음에는 성인학습의 관점이었으나 수행성과향상의 관점으로 변경되었다고 본다. Gilley와 Eggland(1989)는 HRD를 직무, 개인, 조직의 향상을 목적으로 수행성과와 개인성장을 증진시키는 조직 내에 정렬된 조직화된 학습활동으로 보았다. 한편 McLagan(1989)은 HRD는 개인과 조직의 효과성을 향상시키기 위하여 훈련개발, 경력개발, 그리고 조직개발을 통합적으로 사용하는 것(HRD is the integrated use of training and development, career development, and organizational development)"으로 보았다.

또한, Swanson(1995)은 HRD를 수행성과 향상을 위하여 조직개발과 개인 훈련개발을 통하여 인간의 전문성을 개발하고 발휘하는 과정으로 보았다. 그는 2009년에 "HRD는 조직시스템, 작업과정, 팀, 그리고 개인의 수행성과를 향상시키기 위하여 전문성을 개발하고 발휘하는 과정(HRD is a process of developing and unleasing expertise for the purpose of improving organizational system, work process, team, and individual performance)"라고 수정하였다. 한편 DeSimon과 Werner(2012)는 HRD를 현재와 미래의 직무요구를 충족시키는 필요 스킬을 학습할 목적으로 구성원들에 기회를 제공하기 위하여 조직에 의하여 설계된 일련의 체계적이고 계획된 활동으로 보았다. 마지막으로 Noe(2017)는 McLagan과 유사하게 HRD를 개인, 집단, 그리고 조직의 효과성을 향상하기 위하여 훈련개발, 경력개발, 그리고 조직개발을 통합적으로 사용하는 것으로 정의하였다.

2. HRD의 영역

모든 조직은 조직의 목적을 달성하기 위하여 여러 자원을 활용해야 할 필요가 있다. 각 자원은 시대에 따라 그 명칭은 바뀌었더라도 물적 자원, 재정적 자원, 인적 자원 등 세 가지 범주는 필수적이다. 물적 자원은 기계, 설비, 제품원료와 같은 고정자산이며, 재정적 자원은 현금, 증권, 운영자본과 같은 유동자산이며, 인적 자원(human resource, HR)은 조직에 고용된 사람이다. 이 인적 자원은 인적자원 확보(planning), 인적자원 육성(development), 인적자원 활용(utilization)으로 세 부분으로 나누어 생각할 수 있다. 본 절에서는 먼저 McLagan 등(1989)의 "인적자원 활동의 수레바퀴(HR Wheel)"를 논의하고, 그 중에서 훈련개발(개인개발), 조직개발, 그리고 경력개발을 HRD의 활동 영역으로 보고 구체적으로 하나씩 논의한다.

1) 인적자원 활동의 수레바퀴(HR Wheel): HRD vs. HRM

일반적으로 인적자원 활동을 HR 확보(HR planning), HR 육성(HR development), HR 활용(HR utilization)으로 구분한다. 또한 어떤 이는 인적자원을 모집, 선발, 배치, 평가와 보상의 활동을 포함하는 인적자원 활용(utilization)이라는 부분과 개인과 조직의 효용성에 기여하는 다양한 학습경험을 포함하는 인적자원 개발(development)이라는 두 부분으로 구분하기도 한다.

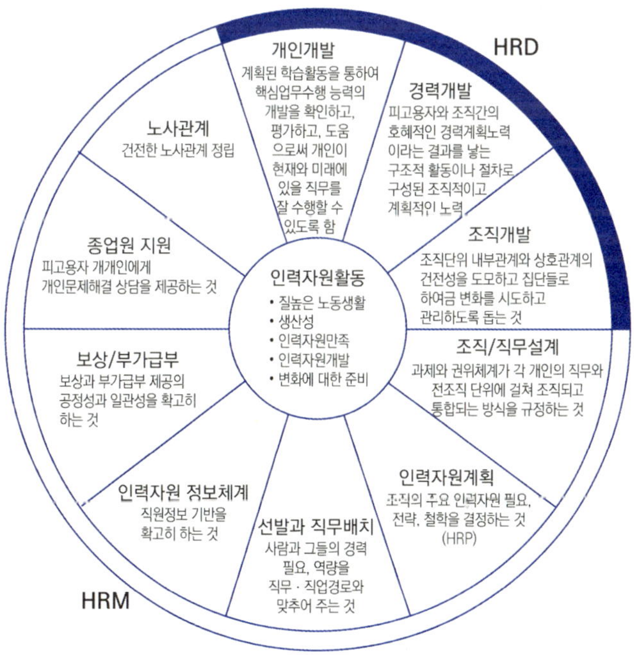

[그림 1-1] HR Wheel(McLagan & Suhadolnik, 1989)

McLagan 등(1989)은 ASTD(미국훈련개발학회)[7]의 후원으로 "HR Wheel"(그림 1-1 참조)을 개발했다. 그들의 조사에서는 인적자원 활동이 조직과 직무설계, 인적자원 정보체제, 인적자원 계획, 선발과 직무배치, 개인개발, 조직개발, 경력개발, 보상 및 부가급부, 종업원 지원, 노사관계 등의 10가지로 구분되었다. 이 중에서 개인개발(훈련개발), 경력개발, 그리고 조직개발의 3가지 활동영역은 인적자원개발(HRD)의 영역으로, 나머지 7가지 활동영역은 인적자원관리(HRM)의 영역으로 구분되었다. 최근에 수행성과(performance)의 중요성이 강조되면서 '수행성과 관리(performance management)'도 HRD의 영역 또는 구성요소의 하나라고 주장하는 전문가들(Gilley, Eggland, & Gilley, 2002)도 있다. 최근에는 McLagan 등의 "HR Wheel" 외에도 2004년에 새로운 학습과 수행성과 수레바퀴(New Learning & Performance Wheel), ASTD 역량모형(Competency Model) 등이 개발되어 사용되고 있다.

1989년 ASTD에서 밝힌 HR Wheel에 의하면, HRD 활동의 세 영역은 개인개발(individual development) 또는 훈련개발(training and development), 경력개발(career development), 조직개발(organization development)이다. ASTD 연구에서는 HRD의 활용영역을 이루는 세 분야, 즉 훈련개발(개인개발), 조직개발, 경력개발에 나타나 있는 '개발'이란 그 자체로 고유한 영역을 가지고 있는 것이라기보다는 HRD 개입(intervention)을 곧 '개발'이라고 여기고 그 개발이 대상으로 삼는 분야가 개인, 경력, 조직의 세 분야로 나눠질 수 있음을 나타낸 것이다. Gilley와 Eggland(1989)는 개발이라는 용어를 포괄적으로 사용하는 대표적인 학자들로 개인개발, 조직개발, 그리고 경력개발의 세 영역으로 구분하여 논의를 전개하고 있다.

---

7) ASTD(American Society for Training and Development)는 2014년에 ATD(Association for Talent Development, 인재개발협회)로 명칭을 확대 개편함.

2) 개인개발(ID) 또는 훈련개발(T&D)

개인개발(individual development, 이하 ID)이란 새로운 지식과 스킬을 개발하여 현재 수행하고 있는 직무에 관련된 개선이나 증진을 가져오도록 하는 것을 말한다. 여기서 말하는 '개인개발'은 일반적으로 '교육훈련'이라고 부르는 영역으로 ASTD의 '훈련개발(training & development, 이하 T&D)'이라는 활동영역과 같은 것으로 볼 수 있다. 훈련개발(T&D)은 그 초점이 개인들로 하여금 현재 또는 미래의 직무를 수행할 수 있도록 계획된 학습경험을 통해 핵심이 되는 자질을 개발하도록 돕는 데 있다. 개인개발 또는 훈련개발에서 학습경험은 훈련, 교육, 그리고 개발로 구분된다.

(1) 훈련(Training)

훈련이란 조직구성원이 곧바로 해야 하는("즉시성") 특정한 직무("특정성")의 수행능력을 높이려는 계획적인 학습경험이다. 다시 말하면, 훈련이란 조직구성원이 현재 하는 일 또는 고용되어서 곧바로 해야 할 직무에 대한 수행능력 증진을 위한 제반 활동이다(유승우, 1998; Gilley & Eggland, 1989; Nadler, 1989).

(2) 교육(Education)

교육이란 (현재 직무의 전반적인 능력을 증진시키거나) 미래의 직무에 대비하기 위하여 조직구성원의 능력을 증진시키려는 계획적인 학습경험이다. 교육은 무엇인가 가치 있는 것이어야 하고 도덕적으로 용납할 수 있는 방법으로 해야 하며("가치 조건"), 교육을 통하여 이해되고 지식이 발전("인지 조건")되어야 한다. 교육의 목적은 "인간"(인간의 전인적 발전)에 있고, 훈련의 목적은 (그 인간이 담당하는) "직무"에 있다. 교육과 훈련의 목적에는 차이가 있으나 방법이나 정신활동의 과정에는 차이가 없다(유승우, 1998; Knowles, 1979; Nadler, 1989).

(3) 개발(Development)

개발은 직무에 무관하게 조직구성원의 가능성이나 잠재능력을 발전시키는 학습경험이다. 개발, 교육, 훈련의 공통점은 “변화”를 추구하는 것이고 어떤 변화인가(“변화대상”)가 다르다. 훈련에서는 직무 행동을, 교육에서는 새로운 지식을, 개발에서는 태도(가치)를 대상으로 한다(유승우, 1998; Lawrie, 1990; Nadler, 1989).

3) 경력개발(CD)

경력개발은 개인과 조직의 두 차원에서 모두 필요한 활동이다. 경력개발은 생애에 관련된 개인과 조직의 요구가 적절히 조화되도록 개인의 경력계획(career plan)과 조직의 경력관리(career management)의 과정을 정렬하는 데 초점을 둔다. 개인의 측면에서는 경력계획, 경력인식, 경력자원센터를 활용하는 등의 활동이 필요하고, 조직의 측면에서는 멘토링 체제, 경력자원센터의 개발 및 유지, 관리자를 경력상담자로 활용, 경력개발세미나 개최, 인적자원기획(HR planning), 직무수행평가, 경력경로(career pathing) 프로그램 등의 활동이 필요하다. 경력개발의 초점은 개인의 흥미나 가치는 물론 미래의 직무를 준비하기 위해서 어떤 자질(역량)을 개발해야 하는가를 파악하는 데 있다. 경력개발은 사용되는 맥락에 따라서 ‘진로개발’ 또는 ‘생애개발’이라는 용어로 사용되기도 한다. 경력개발에 대해서는 이 책의 제 4부에서 별도로 보다 자세히 논의된다.

4) 조직개발(OD)

조직개발이란 인적자원의 영역 내에서 조직의 구조, 문화, 과정, 전략의 측면에서 일치도를 높임으로써 조직이 안고 있는 직무수행 상의 문제점을 새롭고 창의적인 방법으로 해결하려는 노력이다. 조직개발은 궁극적으로 조직의 자기혁신(self-renewal) 능력을 개발하는 데 목적이 있다. 조직개발은 부서 내 또는 부서 간에 건강한 관계를 유지하도록 하며, 집단이 변화를 시도하고 관리하는 것을 돕는다. 조직개발의 일차적인 강조점은 개인과 집단 간 또는 집단 내에서 일어나는 관계와 과정에 있다. 조직개발에 대해 이 책의 제 4부에서 별도로 자세하게 논의된다.

3. HRD의 역사

이 절에서는 먼저 일과 교육훈련의 시대적 변화라는 큰 흐름 속에서 HRD의 역사를 논의한다. HRD의 역사의 구분을 산업사회 이전, 산업사회, 그리고 후기 산업사회로 대별해 볼 수 있다. 여기에서는 먼저 HRD 역사를 산업사회 이전의 '일에 대한 교육과 훈련'의 이라는 관점에 대량생산체제 이전까지 간단히 언급하고, 산업사회에서의 본격적인 인적자원개발의 등장과 전개의 과정을 살펴본 다음, 후기 산업사회에서의 인적자원개발의 새로운 변화 양상을 검토한다. 그 다음에는 우리나라에서의 HRD 발전사를 직업훈련과 기업교육의 시각에서 개관하기로 한다.

1) 산업사회 이전의 HRD

HRD를 '일에 대한 교육과 훈련'이라는 관점에서 살펴본다면, 그것은 인류의 역사를 검토하는 것과 관련된다. 일에 대한 교육훈련과 학습은 인류와 함께 시작했고, 고대의 동굴벽화에서 파악할 수 있듯이 글자로 쓰인 역사를 갖기 이전인 원시사회와 농경사회에서도 이미 존재했다고 할 수 있다. 사람들은 삶을 위해 삶의 과정속에서 무형식적인 형태로 어른들의 일을 흉내 내면서 배웠다. 이러한 모방학습은 일에 대한의 교육훈련의 가장 원초적인 방식이라고 할 수 있다. 또한 수공업을 위한 일터에서 스킬을 전수받는 "도제제도(apprenticeship)"는 체계적인 일에 대한 교육과 훈련의 시초라고 할 수 있고, 이는 지금도 여전히 여러 분야에서 유효한 HRD의 방식이다.

2) 산업사회의 HRD: 본격적 시작

HRD가 본격적으로 등장하기 시작한 것은 "산업사회"가 시작되면서라고 본다. 근대 산업사회에서 일에 대한 교육과 훈련은 커다란 전환을 겪었다. 1784년 산업혁명 이후 도시에 위치한 거대한 제조공장 중심의 기계화와 대량생산화 체제로 바뀌었다. 대량생산체제의 도입은 대규모 노동력에 대한 필요를 촉진시켰다. 이와 동시에, 테일러주의(Taylorism)와 포드주의(Fordism)를 통해 일을 합리적으로 조직하였다. 효율적인 경영관리체제를 위해 직무설계, 과업관리, 과학적 선발과 훈련, 성과에 의한 보상, 감독 등을 체계화하였다. 업무가 표준화, 세분화되었고, 근로자는 분업에 의한 반복작업을 하였다. 그들의 작업은 위계적인 중앙의 관리와 통제를 받아서 가장 효율적인 대량생산체제를 형성하였다. 과학적이고 합리적인, 그래서 '최선의 생산체제(one best system)'를 지향하는 산업사회의 정신이 구현되었다.

19세기 전후 산업혁명 시기로부터 21세기에 이르기까지 HRD의 발전과정을 아래와 같이 3분해서 정리할 수 있다.

① 1784년~19세기 전후(산업혁명 시기)

- 1760년대~1830년대 영국의 산업혁명. 의류생산에 방적기 사용
- 1824년 미국 Rensselaer Polytechnic Institute(RPI) 설립
- 1884년 Cooper Union 설립
- 1886년 시카고 등에 사립 Manual Training School, 필라델피아 등에 공립학교 설립

- 공장학교/기업학교 설립: 1872년 Hoe & Company(최초), 1888년 웨스팅하우스, GE, 포드, 굿이어 등에서 설립

② 1910~40년대(1차세계대전, 대공황, 2차세계대전)

- 1913년 미국 전국기업학교협회 설립
- 제1차 세계대전(1914~1919년)으로 교육훈련의 필요성 부각
- Allen과 Kane의 표준화된 4가지 단계방법[8] 제시
- Ford 자동차의 경우 새로운 생산라인 설치: 전문화된 직무에 대한 훈련요구
- 대학의 기업교육 프로그램 개발: 기업의 구성원들에 대한 교육효과와 효용성 입증
- 전자제품의 방문판매 교육훈련 활발
- 미국 대공황(1929~1939년)으로 교육훈련프로그램 중지 및 침체기
- 1930년대 초 Mayo의 호손실험[9]
- 제2차 세계대전(1939~1945년)으로 국방무기 생산을 위한 숙련공 양성훈련 활성화
- 산업현장 군입대로 인한 대체인력(미숙련공, 여성)을 위한 생산성 향상 노력
- 1940년 Dooley. 산업현장감독자를 위한 산업내훈련(TWI)[10]
- 1944년에는 미국훈련가협회(American Society for Training Directors, ASTD)를 결성

8) "Show-Tell-Do-Check"의 단계로 당시 가장 이상적 직업교육 훈련 방법.

9) 심리사회적 작업조건 같은 인간적 요소의 중요성 부각. 추후 인본주의 심리학, 인간관계 운동의 기초.

10) TWI(training within industry). 작업지도(job instruction), 작업방법(job methods), 부하통솔(job relations), 작업안전(job safety) 등의 4가지로 구성된 훈련을 본격화함. 여기에 "프로그램개발" 방법(program development methods)을 적용함.

- 1950~90년대(세계대전 이후, 21세기 이전)

  - 1958년 Kirkpatrick의 교육훈련평가의 4단계[11]의 등장
  - 교육훈련전문지(잡지)들인 ASTD의 T&D[12], NSPI의 PI[13] 출판
  - 1964년 Harbin과 Myers. 최초로 HRD를 정의 (경제학 관점)
  - 1967년 *The Training and Development Handbook* (McGrow-Hill) 발간
  - 교육훈련 전문가 필요 인식. 프로그램 수업(PI), 시청각교육 매체의 교육훈련 효과에 관심
  - 1969/1970년 Nadler가 HRD 용어 정의 (교육학 관점)
  - 1970년 Knowles가 성인학습(andragogy) 개념 정립
  - 1970년대 *Professional Development Manual for Trainers* (ASTD) 발간.
  - Lewin의 소집단기법, 감수성훈련, 구성원 인간관계 개선, 조직개발(OD). OD 전문가화 시작.
  - Stufflebeam 등이 프로그램 평가모형인 CIPP의 등장
  - 1973년 미국 군대에서 ADDIE[14] 적용
  - 행동과학(Behavioral Science)에 근거한 경영관리 교육훈련 실시
  - CDP(Career Development Program)[15] 등장.
  - 1980년대 정보통신의 발전으로 컴퓨터기반훈련(CBT)[16]

---

11) 반응(R)-학습(L)-행동(B)-결과(R)의 연속적 4단계를 현장감독자의 인간관계(human relation) 훈련에 적용함.
12) *Training and Development* (ASTD: American Society for Training Directors)
13) *Programmed Instruction* (NSPI: National Society for Programmed Instruction)
14) Analysis-Design-Development-Implementation-Evaluation의 체계적 과정. ISD(instructional systems development)의 교수설계/교수체제개발과 같은 교육테크놀로지의 체제접근이 교육프로그램 개발 중심 역할을 함.
15) 전 생애에 걸친 경력개발 중시, 경력개발 프로그램 등장으로 조직과 개인의 측면에서 양립가능한 HRD 도래함.
16) Computer-Based Training을 바탕으로 1990년대 후반에는 웹기반 훈련(WBT), 인터넷기반훈련(IBT) 등을 포함하는 이러닝과 사이버교육을 중심으로 원격교육의 방식 확대.

- 1992년 ISPI(International Society for Performance Improvement)[17] 명칭 사용
- 1993년 인적자원개발학회(Academy of Human Resource Development, AHRD)[18] 창설.
- 1990년대 HRD: T&D에서 L&D로의 WPL[19] 전환.
- 1990년대 후반 학습조직(LO), 지식경영(KM), 전사적 자원관리(ERP), 실천학습(AL),
- 기업대학/사내(기술)대학 도입: 모토로라대학, 햄버거 대학, 디즈니 대학 등
- 사이버대학의 인가
- 프로그램평가에 ROI 도입

이와 같이 산업사회에서 HRD가 본격적으로 시작되었다고 본다. 특히 이 시대에 사용되고 구축된 ISD, CBT, WBT/e-Learning, LO(학습조직), KM(지식경영), HPT(수행성과테크놀로지), ROI(투자수익률) 등이 21세기인 지금에도 HRD의 주축이 되고 있다. 이 당시(1990년대)에 시작된 세계화, WTO 체제, ISO 9000품질인증, 국제경영환경 무한경쟁, 중국 등 후발개발도상국 부상 등은 후기 산업사회의 HRD에 결정적 영향을 끼치고 있다.

3) 후기 산업사회(21세기 이후)의 HRD

후기 산업사회에서 HRD는 조직 간, 국가 간의 인재 경쟁, 첨단 매체의 활용 그리고

17) 1960년에 창립된 NSPI가 ISPI로 확대된 명칭 사용. 수행성과향상 접근/모형(HPT)으로 교육훈련과 수행성과(performance) 문제해결의 틀 제공.

18) AHRD에서 1990년 전문학술지인 *Human Resource Development Quarterly(HRDQ),* 1998년 *Human Resource Development International(HRDI),* 1999년 *Advances in Developing Human Resources(ADHR),* 2002년 *Human Resource Development Review(HRDR)*를 발간.

19) 현장의 학습과 수행성과(Workplace Learning & Performance, WLP) 중시.

개인의 주도적 학습을 강조하는 방향으로 급전환하였다. 산업사회의 형태와는 질적으로 다른 모습으로 발전하고 있다. 이런 상황에서 인재개발을 전략적으로 접근하는 전략적 인적자원개발(strategic human resource development)의 중요성 부각된다.

20세기 후반에 시작된 ICT(정보통신기술)의 고도의 발전과 디지털화, 그에 기반한 세계화 등의 요인은 산업사회를 후기산업사회로 전환시켰다. 후기산업사회의 일의 세계는 산업사회와는 달리 탈표준화, 다양화, 개체화, 개별화라는 특징을 나타내었다. 개인의 다양한 요구와 창의적 정신을 강조하는 서비스업과 지식 산업이 가장 주요한 산업으로 발달하였다. 기업 조직도 위계적이고 관료주의적인 형태에서 유연한 관계망형 조직으로 변모하는 경향을 보였다. 대량 생산을 위한 기계적 노동보다는 개인의 자율적이고 창의적인 활동이 더 강조되었다. 이에 따라 새로운 일의 세계는 체계적으로 세분화되고 강하게 분리된 전문성보다는 빠른 변화에 유연하게 대처할 수 있는 유연한 전문화를 요구하게 되었다. 지식과 테크놀로지의 다양성, 지역성, 특수성과 우연성이 강조되며, 이런 것들이 서로 연관되고 절충된 형태의 새로운 관계와 탈경계화 또는 통합이 부상하였다.

산업사회에서 후기산업사회로의 이행은 필연적으로 HRD의 변화를 요청하였다. 대량생산체제에 적합한 대량의 인력을 효율적으로 양성하는 대신, 다품종 소량생산체제에 맞는 유연하고 창의적인 인재들을 필요로 하였다. 평생학습체제의 등장에 따라 개인, 직장 및 매체의 역할이 중요하게 부상하였다. 후기산업사회 에서는 일터에서의 학습이 갖는 중요성이 더 크게 부각되었다. 세계화의 급속한 진전에 따라 기업들은 더 심화된 경쟁체제에 들어갔다. 그 경쟁은 지식과 창의성을 바탕으로 하였기 때문에 우수한 인적자원을 확보하고 개발하는 일은 어느 때보다도 중요해졌다. '인재전쟁'이라는 표현이 등장할 정도로 치열한 경쟁체제 속에 놓이게 되었다(Michaels, Handfield-Jones, & Axelrod, 2001).

무한 경쟁 시대에 조직 구성원들의 인적자원의 질을 높이기 위한 다양한 방법들이 강구되었다. 1990년대에 시작된 첨단 정보통신기술(ICT)을 기반으로 구축된 사이버

교육 또는 이러닝 시스템이 계속되고, 최근에는 모바일 환경이 구축되어 모바일학습(m-learning), 특히 웹 2.0 방식의 사회적 매체들을 통한 사회적 학습(social learning)이 일반화되고, 인공지능과 빅데이터를 이용하면서 학습, 일, 생활이 통합된 메타버스 사회가 시작되었다.

후기산업사회에서 노동시장이 유연화되어 직장 또는 직업 이동이 심화되면서 평생 직장의 개념은 무너지고 개인은 자신의 경력을 끊임없이 개발해야 하는 과제를 안고 있다. 즉, 개인은 주체적으로 자신의 능력과 경력을 개발하기 위해 평생에 걸친 학습을 해야 한다. 성인의 지속적인 학습이 필수적이고 자발적이고 자기주도적인 앤드라고지가 중요해졌으며, 초고령사회로 접어들면서 이제는 노년교육학(Educational Gerontology)이 생활의 모든 면에서 확산되고 있다. 인재개발의 학문적 중추역할을 하고 있는 AHRD는 학술지 발간 이외에도 매년 학술대회를 개최하고 있다. 미국에서뿐만 아니라 유럽과 아시아에서도 국제학술대회를 열어 전세계적으로 HRD에 관한 학문적 교류를 시도하고 있다.

4) 한국 HRD의 발전사

한국의 HRD(기업교육, 직업훈련 포함) 역사를 정리하려는 노력이 있었다. 1980년대에 한국능률협회는 이 역사를 제1기(1945~1960년대 후반), 제2기(1960년대 후반~1975년경), 제3기(1975~1980년 경) 등 3단계로 구분하였다. 1990년대에 강응구도 이와 유사하게 태동기(1960년대), 도입전개기(1970년대), 성장발전기(1980년) 등의 시대별 구분을 시도하였다. 2000년대에 이명근은 위의 관점을 종합하여 한국 HRD 역사를 태동기(1946~1960년대), 모색기(1970년대), 성장기(1980년대), 발전기(1990년대) 등으로 구분하여 논의하였다.

산업화가 시작된 1960년대 이후 직업훈련의 발전사 정리한 오영훈은 직업교육훈련의 발전과정을 직업훈련법 제정과 태동기(1967년~1976년), 직업훈련기본법 제정과 확충기(1977년∽1997년), 근로자직업훈련촉진법과 훈련시장 경쟁체제 시대(1998년~2004년), 그리고 근로자 직업능력개발법과 평생학습사회 시대(2005년~현재)로 구분하여 설명하고 있다.

여기에서는 한국의 HRD 발전을 우리나라의 긴 역사를 반영하여 1) 산업사회 이전, 2) 산업사회(해방이후), 2) 후기 산업사회(IMF이후의 21세기) 등의 세 가지 시기로 나누어 논의하기로 한다. 한국의 본격적 HRD 발전은 민간주도의 기업교육과 정부주도의 직업훈련이 복합적으로 연계되어 일어났다고 볼 수 있다.

(1) 산업사회 이전의 한국 HRD

유구한 역사를 검토하려면 고고학적 선사시대의 유물이나 역사시대의 기록으로 확인하고 추측할 수밖에 없다. 한국의 HRD(직업교육)는 아마도 고유한 직업이 발달하기 시작한 5천년전 고조선시대에서부터 있어 왔을 것으로 추측된다.

1972년에 발견된 울산 태화강 중심의 반구대 암각화는 약 3천년경 전의 청동기시대의 것으로서 20여명이 탄 배, 고래에 접근하는 배, 고래를 끌어가는 배 등이 새겨져 있어서 그 때 그 당시 20여 명이 탈 수 있으며 고래를 잡는 배를 만들 수 있는 선박기술(테크놀로지)이 있음을 보여주고 있다. 이러한 선박기술은 삼국시대를 거쳐 고려시대에도 계승되어 1274년 원나라에서 요구한 군함을 만들 때 4~5개월 만에 군량 4천섬, 배수량이 1,000톤 정도의 배 900척을 완성할 수 있었다고 한다.

고려시대에는 왕궁 및 관청에서 필요로 하는 무기, 의복, 장식품, 철물, 직물, 문방구, 가마류 등을 제조하는 공장 및 석공, 목공, 토공의 경우도 엄격한 선발 및 훈련과정을 거쳐 스킬을 습득한 것으로 나타나고 있어서 우리나라 직업훈련의 역사는 매우 뿌리 깊다고 볼 수 있다. 조선시대의 경우 전습(前習)이란 말이 사용되었고 1907년 반포된 농상공부 소관의 공업전습소관제(工業傳習所管制)에서도 찾아볼 수 있다. 또 일제 시대에는 학교제도권에서의 실업교육 외에 공장기능사를 양성하는 제도가 있었다.

(2) 산업사회(해방이후)의 한국 HRD

1945년 광복 이래 성장하기 시작한 한국기업이 민족상쟁의 전란이후 1961년 5·16에 이르기까지 우리나라 기업은 비공식적인 교육은 간헐적으로 있었다고 본다. 1962년에 제1차 경제개발계획을 거치고, 2차 경제개발계획(1967~1971) 기간에 직업훈련으로 직업인 10만 명 양성하고. 1967년에 직업훈련법을 제정하여 직업훈련기관 36개를 열었다. 그러나 오늘날 이야기하는 기업교육 또는 HRD란 존재는 없었다고 본다. 실제로 기업이 생산, 판매 등 주요 기능 이외에 종업원 교육 등에 신경 쓸 여력이 전혀 없는 시기였기 때문에 "기업교육의 부재기"라고 할 수 있는 시기였다. 〈표 1-2〉는 산업사회에서 한국 HRD 발전의 흐름(민간/공공부문의 교육 vs. 노동부의 직업훈련)이 60년대, 70년대, 80년대, 90년대 각 시대에 따라 어떻게 변해왔는지를 보여준다.

〈표 1-2〉 산업사회의 한국HRD 발전사

년대	한국HRD 발전내용	
	민간(기업)/공공부문교육	직업훈련(노동부)
(해방~) 1960년대	• 기업교육 부재(해방~50년대) • 기업교육 전문기관 설립 (1957 KPC, 1962 KSA, 1962 KMA)	• 기능공양성령(50년대) • 직업훈련법 제정(1967) (직업훈련기관 36개소) • 경제개발계획에 따른 기능인력 양성 요구
1970년대	• 정형 프로그램 도입(MTP, TWI) • 비정형 OJT(on the job training) • 강연식 신입사원교육 • 유명인 초빙 백화점식 나열식 • 세미올 운동(OD, MBO 시도)	• "직업훈련" 본격화 • 직업훈련관련특별조치법 제정('74) • 직업훈련기본법, 직업훈련촉진기금법 제정('76) (기존의 관련법들 통폐합) • 1976년 직업훈련기관 556개소
1980년대	• OJT(one the job training)의 체계 강화 • 직업훈련의 강화 • 미국·일본의 정형적 program 도입 MTP(Management Training Program) 정착	• 직업훈련 강화 (기업체 의무적 직업훈련) • 오일쇼크후 사업내 직업훈련 침체

년대	한국HRD 발전내용	
	민간(기업)/공공부문교육	직업훈련(노동부)
	TWI(Training within Industry) 정착 MBO(Management by Objectives) • OD(Organization Development)에 관심	
1990년대 (~IMF관리)	• 변화의 가속화 · 신인간 · 조직구조 변화: Team제, 연봉제 • 관리에서 창조로 • 노사관계 강화, 평생교육 • 학습조직(Learning Organization) • WLP(Workplace Learning & Performance) • HPI(수행성과 개선) 프로세스 • 개인의 요구와 조직의 요구 간의 균형 • 조직 내 지식자본의 형성	• 1995년 고용보험법(직업능력개발 사업) • 1997년 근로자직업훈련촉진법 제정 (기존의 직업훈련기본법 폐지) • 고용보험 직업능력개발 사업에 의한 기금으로 일원화 • 1997년 IMF 외환위기 (재취업, 직업능력개발에 초점)

하지만 1950년대 후반부터 한국생산성본부(KPC), 한국표준협회(KSA) 및 한국능률협회(KMA) 등 전문 교육훈련기관 혹은 기업교육 전문기관의 설립과 더불어 엄밀한 의미의 우리나라 기업교육과 HRD의 역사는 시작되었다고 할 수 있다. 1957년 한국생산성본부(KPC)가 설립되었고, 1962년에는 한국공업표준협회 (현 KSA)와 한국능률협회(KMA)가 각각 신설되었다. 한국능률협회는 민간주도의 경영능률향상운동을 목적으로 재계 및 학계의 인사가 발기인 총회를 가진 뒤 일본능률협회를 모델로 하여 출현했다. 한국생산성본부, 한국표준협회, 한국능률협회 등 불특정 다수 기업과 그 사원들을 대상으로 교육을 실시하던 공공기관들은 지금까지도 기업교육에서 중요한 역할을 수행하고 있다. 이들 3개 기업교육 전문기관은 나름대로의 독자성을 갖추고 출발하였지만 사업내용들이 주로 경영관리기술의 개발 및 보급, 교육훈련, 경영진단 및 조사연구, 시청각 교재의 제작 및 배포, 그리고 국제적 교류협력에 초점을 두고 있다. 또한

이들 기관이 순수한 기업교육의 발전을 위하여 기업내부 혹은 기업 협의체에 의하여 발족한 것이 아니라 국가의 경제개발계획이란 정책적 동기에 의하여 만들어졌다고 할 수 있다. 즉, 1962년 제1차 경제개발계획과 더불어 민간 경제계를 중심으로 5개년 계획에 주체세력으로 등장한 경영자나 실무자들의 경영 기술개발의 필요성에 의하여 시작되었다고 볼 수 있어 기업 내부의 교육을 만족시키기 위하여 생겨난 기업교육의 본질과는 조금 거리가 있다.

그러나 한편으로 이 당시 우리나라 HRD의 다른 측면이 노동부의 관리 아래 "직업훈련"이라는 이름으로 행해져 왔다. 직업훈련은 1967년 「직업훈련법」의 제정으로 체계화되기 시작하였다. 1960년대 경제개발계획에 따라 기능 인력의 양성이 본격적으로 요구되었기 때문이었다. 학교 교육만으로는 부족한 인력(노동력, 기능공) 문제를 학교 밖의 직업훈련이라는 별도의 제도를 통해 적극적으로 보완하려는 시도였다(최규남, 2003). 직업훈련은 짧은 기간에 인력수급에 대응할 수 있는 기동성이 있는 동시에 실습 위주의 훈련을 통해 현장에 직접 투입할 인력을 양성할 수 있는 인력양성제도였다.

1970년대에는 경제개발 1, 2차 계획의 성공적 수행과 3차 경제개발 5개년 계획의 수행으로 경제성장에 따라 기업이 종업원을 지속적으로 채용하고, 신입 종업원에 대한 체계적인 교육훈련이 필요한 시기라고 할 수 있다. 정부는 직업훈련사업 실시에 소요되는 비용 등 기술 및 인력개발비에 대한 조세감면을 실시하였고 "새마을운동"은 조직개발과 목표관리(MBO) 제도를 도입하는 계기가 되었다. 이 시기에는 미국 공군에서 개발되어 일본 기업계에서 실시하고 있던 관리자 훈련(MTP: Management Training Program)이 도입되어 1970년대 간판 프로그램이 되었다. 또한 감독자 훈련(TWI: Training Within Industry) 등의 정형교육과정이 도입되고 창의력 개발훈련, 감수성 훈련, 성취동기 제고 프로그램 등이 시도되었다. 또 1972년에는 한국능률협회의 주도로 'KMA 경영통신 교육과정'이 개설되어 시간, 장소, 목적에 구애 없이 경영간부나 사원들이 자기개발을 하도록 함으로써 1970년대 후반과 1980년대 중반 혁신적인 투자 및 한국적인 교재개발 등으로 이어져 기업교육사에 분수령을 이루었다고 할 수 있다. 1970년대는 선진국에서 유행하던 기업교육 프로그램이 무분별하게 도입되었지만 연수시설이나 교육기자재, 전문강사의 부재와 더불어 기업교육이 뿌리를 내리지는 못했다.

1970년대의 빠른 경제성장은 심각한 기능인력 부족의 문제를 드러냈고, 공공직업훈련만으로는 다양한 산업부문의 기능인력 수요를 충족할 수 없었다. 1974년에 제정된 「직업훈련 관련 특별조치법」은 일정 규모 이상의 기업에 대해 직업훈련 실시를 의무화 하였다. 1976년에 「직업훈련기본법」과 「직업훈련촉진기금법」을 제정함으로써 사업주의 훈련의무부과를 통한 산업인력양성의 제도적 틀을 갖추었다. 「직업훈련기본법」에서는 훈련 주체 또는 기관의 형태에 따라 공공, 사업 내 그리고 인정 훈련을 구분하였다. 또한 훈련 대상자별로 직업훈련을 양성훈련, 향상훈련, 전직훈련 및 재훈련으로 나누었다(나영선 외, 2000).

1970년대 후반부터 불어 닥친 세계적 저성장 구조로 있다가 1980년대 중반 이후 경기가 회복되고 기업의 규모가 커지면서 기업교육의 요구는 커지고 전략적 중요성이 인식되기 시작했다. 대기업들을 중심으로 소속 직원의 자질과 직무능력을 향상시키고 조직문화를 개발하기 위해 자체적으로 교육기관을 설립하였다. 기관의 명칭은 연수원, 인력개발원, 인재개발원, 훈련원 등 다양했다. 기업의 사업전략도 채산성 있는 사업 중심으로 육성하고 감량경영전략으로 추진되면서 한국기업은 선진국에서 도입한 제로베이스 예산운동(Zero Base Budget), 경영자원 배분전략(Resource Portfolio Management), 긴급사태 대응전략(Contingency Plan) 등의 새로운 경영전략기법을 도입하여 이와 연관된 교육프로그램을 대대적으로 실시하였다.

1980년에 우리나라 최초로 기업체 교육연수 담당자들의 모임이 한국능률협회(KMA)에서 전국대회를 개최하여 기업교육의 기초이론 및 교육기법을 보급하여 기업체 교육연수 담당자들의 자질향상에 지렛대 역할을 하게 되었다. 1985년부터 첨단기술의 발전과 국제화의 진전 등 급속한 경영환경의 변화에 따라 체계적인 교육이 필요하게 됨에 따라 대기업들이 자체 연수원을 설립하게 되었고 타사와 구별되는 인재육성 시스템을 확립하였다. 이 시기의 기업체들의 연수는 컴퓨터관련 교육, 외국어 교육이 강화되었고 기업교육에 대한 정보교류가 비교적 활발하게 진행되었다. 이 시기는 자체적인 교육을 추진할 수 있는 시스템을 가지고 나름대로 교육프로그램을 개발하고자 시도한 시기라고 할 수 있다.

1980년대에 기업체에게 의무적으로 직업훈련을 실시하도록 강제함에 따라 사업 내 훈련이 상당 부분을 차지하면서 기능공 양성은 크게 증가하였다. 그러나 오일쇼크와 함께 불어 닥친 경기침체에 따라 사업 내 직업훈련도 침체되는 양상을 보였고, 1980년대 중반 이후의 경기 회복에도 불구하고 사업 내 훈련은 적은 인력만을 양성하였다(김동환, 2001).

1990년대에 접어들면서 각 기업은 자사의 필요에 바탕을 둔 독자적인 교육을 실시하고자 하였다. 기업들은 연수원을 통해 사원들에게 체계적인 교육프로그램을 제공하였다. 특히 1995년 WTO 체제가 본격적으로 가동되면서 세계는 무한 경쟁체제로 돌입하였고, 정보통신기술(ICT)의 급속한 발전은 정보화와 지식기반사회를 대두시켰다. 이러한 기업 환경의 변화 속에서 기업의 생산성과 성장은 테크놀로지의 진보와 지식의 축적 정도에 달려 있다는 인식이 생기고 기업들은 교수체제개발(ISD)을 바탕으로 컴퓨터기반훈련(CBT)/웹기반훈련(WBT)/이러닝, 학습조직과 지식경영, 그리고 퍼포먼스테크놀로지(HPT)를 적용하며 자사에 필요한 핵심 인재 양성방안을 모색하기 시작하였다. 연수원의 체계적인 기업교육프로그램은 우리나라에서 기업교육이 한 단계 성장시켰다. 이 당시에 기업 내에 대학제도가 도입되어 사내기술대학, 기술대학 그리고 사내대학은 전문학사와 학사학위 과정을 설치하여 기업체의 근로자가 현장을 떠나지 않으면서도 일하며 배울 수 있도록 함으로써 산업체가 주도적으로 해당 사업장의 근로자들을 대상으로 고등교육 기회를 제공해 주었다. 그러다가 1997년말 닥쳐온 IMF 위기에 닥치면서 조직의 책임자는 기업교육과 HRD가 회사조직의 필수 기능을 하는지에 대한 회의도 가지게 되고 기업의 교육관련 부서를 감축시켰고, 교육훈련 예산을 크게 줄이고 기존의 연수원을 경영연구원에 통합시키기도 했다.

1990년대에 이르러 인력난이 가중되자 정부는 사업 내 훈련의 활성화를 도모하여 다시 직업훈련의 의무적인 실시를 늘리는 강력한 조치를 취하였다. 이 시기는 급격한 산업사회의 변화에 부응하기 위하여 직업훈련의 중점 이 기능인력의 양성, 공급에서 근로자의 평생에 걸친 직업능력의 개발, 향상으로 바뀌게 되었다(김동환, 2001). 노동력 수용의 변화에 대응하여 근로자는 전 직업생활에 걸쳐 계속해서 배우지 않으면 도태될 수밖에 없는 상황이 도래함에 따라 지속적인 직업능력개발의 필요성이 증대하하여, 1995년 「고용보험법」에 의한 직업능력개발사업을 도입하였다. 1997년 「근로자직업훈련촉진법」이 제정되었고 종래 직업훈련의 토대가 되어 온 「직업훈련기본법」이 폐지되었다. 직업훈련은 비진학 청소년 대상 기능인력 양성에서 모든 근로자의 평생 직업능력개발로 전환하고자 하였다. 훈련 분야 역시 제조업, 생산직 중심에서 사무관리, 서비스직까지 확대하였다. 새로운 직업훈련체제는 이전의 직업훈련과 같은 공급자 중심의, 정부 주도의, 경직적, 비효율적, 생산직 중심의 훈련에서 벗어나고자 하였다. 1997년 말 IMF 외환위기 이후 기업의 경영난과 대량 실업 사태에 따라 시장 지향적 직업훈련은 위축될 수밖에 없었다. 정부는 1998년 직업훈련정책을 종전의 인력양성훈련에서 실업자의 재취업과 직업능력개발을 위한 직업훈련으로 중점을 전환하기도 하였다.

(3) 후기 산업사회의 한국HRD

우리나라의 HRD는 지금도 다양한 방식으로 계속 진화하고 있다. 성장을 거듭하던 기업교육은 1990년대 말 IMF 외환위기를 맞았으나, 이를 극복하는 과정에서 더욱 끈질긴 생명력을 갖게 되었다. 자금난과 구조조정으로 많은 기업들은 교육훈련 예산과 인력을 감축하고 연수원을 경제연구원 등과 통폐합하기도 했지만 위기는 또 다른 기회가 되기도 하였다.

기업 구조조정과 노동시장 유연화 정책에 따라 정리해고와 계약제, 연봉제가 확산되면서 조직의 근로자들은 더 이상 평생직장의 개념에 안주할 수 없고, 평생직업으로 끊임없이 자신의 직업능력을 개발해야 하는 평생학습의 시대가 되었다. 또한 경제위기를 벗어나면서 인재 전쟁의 시대를 맞이하게 되자 기업도 인적자원의 중요성을 더욱 인식하게 되고 개인과 조직 차원에서의 교육훈련은 더 중요하게 되었다. Covid 19 상황을 극복하면서 뉴노멀 시대가 형성되기도 하고 지능정보사회에서 인공지능과 로봇이 중요한 사회의 요소가 되더라도 우리 인간의 지속가능한 삶과 세상 변화의 과정을 일으키는 주체는 인재이다. 시대적 상황의 변화로 개인과 사회를 유지하고 발전시키는 데는 그 인재들을 양성하고 활용할 수 있어야 한다.

후기 산업사회가 되면서 오히려 사회 곳곳에 소규모의 HRD 전문회사와 컨설팅 업체들이 늘어났다. 경기가 회복되면서 기업들이 교육훈련의 아웃소싱 경향이 증가하면서 2000년대 들어 HRD 산업은 더욱 성장하였다. 이들은 조직의 교육체계(curriculum) 구축, 이러닝 시스템, 교육프로그램 개발, 강의 등 다양한 방면으로 사업의 영역을 키우고 있다. 이런 움직임이 민간부문과 공공부문의 HRD 시장을 형성하면서 고객(소비자) 지향의 HRD 방식이 활성화되고 있다. 정부기관이나 지방자치단체, 공공기관 등 공공부문의 HRD가 확장되고, HRD에 대한 개인과 조직의 수요에 HRD 전문가들이 잘 대응하면서 인재개발을 공급하는 거대한 시장이 형성된다. 사회에서 요구하는 HRD 프로그램이 효과(개인적인 변화, 조직적인 변화)가 있으려면 시스템 전체와 부분을 관계를 파악해서 인과관계를 찾아내는 체제적 사고와 더불어 유용한 솔루션을 찾아서 현장의 환경에 연결하는 창의적인 아이디어가 필요하다. 이렇게 준비가 되면 이 시대의 인재개발 전문가는 이렇게 조직구성원의 적응적 학습(adaptive learning)과 더불어 조직의 민첩한 수행성과(agile performance)를 창출할 수 있을 것이다.

2004년 근로자직업능력개발법이 제정되었다. 이 법은 지식경제와 평생학습사회로의 전환에 대응하여 생애에 걸친 체계적인 직업능력개발이 요구됨으로써 사업주에 의한 직업훈련뿐만 아니라 근로자의 자율적 능력개발, 노사단체의 직업훈련 등 다양한 직업능력개발사업을 지원함으로써 직업훈련의 수요 변화에 능동적으로 대응하고,

직업능력개발사업에 대한 평가를 제도화하여 성과 연계적 직업훈련체제를 구축한다. 이 법은 노동부장관이 수립하는 직업능력개발 기본계획에 노사단체의 참여를 의무화하고, 사업주가 근로자 대표와 협의하여 실시하는 직업훈련에 대해서는 우대 지원한다. 노동부장관이 지원하는 모든 직업능력개발사업에 대한 평가를 제도화하고 평가결과에 따른 차등적 지원체계를 규정함으로써 투입중심에서 성과 연계적 정책으로 전환하게 되었다. 중소기업의 인력 확보 지원과 고용촉진을 위하여 고용안정지원금을 증가시키고 실업자의 생활안정과 구직활동을 지원하는 실업급여도 늘린다. 취약계층의 능력개발지원을 강화하고 중소기업 훈련컨소시엄사업을 확대하며 기업 내 상시학습을 위한 체제를 구축하고 능력개발을 촉진하는 새로운 유형의 학습조직화를 지원한다. 인적자원개발 우수사례의 발굴 및 지원을 확대하고 중소기업 특화사업 예산을 증액하며 근로자능력개발카드제를 도입한다. 직업능력개발사업은 실업급여와 고용안정사업이 연계되어 실시된다는 측면에서 적극적 노동정책의 핵심적 수단으로 자리잡았다(정택수, 2008).

역사적으로 1990년대 이전에는 우리나라의 HRD 현장이 우리나라의 HRD 학문보다 더 빠르게 진화한 측면이 있다. HRD 현장에서 "남들이 이렇게 하니까 우리도 해보자"는 현상이 유행처럼 번져 왔다. 해방 이후는 물론이고 1960년대부터 1980년대까지만 해도 HRD 현장은 학문적 뒷받침 없이 외국의 유행을 따라가기에 급급했다고 볼 수 있다. 한국의 HRD는 1990년대 후반에 IMF 위기를 겪으면서 관련 학회가 활성화되기 시작했다. 1997에 뜻을 같이하는 전문가들이 모임을 시작하고 1998년 한국기업교육학회(KSLP)가 공식적으로 창립되어 위기 속의 한국 기업교육과 HRD의 문제 파악과 해결의 돌파구를 찾아 본격적으로 연구가 시작되고 학회지 "기업교육과 인재연구"를 출판하게 되었다. 뒤이어 몇 개의 관련 학회들이 새로이 등장하고 1980년대 후반에 모임이 시작되었지만 실질적으로 활동을 않던 조직도 이와 더불어 활성화되어 최근에는 여러 개의 전국적인 학회 활동, 지역적인 학회 활동, 또는 특정 학교 중심의 학회 활동이 진행되고 있다. 국가적 차원에서 보면 다행이기도 하지만 뒤늦은 감이 있다.

1990년대 출범한 미국의 AHRD 같이 시대변화와 더불어 HRD 학문을 발전시키는 역할과 그 지식을 우리 사회에서 실천해온 1960년대 창립한 NSPI(현 ISPI)나 1940년대 창립한 ASTD(현 ATD) 같은 전문조직의 역할도 한국의 HRD 관련 학회들이 동시에 해나가야 할 것이다.

참고문헌

교육부 · 한국직업능력개발원(2000). 국가인적자원개발 백서.

김동환(2001). 한국 공업교육정책 연구. 문음사.

나영선, 주인중, 손유미(2000). 근로자 직업훈련체제 발전 방안. 한국직업능력개발원.

우정헌(2005). 한국 HRD 발전사. 월간 HRD, 2005/7, 62-63.

유승우(1998). 인간자원개발. 문음사.

이명근(2003). 우리나라 기업교육 발전사. 기업교육론(나일주 외). 학지사.

정재삼(2002). 인적자원개발의 개념 및 영역. 이화여자대학교.

정택수(2008). 직업능력개발제도 변천사. 한국직업능력개발원.

최규남(2003). 한국 직업교육정책 연구. 문음사.

한국기업교육학회(2010). HRD 용어사전. 중앙경제.

Chalfsky, N. & Lincoln, C. (1983). *Up to the HRD ladder*. Reading, MA: Addison-Wesley.

DeSimon, R. & Werner, J. (2012). *Human resource development* (6th ed.). South-Western. Cengage Learning.

Gilley, J. & Eggland, S. (1989). *Principles of human resource development*. Reading, MA: Addison-Wesley.

Gilley, J., Eggland, S. & Maycunich, A. (2002). *Principles of human resource development*. Cambridge, MA: Perseus.

Harbison, F. & Myers, C. (1964). *Education, manpower, and economic development: Strategies of human resource development*. New York: McGraw-Hill.

Knowles, M. (1979). Where does training fit into the adult education field? *Training and Development, 33*(12), 40-42.

Lawrie, J. (1990). Differentiate between training, education, and development. *Personnel Journal, 69*(10), 44.

McLagan, P. & Suhadolnik, D. (1989). *The Models: Models for HRD practice.* Alexandria, VA: ASTD.

Michaels, Handfield-Jones, & Axelrod (2001)

Nadler, L. (1970). Implications of the HRD concept: Broadening the scope of training and development. *Training and Development, 28*(5), 3-13.

Nadler, L. & Nadler, Z. (1989). *Developing human resources*(3rd). San Francisco, CA: Jossey-Bass.

Noe, R. (2017). *Employee training and development.* Boston, MA: McGraw-Hill.

Swanson, R. (1995). Human resource development: Performance is the key. *Human Resource Development Quarterly, 62*(2), 207-213.

Walton, J.(1999). *Strategic human resource development*. Prentice Hall.

요약

인재개발(HRD)은 다학문적, 학제적 학문이다. 사회학, 경제학 분야 등 거시적 접근은 HRD 정책을 정립하는데 기여하는 반면, 교육테크놀로지(EdTech), 경영학, 심리학 분야의 미시적 접근은 HRD의 전략 개발 및 프로그램 실행에 필요한 방법론을 제공한다. 일반적으로 HRD는 조직, 기업 내 훈련으로 제한되는 협의의 개념과 조직을 넘어 국민, 가정, 지역사회, 국가로 확대된 광의의 개념으로 구분할 수 있고, 이를 국제 또는 세계 수준의 GHRD/IHRD, 국가 수준의 NHRD, 지역사회 수준의 RHRD, 또 조직 수준의 HRD로 구분할 수 있다. 이렇듯 인재개발(HRD)은 개인, 조직, 지역사회, 국가, 국제적 차원에서 총체적으로 이루어진다. HRD는 1964년 거시적 관점에서 처음으로 정의 내려진 후 1970년경 미시적 관점으로 정의된 후 여러 학자들에 의하여 다양한 측면에서 논의되어 왔다.

HR부문(HRM, HRD)에서는 물적 자원, 재정적 자원, 인적 자원 중에서 주로 인적 자원(인재)을 확보·육성·활용한다. 개인개발(훈련개발)은 개인이 직무를 수행할 수 있는 자질을 개발하기 위해 훈련, 교육, 개발의 학습경험을 제공하는 것이며, 경력개발은 개인의 경력계획과 조직의 경력관리의 과정을 정렬하는데 초점을 두고, 조직개발은 조직의 혁신능력을 개발하는 것을 목적으로 한다. 이와 함께 최근 수행성과(performance) 관리도 HRD에서 다루는 중요한 영역으로 보기도 한다.

HRD는 인류의 역사와 함께 했으며, 일에 대한 원초적인 교육훈련과 학습에서 비롯되었다고 할 수 있다. 산업사회로 접어들면서 기계화와 대량생산화 체제를 실현하기 위해 HRD는 본격적으로 발전했다. 21세기 이후, 후기 산업사회의 탈표준화, 다양화, 개체화, 고객화에 따라 전략적 인재(strategic HR)이 부각되고 있다. 한국의 HRD는 1950년대 이후 민간부문의 기업교육과 정부의 직업훈련 현장을 중심으로 빠르게 발전해왔으며, 한국의 인재개발(HRD)이 가지고 있는 문제를 해결하기 위한 적극적인 연구와 실천이 필요한 시점이다.

탐구 질문

1. 현 시점의 HRD를 설명하기 위한 가장 적절한 HRD의 정의란 무엇이고 왜 그렇게 생각하는가?
2. 개인개발, 경력개발, 조직개발의 각 영역에서 인재개발(HRD) 전문가의 역할은 무엇인가?
3. HRD의 발전 과정에 가장 큰 영향력을 준 사건은 어떤 것이며, 그 이유는 무엇인가?
4. 한국의 HRD가 갖고 있는 문제점과 그것을 해결하기 위한 방향은 무엇이라고 생각하는가?

/ 저자소개 /

정재삼(chungj@ewha.ac.kr)

1995년 이후 이화여자대학교 교수로 교수설계, 프로그램평가, 인재개발 분야를 연구지도해옴. 한국교육공학회(KSET) 회장, 한국기업교육학회(KSLP) 회장, 대한리더십학회(KAL) 부회장을 역임함. 한국인재경영대상 심사위원, 한국인재경영연구원 전문위원으로 활동 중이며 NHRD 프로젝트 책임연구자, 정부와 민간부문 인재개발 정책심의 및 평가위원 역할 수행함. 관심 분야는 적응적 학습(adaptive learning)과 신속한 수행성과(agile performance), 전략적 인재개발(strategic talent development)임. 최근 저서로는 교수의 으뜸원리, 리더십개론, 인재개발의 이슈와 연구동향, 교육과 인재개발을 위한 프로그램평가의 과정, 미래사회를 위한 교육의 방법과 테크놀로지, 모두를 위한 프로그램개발, 애사일 퍼포먼스 테크놀로지 등이 포함됨.

제2장

전략적 인적자원관리

이진구 (한국기술교육대학교)

목표

1. 학습자는 전략적 인적자원관리의 개념을 설명할 수 있다.
2. 학습자는 전략적 인적자원관리의 과정을 묘사할 수 있다.
3. 학습자는 전략적 인적자원관리를 위한 인적자원관리 부서의 역할을 논할 수 있다.
4. 학습자는 전략적 인적자원개발의 개념과 모형에 대해 설명할 수 있다.
5. 학습자는 핵심인재의 정의 및 유형에 대해 설명할 수 있다.
6. 학습자는 핵심인재의 육성 방법에 대해 논할 수 있다.

핵심용어

전략적 인적자원관리(SHRM), 전략적 인적자원관리의 과정, 인적자원관리 부서의 역할, 전략적 파트너, 전략적 인적자원개발(SHRD), 핵심인재, 핵심인재 유형, 핵심인재 선발, 핵심인재 육성

1. 전략적 인적자원관리의 개념

조직을 둘러싼 경영환경의 변화 속에서 인적자원[1]은 대체할 수 없고 모방이 어렵다는 속성으로 인해, 조직의 목표를 달성하는 데 가장 핵심적인 수단이자 경쟁의 원천으로 간주되어 왔다(Pfeiffer, 1994). 이러한 맥락에서 기업들은 전통적인 인적자원관리의 틀에서 벗어나서 미래의 생존과 직결되는 핵심 경쟁력을 확보하기 위해 전략적으로 인적자원을 관리하기 위한 노력[2]을 기울이고 있다.

인적자원관리(HRM)란 “조직체의 인적자원(human resource)을 관리하는 경영의 한 부분 또는 하위과정(subprocess)이다”(이학종, 양혁승, 2012, p.6). 인적자원은 모든 경영요소의 핵심으로서 경영 그 자체가 인적자원관리와 맥을 같이 하고 있으며, 인적자원관리를 얼마나 잘하느냐 하는 것은 현대 조직의 중요한 성과요인 중의 하나이다. 이학종, 양혁승(2012)은 조직의 3대 자원인 재무자원, 물적자원, 인적자원 중에서 인적자원이 인적자원의 능동성과 개발가능성 때문에 다른 자원보다도 조직성과와 비교경쟁우위에 큰 영향을 미친다고 주장하였다. 동일한 맥락에서 Huselid(1995)도 실증적인 연구를 통해 충실하게 인적자원관리를 실행한 기업은 그렇지 않은 기업에 비해, 낮은 이직율과 상대적으로 높은 생산성과 조직성과를 보인다고 이야기하고 있다.

Noe, Hollenbeck, Gerhart와 Wright(2010)에 따르면 인적자원관리는 크게 인적자원의 확보, 활용, 개발로 나누어지고, 이들 기능은 상호 유기적으로 연계되어 조직의 경영성과 창출 및 향상을 지원한다. 그러나 기존의 인적자원관리는 사람에 대한 기능적 또는 관리적 관점에 초점을 두어 왔기 때문에, 조직이 수행하는 경영전략을 지원하는 관점에서는 별개로 운영된다는 한계를 지니고 있었다. 따라서 조직의 성과향상을 위해 인적자원관리의 통합적, 전략적 관점을 채택하여 경영전략과 연계된 인적자원관리의 실행을 강조한 것이 전략적 인적자원관리(SHRM)이다.

1) human resource. 이 책에서는 인재와 인적자원을 상황에 따라 호환적으로 사용함.
2) 전략적 인적자원관리(strategic human resource management, SHRM).

전략적 인적자원관리란 인적자원관리를 경영전략과 연계하여 조직의 전략목표 달성을 위해 필요한 인적자원을 확보, 개발 및 육성, 보상 및 유지하는 계획된 인적자원관리 활동이다(Wright & McMahn, 1992). 이러한 전략적 인적자원관리는 조직의 경쟁력 및 성과 향상에 긍정적인 영향을 미친다(배종석, 박오원, 2005; 윤정현, 이승환, 2014; Wright & Gardner). 특히 정재훈(2015)은 기업의 전략적 인적자원관리활동은 기업이 경쟁우위를 확보하는데 매우 큰 영향을 미친다고 주장하였다. 그에 따르면 인적자원의 계획 활동(인적자원계획, 직무분석, 핵심역량 파악), 인적자원 육성 활동(인적자원 확보, 인적자원개발), 인적자원 활용 활동(업적평가, 보상, 생산성 향상, 유지), 내부적 영향요인(경제・기술적 요인, 법률적 요인, 노사문화, 국제화) 등이 종업원의 역량, 동기유발, 직무태도 등에 영향을 미치며, 이러한 종업원의 성과는 조직성과 향상으로 이어져 기업의 원가우위나 제품차별화와 같은 경쟁우위의 원천이 된다.

전략적 인적자원관리는 기존의 인적자원관리와 세 가지 측면에서 차이가 있다고 주장하였다(Storey, Wright, & Ulrich, 2008). 첫째, 전략적 인적자원관리는 기존의 인적자원관리가 개인이나 팀에 초점을 두고 직무성과 향상에 영향을 미치고자 했던 것에 반해, 조직에 초점을 맞추면서 조직의 성과와 경쟁우위확보에 영향을 미치고자 한다는 것이다. 둘째, 전략적 인적자원관리는 전통적 인적자원관리가 조직의 전략과 상관없이 수행되었던 반면에 조직의 전략과 정렬(alignment)하여 조직이 설정한 전략목표를 효과적으로 달성하도록 돕는다는 것이다. 셋째, 전략적 인적자원관리는 조직의 인적자원을 핵심역량화 함으로써 조직의 지속적인 경쟁우위 창출에 이바지하고자 한다는 것이다(이학종, 양혁승, 2012; Storey, Wright, & Ulrich, 2008). 특히, 조직의 핵심역량을 강화하기 위해 인적자원을 전략적으로 활용하는 것은 불확실성으로 대변되는 최근의 경영환경에 대처하기 위한 적극적인 경영전략의 하나로 볼 수 있다고 하였다. 왜냐하면 변화의 속도가 급격하고 예측이 어려운 경영환경에서는 핵심역량을 보유한 인적자원들만이 이러한 변화에 적극적이고 능동적으로 대처할 수 있기 때문이다.

2. 전략적 인적자원관리의 과정

조직의 성과는 조직이 경영환경 변화에 어느 정도 민첩하게 잘 반응하여 적응해 나가는지에 달려있다. 따라서 조직은 경영환경 변화에 따라 적합한 경영전략을 수립하고, 전략목표 달성을 위해 조직구조와 경영과정 사이의 일관된 정합성을 확보하기 위해 노력하여야 한다(Chandler, 1962). 인적자원관리 또한 조직의 하위 경영시스템으로서 이러한 조직의 경영전략과 정합성을 확보하여야 한다.

McKenna와 Beech(2000)에 의하면 전략적 인적자원관리는 두 종류의 모델이 있다. 하나는 기업과 종업원과의 관계에 영향을 미치는 요인에 초점을 맞춘 하바드 그룹의 소프트 모델이고, 또 다른 하나는 경영환경의 변화에 유연하게 대응하는 전략적 인적자원관리(strategic human resource management, SHRM)를 강조한 미시간 그룹의 하드 모델이다. 미시간 그룹의 하드 모델에 의하면 인적자원관리는 선발, 평가, 보상, 개발의 네 개의 하위 시스템으로 구성되어지는데, 기업의 전략 수준에서 각 시스템이 전략적 선발, 전략적 평가, 전략적 보상, 전략적 개발(육성)을 해야 한다고 강조한다. 전략적 선발은 조직의 경영전략 지원을 위해 내부 및 외부의 노동시장에서 필요한 인재를 확보하는 활동이다. 전략적 평가는 기존 종업원이 보유한 잠재능력을 전략적 관점에서 평가하여 전략의 실행을 돕는 활동이다. 전략적 보상이란 조직의 장기 목표 달성을 위해 필요한 내재적/외재적 보상 시스템을 구축하는 활동이다. 전략적 개발(육성)이란 기업이 미래에 필요한 종업원의 역량을 전략적 관점에서 교육훈련이나 경력개발을 통해 확보하는 활동이다.

전략적 인적자원관리는 일반적으로 다음 [그림 2-1]과 같이 전략수립과정과 전략수행과정을 통해 조직 내에서 구현된다(이학종, 양혁승, 2012).

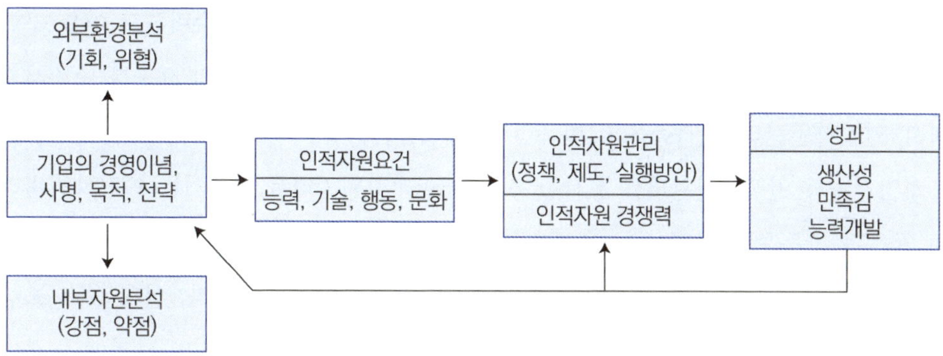

[그림 2-1] 전략적 인적자원관리 과정

전략적 인적자원관리를 위해서는 우선적으로 조직을 둘러싼 경영환경을 분석하여 조직의 전략을 먼저 수립하여야 한다. 모든 조직은 조직의 존재 이유라 할 수 있는 사명(mission)과 사명 달성을 위해 요구되는 경영상의 목표를 구체적으로 형상화한 비전(vision)을 가지고 있다(Kotter, 1996). 조직은 사명과 비전을 달성하기 위해 주기적으로 경영전략을 수립하는데, 경영전략 수립 시에는 사회, 정치, 경제, 기술, 법규 등 외부 환경에 대한 분석을 실시하여 새로운 기회요인과 위협요인이 무엇인지를 파악한다. 또한, 조직의 제품, 기술, 자금, 인력 등 조직이 가지고 있는 내부자원에 대하여 내부 환경에 대한 분석을 실시하여 조직의 강점과 약점을 진단한다. 그리고 이들 외부 및 내부 환경에 대한 변화를 종합하여 환경에 적합한 경영전략을 수립하고, 수립된 경영전략을 달성할 수 있는 조직구조와 경영체계를 설계하는 동시에 이와 연계된 인적자원관리 전략을 실행한다.

인적자원관리가 조직의 성과를 견인하기 위해서는 조직의 인적자원요소가 전략수립 과정에 반영되어야 하고, 전략을 수행하는 과정에서 인적자원요소가 경영전략과 통합되어 전개되어야 한다. 구체적으로 조직의 전략을 수행하기 위해서 가장 먼저 고려해야 할 것은 조직의 인적자원이 전략을 실행하는 데 적합한 역량, 기술, 행동, 문화를 갖추었는지를 확인하는 것이다. 그리고 이와 연관된 인적자원의 경쟁력을 향상시키기 위해 인적자원관리 측면에서 정책, 제도, 실행방안 등을 수립하고 이를 구현해 나가야 한다. 그리고 그 과정에서 조직 내 다양한 이해관계자들의 요구를 충족시키면서 인적자원관리의 기능을 실현해 나가야 한다.

경영전략과 인적자원관리를 통합한 전략적 인적자원관리를 위해서는 인적자원관리의 기능과 활동 등이 상호 간에 균형과 조화를 이루면서 내적 적합성(internal fit)을 갖도록 하는 것이 핵심이다. 즉, 인적자원관리의 기능인 채용, 평가, 인재육성, 보상 등이 상호 시너지를 발휘할 수 있도록 각각 전략과 연계하여 전체적인 효과성을 극대화하도록 하여야 한다(Noe 외, 2010). 예를 들어, 우수한 인재를 채용했다 하더라도 평가나 보상 체계 등이 우수한 인재가 성과를 발휘할 수 있도록 설계되고 운영되지 않으면 성과는 창출되지 않는다. 또는 반대로 보통의 성과를 내는 인재라 하더라도 지속적인 인재육성의 노력 및 적절한 동기부여를 위한 평가나 보상이 잘 작동된다면 더 높은 성과를 창출할 수 있을 것이다. 그리고 이러한 기능들은 조직의 전략이 추구하는 방향과 일치해서 운영될 수 있도록 설계하여야 할 것이다.

3. 전략적 인적자원관리를 위한 인적자원관리 부서의 역할

Ulrich(1997)에 따르면 조직의 인적자원관리 부서의 역할은 기능의 초점과 활동의 관점을 기반으로 전략적 파트너(strategic partner), 변화 담당자(change agent), 행정 전문가(administration expert), 직원 옹호자(employee champion)의 네 가지로 개념화될 수 있다[그림 2-2]. 기능의 초점이란 인적자원관리 부서의 기능을 장기적이면서 미래지향적인 전략적(strategic) 측면에 둘 것인지, 아니면 단기적이면서 일상적인 운영적(operational) 측면에 둘 것인지를 의미한다. 활동의 관점이란 인적자원관리 부서의 활동이 과정 중심적으로 운영되는지 인간중심적으로 운영되는지를 뜻한다(이학종, 양혁승, 2012). 이러한 기능의 초점과 활동의 관점을 중심으로 4사분면을 만들어서 보면 인적자원관리 부서의 역할은 4가지로 구분된다.

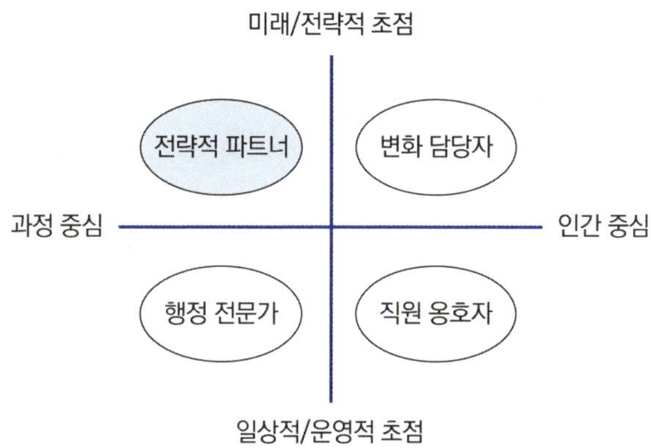

[그림 2-2] 인적자원관리 부서의 역할

인적자원관리 부서의 첫 번째 역할은 비교적 장기적, 전략적이며 과정중심적인 활동에 초점을 둔 전략적 파트너이다. 전략적 파트너 역할은 인적자원관리 부서가 조직의 경영전략 수립에 적극적으로 참여하면서, 경영전략과 인적자원관리를 전략적으로 연계하는 활동에 초점을 맞춘 것이다. 이 역할은 전략적 인적자원관리를 실행하는데 있어 핵심적인 기능으로서, 이를 수행하기 위해 인적자원관리 부서는 조직의 경영이념을 정립하고, 조직진단 및 조직설계를 수행하며, 사업전략과 인적자원관리 기능을 적극적으로 연계하기 위해 노력하여야 한다.

인적자원관리 부서의 두 번째 역할은 비교적 장기적, 전략적이며 인간 중심적인 활동에 초점을 둔 변화 담당자이다. 변화 담당자의 역할은 인적자원관리 부서가 조직의 변화와 혁신을 촉진하고, 조직 구성원들이 변화와 혁신에 적응할 수 있는 역량을 갖추도록 지원하는 것이다. 이를 위해 인적자원관리 부서는 일선의 현장관리자 및 구성원들과의 협업을 통해 변화주도자, 변화설계자, 변화촉진자의 역할을 수행하면서, 변화와 혁신에 대한 구성원들의 저항을 최소화시켜 새로운 조직문화를 형성하도록 하여야 한다.

인적자원관리 부서의 세 번째 역할은 비교적 단기적, 일상적이면서 과정 중심적인 활동에 초점을 둔 행정전문가이다. 행정전문가의 역할은 채용, 배치, 평가, 보상, 교육훈련 등 일상적인 인적자원관리에 필요한 모든 절차와 제도를 설계한 후, 이를 효율적으로 운영하여 직원에 대한 서비스의 질을 향상시키고 인적자원관리 운영체계를 개선해 나가는 것이다.

마지막 인적자원관리 부서의 네 번째 역할은 비교적 단기적, 일상적이면서 인간 중심적인 활동에 초점을 둔 직원 옹호자이다. 직원 옹호자의 역할은 인적자원관리 부서가 조직구성원들의 요구가 무엇인지를 이해하고 각자의 문제를 해결하여 전반적인 구성원들의 사기를 진작하고 적극적인 업무 태도를 보일 수 있도록 하는 역할이다. 이러한 직원 옹호자 역할을 통해 인적자원관리 부서는 조직구성원들의 업무몰입을 높이고 조직의 성과를 견인할 수 있다.

위에서 언급한 인적자원관리 부서의 네 가지 역할을 각 영역에서 어느 정도 수행해야하는지는 조직이 처한 상황과 인적자원관리의 성숙도에 따라 다를 수 있다. 다만 과거에는 인적자원관리의 네 가지 역할 중 행정 전문가로서의 역할이 가장 큰 비중을 차지하였다면, 지금은 네 가지 역할 중 전략적 파트너의 역할이 상대적으로 증가하고 있는 추세이다. 하지만 결론적으로 인적자원관리 부서는 전략적 인적자원관리를 위해 조직의 성황에 맞게 상기의 네 가지 역할 모두를 균형 있게 수행하면서 조직이 전략적 목표를 달성하고 시장에서 비교우위를 점할 수 있도록 지원하여야 한다.

4. 전략적 인적자원개발의 모형

전략적 인적자원관리에 대한 논의가 활성화되면서 조직 내 인적자원의 개발을 통해 경쟁우위를 달성하는 전략적 인적자원개발에 대한 연구 또한 활발하게 진행되었다

(Yorks, 2005). 특히, 개인학습에 초점을 맞추어 온 인적자원개발의 역할이 조직변화와 혁신의 전략적 파트너 역할로 확장되면서 전략적 인적자원개발이 인적자원개발 연구의 핵심으로 등장하였다(Garavan, 2007).

전략적 인적자원개발이란 조직 인적자원을 전략적으로 적합화시키기 위해 인적자원을 기획하고 인적자원을 개발하는 활동을 전략적, 전사적으로 실시하는 것이다(권대봉, 2002). 여기서 전략적 인적자원개발의 실시 목적은 조직 목표를 달성하기 위해 인적자원개발 활동을 전략과 연계하여 조정하는 것이다. 앞에서도 언급했지만 조직의 전략은 외부환경 변화와 조직내부의 강점 및 약점을 분석하여 이 둘 간의 전략적 적합성(strategic fit)을 확보하는 것으로 이해할 수 있다. 유사한 맥락에서 전략적 인적자원개발은 조직 내의 인적자원을 조직 경영의 핵심요소로 간주하면서 전략적 관점에서 외부환경과의 전략적 적합성을 확보하기 위한 노력으로 볼 수 있다.

주용국(2010)에 따르면 전략에는 두 가지 관점이 존재한다. 하나의 관점은 전략이라는 것은 조직의 성장과 발전을 위해 조직 목표를 달성하기 위한 수단이므로 처음부터 체계적으로 관리해야 한다는 관점이다. 또 다른 하나의 관점은 전략이라는 것은 환경의 불확실성과 불예측성 때문에 체계적으로 계획하는 것보다 적응적이고 점진적인 관점에서 자연스럽게 성장하도록 돕는 방식으로 접근해야 한다는 관점이다. 그리고 이러한 관점을 인적자원개발에 접목해보면 인적자원개발 또한 전향적인 관점에서 사업목표를 달성하기 위해 사업전략의 수립과정에서 필요한 인적자원개발 활동과 방법을 인적자원개발 전문가가 주도적으로 제안하여 전략형성 과정에 참여하는 접근방법과 조직의 전략 형성에 참여하지는 않고 반응적인 관점에서 이미 만들어진 전략을 실행하고 지원하기 위한 인적자원개발 정책을 만드는 접근방법이 있을 수 있다.

이와 관련하여 McCraken과 Wallace(2000)는 전략적 인적자원개발은 기업의 전략을 마음에 두는 것 이상으로, 훨씬 더 전향적이면서 영향력을 미칠 수 있는 역할을 수행해야 한다고 주장하면서 전략적 인적자원개발 모형을 제시하였다[그림 2-3].

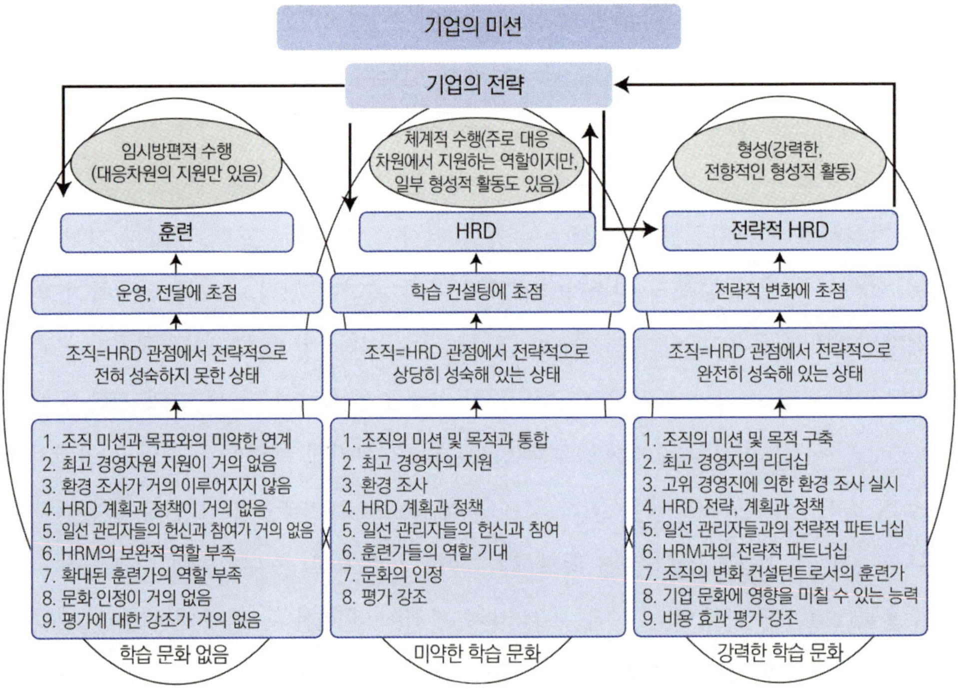

[그림 2-3] 전략적 인적자원개발 모형

본 모형에서 McCraken과 Wallace는 조직 내 전략적 인적자원개발을 성숙 수준에 따라 훈련, 인적자원개발, 전략적 인적자원개발로 구분하고 다음과 같이 정의하였다.

훈련이란 기업의 전략에 대응하여 임시방편적인 대책을 수행하는 활동으로, 훈련 전문가는 어느 정도 규격화된 훈련 서비스를 제공하는 운영자이자 전달자의 역할을 수행한다. 그리고 이러한 조직은 학습과 관련한 문화가 제대로 형성되지 않은 전략적으로 미성숙한 조직으로 보았다. 인적자원개발이란 조직차원에서 시스템적으로 인적자원개발을 수행하는 역할을 담당하고 일부 기업의 전략을 수립하려는 시도를 하는 것으로, 이 때 인적자원개발 전문가는 일선 관리자를 대상으로 규격화되지 않은 인적자원개발 서비스를 제공하는 내부 학습 컨설턴트의 역할을 수행한다. 이러한 조직은 대개 학습문화가 형성되어 성숙되기 시작하는 조직으로 이해할 수 있다. 마지막으로 전략적 인적자원개발이란 인적자원개발이 기업의 전략을 수립하는 것과 전략에 대응하는 활동 모두를 담당하는 것으로, 이 때 인적자원개발 전문가는 조직변화를 촉진하는 역할을 수행할 뿐만 아니라 조직의 변화를 이끌어내는 조직변화 컨설턴트로서의 전략적이고 혁신적인 역할을 수행한다. 따라서 이러한 조직을 인적자원개발 관점에서 전략적으로 성숙되어 있는 조직으로 볼 수 있다. 이러한 전략적 인적자원개발은 다음과 같은 9가지의 특성을 지니고 있다(McCracken & Wallace, 2000).

- 조직의 미션 및 목적의 구축
- 최고 경영자의 리더십
- 고위 경영진에 의한 인적자원개발 환경 조사
- 인적자원개발 전략, 계획과 정책
- 일선 관리자들과의 전략적 파트너십
- 인적자원관리와의 전략적 파트너십
- 조직의 변화 컨설턴트로서의 훈련가
- 기업문화에 영향을 미칠 수 있는 능력
- 비용 효과 평가의 강조

본 모형에 나타난 전략적 인적자원개발의 특징은 인적자원개발 부서의 역할을 나타낸다고 볼 수 있다. 인적자원개발 부서는 전략적 인적자원개발을 위해 조직의 미션 및 목적을 구축하는데 적극적이고 선행적으로 참여하여야 하며, 최고 경영자가 리더십을 가지고 인적자원개발을 실행할 수 있도록 조직 내 고위경영진들과 파트너십을 가질 수 있도록 하여야 하며, 일선 현장의 관리자 및 인적자원관리 부서와도 전략적인 공조를 할 수 있도록 하면서, 인적자원개발의 성과를 객관적으로 측정할 수 있는 자료 등을 수집하고 만드는데 힘써야 한다. 이러한 역할을 충실히 할 때 인적자원개발 부서는 조직 내에서 전략적 인적자원개발을 하는 파트너로서 자리매김할 수 있다.

한편으로 인적자원개발부서는 조직문화, 차세대 리더 및 핵심인재 양성 등의 영역에 초점을 맞추어 전략적 인적자원개발을 실시하여야 한다. 좀 더 구체적으로 송영수(2009)는 전략적 인적자원개발의 영역으로 (1) 조직 문화의 공유 및 확산, (2) 차세대 리더 및 핵심인재 양성, (3) 경영성과 및 조직목표 달성 지원, (4) 변화와 혁신 선도 및 지원 등 네 가지를 제시하였다. 본 영역들은 인적자원개발 부서가 초점을 맞추어 인적자원개발을 실시하는 영역으로 인적자원개발의 구체적인 대상이라 할 수 있다.

각 네 가지 영역별로 하위과제를 살펴보면 다음과 같다. 첫째, 조직 문화의 공유 및 확산을 위한 하위과제로는 조직 가치 체계의 정립과 전사적 공유, 조직 가치 체계와 인적자원개발 전략의 연계, 핵심가치의 이해와 실천 및 확산, 미래가치 창출을 위한 전략적 파트너십 등이 있다. 실무적으로도 인적자원개발 부서는 조직의 핵심가치를 정립하고 조직구성원들이 이러한 핵심가치를 현장에서 실천하여 조직 전체가 핵심가치를 중심으로 하나가 될 수 있도록 하여야 한다.

둘째, 차세대 리더 및 핵심인재 양성의 하위과제로는 HRD와 HRM의 연계, 핵심인재·차세대리더·후계자의 선발과 육성, 자사형 리더십 모델의 구축 및 실행 등이 있다. 인적자원개발 부서는 전략적 인적자원 개발의 일환으로 핵심인재를 육성하는데 초점을 맞추어야 한다. 특히, 경영의 후계자인 리더를 전략적으로 육성하는 일과 더불어 조직 내 분야별 전문성을 갖춘 경쟁력 있는 인재를 육성하는데 초점을 맞추어야 한다.

셋째, 경영성과 및 조직 목표 달성 지원의 하위과제로는 경영전략과 밀착된 HRD활동 강화, 경영현장의 성과향상 및 문제해결을 위한 교육, 교육외적 해결방안 지원, 경영현장 리더들과의 파트너십 형성, 조직개발 및 활성화, 교육효과 및 성과측정을 제시하였다. 인적자원개발 부서는 경영성과를 창출하기 위해 교육을 통해 현장의 문제를 해결하는 역할을 수행하는 데 초점을 맞추어야 한다. 마지막 넷째, 변화와 혁신 선도 및 지원의 하위과제로는 학습조직의 구축, 변화와 혁신의 필요성 인식 및 공유, 조직차원의 경영혁신 전파 및 지원, 변화관리를 제시하였다. 인적자원개발 부서는 경영환경 변화에 따라 조직이 선행적으로 능동적으로 변화할 수 있도록 변화를 선도

하고 관리하는데 초점을 맞추어야 한다. 이러한 영역들에 대해 인적자원개발이 적절한 학습 해결책을 가지고 개입을 할 때, 인적자원개발은 조직 내에서 전략적인 역할을 수행하면서 조직성과에 직간접적으로 이바지할 수 있을 것이다.

5. 핵심인재 육성

1) 핵심인재의 정의 및 유형

조직의 지속적 경쟁우위의 원천으로 전략적 인적자원관리의 중요성이 커지면서, 핵심인재에 대한 중요성과 관심 또한 증대되고 있다(이갑두, 2011). 특히, 조직을 둘러싼 경영환경의 변화가 예측불가능해지면서 많은 기업들은 핵심인재를 기업 생존에 중요한 핵심 동인으로 간주하고 핵심인재 육성에 지속적인 투자를 실시해 오고 있다. 예측 불가능한 경영환경에서 믿을 것은 제대로 육성된 사람밖에 없다는 이야기이다. 일례로 삼성의 이건희 회장은 불확실한 경영환경 하에서 수만 명을 먹여 살릴 수 있는 소수의 핵심인재가 필요하다는 점을 역설하였고, 애플의 스티브 잡스 또한 핵심인재를 곁에 모아 두고 창의적인 제품을 만드는데 온 힘을 쏟았다(김동현, 성상현, 2011). 또한, 여러 연구에서도 핵심인재 관리가 대기업 및 중소기업 모두에서 다양한 측면에서 긍정적인 영향을 주고 있는 것으로 나타났다(박오원, 2013; 이갑두, 2011; Huselid, 1995).

핵심인재에 대해 모든 사람이 공감하는 명확한 정의는 아직 없다. 학자들마다 핵심인재에 대한 정의는 조금씩 다르며, 실제 현장의 인적자원 분야의 담당자도 핵심인재에 대해 공통된 정의를 가지고 있지는 못한 듯하다. Rothwell(2001)은 핵심인재를 조직을 이끌고 갈 미래 리더이자 현재와 미래에 탁월한 성과를 창출할 수 있는 인재라고 정의한다. Lorsch와 Tiemey(2002)는 핵심인재를 기업의 미래 가치를 향상시킬 수 있는 인재 또는 조직이 계획하는 중장기 사업에 큰 영향력을 줄 수 있는 인재로 정의한다. 이경묵, 윤현중(2007)은 핵심인재를 가치 있고, 희소하면서, 다른 사람이 모방하기 어렵고, 대체되기 어려운 역량을 갖추어서, 평범한 인력보다 많은 가치를 창출할 수 있는 인재로 정의한다. 차종석(2005)은 핵심인재를 다른 기업이 모방하기 어렵고 지속가능한 경쟁우위를 가져다주는 특성을 보유한 인재로 정의한다. 이갑두(2011)는 핵심인재를 기업의 가치창출과 지속적 경쟁우위의 원천으로서 다른 기업이 쉽게 모방하기 어렵기 때문에 대체가 되지 않는 역량과 능력을 가진 사람이라고 정의한다. 이를 종합할 때, 일반적으로 핵심인재는 전문적인 지식과 스킬을 가지고, 범용인재에 비해 매우 탁월한 역량을 보여주는 인재라 할 수 있다.

이러한 핵심인재는 핵심인재만의 특징을 가지고 있다. 이정일(2001)은 직무전문가형 핵심인재는 다음과 같은 두 가지 특징을 가지고 있다고 주장한다. 첫째는 해당 인력의 존재 자체가 기업의 핵심 역량이 되는 인재로, 혼자서 수만 명을 먹여 살릴 수 있는 기술, 영업, 관리 분야의 천재, 수재급 인재이다. 둘째는 외부 유출시 기술력 약화, 사업추진 차질, 고객 상실 등으로 해당 기업에게는 치명적인 손실을 입힐 수 있는 가능성이 있는 인재로 현재 조직에 많은 기여를 하면서 높은 보상을 받는 인재이다. 김은환, 한창수(2002)는 핵심인재의 요건으로 산업의 흐름과 맥을 짚을 줄 아는 전문능력, 조직 내의 잘못된 관행과 고정관념 등을 타파하고 혁신적 아이디어를 실현시킬 수 있는 변화주도 역량, 수준 높은 도덕성 아래 조직에 장기적인 비전을 제시하면서 고객 및 사회와 공존할 수 있는 도덕성, 항상 주변에 사람이 모여들고 필요할 때 도움을 받을 수 있는 인간미 등이 있다고 말한다.

핵심인재는 조직에서 담당하는 직급이나 직무에 따라 여러 형태로 구분할 수 있다. 공선표(2004)는 핵심인재를 수종형 인재, 전문가형 인재, 특이인재로 구분하였다. 수종형 인재란 미래 조직에서 CEO가 될 수 있는 핵심인재를 의미하고, 전문가형 인재란 영업이나 전략 등 자신의 직무 분야에서 뛰어난 역량을 보여주는 핵심인재를 말하며, 특이인재란 글로벌 초일류 기업에서 창의성을 갖춘 인재를 뜻한다. 핵심인재 육성은 과거에는 수종형 인재를 중심으로 이루어졌지만, 현재는 혁신적인 아이디어와 사고를 가지고 창의성을 발휘하는 전문가형 인재 또는 특이인재 육성에 초점이 맞추어지고 있다.

배성오(2011)는 핵심인력을 조직의 리더역할을 수행할 리더형 핵심인재와 특정 직무에서 전문성을 발휘할 전문가형 핵심인재로 크게 구분하였다. 리더형 핵심인재는 미래의 기업 리더를 말하는 것으로 자신의 현재 조직 내 위치보다 한 단계 또는 더 높은 위치로 올라가서 조직 내 중요한 리더로서의 역할을 수행할 수 있는 사람이다. 전문가형 핵심인재는 인사, 영업, 기술, 전략 등 자신이 수행하고 있는 직무에서 차별화된 역량을 발휘하는 핵심인재를 뜻한다. 그리고 한 걸음 더 나아가 전문가형 핵심인재 중에서 조직이 가진 핵심역량과 직결되는 직무를 수행하는 전문가를 핵심직무 전문가로 구분할 수 있다.

이진구(2013)는 이를 종합하여 핵심인재를 경영리더, 직무전문가, 핵심직무 전문가로 구분하였다. 경영리더란 향후 조직 내에서 임원 또는 CEO로 육성 가능한 부문별 우수 핵심인재이다. 직무전문가란 회사 경영에 필요한 각 부문별 전문가로서 글로벌 수준의 해당 직무에서의 전문성을 갖춘 핵심인재이다. 핵심직무 전문가란 회사 경쟁력의 핵심역량이 되는 분야에서 고도의 전문성과 경험을 바탕으로 창의적인 성과를 내는 핵심인재이다 〈표 2-1〉.

〈표 2-1〉 핵심인재 유형별 정의

구분	경영리더	직무전문가	핵심직무 전문가
정의	향후 조직 내에서 임원 또는 CEO로 육성 가능한 부문별 우수 인재	회사 경영에 필요한 각 부문별 전문가로서 글로벌 수준의 해당 직무에서의 전문성을 갖춘 인재	회사 경쟁력의 핵심역량이 되는 분야에서 고도의 전문성과 경험을 바탕으로 창의적인 성과를 내는 인재

2) 핵심인재의 육성 방법

일반적으로 핵심인재관리는 핵심인재 확보와 핵심인재 유지로 구분할 수 있다(이갑두, 2011). 핵심인재의 확보는 외부의 인재 풀이나 헤드헌팅 등을 통해 외부에서 조달하거나 내부 육성을 통해 이루어진다. 핵심인재의 유지는 확보된 핵심인력이 유출되지 않고 조직 내에 머물도록 하는 것으로 인센티브를 제공한다거나 도전적인 직무에 배치함으로써 이루어진다(이경묵, 윤현중, 2007).

핵심인재 육성 모형은 깔때기 모형과 로터리 모형이 있다(공선표, 2004; 장영철, 이주일, 구자숙, 1998). 깔때기 모형은 미래 CEO 양성에 초점을 맞추어 핵심인재 Pool에서 육성이 시작되면서 점차 탈락을 시켜가는 모형이고, 로터리 모형은 반면에 어느 방향에서나 진입 및 퇴출이 자유로울 수 있도록 설계한 모형이다. 깔때기 모형에서는 핵심인재를 후보자 확인 및 선발 단계, 육성 및 개발 단계, 후계단계의 3단계로 구분하여 관리한다(Bates, 1994; Derr, Jones & Toorney, 1988).

① 1단계: 후보자 확인 및 선발 - 핵심인재 후보들을 확인하고 일반 직원들로부터 분리하여 선발하는 단계. 소식 내 공식/비공식적으로 싱과자라고 인정받거니, 일반 직원과는 분리하여 육성할 만하다고 간주되는 인재를 중심으로 후보자 군을 구성

② 2단계: 육성 및 개발 단계 - 후보자군 중에서 몇몇 보직에서 성공적으로 업무를 수행하였고, 미래의 리더로서 확고한 가능성이 있는 인물에 대해 훈련 및 개발을 시키는 단계. 주로 중요 보직을 거친 인재들을 중심으로 핵심인재 군을 형성함

③ 3단계: 승계단계 - 핵심인재군 중에서 최고 경영자로 승계가 가능한 후보군을 대상으로 승계를 준비하는 단계. 조직에서 중요한 리더십 직책을 담당하기를 원하면서 매우 높은 수준의 리더로서의 역량을 보유한 정예 핵심인재

로타리 모형은 핵심인재의 육성 기간을 단축시키고, 핵심인재 육성과정에의 진입과

탈락의 유연성을 증진시키기 위한 필요에 의해 대두되었다. Derr와 Briscoe(1995)는 다음과 같은 점에서 로타리 모형은 깔때기 모형과 대조를 이룬다고 말한다.

① 핵심인재들이 다양한 계층의 수준에서 진입과 탈락, 탈퇴할 수 있다.

② 핵심인재 육성 프로그램에 외부에서 영입한 인재들도 진입할 수 있다.

③ 핵심인재 육성체계에서 가장 탁월한 인재들이 반드시 최고경영자나 전통적인 리더 직위의 후계자로 지명되는 것은 아니다.

④ 핵심인재 육성과정에 체류하는 기간은 개인별로 차이가 있을 수 있다. 즉, 개인 주도의 육성이 필요하고 개별 인재들은 시장가치를 향상시킬 수 있도록 해야 한다.

Rothwell과 Kazanas(2013)는 경영전략기획(strategic business planning)에서 활용하는 프로세스를 인적자원개발 분야에 접목한 전략적 인재개발(strategic development of talent) 프로세스를 제안하였다. 전략적 인재개발이란 "계획적, 비계획적 학습을 통해, 현재 및 미래시점에 조직의 경쟁우위 확보 및 유지에 필요한 역량을 보유할 수 있도록 조직, 외부의 이해관계자, 내부의 그룹, 임직원 등을 변화시키는 프로세스"이다(Rothwell & Kazanas, 2003, p.28). 이러한 전략적 인재개발은 조직 내에서 이루어지는 인재개발 노력이 조직의 경영전략 및 이에 따른 인력계획과 밀접하게 연계되어야 한다는 가정 하에 개발되었다.

이러한 가정을 달성하기 위해서는 다음의 네 가지 사항이 중요하다. 첫째, 조직에서의 학습활동은 조직의 지원 아래 조직의 미션과 연계하여 실행되어야 한다. 둘째, 조직의 경영전략을 수립하여 실행할 때 경영전략 달성에 필요한 인재를 내부에서 육성할지 외부에서 채용할지 등의 의사결정을 사전에 명확하게 수립해야 한다. 셋째, 조직 내의 모든 관리자는 전략적 인재육성에 대해 공동의 책임 및 의무가 있다는 것을 이해하고 실행해야 한다. 넷째, 인재를 육성할 때에는 체계적인 프로세스를 준수하여 정교하게 육성해야 한다.

Rothwell과 Kazanas(2013)는 이에 기반을 두어 7단계로 구성된 전략적 인재개발 프로세스 모형을 제시하였다[그림 2-4].

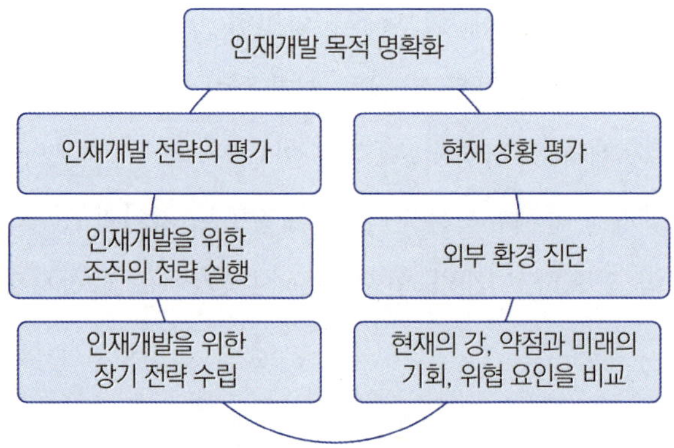

[그림 2-4] 전략적 인재개발 프로세스(Rothwell & Kazanas, 2003)

본 프로세스에 따르면 1단계는 인재육성의 목적을 명확화 하는 단계로 인재육성의 목적 및 비전을 명확하게 설정한다. 2단계는 현재 상황을 평가하는 단계로 현재 우리 조직의 구성원들이 보유하고 있는 역량, 스킬 분석 등을 통해 조직의 강점 및 약점을 파악한다. 3단계는 외부 환경 진단 단계로 미래에 예측되는 조직 구성원들의 성과에 영향을 줄 수 있는 기회 및 위협 요인을 파악한다. 4단계는 현재의 강, 약점과 미래의 기회, 위기 요인을 비교하는 단계로 이를 통해 시사점을 도출한다. 5단계는 인재개발을 위한 장기 전략을 수립하는 단계로 시사점을 바탕으로 인재개발 전략을 수립한다. 6단계는 인재개발을 위한 조직의 전략을 실행하는 단계로 구성원에 대한 훈련, 개발, 교육 및 조직개발 등을 실시한다. 7단계는 인재개발 전략을 평가하는 단계로 계획에 따라 실행된 인재개발 전략을 종합적으로 평가한다.

실제적으로 조직에서 핵심인재를 육성하는 가장 보편적인 프로그램은 일을 통한 육성과 경력개발계획(career development plan)을 근거로 계획적 이동을 시키는 방법이 있으며, 일반적으로 이 두 가지의 방법을 통합하여 육성한다. 일을 통한 육성은 70:20:10의 법칙을 적용하여 이루어지는 것이 일반적이다. 지속적으로 담당업무를 수행하면서 도전적인 과제나 어려운 프로젝트팀의 일원이 되어 지속적인 업무경험을 쌓도록 하는 것을 전체 중에서 70% 정도의 비중으로 실시한다. 또한, 코칭이나 멘토링 프로그램을 통해 상사, 동료, 또는 전문가로부터 직무에서 발생하는 여러 일들에 대해 직간접적으로 학습하고 성찰할 수 있는 기회를 제공하는 것을 20% 정도의 비중으로 운영한다. 마지막으로 자기주도 학습을 실행하면서 필요시에는 교육에 참가하여 업무상 필요한 내용을 학습하는 것을 10% 정도의 비중으로 실시하도록 한다. 핵심인재 육성을 위해서는 경력개발계획에 의한 계획적 이동도 필요하다. 핵심인재에게는 전략적이고 의도적으로 핵심인재가 갖추어야 하는 지식, 스킬, 역량 등을 경력개발을 통해 갖추도록 하는 것이 필요하다. 핵심인재에게 요구되는 역량은 경력경로에 따라 직무나 직위를 체계적으로 경험할 때, 가장 향상될 수 있다.

참고문헌

강성춘, 박지성, 박호환 (2011). 전략적 인적자원관리 국내 연구 10년: 걸어온 길, 그리고 가야 할 길. 인사·조직연구, 19(2). 51-108.

권대봉 (2002). 인적자원개발의 개념 변천과 이론에 대한 종합적 고찰. 서울: 원미사.

공선표 (2004). 성과창출을 위한 실무인적자원관리. 서울: 좋은 책 만들기.

김은환, 한창수 (2002). SERI CEO Information, 353, 1-24.

박오원 (2013). 핵심인재관리와 조직성과. 대한경영학회지, 26(2). 389-409.

배성오 (2011). 글로벌 선진기업 사례로 본 핵심인재 육성방안. 임금연구, 19(1), 44-54.

배종석, 박오원 (2005). 전략적 인적자원관리와 조직의 혁신성과: 탐색적 혁신성과와 활용적 혁신성과의 비교 분석, 인사조직연구, 13(2), 147-186.

송영수 (2009). 대기업 중심의 전략적 HRD 주요영역 및 핵심과제 도출. 기업교육연구, 11(2), 75-98.

윤정현, 이승환 (2014). 대학조직의 전략적 인적자원관리의 실행이 구성원들의 혁심행동과 경쟁력에 미치는 영향: 구조방정식 모형을 중심으로. 한국인사관리학회 춘계학술대회 발표논문집, 343-365.

이갑두 (2011). 전략과 핵심인재관리가 성과에 미치는 영향에 대한 연구 - 중소기업을 중심으로. 산업경제연구, 24(4), 2541-2564.

이정일 (2001). 기업 핵심인력의 유출과 대책. SERI CEO Information, 295, 3-12.

이진구 (2013). 전략적 인재개발 프로세스를 적용한 핵심직무 전문가 양성사례. 기업교육연구, 15(1). 1-25.

이경묵, 윤현중 (2007). 경쟁환경, 기술변화, 경쟁전략과 핵심인재관리 강도간의 관계에 대한 연구. 경영학 연구, 36(5). 1259-1294.

이학종, 양혁승 (2012). 전략적 인적자원관리. 박영사.

장영철, 이주일, 구자숙 (1998). 선진국 기업들의 핵심인재육성. Korea Business Review, 2(2), 147-171.

정재훈 (2015). 인적자원관리(4판). 북넷.

주용국 (2010). 전략적 인적자원개발의 구성요소 및 인적자원개발 실행전략의 탐색과 적용, HRD연구, 12(1). 207-235.

한 웨, 김형진, 심덕섭 (2015). 전략적 인적자원관리가 종업원의 직무성과 및 조직몰입에 미치는 영

향: 내재적 · 외재적 동기부여의 매개효과를 중심으로. 대한경영학회지, 28(3). 821-839.

Bates, T. (1994). Career development for high fliers. *Management Development Review*, 7(6), 20-24.

Chandler, A. D. (1962). Strategy and structure, Cambridge, MA: M.I.T. Press.

Derr, C. B., & Briscoe, J. P. (1995). Managing high potentials: Practices in the United States. Managing High Potentials: Theoretical And International Perspectives (Englewood Cliffs, NJ: Prentice-Hall, forthcoming).

Derr, B., Jones, C., & Toorney, E. (1988). Managing high potential employees: Current practices in thirty-three U.S. corporations. *Human Resource Management*, 27(3), 273-290

Garavan, T, N. (1991). Strategic human resource development. *Journal of European Industrial Training, 15*(1), 17-30.

Garavan, T. N. (2007). A strategic perspective on human resource development. Advances in Developing Human Resource, (1), 11-30

Huselid, M. A. (1995). The impact of human resource management practices on turnover, productivity and corporate financial performance. Academy of Management Journal, 38(3), 635-672.

Kotter, J. P. (1996). Leading change. Harvard business press.

Lorsch. J. W. & Tiemey, T. J. (2002). Aligning the stars: How to succeed when professionals drive results. Boston, MA: Harvard Business School Press.

McCracken, M. & Wallace, A. (2000). Towards a redefinition of strategic HRD. *Journal of European Industrial Training, 24*(5), 281-290.

McKenna, E. & Beech, N. (2000). The essence of human resource management. Prentice-Hall.

Noe, R. A., Hollenbeck, J. R., Gerhart, B., & Wright, P. M. (2010). Human resource management: Gaining a competitive advantage, 7th. ed., NY: McGraw-HIll.

Pfeffer, J. (1994). Competitive advantage through people, Boston, MA: Havard Business School Press.

Rothwell, W. J. (2001). Effective succession planning. New York: AMACOM.

Rothwell, W. J. & Kazanas, H. C. (2003). *The strategic development of talent*(2nd ed.). Amherst, MA: HRD Press.

Storey, J., Wright, P., & Ulrich, D.(Eds.). (2008). The Routledge Companion to Strategic

Human Resource Management. Routledge: New York.

Wright, P. M. & McMahan, G. C. (1992). Theoretical perspectives for strategic human resource management. *Journal of Management*, 18, 295-320.

Yorks, L. (2005). Strategic human resource development, Mason, OH: Thompson-Southwestern.

요약

전략적 인적자원관리란 인적자원관리를 경영전략과 연계하여 조직의 전략목표 달성을 위해 필요한 인적자원을 확보, 개발 및 육성, 보상 및 유지하는 계획된 인적자원관리 활동이다. 경영전략과 인적자원관리를 통합한 전략적 인적자원관리를 위해서는 인적자원관리의 기능과 활동 등이 상호 간에 균형과 조화를 이루면서 내적 적합성(Internal fit)을 갖도록 하는 것이 핵심이다. 일반적인 조직의 인적자원관리 부서의 역할은 기능의 초점과 활동의 관점을 기반으로 전략적 파트너, 변화 담당자, 행정전문가, 직원 옹호자의 네 가지로 개념화될 수 있다. 전략적 인적자원개발이란 조직 인적자원을 전략적으로 적합화 시키기 위해 인적자원을 기획하고 인적자원을 개발하는 활동을 전략적, 전사적으로 실시하는 것이다. 여기서 전략적 인적자원개발의 실시 목적은 조직 목표를 달성하기 위해 인적자원개발 활동을 전략과 연계하여 조정하는 것이다.

핵심인재는 전문적인 지식과 스킬을 가지고, 범용인재에 비해 매우 탁월한 역량을 보여주는 인재이다. 일반적으로 핵심인재는 경영리더, 직무전문가, 핵심직무 전문가로 구분할 수 있다. 경영리더란 향후 조직 내에서 임원 또는 CEO로 육성 가능한 부문별 우수 인재이다. 직무전문가란 회사 경영에 필요한 각 부문별 전문가로서 글로벌 수준의 해당 직무에서의 전분성을 갖춘 인재이다. 핵심직무 전문가란 회사 경쟁력의 핵심역량이 되는 분야에서 고도의 전문성과 경험을 바탕으로 창의적인 성과를 내는 인재이다. 핵심인재는 깔때기 모형이나 로터리 모형을 통해 육성할 수 있으며, 전략적 인재개발 프로세스를 적용할 수 있다.

탐구 질문

1. 기존의 인적자원관리와 전략적 인적자원관리는 무엇이 다른가?
2. 전략적 인적자원관리를 수행하는 과정은 무엇인가?
3. 전략적 인적자원관리 측면에서 요구되는 인적자원관리 부서의 가장 중요한 역할은 무엇인가?
4. 핵심인재의 정의는 무엇이고 핵심인재는 어떤 유형으로 구분할 수 있는가?
5. 핵심인재를 육성하는 모형에는 어떤 것이 있는가?

/ 저자소개 /

이진구(lemtury@koreatech.ac.kr)

삼성그룹 교육전문인력으로 입사하여 삼성카드 인력개발팀, 케이티엔지 인재개발원 및 HR 혁신팀 등을 거쳐 현재 한국기술교육대학교 테크노인력개발전문대학원 교수로 재직 중이다. 주요 관심영역은 조직개발과 변화, 일몰입, 학습의 디지털 혁신, 직무능력 평가, 직업훈련 정책 등이다. 주요 저서로는 일자리와 교육 리더십(공저), workplace learning(공저)이 있으며, 역서로는 슈퍼팀이 있다.

제3장

퍼포먼스 테크놀로지

장환영 (동국대학교)

■ 목표

1. 학습자는 퍼포먼스 테크놀로지(HPT)의 주요한 특징들을 설명할 수 있다.
2. 학습자는 HPT의 진단모델과 과정모델을 구분하고 그 활용의 범위 및 주요 내용들을 지적할 수 있다.
3. 학습자는 HPT의 시스템적 관점과 성과수준의 관계를 설명하고 이것의 중요성을 설명할 수 있다.
4. 학습자는 성과분석에 따라서 성과문제에 대한 개입방법들이 어떻게 적용될 수 있는지 설명할 수 있다.

■ 핵심용어

퍼포먼스 테크놀로지(HPT: Human Performance Technology), ISPI, 전단분석, 퍼포먼스 엔지니어링, 진단모형, 과정모형, 시스템모형, 퍼포먼스 수준, 퍼포먼스 요소, 개입방법, 퍼포먼스 컨설팅, 퍼포먼스 코칭, 퍼포먼스 리더십

1. 퍼포먼스 테크놀로지(HPT)의 이해

본 장은 HPT(Human Performance Technology)에 대한 이해를 돕기 위한 장이다. 우리나라에서는'퍼포먼스 테크놀로지(Performance Technology, PT)' 또는 '수행성과 향상(Performance Improvement, PI)'으로 알려져 있고 수행성과[1]에 대한 관심이 고조되면서 보다 효과적으로 성과를 향상시키기 위한 체계적인 방법으로서 많이 소개가 되었다. 뒤에 테크놀로지라는 말이 붙어 있는 것처럼 HPT는 추상적인 이론과 설명을 중요시한다기 보다는 퍼포먼스의 문제를 규명하고 이를 해결하기 위한 솔루션에 집중하는 것을 강조한다. 여기서 말하는 테크놀로지는 경성테크놀로지(hard technology)라기 보다는 연성테크놀로지(soft technology), 즉 과정과 절차 그리고 수단과 방법을 의미한다. 따라서 HPT는 인간의 수행성과문제를 명확히 분석하여 규명하고 이를 효과적으로 해결하기 위한 방법을 제시하는 체계적인 과정이라고 말할 수 있다. 보다 확장된 이해를 돕기 위해 본 장에서는 HPT의 선구자들, 특징, 주요 모델, 논의점 및 미래방향 등을 서술하고자 한다.

1) HPT의 정의와 선구자들

Rosenberg, Coscarelli, Hutchinson(1999)가 논의한 대로 HPT는 '(1) 시스템이론, (2) 학습심리학, (3) 수업설계이론, (4) 분석체제, (5) 인지공학, (6) 정보기술, (7) 인체공학, (8) 심리측정학, (9) 피드백시스템, (10) 조직개발'(pp. 25-35) 등의 다양한 분야로부터 개념과 방법들을 차용하여 구성되었다. 이러한 다양한 차용에도 불구하고 HPT의 선구자들은 인간 수행성과의 향상을 위해 일관되고 체계적인 모델들을 개발하여 왔다. 이러한 HPT 주요 모델의 발전은 다음의 두 가지 중요한 특징을 인식한 결과

1) performance를 수행(과정중심), 성과(결과중심), 또는 두 가지를 합한 수행성과로 해석함. 이글에서는 퍼포먼스, 수행, 성과, 수행성과를 상황에 따라서 호환적으로 사용함.

라고 볼 수 있다.

- 교육 또는 훈련이 모든 퍼포먼스 문제에 대한 만병통치약은 아니며, 훈련의 경우는 단지 지식과 스킬의 차이(gap)이 있을 때에만 해결책으로써 활용될 수 있다.
- 행동의 증상(symptoms)이 아니라 퍼포먼스 문제의 근본원인(root causes)들을 탐색해야 할 필요성이 있다.

이러한 특성과 관련하여 HPT의 두 가지 중요한 개념이 지적되어야 하는데, 그것은 바로 전단분석(front-end analysis, FEA)과 가치 있는 성과(worthy performance)라는 개념이다. 전단분석은 1969년 Joe Harless에 의해서 이름이 지어졌고 문제에 대한 해결책을 고안하기 전에 행해져야 할 철저한 분석절차를 의미한다. 전단분석의 도움으로 우리는 퍼포먼스 문제에 대해 오로지 훈련 또는 교육적 해결책만을 찾으려는 유혹에서 벗어나서 다른 다양한 해결방법을 고려할 수가 있다. 가치 있는 성과(W)라는 개념은 HPT의 아버지 격인 Gilbert(1978)가 강조한 것으로서, "비용이 드는 행동(B)에 대한 귀중한 성취(A)의 비율(W=A/B)"(p. 18)을 나타낸다. 이것은 "아무리 훌륭한 성취라고 하더라도 인간 행동에 대한 비용이 더 크다면 가치 있는 성취라고 할 수 없다"(p. 18)라는 것을 의미한다. 퍼포먼스 엔지니어[2](성과공학자)들은 한 개인이 과제를 수행하는 행동(behavior)과 "그 행동의 결과 또는 그 행동이 이 세계에 주는 영향, 즉 성취(accomplishment)"(pp. 20-21)를 잘 구분하는 것이 중요하다. 왜냐하면 행동이 아니라 그 행동의 결과만이 우리에게 직접적인 가치가 있기 때문이다. Gilbert는 "퍼포먼스의 행동 측면을 측정함으로써 역량의 결핍에 대한 목록을 얻었다면 그것은 단지 중요한 성취의 결핍을 나타내는 목록일 때에만 의미가 있다"(p. 23)고 말한다. 성과공학자(performance engineer)들은 행동의 증상을 변화시키는 것이 아니라 성취의 변화를 가져오는 요소들에 초점을 두어야 한다.

2) Gibert는 Performance Technology를 "Performance Engineering"으로 표현함.

Robinson과 Robinson(1998)은 퍼포먼스 문제에 대해 귀중한 통찰을 제공해 왔던 주요 공헌자들을 〈표 3-1〉과 같이 소개하였다. 그들의 선구자적인 작업들을 통해서 HPT는 체계적이고 결과 중심적인 과정을 갖춘 성숙된 실천 분야로서 성장하게 되었다. HPT의 지난 60년간의 발전은 일터에서 인간 수행성과의 향상을 위한 전문적인 실천에 대해 이론화하고 성찰해온 경험의 결과라고 할 수 있다.

〈표 3-1〉 HPT 분야의 주요 공헌자들

HPT 선구자	주요 원리와 개념
B. F. Skinner	행동은 그 행동에 주어진 반응에 의해 영향 받을 수 있다. (예. 조작적 조건화)
Tom Gilbert	지식과 스킬이 없는 것보다 업무환경에서 성과지원이 없는 것이 최대의 성과를 내지 못하게 하는 가장 큰 제약점이다. HPT는 훌륭한 성취, 즉 '가치 있는 성과'를 찾는다.
Robert Mager	학습 목표는 성과 언어로서 규정되어야 한다. 그래서 각 목표는 다음을 포함할 필요가 있다. • 학습자가 해야 하는 것 • 성과가 일어날 수 있는 조건들 • 받아들여질 수 있는 성과의 수준 또는 질
Joe Harless	효과적인 성과해결책은 개입안이 진행되기 전에 업무수행자가 작업하는 시스템에 대한 분석을 요구한다. 이것을 위한 분석을 '전단분석'이라고 한다.
Geary Rummler	세 가지 성과수준은 훌륭한 인간 성과를 유지하기 위해 정렬되어야만 한다. 한 수준의 변화만으로는 불충분하다. 세 가지 수준은 다음과 같다: • 조직 • 과정 • 과업/수행자

출처: Robinson과 Robinson(1998)

2) HPT의 주요 특성들

HPT에 대해 모두를 만족시키는 유일무이한 정의는 없다고 하더라도, "HPT 핵심 특성들에 대한 공감대는 이루어져 왔다"(Stolovitch & Keeps, 1999, p. 9). 〈표 3-2〉는 주요 HPT 저자들에 의해 제안된 다양한 특징들을 정리한 것이다.

〈표 3-2〉 HPT의 주요 특징

	다른 분야와 구분되는 HPT 특징
ISPI(www.ispi.gor)	• 결과 중심 • 시스템 사고 • 가치 증진 • 파트너십 중시 • 체계적 접근의 활용
Stolovitch & Keeps (1999)	• HPT는 체계적이다. • HPT는 체제적이다. • HPT는 과학적으로 도출된 이론들과 경험적 증거들에 기반한다. • HPT는 모든 방법론, 수단들에 개방되어 있다. • HPT는 과업수행자와 시스템에 도움이 되는 가치 있는 성과에 초점을 맞춘다.
Sanders(2002)	• 결과 기반, 체계적 접근 • 행동 대신에 성취에 집중한다. • 조직은 시스템이다.
Pershing(2006)	• HPT는 평가와 변화에 기초한다. • HPT의 특성은 역동적이며 계속 변한다. • HPT는 교조적이지 않으므로 다양한 방법을 취하고 어떤 방법적 편견이 없다. • HPT는 실천 분야로서 절충적(eclectic)이다.

HPT의 핵심 특성들은 수년간 다양한 성과향상 프로젝트에 관여해온 경험 있는 퍼포먼스 테크놀로지(HPT) 전문가들의 지혜로부터 나왔다고 볼 수 있으며 그러한 특성

들은 HPT 분야의 정체성을 형성해 왔다. 〈표 3-2〉의 특징들을 종합하면서 저자는 다음의 세 가지를 HPT의 중요한 특징으로 제안하고자 한다. HPT는 테크놀로지이면서 실천의 분야로서 목표, 과정, 방법의 세 가지 핵심적인 구성요소를 지니고 있다.

① 목표(Objective): 가치 있는 성취(valuable accomplishments)

- Why: HPT의 목표는 조직을 위해 가치 있는 성취를 이루는 것이다. 이는 결과에 대한 강조와 과학적 연구에 기반한 증거, 그리고 고객 조직에 부가가치를 전달해야할 것을 요구한다.

② 과정(Process): 체제적 접근과 체계적 과정(systemic approach and systematic process)

- How: 위의 목표를 이루기 위해서, HPT는 일을 하는 방식에 해당하는 접근법과 과정이 필요하다.
- Who: 성과향상은 단지 퍼포먼스 컨설턴트의 일일뿐만 아니라 조직의 모든 구성원의 일이다. HPT의 체제적 및 체계적 접근은 다양한 성과문제들을 제대로 분석하게 해주고 조직 내 과업수행자들이 자신의 성과문제들을 해결하는 데에 자신감을 갖게 해준다.
- When: HPT의 일관되고 체계적인 과정을 통해서 HPT전문가들은 적시에 효율적인 방법으로 성과문제에 대한 적절한 해결책을 적용할 수 있다.
- Where: HPT의 체계적인 과정은 개인, 그룹, 사조직 및 공공조직, 사회적공동체, 국가, 그리고 글로벌 세계 등 다양한 맥락에 체제적으로 적용될 수 있다.

③ 방법(Methods): 절충적이고 모든 방법에 열려 있음(eclectic and open to methods)

- What: 가치 있는 성취를 이루기 위해서 HPT는 어떤 기존 학문분야의 엄격한

경계를 넘어서는 모든 방법에 열려있을 뿐만 아니라 파트너들과 기꺼이 협력하고자 한다.

핵심 특성이 무엇인지 밝히는 것은 HPT가 무엇인지를 이해하는 데에 도움을 준다. 다음은 HPT의 이러한 특성들을 반영한 주요 모델들을 설명함으로써 이해를 증진하고자 한다.

2. HPT의 주요 모형들

1) 진단모형과 과정모형

Rosenberg, Coscarelli와 Hutchinson(1992)은 HPT 모형을 진단과 과정의 모형으로 범주를 나누었다. 그들에 따르면, "진단모형은 HPT가 적용될 수 있는 영역을 구분하는 데에 도움을 주고, 과정모형은 HPT가 어떻게 적용될 수 있는지 서술하고자 하는 모형이다"(p. 27)라고 설명하고 있다. HPT 모형의 진화와 발전은 성과 문제에 대한 근본 원인을 발견하고자 하는 노력에서 시작되었다. Gilbert는 인간의 성과향상을 위해 많은 아이디어들을 제공했지만 그 중에서도 가장 중요한 공헌은 행동 자체가 아닌 행동의 결과 즉, 성취(accomplishments)에 대한 강조라고 볼 수 있다. Gilbert(1978)는 "성과에서 행동은 수단이고, 그 결과가 목표이다"(p. 16)라고 말한다. 행동의 비용을 넘어서는 "가치 있는 성과"에 대한 그의 강조는 성과문제에 대한 근본 원인을 진단하여 체계적인 성과 프로세스들을 신행하고자 하는 노력으로 이어져 많은 HPT 모형들이 생겨나게 하는 시발점이 되었다. 진단모형으로는 Gilbert의 Behavior Engineering 모형, Addison, Haig와 Kearny(2009)의 Performance Architecture 모형, Tosti와 Jackson(1997)의 Organizational SCAN 모형, Wile(1996)의 통합 모형 등이 대표적이다.

과정모형들은 몇 가지 활동들을 그룹지어서 설명하는 비슷한 특성들을 가지고 있는데, 성과 차이(gap)을 찾고, 다양한 개입 가능성을 고려하고, 적절한 피드백 수단을 갖추고 결과를 평가하는 등의 절차들이다(Wilmoth, Prigmore, & Bray, 2002). 국제퍼포먼스향상학회(International Society for Performance Improvement, ISPI) 모형은 이러한 모든 특징들을 포함하고 있으며 과정모형의 가장 적절한 예라고 볼 수 있다([그림 3-1] 참조).

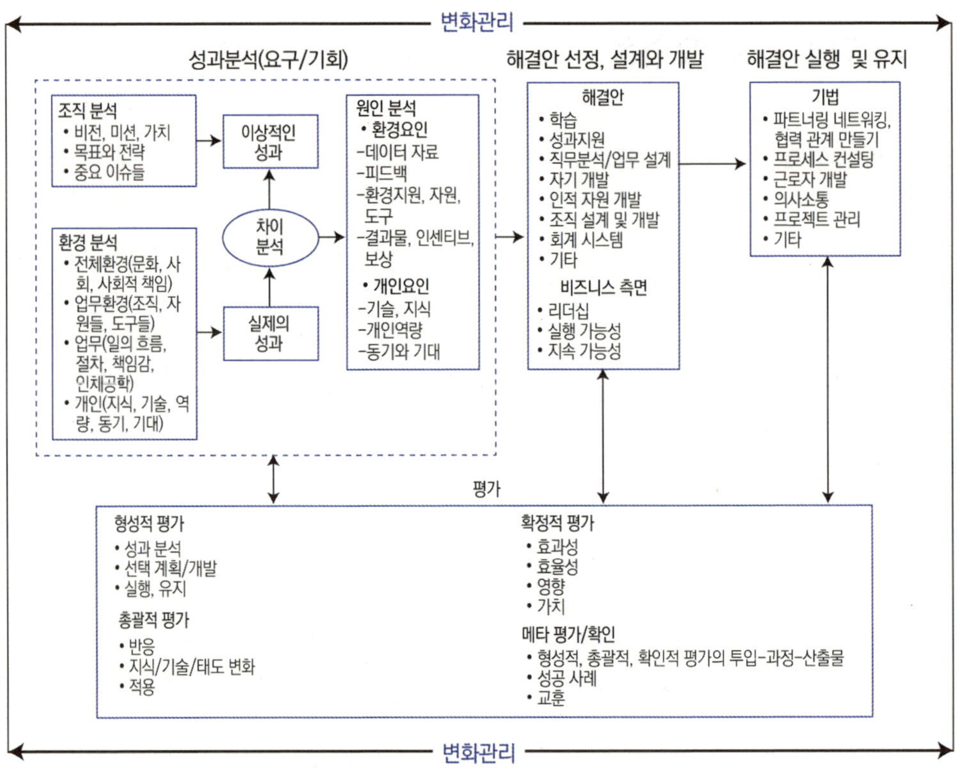

[그림 3-1] ISPI HPT 모형(Van Tiem et al., 2012)

2) 성과 시스템(Performance System)

Stolovitch와 Keeps(1999)는 "HPT의 질서정연함, 객관성, 주도면밀한 분석, 디자인, 평가절차, 그리고 측정 가능한 성과향상을 위한 훈련, 환경의 재구조화, 피드백 시스템 및 인센티브 시스템 등의 이 모든 요소들이 신뢰성을 증진시키고 적용가능한 해결책을 기꺼이 채택할 수 있도록 한다"(p. 11)라고 지적하였다. HPT는 증거기반 연구와 결과 중심의 접근을 통하여 성과문제를 해결하고자 하는 목표를 지니고 있다. 분명히 진단 모형과 과정 모형은 이러한 목표를 충실히 지원하고 있는 것으로 보인다. 하지만 이러한 모델들이 현재 복잡 구조를 지니고 있는 조직들이 겪는 비선형적인 성과문제들을 처리할 수 있는지는 의문이다. 진단 및 과정모형이 제시한 대로 HPT는 성과향상에 대해 논리적이고 합리적인 접근을 취하고 있는 반면, 어떤 매우 복잡한 성과문제들은 이러한 체계적이고 논리적인 과정에 의해 해결되지 않을 수도 있다. 예를 들어, 새로 조직된 벤처기업 또는 네트워크 조직들은 빠른 시장변화와 피할 수 없는 내부 정치에 휘말려 있는 경우가 많고, 나아가 항상 인수합병의 위험 속에 처해져 있는 경우가 많다. 이러한 조직들은 복잡한 인간 수행성과 문제들에 적절히 대처하기가 어려울 수 있고 진단 및 과정 HPT 모형이 제공하는 논리적 해결책들이 바람직한 결과를 보장하지 못할 수가 있다. 왜냐하면 "인간 수행성과는 공학적으로 조절 또는 관리되기 보다는(not engineered) 영향을 받을 수 있기(but influenced)때문이다"(Wittkuhn, 2006, p. 1280). 이러한 문제들은 성과문제의 성격상 비선형적이고 비합리적인 성격 때문에 HPT가 피해야 할 영역이 아니라 현재의 합리적 성격의 진단 및 과정 모형들보다 더 적용 가능한 방법과 모형들을 개발함으로써 HPT가 지원해야 할 영역이다.

몇몇 HPT 연구자들과 실천가들은 성과문제의 이러한 비선형적 그리고 복잡한 측면들을 고려하여 체제적인 모형들(systemic models)을 개발해 왔다. 이러한 모형들은 문제 영역을 성과 시스템의 측면에서 바라보고 장기적 결과를 위한 종합적인 대안들을 탐색한다는 점에서, 과정모형이 체제적 접근을 포함하고 있다고 하더라도 과정모형과는 차별화된다. 이런 모형들은 진단 및 과정모형들과는 달리 '성과 시스템 모형'이라고 분류될 수 있다 〈표 3-3〉. 성과 시스템 모형의 핵심 특징 중의 하나는 체제적 접근의 확장성(scalability)이다. 즉, "시스템 프레임워크는 개인에서 출발하여 운영단계의 복잡성으로 올라가고 궁극적으로는 전 조직의 경영에까지 이르는, 복잡성의 다양한 정도에 따라서 공동의 결과를 향하여 일하는 많은 사람들이 포함된 시스템 수준에 걸쳐 균일하게 적용될 수 있다"(Amarant & Tosti, 2006, p. 1194)라는 점이다. 각 성과 시스템 수준에 따라서, 시스템 요소들, 다시 말해 투입, 과정, 산출, 결과, 피드백 등이 분석되고 그 분석에 기초하여 개입방법이 선정될 수 있다.

지난 60년간 HPT 분야에서 수많은 모형들이 생겨났고 이는 이 분야가 아직도 진화하고 있다는 점을 나타낸다. 이러한 모형들은 퍼포먼스 테크놀로지(HPT) 전문가들에게 성과문제들을 효과적으로 분석하고 관리할 수 있게 하는 독특한 관점을 제공해준다. 이러한 관점들은 많은 HPT전문가들에 의해 다양한 맥락에서의 성과 프로젝트를 위해 활용되고 실천되어 왔다. 결과적으로 HPT 모형들은 다른 분야의 모형들과 차별화되는 일관된 HPT만의 시각과 접근을 포함하고 있으며 HPT전문가들은 그들의 연구와 실천에서 이 모형들을 쉽게 활용할 수 있다. 진단 및 과정 모형과는 달리 성과시스템 모형들은 그 확장성으로 인해 성과 수준에 대한 논의로 확장될 필요가 있다.

〈표 3-3〉 HPT 모형들

진단모형	• Behavior Engineering Model (Gilbert, 1978) • Performance Analysis Flow Chart (Mager & Pipe, 1984) • Performance Diagnosis Matrix (Swanson, 1994) • Organizational Elements Model (Kaufman, 1997) • Performer-Centered HPT Model (Deterline, 1993) • Wile's Synthesized HPT Model (Wile, 1996) • Performance Architecture Map (Addison & Haig, 1999) • "Big Three" Causes of Performance Gap (Clark & Estes, 2002)
과정모형	• Systematic Design of Instruction (Dick & Carey, 1996) • Strategic Impact Model (Molenda & Pershing, 2004) • ISPI Model (Van Tiem, et al, 2004) • Performance Improvement Process (Pershing, 2006)
성과 시스템 모형	• Total Performance System (Berthower, 1972) • The Open System Model (Harrison, 1994) • The Super-System Model, Nine Performance Variables (Rummler & Brache, 1995) • The Language of Work (Langdon, 1999) • The Organizational Alignment (Tosti & Jackson, 1994)

3) 성과의 수준(Levels of Performance)

Dean(1997)에 따르면, 성과는 "활동과 활동의 결과"(p. 72)인 두 부분을 지니고 있다. 성과는 그냥 일어나는 것이 아니라 성과 시스템이 요구하는 맥락 안에서 일어난다(Lynham & Chermack, 2006). 따라서 성과 시스템은 목표를 성취하는 성과를 규정한다. 성과에 대한 시스템 관점의 장점은 함께 작동하고 있는 모든 시스템 요소들의 활동과 활동의 결과들을 볼 수 있다는 점이다. 일반적으로 시스템 요소들은 투입, 과정, 산출, 결과, 그리고 피드백으로 이루어져 있다. 성과는 성과요소들 사이의 상호작용의 결과이고 "시스템이 자체의 역량을 활용하는 수준"(Wittkuhn, 2004, p. 35)을 의미한다.

성과에 대해 시스템 관점을 적용함으로써 우리는 성과가 다양한 차원과 수준에서 분석될 수 있다는 점을 알 수가 있다. Tosti와 Jackson(1999)은 다음의 세 가지 요소들이 성과에 영향을 줄 수 있다고 지적한다.

- 조직 요소들(organizational factors): 이 요소들은 조직 전체 그리고 그 안의 대부분 사람들의 성과에 영향을 미치는 요소들이다. 조직구조, 중앙 관리 시스템, 기업 전략, 핵심 정책 그리고 조직 가치 및 문화 등이 해당한다.
- 과업 요소들(work factors): 이 요소들은 특정 일의 영역 또는 일의 집합에 영향을 미치는 요소들이다. 전형적인 과업환경, 유용한 자원과 정보들, 업무과정, 그리고 생산하는 제품과 서비스의 성격 등이 이에 해당한다.
- 사람 요소들(people factors): 이 요소들은 주로 개인과 그룹에 작동하는 요소들이다. 개인과 그룹이 작업하는 환경, 인적자원 수요의 특징, 지식과 스킬들, 그리고 그들이 받는 보상과 피드백 등이 이에 해당한다.

Rummler과 Brache(1995)는 또한 조직 안의 모든 것은 서로 연결되어 있고 우리는 조직과 개인의 성과를 향상시키기 위해 이러한 연결점들을 이해할 필요가 있다고 강조한다. 시스템 요소들 간의 상호연관성을 품고 있는 조직은 단지 "아홉 가지의 성과 변인들(Nine Performance Variables)의 상호의존성을 인식한 총체적 접근"(p. 15)을 통해서만 변화되거나 증진될 수 있다. 그들 프레임워크의 한 측면은 성과의 세 수준(Three Levels of Performance)로서 조직 수준, 과정 수준, 그리고 일/과업수행자 수준을 지칭한다. 조직 수준(organization level)은 "조직의 시장과의 관계 그리고 그 조직을 구성하는 주요 기능들의 기본적인 형태"(pp. 15-16)을 강조한다. 과정 수준(process level)은 "일이 어떻게 완성되는지"(p.17)에 대한 과업 흐름을 의미한다. 연속해서 과정은 궁극적으로 다양한 일을 수행하는 개인과 팀들에 의해 관리된다(Rummler, 1999). 이것은 일・과업수행자 수준(Job/Performer level)로서 "고용과 승진, 일의 책임과 표준, 피드백, 보상, 훈련"(p. 17)을 포함하는 성과수준이다. 아홉 가지의 성과 변인늘(Nine Performance Variables)의 또 나른 측면은 성과 요구(Performance Needs)를 의미하는 세 가지 요소들로서 목표(goal), 디자인(design), 관리(management)를 말하며 각 수준의 효과성을 결정한다. [그림 3-2]는 Rummler와 Brache의 아홉 가지의 성과 변인들(Nine Performance Variables) 모형을 나타내고 있다.

Rummler와 Brache와는 달리, Langdon(1999)은 성과의 네 가지 수준을 지적하였다. 비즈니스단위 수준, 과정 수준, 개인 수준, 그리고 과업그룹의 수준이 그것이다. 그의 프레임워크의 특징은 비즈니스(사업)단위 수준을 포함하고 있다는 것인데 이는 "사업이 존재하는 이유를 포함하고, 규정된 고객의 요구에 맞추고, 경쟁 환경에서 능동적 전략을 취하는 과업활동 수준"(p. 29)이다. 그러나 Langdon은 Rummler와 Brache와 마찬가지로 "어떤 주어진 사업도 나름의 미션과 바람직한 결과가 어떻게 성취되어야하는 지를 규정할 수는 있다. 그러나 이 네 가지 과업수준에서의 어떤 사업도 반드시 통합되고 정렬되어야만 한다"(p. 268)라고 강조하고 있다.

성과 수준 \ 성과 요구 (Performance Requirement)	목표	설계	관리
조직수준	조직 목표	조직 설계	조직 관리
과정수준	과정 목표	과정 설계	과정 관리
일/수행자 수준	과업 목표	과업 설계	과업 관리

[그림 3-2] 9가지 퍼포먼스 변인들

Amarant와 Tosti(2006)에 따르면, 성과모형의 수준을 포함하는 조직분석은 두 가지 측면을 지니고 있다고 주장한다. 첫째로, 성과수준 분석은 사업결과에 공헌하는 것들을 구성하는 가치사슬에 대한 분석을 놓치지 않게 한다는 것이다. 둘째로는 조직의 각 다른 수준에서의 관점으로 성과이슈들을 관찰할 수 있게 한다는 것이다. Tosti와 Jackson, Rummler와 Brache, 그리고 Langdon의 모형 모두가 성과에 대한 시스템적 관점을 공유하고 있는 반면 각 모형들은 또한 그 나름대로의 독특한 특징을 지니고 있는데, Tosti와 Jackson은 조직 정렬(organizational alignment)을 강조하고 있고, Rummler와 Brache는 과정 수준에서의 향상에 집중하고 있으며, Langdon은 비즈니스(사업) 단위에 대한 분석을 포함하고 있다는 특징을 지니고 있다는 점이다.

3. 주요 개입 방안(Intervention Methods)

HPT의 강점 중의 하나는 연구와 증거기반의 접근을 강조하고 있다는 점이다. 개입방법의 설계는 HPT 과정에서 가장 중요할 뿐만 아니라 가장 어려운 작업이기도 하다. 따라서 "좋은 개입방안의 선택은 좋은 퍼포먼스 분석에서 시작되어야 한다"(Langdon, 1999, p. 15). 좋은 퍼포먼스 분석은 완전하고도 정확하며 증거기반의 분석을 의미한다. 그러나 정확한 성과분석이 자동적으로 높은 성공 가능성을 지닌 개입방법의 설계로 이끄는 것은 아니다. 성공적인 개입방안을 선택하기 위해서는 많은 다양한 성과개입 도구들에 관한 HPT전문가들의 지식과 전문성이 요구된다. 개입 방안과 관련하여 소개할 만한 참고 자료는 다음의 2가지이다.

- Langdon, Whiteside, & McKenna(1999)의 *Interveion Resource Guide: 50 Performance Improvement Tools*

- Sanders & Thiagarajan(2001)의 *Performance Intervention Maps 39: Strategies for Solving Your Organization's Problems*

Langdon, et al의 주요 특징은 각 개입방법이 Langdon의 Language of Work 모형에 따라서 두 가지 측면으로 범주화 되어 있다는 것이다.

- 성과를 구축(establishing), 향상(improving), 유지(maintaining), 아니면 소멸하는가(extinguishing)에 따른 구분
- 성과변화를 촉진하는 수준이 개인인가(individual), 작업그룹인가(work group), 과정인가(process), 아니면 전체 조직단위인가(entire organization unit)에 따른 구분

성과(performance)를 구축, 향상, 유지, 소멸하는 것은 개입방안이 이루고자 하는 성과 변화의 네 가지 종류라고 볼 수 있다. 개인, 작업그룹, 과정, 전체 조직은 그러한 변화가 표적으로 삼는 대상의 네 가지 수준이다. 이 두 가지 범주는 개입방안의 활용을 구체화시켜 주는 변화와 수준을 분명히 해준다. 이러한 구분은 또한 "특별한 요구사항을 맞춰주는 가능한 개입방법의 범위를 결정하는데 도움을 주기 위해"(p. 9) 활용될 수 있다. 이러한 기준점을 바탕으로 Langdon et al.의 50 가지 개입방법은 360도 피드백, 액션러닝, 인지적 인체공학, 문화변화, 전자수행성과지원시스템(EPSS), 직무보조물(job aids), 멘토링/코칭, 인센티브 시스템, 조직개발, 성과평가, 과정지도, 훈련, 과업 정렬 등을 소개하고 있다.

Sanders와 Thiagarajan(2001)의 책은 HPT 실천가들에게 적질한 개입빙인들을 추천하는 데에 도움을 주기 위한 방법론들을 직접적으로 다루고 있다. 그들은 "개입방안들이 다루고자 하는 근본 원인의 형태에 기반한 분류 시스템"(p. 9)을 사용하고 있다. 그들의 성과 개입방안 도구들의 여섯 가지 범주들은 〈표 3-4〉에 설명되어 있다

개입방법 도구들의 범주화에 대한 다른 유용한 프레임워크는 바로 Wile의 모형이

다. Wile(1996)은 Gilbert, Rossett, Harless, Spizer, Mager와 같은 저명한 HPT 저자들의 다섯 가지 모형들을 모두 종합하였다. Wile은 성과가 (1) 조직시스템, (2) 인센티브, (3) 인지적 지원, (4) 도구들, (5) 물리적 환경, (6) 스킬/지식, (7) 내적 능력 등의 일곱 가지 변인들에 영향 받을 수 있다고 진술하였다.

〈표 3-4〉 개입방안 분류 시스템

근본 원인 범주들	개입방안의 예시
지식의 향상	액션러닝, 코칭, EPSS, 직무 보조물(job aids), OJT, 훈련 게임, 자기주도 학습
동기의 향상	보상과 인정, 인센티브 시스템, 동기지원, 팀빌딩
물적 자원의 향상	인체공학, 자동화와 IT 시스템, 물적자원관리
구조와 과정의 향상	갈등관리, 문화변화, 과정리더십, 성과평가, 인사, 과정재구조화, 과업인터뷰
정보의 향상	지식경영, 네트워크, 균형성과지표, 미팅과 대화, 뉴스레터, 공공관리캠페인, 디브리핑
건강의 향상	에너지관리, 일과여가의 균형, 직원지원프로그램, 카운슬링, 윈윈협상, 피트니스, 스트레스관리 등

Wile은 고객에게 "훈련이 모든 것에 대한 대답이 될 수는 없는지"(Wile, 1996, p. 32)를 설명하기 위해 얼마나 자주 그것들이 성과문제의 일부분이 되는지에 따라서 그 일곱 가지 범주를 순차적으로 나열하였다.

Wile의 모형은 이해하기 쉬울 뿐만 아니라 간결하면서도 종합적이라는 점에서 매우 우수한 장점을 지니고 있다. 그의 일곱 가지 성과 영역은 성과문제들을 진단하는 데에 유용할 뿐만 아니라 개입방안의 도구들을 선택하는 데 도움을 주는 실제적인 범주를 나타내고 있다. 그래서 본 저자는 〈표 3-5〉에 Sanders와 Thiagi의 개입방안 도구 예시들을 포함하여 그의 모형을 소개한다.

〈표 3-5〉 Wile의 모형과 퍼포먼스에 영향 주는 변인들

구분		성과영역 (7변인)	영역의 예	개입 도구들의 예
외부 변인	환경 (무형)	① 조직시스템	• 명료한 목표 • 과업 설계 • 명료한 정책 • 권한 • 적절한 업무분담 • 필요한 사람에 대한 접근	- 문화 변화 - 갈등관리 - 과정리더십 - 성과평가 - 인사관리 - 과정재구조화 - 업무 인터뷰 - 균형성과표 - 팀빌딩 - 에너지 관리 - 직원지원제도 - 협상 - 회의와 대화 - 공공관리캠페인
		② 인센티브	• 보상 • 피드백 • 긍정적 강화 • 의미있는 과업	- 보상과 인정 - 인센티브시스템 - 동기시스템 - 일과 삶의 균형 - 일터건강 프로그램
	자원 (유형)	③ 인지적 지원	• 직무 보조물 (job aids) • 서류관리	- 직무 보조물 - EPSS - 지식경영 - 정보네트워크 - 뉴스레터
		④ 도구	• 컴퓨터 • 소프트웨어 등	자동화와 정보화
		⑤ 물리적 환경	• 소음 및 온도 등 • 물리적 배치	- 인체공학 - 물적 자원관리
내부 변인		⑥ 스킬/지식	• 훈련 • OJT • 셀프 스터디	- 액션러닝 - 코칭/카운셀링 - OJT - 게임시뮬레이션 - 자기주도학습
		⑦ 내적 능력	• 지능 • 정서적 능력 • 육체적 능력 • 교육 • 예술적 자질 • 내적 동기	- 스트레스관리 - 일터 피트니스 - 폭력방지 프로그램

4. 결론

지금까지 HPT의 특성, 모형, 주요 개입방법들을 중심으로 서술하였다. 여기서 HPT의 평가영역에 대해선 자세한 서술이 되지 않았다. 이 부분은 이 책의 다른 챕터에서 자세히 언급될 것으로 기대한다. 서술되지는 않았지만 HPT의 과정에서 평가는 매우 중요한 역할을 하고 있고 특히 HPT가 과학적 증거기반 문제해결 방안이라는 측면에서 형성평가 활동이 과정의 중간에 지속적으로 수행되어야 한다.

HPT는 성과문제에 대한 근본원인의 해결, 시스템적 관점, 방법설계의 절충적 유연성, 증거기반의 체계적 분석모형 등의 훌륭한 장점을 지니고 있음에도 아직 우리나라에서 그렇게 활용범위가 넓지 못하다. 이는 이 분야의 전문성을 지닌 연구자들과 실천가들의 과감한 시도가 부족했다는 증거이기도 하고, 몇 가지 현장에서 실천적으로 확산되는 데에 있어 고려해야 할 걸림돌들을 이슈화하여 그 해결을 위해 끊임없이 노력해야 한다는 과제를 안겨주는 것이기도 하다. HPT의 명칭에서 오는 테크놀로지의 성격상 과학기술적 과정과 합리성, 그리고 미시적 튜닝의 특색들은 다른 측면에서 조직이 현재 치열한 경영환경에서 겪고 있는 복잡성, 불확실성, 그리고 잘 정의되지 않는 문제들에 대해서 적절한 대안이 되지 못하는 것처럼 보일 수도 있다.

하지만 HPT를 제대로 이해한다면, 결과중심의 시스템적 관점 그리고 모든 방안들에 개방된 절충적 접근을 통해 유연한 해결과정들을 중시하고자 하는 특징들을 통해 오히려 현대의 조직들이 겪고 있는 성과문제에 HPT가 가장 적절히 대응할 수 있는 훌륭한 대안이라는 것을 금방 알게 될 것이다. 그럼에도 불구하고 현장에서 HPT에 대한 장점들이 공유되지 않은 상태로 모든 이들에게 당장 HPTer가 되라고 강요할 수는 없는 일이다. 보다 적절하게 HPT가 현장에 확산될 수 있도록 하는 방안을 모색해 보아야할 시기이다. 그 중에서도 HPT에 대해 많은 관심을 지니고 있는 연구자로서 저자는 다분히 HPT가 공학이라는 명칭을 지니고 있지만 조직 내 모든 대상들에게 생산성 문제에 대해서 과학기술적 접근과정을 차용하라고 강조할 필요는 없다고 생각한다.

오히려 HPT가 가지고 있는 성과모형들의 깊이 있는 핵심개념들을 잘 조율하여 조직 내 고위관리층에게는 퍼포먼스 리더십(performance leadership)을 갖출 수 있는 마인드셋과 프레임워크를 제공하고 중간관리 및 일선 직원들에게는 성과코칭(performance coaching)의 측면에서 보다 연성적으로 성과향상의 노력을 자신의 업무과정 속에 녹아들 수 있도록 지원하는 것이 HPT를 확산하는 데에 조금 더 기여할 수 있지 않을까 생각한다. 여기에 더해서 조직 내에서 일상적인 교육훈련을 통해 퍼포먼스 컨설턴트들을 순차적으로 육성하고 고질적인 성과문제들에 대해서는 퍼포먼스 컨설팅 과정이 자연스럽게 이루어질수록 한다면 HPT가 바라는 성과향상활동이 보다 확산될 수 있을 것으로 보인다.

HPT가 제공하는 성과모형의 관점을 갖는다면 특히 성과문제가 생기기 전에 예방적 조치들을 취할 수 있다는 장점이 있으며 직원들 간의 같은 퍼포먼스 언어를 사용함으로써 보다 지속적인 생산성 향상의 노력을 배가시킬 수 있다는 큰 혜택이 있다. 그러기 위해서는 HPT가 제공하는 성과모형에 대한 조직 내에 학습을 증진시킬 필요가 있으며 단지 과학기술적 입장이 아니라 성과리더십, 성과코칭, 성과컨설팅의 측면에서 다양하게 HPT 성과모형을 적용해 보는 시도가 필요해 보인다.

참고문헌

Addison, R., & Haig, C. (1999). Human performance technology in action. In H. D. Stolovitch and E. J. Keeps (Eds.), *Handbook of Human Performance Technology: Improving individual and organizational performance worldwide* (2nd ed.) (pp. 298-318). SanFrancisco: Jossey-Bass/Pfeiffer.

Amarant, J., & Tosti, D. T. (2006). Aligning the human performance system. In J. A. Pershing (Ed.), *Handbook of human performance technology: Principles · Practices · Potential*, (3rd ed.) (pp.1190-1223). San Francisco: Pfeiffer.

Brethower, D. M. (1972). *Behavioral analysis in business and industry: A total performance system.* Kalamazoo, MI: Behavordelia.

Cassidy, M., & Medsker, K. (2003). What distinguishes HPT? *Performance Improvement Quarterly, 16*(4), 3-4.

Clark, R. E., & Estes, F. (2002). *Turning research into results: A guide to selecting the right performance solutions.* Atlanta, GA: CEPPress.

Dean, P. J. (1997). Dale Brethower: The knowledge base of human performance technology. In P. J. Dean. & D. E. Ripley (Eds.), *Performance improvement pathfinders: Models for organizational learning systems* (pp. 65-83). Washington, DC: The International Society for Performance Improvement.

Dick, W., & Carey, L. (1996). *The systematic design of instruction* (4th ed.). Reading, MA: Addison-Wesley.

Gilbert, T. (1978). *Human competence: Engineering worthy performance*. Amherst, MA: HRDPress, Inc.

Harless, J. (1992). Whither performance technology? *Performance & Instruction, 31*(2). 4-8.

Harless, J. (1998). Vision: Accomplishment-based content for public education. *Performance Improvement, 37*(6), 18-26.

Kaufman, R. (1997). Needs-assessment basics. In R. Kaufman, S. Thiagarajan, and P. MacGillis (Eds.), *The Guidebook for Performance Improvement: Working with Individuals and Organizations* (pp. 107-130). SanFrancisco, CA: Pfeiffer.

Langdon, D. G. (1999). The language of work. In H. D. Stolovitch and E. J. Keeps (Eds.),

Handbook of Human Performance Technology: Improving individual and organizational performance worldwide (2nd ed.) (pp.260-280). San Francisco: Jossey-Bass/ Pfeiffer.

Langdon, D. G., Whiteside, K. S., & McKenna, M. M. (1999). *Intervention resource guide: 50 performance improvement tools*. SanFrancisco: Jossey-Bass/Pfeiffer.

Mager, R., & Pipe, P. (1984). *Analyzing performance problems: Or you really oughta wanna* (2nd ed.). Belmont, CA: LakePublishing.

Molenda, M., & Pershing, J. A. (2004). The strategic impact model: An integrative approach to performance improvement and instructional systems design. *TechThemes, 48*(2), 26-32.

Pershing, J. A. (2006). Human performance technology fundamentals. In J. A. Pershing (Ed.), *Handbook of human performance technology: Principles · Practices · Potential* (3rd ed.) (pp.5-34). SanFrancisco: Pfeiffer.

Robinson, D. G. & Robinson, J. C. (1998). A focus on performance: What is it? In D. G. Robinson & J. C. Robinson (Eds.), *Moving from Training to Performance: A Practical Guidebook* (pp.3-12). SanFrancisco, CA: Berrett-KoehlerPublishers, Inc.

Rosenberg, M. J., Coscarelli, W. C., & Hutchinson, C. S. (1999). The origins and evolution of the field. In H. D. Stolovitch and E. J. Keeps (Eds.), *Handbook of Human Performance Technology: Improving individual and organizational performance worldwide* (2nd ed.) (pp.24-46). SanFrancisco: Jossey-Bass/Pfeiffer.

Rossett, A. (1997). Have we overcome obstacles to needs assessment? *Performance Improvement, 36*(3), 30-35.

Rummler, G. A. (2006). The anatomy of performance: A framework for consultants. In J. A. Pershing (Ed.), *Handbook of Human Performance Technology: Principles · Practices · Potential*, (3rd ed.) (pp.986-1007). SanFrancisco: Pfeiffer.

Rummler, G. A., & Brache, A. P. (1995). *Improving performance: How to manage the white space on the organization chart* (2nd ed.). SanFrancisco, CA: Jossey-BassPublishers.

Sanders, E. S., & Thiagarajan, S. (2001). *Performance intervention maps 39: Strategies for solving your organization's problems*. Alexandria, VA: ASTDPress.

Stolovitch, H., & Keeps, E. (1999). What is performance technology? In H. D. Stolovitch and E. J. Keeps (Eds.), *Handbook of Human Performance Technology: Improving individual and organizational performance worldwide* (2nd ed.) (pp.3-23). San Francisco:

Jossey-Bass/Pfeiffer.

Stolovitch, H., & Keeps, E. (2006). Forward to the third edition. In J. A. Pershing (Ed.), *Handbook of human performance technology: Principles · Practices · Potential* (3rd ed.) (pp.xiii-xx). SanFrancisco: Pfeiffer.

Swanson, R. (1994). *Analysis for improving performance: Tools for diagnosing organizations and documenting workplace expertise*. SanFrancisco: Berrett-Koehler.

Tosti, D. T. (2000). Systemic change. *Performance Improvement, 39*(3), 53-57.

Tosti, D. T. (2005). The big five: The evolution of the performance systems model. *Performance Improvement, 44*(9), 9-13.

Tosti, D. T., & Jackson, S. F. (1994). Alignment: How it works and why it matters. *Training Magazine*, 58-64.

Tosti, D. T., & Jackson, S. F. (1997). The organizational scan. *Performance Improvement, 36*(10), 22-27.

Tosti, D. T., & Jackson, S. F. (1999). The organizational scan. In D. G. Langdon, K. S. Whiteside, & M. M. McKenna. (Eds.). *Intervention resource guide: 50 performance improvement tools* (pp. 259-265). SanFrancisco: Jossey-Bass/Pfeiffer.

Tosti, D. T., & Jackson, S. F. (2003). Performance technology: Foundation for all organizational consulting? *Performance Improvement, 42*(2), 45-47.

Van Tiem, D. M., Moseley, J. L., and Dessinger, J. C. (2004). *Fundamentals of performance technology*. Washington, DC: International Society for Performance Improvement.

Wile, D. (1996). Why doers do. *Performance and Instruction, 35*(1), 30-35.

Wittkuhn, K. D. (2004). Systems, nontrivial machines, circular causality, and other ghosts haunting performance improvement technology. *Performance Improvement, 43*(3), 33-37.

Wittkuhn, K. D. (2006). Quantulumcunque concerning the future development of performance technology. In J. A. Pershing (Ed.), *Handbook of human performance technology: Principles · Practices · Potential*, (3rd ed.) (pp.1274-1287). SanFrancisco: Pfeiffer.

요약

퍼포먼스 테크놀로지(HPT)는 교육훈련만이 성과문제에 대한 해결책으로 생각해왔던 HRD 영역의 고정관념을 탈피하여 "퍼포먼스(수행성과), 즉 행동의 결과"를 중심으로 보다 폭넓은 성과향상 방안을 제공하기 위해 노력해 왔다. HPT는 결과중심, 시스템적 관점, 가치의 증진, 파트너십이라고 하는 네 가지 특징을 지니고 조직 및 개인의 생산성 문제를 해결하기 위한 과학적 및 경험적 도구들을 제공하고 있다.

HPT의 모형으로는 진단모형, 과정모형, 성과시스템모형이 있으며, 특히 성과시스템모형은 현대와 같이 비정형적인 생산성 문제를 해결하는 데에 많은 도움을 준다.

HPT의 개입방법으로는 절충적 성격의 많은 대안들이 제공되고 있으며, Wile의 통합적 모형 등 다양한 방법들을 쉽게 범주화하기 위한 노력이 진행되었다. 적절한 개입을 위해서는 정확한 분석이 전제되어야 하며 HPT는 체제적, 체계적 과정을 통해 효과적인 성과문제 해결을 지향한다.

탐구 질문

1. HPT의 주요한 특징과 조직의 생산성 문제를 해결하는 데에 이 특징이 갖는 의미는 무엇인가?
2. HPT가 시스템적 관점을 강조하는 이유와 그 구체적 내용은 무엇인가?
3. 우리나라 현장에서 HPT가 확산되기 위한 방안은 무엇일까?

/ 저자소개 /

장환영(welcome@dongguk.edu)

동국대학교 교육학과 교수로 학교에서 인적자원개발, 기업교육론 등을 가르치고 있으며, 성과향상, 교육서비스혁신, 가치중심 HRD 등에 관심이 많다. 현재 기업교육학회 회장을 역임하고 있다.

제2부 HRD의 이론적 기초

1부에서 논의된 HRD의 본질을 이해한다면 그다음은 인재개발(HRD)을 이루고 있는 이론적 기초를 알아볼 필요가 있다. Swanson은 2009년 인재개발의 기초(Foundations of Human Resource Development)를 저술하면서 인재개발을 지지하고 설명하는 세 가지의 핵심으로 경제학 이론, 체제이론, 심리학 이론을 제시한 바 있다. 경제학 이론은 조직의 주요 동인(driver)이자 생존의 척도(metric)이다. 체제이론(systems theory)은 조직의 체제와 하위체제(구성요소)가 최대화할 수 있는 목적, 구성요소들의 관계를 인식하게 해준다. 그리고 심리학 이론은 사람이 문화와 행동양식에 따라서 생산성과 혁신을 중개한다고 알려준다. 2부에서 체제이론, 인적자본과 투자, 학습이론, 성인교육이론, 교수설계이론을 포함한다. 4장에서 체제이론을 먼저 논의하고, 5장에서 경제학 이론 중에서 인적자본론을 중심으로 설명하기로 한다. 6장의 학습이론, 7장의 성인교육이론, 8장의 교수설계이론은 모두 심리학 이론에 해당한다고 볼 수 있다.

4장에서 인재개발(HRD)에서 시스템 사고와 체제 접근의 핵심적 원리를 바탕으로 전체적 관점에서 문제를 보고 문제를 목표로 바꾸는 능력, 가용자원 연관 능력, 시험적 결과 도출 능력을 함양할 필요성을 제시한다. 5장에서는 새로운 제품과 서비스, 부가가치의 창출, 성장한계의 돌파를 위해서 인적자본의 투자가 매우 중요하게 부각되고 있음을 설명하고, 궁극적으로는 개인의 효용을 극대화하여 행복추구와 만족을 극대화하면서 국가의 인적자본 투자를 통해 국가의 정당한 시장개입, 공공성의 구현, 사회기능 조정자로서의 역할을 제시한다.

심리학 이론이 모든 분야에 적용되기는 하지만, 인재개발(HRD)은 수행성과를 향상시키기 위해 학습이론, 정보처리이론, 동기부여이론, 집단역학 이론과 조직에서 의사결정과 행동이 어떻게 이루어지는가에 대한 이해가 필요하다. 6장에서는 학습이 인간행동의 핵심적 과정이기에, 학습 현상에 대한 여러 이론을 다룬다. 7장은 성인교육이론 가운데 앤드라고지, 자기주도학습, 경험학습의 개념 및 특성 등을 중심으로 논의한다. 8장에서는 교수전략으로서의 교수설계에 대해 논의하면서 Gagné가 제안한 9가지 교수상황의 이벤트와 Merrill이 제안한 교수의 으뜸원리(First Principles of Instruction)의 중요성을 강조한다.

제4장

체제이론

박수홍(부산대학교)
김두규(부경대학교)

목표

1. 학습자는 인적자원개발 영역에서 체제이론의 필요성을 설명할 수 있다.
2. 학습자는 체제적 접근과 체계적 접근의 차이를 설명할 수 있다.
3. 학습자는 이중구조 교수체제모형에 대해 설명할 수 있다.
4. 학습자는 이중구조 체제접근의 이점을 설명할 수 있다.
5. 학습자는 체제적 사고를 향상시킬 수 있는 방법을 설명할 수 있다.

핵심용어

인적자원개발, HRD 전문가, 체제이론, 체제적 접근, 체계적 접근, 일반 시스템 이론, 하드 시스템 사고, 소프트 시스템 사고, 이중구조 교수체제모형, 전체성, 지역성, 다층적, 단층적, 다학문적 접근

1. 체제이론의 필요성

인적자원개발 영역에서 문제해결과 의사결정의 도구로 체제적 사고(systems thinking)는 중요한 개념이라고 할 수 있다. SCANS(The Secretary of Labor's Commission on Achieving Necessary Skills) 보고서에 따르면, 체제적 사고는 학교와 산업체의 훈련과정에 중요한 문제해결 능력으로 평가된다. 또한 클링턴 정부 당시 노동부 장관이었던 Reich(1991) 교수는 미래의 직업군을 (1) 생산직 종사자(routine production worker), (2) 대인서비스 종사자(in-person services provider), (3) 상징 분석가(symbolic analyst)로 유목화하고 있다. 그 중에서 그는 가장 핵심적인 미래 직업군으로 상징 분석가를 꼽고 있다. 또한 그는 상징분석가를 다시 문제 규정자(problem identifier), 문제 해결자(problem solver), 전략적 매개자(strategic broker)그룹으로 분류하고 있는데, 이러한 상징 분석가의 전문적 활동에 필수적인 능력으로 체제적 사고를 들고 있다.

HRD 전문가가 미래의 핵심적 전문가 집단인 상징분석가 그룹에 동참하기 위해서는 체제적 사고 능력을 보유하여야 한다. HRD는 조직과 그 속에 있는 사람들에게 무엇인가 기여하기 위한 것으로 체제적 사고가 필요하다. 조직은 체제(System)이다. 체제는 요소의 집합체를 의미하며, 체제에서 전체의 수행은 모든 부분의 영향을 받고, 어떤 부분이 전체에 영향을 미치는 방식은 적어도 다른 한 부분의 기능에 의해 영향을 받는다(Swanson, Holton, 2001).

만일 컨베이어 시스템에 놓여있는 산업 생산물과 같이, 주어진 단계를 단순히 따르기만 하는 체계적 접근(Systematic Approach)을 하면, 양질의 교수설계 결과물이 산출될 수 있을까? 라는 의문이 제기될 수 있다. 이러한 접근방식에서는 과제를 작은 작업단위로 세분화한 후, 선형적 계열을 만드는 일련의 활동에 종사하는 것이 주된 업무가 된다. 따라서 분석적 사고가 중요한 능력이 된다.

이와 대조적으로 한편에서는 체제적 접근(Systemic Approach)을 시도하고 있다.

그들은 스스로를 확실한 시스템 접근을 구사한다고 간주하며 교수설계라는 말과 함께 교육설계라는 확장된 용어를 사용한다(Banathy, 1991; Reigeluth, 1994, etc.). 이러한 접근 방식은 교육의 설계가 더 넓은 사회체제의 요구와 그 요구(needs)에 부응하는 가치(values)와의 동조성(synchronization)을 중시한다. 다른 말로, 교수설계자는 전체적인 사고와 종합적인 사고 능력을 소유해야 한다는 것이다.

이상과 같이, 체제적 접근과 체계적 접근은 HRD 전문가를 위하여 모두 필요한 것들이다. 체제적 접근법은 교수체제와 그것의 환경간의 복잡하고 역동적인 관계를 이해하는 데 개념적으로 건전한 토대를 제공하는 반면, 체계적인 접근은 실행을 용이하게 할 수 있도록 절차적 문제해결과정을 제공한다.

2. 체제적 접근과 체계적 접근

사전적 용어 정의(The Oxford Dictionary, 1989; The Random House Dictionary, 1983; Webster's Dictionary, 1981)에 따르면, 체제성(Systemic)이란 용어는 ① 전체로서의 구조(body as a whole)이며, ② 지역성(local)과 구별되고, ③ 특별한 체제에 결부되고 이에 영향을 미치는 이라는 의미를 갖는다. 그리고 체계성(Systematic)이란 ① 순차적인 계획, ② 분류, 절차 ③ 시스템을 조작하거나 관여하는(manifesting or involving a system) 이라는 행위적 의미가 포함된다.

각 용어의 첫번째 정의에 따르면, 체제성은 전체로서의 구조이며, 체계성은 순차적인 계획을 의미한다. 그렇지만, 세 번째 정의에서는 두 용어가 시스템이라는 동일한 용어에서 파생되었음을 알 수 있다. 때로는 두 용어가 혼용되어 사용된다. 그럼에도 불구하고, 체계성은 체제성에 비하여 더 일반적인 용어로 사용되고 있다.

Dick과 Carey(1990, p.2-11)는 교수설계 및 개발 일반에서 체계적 접근 모델에 대하여 논의하고 있다. 그들은 하드 시스템의 일종인 냉난방 시스템의 요소간의 관계를 대조하면서 그들의 교수모델의 특징과 절차를 설명하고 있다. 즉, 하드 시스템 개념에 근거하여 교수설계 과정을 기술하고 있다. 또한 그들은 교수설계 결과물의 질을 고양시키기 위하여 교수의 설계, 개발, 실행, 평가라는 단계를 절차적으로 기술하는 목적으로 시스템 접근을 소개하고 있다. 그들은 이러한 시스템 접근을 절차적 체제로 정의하고 각각의 단계들은 선행 단계의 산출과 다음 단계의 입력으로 활용된다.

Banathy(1991) 는 교육적 상황에서 체제적(systemic) 관점을 더 근본적인 접근으로 이해한다. 체제적 접근의 중요한 측면으로, 그는 교육설계는 더 큰 사회체제에 개방적이고 적응적이어야 함을 강조한다. 그는 교육개혁에서 체제적 측면을 고려하지 않는 체계적 접근을 신랄하게 비판한다. "교육이라는 배는 험난한 바다에서 표류하고 있다. 우리가 배의 방향키를 바꾸지 않으면, 그 배는 좌초할 것이라는 믿음이 팽배해 있다. 하지만, 배위에 있는 사람들은 가라앉는 뱃머리에 있는 의자들만 재정렬(체계적 접근)하고 있다."(p. 6)

간단히 말해, 교육에서의 체제적 접근은 교육문제의 복잡성(complexity)을 인식하고, 그 복잡성의 문제를 이해하고, 다룰 수 있는 문제인식틀에 기저한 밑그림이 없는 상태에서의 어떤 시도도 땜질식 노력이 될 수 있다는 경고다.

1) 하드 시스템과 소프트 시스템에 근거한 차이

1950년대에, von Bertalanffy는 "일반 시스템 이론(General System Theory)"을 자연과학 및 사회과학 두 분야의 학술 영역에 도입했다. von Bertalanffy는 생물학에 가장 큰 영향력을 행사하고 있던 전통적인 과학적 사고와 대조하는 방법을 통해서 그의 개념을 전개했는데, 생물학에서의 과학적 사고는 전체론(holism)이나 개방 시스템 보다는 요소주의(elementalism) 및 폐쇄 시스템에 근거하고 있었다. von Bertalanffy의 그러한 시도는 시스템 접근의 중요한 출발점 중의 하나가 되었다. 이후, Checkland (1981)는 "하드 시스템 사고(hard systems thinking)"와 "소프트 시스템 사고(soft systems thinking)"와의 차이를 구분함으로써 시스템 사고의 개념을 보다 정교화 시켰다. 하드 시스템 사고에 따르면, 문제해결과제는 이미 알려져 있고 정의된 결과를 얻는 효과적인 수단을 선택하는 것과 관련된다. 반면에, 소프트 시스템 사고는 고전적 작전 연구(operation research), 시스템 분석, 시스템 공학 및 인공 두뇌학(cybernatics: 시스템 구성 요소간의 자동 통제 및 의사소통을 강조) 등을 포함한다. 그러나 소프트 시스템 사고는 보다 복잡하게 얽혀 있는 현상이나 비구조화(ill-structured) 문제를 해결하는 데 적합한 접근방식이다(Reigeluth, Pershing, & Park, 1998).

이상 위의 분석을 통해서 살펴보면, 어떤 과제는 체계적 접근에 적합한 것(하드 시스템, 절차적 지식 등)이 있으며, 또 어떤 과제는 체제적 접근과 관련된 것(가령, 발견적 원리[heuristic] 문제, 소프트 시스템 등)이 있을 수 있다. 그리고 두 가지 접근 방법을 모두 필요로 하는 복합적인 경우가 있다. 실제 상황에서의 과제는 복합적인 것이 대부분이다.

시스템 공학에서 출발한 체계적 접근법은 군사훈련용 매체 개발을 위하여 교수 체제 설계로 응용되었다(Saettler, 1990). 그 결과, 하드 시스템 사고가 교수 설계에서는 압도적으로 우세하다. Saettler(1990)는 하드 시스템 전통에 기저한 시스템 접근이 교육 설계 과정에서 얼마나 실질적인가를 아래와 같이 개괄했다. 교육목적 및 목표(대상)는 명확히 정의되었고, 다양한 대안책이 분석되었으며, 교육자원은 확인되거나 개발되었고, 행동계획이 고안되었으며, 프로그램의 수정보완을 위해 결과는 계속적으로 평가되었다(p. 350). Saettler가 제시한 위의 글은 교수설계의 결과는 미리 결정된 일련의 단계(체계적 접근)를 통해서 얻어질 수 있다는 것을 암시하고 있다.

체제적 사고는 복잡한 현실 세계의 문제를 다룰 "과정의 역학"(dynamics of process)을 교수설계 분야에 제공한다. 소프트 시스템 사고에 근거한 교수개발은 사회적 과정(가령, 다양한 전문가 집단이 생산적인 교수설계팀으로 변화되는 과정)으로 실천되는 것을 그 목적으로 한다. 그러므로 이 접근은 대화(dialogue)를 통한 교수개발의 해석적 이해에 관여하는 관계당사자들(교수설계자, SME, 프로그래머, 지도 보급

담당자 등)간의 협력적인 행위로 표현된다. 또한 갈등적인 이해간의 조화를 추구한다(Checkland, 1981).

위에서, 교수 설계과정은 학교나 공동체, 혹은 사회 전반적인 체제 등, 보다 더 큰 시스템과 연계된 한 부분으로 파악하였다. 따라서 교수설계 시, 관련 당사자(stakeholder), 이용 가능한 외부 자원과 지식(가령, 수행공학적 지식), 그리고 주위의 사회 시스템과의 연동성(alignment)을 고려할 때, 효과적인 설계가 이루어질 수 있다.

대부분의 경우에 있어서, 교수설계가 다루려고 하는 과제 상황에서의 일련의 전반적인 문제를 한꺼번에 명확히 이해할 수는 없다. 실제로, 그 문제들이란 다양한 행위자(actors: 교수자, 학습자, 관련 문제 전문가 등)의 기대와 목적간에 상호 작용하는 많은 복잡한 현상으로 나타난다. 이는 교수개발 분야에 종사하는 사람들이, 설계과정에서 출현되는(emerging) 기대, 요구, 문제(가령, 교육적 제약조건) 등을 처리할 수 있는 유연한 문제해결방법으로써의 교수설계가 필요한 것이다. 교수설계가 그러한 해결방안을 개발함으로써, 설계 과정은 환경적 맥락에 보다 뿌리를 두게 되고, 순환적이며 협력적인 양태를 취할 수 있다. 그러므로 교수설계자는 보다 체제적 사고 능력을 개발하는 것이 필요한 것이다.

2) 체제적 접근과 체계적 접근의 선별적(eclectic) 관점

앞서 설명한 것처럼, 체제적 접근 및 체계적 접근은 확실히 다른 역사적 배경을 가지고 있으며, 다른 사고 능력을 요구한다. 그러나 학습심리학자 같은 기술(descriptive) 과학자로가 아닌 처방(prescriptive) 과학자로서 교수설계자는 설계 활동에서, 당면한 각각의 여러 문제 상황에 맞는 최적의 문제해결 방안을 선별할(eclectic) 수 있는 안목을 소지하는 실용주의적 관점을 지향한다면, 교수설계는 보다 생산적일 수 있다(Reigeluth, 1983).

〈표 4-1〉 문제 상황에 맞는 사고 유형

문제의 복잡성	높음	중간	낮음
선별적 사고 형태	소프트 시스템 사고	--------	하드 시스템 사고
적용 가능한 영역	• 인간 활동 체제 (human activity system) • 발견적 원리 (heuristic) 과제 • 상호의존적 지식	• 인간과 기계가 혼합된 체제 (man-machine system)	• 물리적 체제 • 절차적 과제 • 독립적 지식

〈표 4-1〉에서 교수설계는 방법론적으로 선별적이어야 한다는 것을 보여주고 있다. 가령, 목수의 일련의 과제에 적합한 도구(망치, 톱, 줄 등)를 선별적으로 적재적소에 활용하는 능력을 중시하는, Reigeluth(1983)의 도구함 접근(tool box approach)에서도 알 수 있듯이, 교수설계는 직면해 있는 여러 종류의 과제에 적합한 사고 형태를 선별할 수 있는 능력이 요구된다. 예를 들어 수학 문제를 풀 때, 우리는 2개 이상의 해(解)를 구하는 문제에서 단순한 1차 방정식이라는 문제 해결 도구를 이용해서는 정확한 솔루션을 구할 수 없다. 이 경우에서는, 1차 방정식보다는 더욱 복잡한 경우에 사용하는 2차 혹은 3차 방정식을 이용해야 한다.

마찬가지로 우리는 더욱 복잡하고 동태적인 문제나 과제를 접했을 때, 단순한 문제해결에 사용하는 것과 다른 (하드 시스템 사고에서부터 소프트 시스템 사고로 이동하는) 사고 방법을 선택해야 한다. 그러나 선별적 관점은 시스템 측면에서 봤을 때 여전히 미완성적인데, 그 이유는 시스템 사고는 상반된 아이디어를 모두 수용하는(both-and thinking) 방식을 지향하기 때문이다(이인숙, 2000; Hutchins, 1996). 즉, 선별적 관점은 체제적 접근과 체계적 접근 사이의 연결성(inter-connectivity)에 대해서는 설명을 못하는, 말하자면, 체제적 접근 및 체계적 접근을 하나로 통합하는 구조로 완성하지 못하기 때문이다.

3. 이중구조 교수체제

1) 이중구조 교수체제모형

인적자원개발의 교수설계에서 체제적, 체계적 접근의 통합모형으로, 이중구조 교수체제(Dual Structured Instructional System, 이하 DSIS)가 필요하다(박수홍, 2002). DSIS모형에서, 체제적 접근 및 체계적 접근 방식은 상충되는 방법이 아니다. 또한 DSIS가 그 구조 내에서 두 개념간의 갈등관리(conflict management)의 일환으로 체제성과 체계성간의 선별적 관점을 포함하지만 기회주의적인 특성을 띄지는 않는다. 오히려 각각의 사고유형(체제성과 체계성)은 DSIS내에서 제각기 귀중한 자원으로서 활용되며, 다양한 교수학습적 방법을 통합하는 순환적인 복합사고 모델이다. 따라서 본 모델은 교수설계자가 어떤 문제에 처할 때마다 적합한 교수적 결정을 내릴 수 있도록 도와줄 수도 있다. 또한 이 모델은 두 접근방식의 보완적 지식 기반을 제공한다.

[그림 4-1]에서 보는 바와 같이 DSIS 모델은 체제성 및 체계성의 특징적 요소를 통합한다. 특히, 체제적 요소와 체계적 요소의 관계는 순환적 과정이다. 체제성에서부터 체계성으로 변환되는 사이클([그림 4-1]의 사이클 2)은 체제성(복잡한 문제의 이해도)에 근거하여, 행위계획(action plan)과 같은 체계적 솔루션을 만들어 내는 변환과정(transformative process)을 지칭한다.

반면, 체계성으로부터 체제성으로의 변환되는 사이클([그림 4-1]의 사이클 4)은 행위계획의 실행으로부터 얻어낼 수 있는 경험적 증거와 피드백을 활용하여 기존의 체제적 관점을 보다 폭넓고 확실한(authentic) 문제인식틀로 변환하는 재구조화 과정

(restructuring process)을 지칭한다. 이런 일련의 과정을 이해하는데, 각 접근방식의 하위 요소간의 구체적인 특징을 비교하면 다음과 같다.

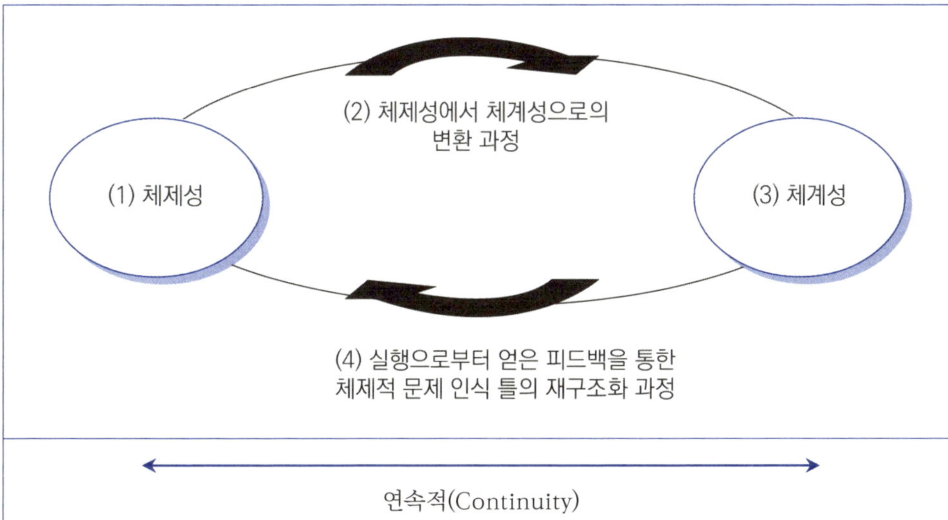

체제적 접근	**체계적 접근**
개념적 수준에 근거한 지식 (문제 이해와 구조) • 원리의 규명(KNOW WHY) • 개념적(이해 수준) • 통합적 • 역동적 • 다층적 • 전체성(전체적) • 이중 고리 학습과정 (메타 인지 전략) • 생태학적 타당성 (ecological validity) • 구성주의적(Constructivistic)	행동가능 수준의 지식 (절차적 계획, 해결 찾기, 실행가능한 교수적 처지) • 실제적인 지식(know how) • 행동실천적(실제적인 수준) • 분석적 • 선형적 • 단층적 • 지역성(부분적) • 단순 고리 학습과정(루틴 전략) • 신뢰성(reliability) • 행동주의적(Behavioristic)

[그림 4-1] 이중구조 교수체제 모형

첫째, 원리의 규명(know why)과 실제적인 지식(know how)이다. 체제적 접근을 통해 원리의 규명(know why: 이유 추구)을 얻는 데 비해, 체계적 접근은 실제적인 지식(know how: 적용하는 방법을 아는 것)을 기반으로 한다. Senge(1990)는 시스템 원형(system archtype)을 표면적으로 복잡하고 변화무상한 문제영역의 심층구조에서 질서 있는 패턴이나 원리로 간주한다. 현대와 같은 지식폭주의 시대에서 산발적 지식을 이해하고 기억하려 하기보다는 그 속에서 변화의 패턴이나 인과적 원리를 학습하는 "know why"은 체제적 사고를 필요로 한다. 반면, 이러한 개념적 원리를 실제 적용하는 "know how"의 축적은 체계적 과정을 통하여 이루어질 수 있다.

둘째, 개념적과 행동 실천적이다. 체제적 접근이 개념적이라면, 체계적 접근은 보다 실천적이다. 물론 이 두 가지 요소는 상호보완적이다. Kolb(1984)의 경험학습(experiential learning)이나 Revans(1983)의 행위학습(action learning)에서 강조하는 바와 같이, 학습은 학습자가 새로운 지식(혹은 개념이나 관점)을 현실상황의 문제를 해결하려는 행동적 실천과 연동이 될 때 발생한다.

셋째, 통합적과 분석적이다. 체제적 접근의 특성은 문제 영역이 서로 밀접히 관련되어 있는 망과 같이, 전체적이고 통합적이다. 반면, 체계적 접근은 더 분석석, 절차적이며 계층적이다. 이러한 두가지 역설적인 과정이 연동될 때 새로운 지식의 생성(가령, 암묵지에서 명백한 지식으로의 발전)을 야기할 수 있다.

넷째, 역동적과 선형적이다. 체제적 접근으로 문제 영역 내의 본질의 변화, 상호작용 및 복잡한 피드백 고리의 역동성을 이해할 수 있다. 만면에 체계적 접근으로 더 안정적이며 신뢰로운 절차 또는 방법을 활용할 수 있다. 전체의 역동적인 과정을 이해하지 않고서는(체제적 측면) 어떤 절차이나 방법도 완전할 수 없다. 이 개념은 Dewey가 제시하듯이 "행위란 계승되어지는(succession) 것이 아니라, 연속되는 것(serial)이다. 행위는 불연속적일 수는 있지만, 행위는 행위가 속한 연속과 떨어져선 결코 이해될 수 없다"와 동일한 의미 선상에 있다(Dewey, 1930, p.412; Solomon, 1991 재인용).

다섯째, 다층적과 단층적이다. 현대 물리학이나, 생물학의 연구결과에 따르면, 한 시스템 층(layer) 가령, 세포 수준에서 밝혀진 원리들이 다른 시스템 층, 가령, 기관(organ)수준으로 환원되어 설명이 되지 못하는 부분이 있으며, 그 역도 성립한다고 한다. 말하자면 체제적 접근은 양파의 껍질과 같은 시스템 층간의 개방적 상호 작용을 중시한다. 일례로 Hutchins(1996)이 주장하기론, 자동차를 이해하기 위해서는 자동차 내부의 엔진 및 카브레이터 등과 같은 자동차와 관련한 하위 체제도 이해해야 할 뿐만 아니라, 도로망 체제 등 일반 거시적 체제 또한 이해해야 한다. 즉 시스템 사고는 체제의 다층적인 이해와 관련되어 있다는 것을 의미한다. 이에 비해서 체계적 접근은 특정 부분에 제한될 수 있다. 예로서, 카브레이터에 대해서만 잘 아는 어떤 사람에겐 만약 자동차 문제가 카브레이터 자체에 있다면, 그 사람은 쉽게 문제를 해결할 수 있다. 하지만 자동차 문제가 카브레이터 이외의 곳과 연관된 것이라면, 쉽게 자동차를 수리할 수 없는데, 왜냐하면 그 사람은 문제가 카브레이터 이외의 부분과 어떠한 연관관계를 가지는지에 대한 전문적 식견이 없기 때문이다.

여섯째, 전체성(global)과 지역성(local)이다. 체제적 접근이 전체성을 중시하는 반면, 체계적 접근은 지역성 또는 실제적 행위를 중시한다. 이는 마치, 조감도가 전체 건물의 구조를 파악하거나 외부 환경과의 관계를 보여주는 반면, 부분 상세도는 그 집의 화장실의 실내 구성에 대한 상세한 정보를 제공하는 것처럼, 각각은 필요한 기능을 가지고 있다.

일곱째, 이중 고리 학습과 단순 고리 학습이다. Argyris(1997)에 따르면, 이중 고리 학습(double-loop learning) 및 단순 고리 학습(single-loop learning)은 인공두뇌학(cybernetics)에서 가져온 개념으로, 예를 들면 자동 온도 조절 장치는 단순 고리 학습자로 정의된다. 자동 온도 조절 장치는 "너무 추운지" 또는 "너무 더운지"를 감지하여 난방장치를 켜거나 꺼서 온도를 맞추게 프로그램 되어 있다. 만약에 자동 온도 조절 장치가 스스로에게 "왜 섭씨 20℃로 설정되어 있는지" 또는 "왜 이와 같이 프로그램 되어 있는지" 등에 대해서 의문을 가질 수 있다면, 이는 이중 고리 학습자에 해당한다. 즉 체제적 사고는 이러한 메타인지 과정을 수반한다.

조직학습 이론가인 Fiol과 Lyles(1985)은 다음과 같이 제시했다. 고난도 학습(higher-level learning)은 이중 고리 학습과 관련이 있는 애매모호하고 비구조화된 문제의 해결을 위해 발견적 원리(heuristics)와 통찰력을 형성하고 이용한다. 이중 고리 학습은 변화하는 장기간의 수행 결과에 대한 모니터링과 관련되어 있다. 반면에, 저난도 학습(lower-level learning)은 일반적으로 과거 행동의 반복에만 관련되어 연상학습(association)이 일어나기 힘들다. 이러한 학습패턴은 근본적인 정책이나 가치(underlying policies or values)를 바꾸려고 시도하지 않는 단순 고리 학습과 일치한다(Argyris, 1983). 이런 일상화된 전략(routinized strategy)은 대개 단기간적이고 일시적일 수 있기 때문에 현실 문제에 피상적인 대응만을 강조하게 된다(Fiol & Lyles, 1985). 일상화된 전략은 쉽게 모방될 수 있어서 경쟁적인 우위를 점하는데 큰 도움을 주지 못한다.

체계적 접근이 전체를 고려하는 데 소홀할 수 있는 지역적인 접근임에 비해, 체제적 접근은 기존의 패러다임 또는 세계관에 대한 비판적 의문을 갖고, 분석하며 재형성한다.

여덟째, 생태학적 타당성(validity)과 신뢰도(reliability)이다. 체제성은 외부환경을 고려하는 접근방식으로, 전체 환경과 교수 설계가 다루고 있고 생태석 타당성을 추구하는 현실에 관련해서, 개념적 틀이 건전한지에 관심을 갖는다. 체계적 접근은 보다 신뢰 가능하고 예측 가능한 것에 관심을 갖는다. 체계적 접근이 정확성(precision)에 큰 의미를 둔다면, 체제적 접근은 확실성(authenticity)에 주안점을 둔다(Solomon, 1991).

아홉째, 구성주의적과 행동주의적이다. 구성주의적 지식은 체제적 사고에 도움을 줄 수 있는데, 그것은 인식론적 복잡성을 다루기 때문이다. Vygotsky 와 Piaget의 이론은, 인간 마음과 행동에 대한 복잡하고 학제적인 접근을 요구한다는 점에서, 본질적 방법론에서 현대 시스템 이론에 가깝다(Blauberg 외 1997, p 226). 행동주의적 지식은 교수설계가 절차적 행위 계획과 같은 체계적 사고를 향상시키는 것에 기여하는 데, 그 이유는 행동주의가 문제 상황에서 인간의 내부적 심리현상(black box)보다는 외현된 행동이나 행위를 어떻게 통제하는가를 밝히는 데 주요관심을 두기 때문이다.

교수 설계자가 사고 모델에서 생태학적으로 타당한 체제적 틀을 개발하려면, 산업화 시대에서 정보화 시대로 넘어오면서 요구되는 의식이나 사고방식에 있어서, 새롭게 등장한 경향 및 이슈뿐만 아니라 전체적인 환경변화에도 민감해질 필요가 있다.

간단히 말해서, 교수설계자의 바람직한 사고 모델은 인간개발 영역에서 역동적으로 변화하는 현실과의 연동을 끊임없이 유지할 필요가 있다. 이것은 고착된 사고 모델은 전문적인 교수설계에서 더는 유효하지 않다는 것을 의미하는데, 왜냐하면 교수 실제와 문제 상황은 계속 바뀌고 있고, 교수설계에서의 사고 모델 역시 여기에 맞춰나가야 하기 때문이다. 이 개념에 관한 더 구체적인 내용은 교육 시스템 변화와 설계 분야에서 찾을 수 있다(Banathy, 1990; Reigeluth, 1994, 1996).

[그림 4-1]에서 교수설계자는 교수(教授)적 상황에 대한 계속적인 반성을 추구함으로써, 이러한 반성적 사고에 기저한, 추상적인 개념 틀과 일반화를 재형성하고, 또 다른 구체적 경험을 창출할 수 있도록 새로운 상황에 이러한 아이디어를 검증하는 작업들이 계속 이루어져야 함을 보여준다. 뿐만 아니라 교수 설계자는 새로운 개념을 특정 상황에 적용하는 동안에 창출된 형성적 피드백을 통하여, 체제적 틀 내의 기존 개념을 정교화하거나 변환하는 역할을 도모해야 한다.

Lakatos(1978; Solomon, 1991 재인용)는 이론적 진보(theoretical progress) 와 경험적 진보(empirical progress)를 다음과 같이 구분했다. 전자는 이론이 제시하는 새로운 예측력에 의해 판단되는 데 비해서, 후자는 그 예측을 지지하는 경험적 근거에 의해서 판단된다. 이와 같은 맥락에서, DSIS 모형은 끊임없는 이론적 진보와 경험적 진보를 유도하는 확장적인 사고 모델로 발전되어야 한다.

서로 다른 양식의 다양한 사고방식이 있으며, 여러 수준의 사고가 있다. 한가지 패러다임만으로는 모든 것을 완전히 만족할 정도로 이해할 수 없다(Feyerabend, 1974; Solomon, 1991 재인용). 한가지 현상에 대해서 보다 이해의 폭을 넓히기 위해서는, 여러 다른 견해와 방법을 수용해야 한다. 가령, 다양한 종류의 조건(가령, 다양한 목재의 성질)에서, 다양한 연장을 사용하여, 다양한 종류의 목공물을 만들어 내길 원하는 목수처럼, 교수설계자는 다양한 조건에서, 다양한 교수설계 도구를 사용할 수 있어야 한다. 다시 말해, 상황에 따라 행동주의적 방법, 인지주의적 방법, 혹은 구성주의적 방법이 필요하다(Reigeluth, 1983).

2) 이중구조 체제 접근의 이점

"좋은 이론보다 더 실제적인 것은 없다"라는 표현처럼, 본 저자는 "좋은 사고 모델보다 더 실질적인 것은 없다"라고 주장한다. 건강하고 널리 확장적이며, 잘 구조화된 사고 모델은 '객관주의 對 구성주의', '이론 對 실제'와 같이 현존하는 여러 상충되는 개념을 이중 구조적 사고 모델 속의 조화롭고 협동적인 요소로 통합할 수 있다.

이중 구조 체제 접근은 다음과 같은 이점이 있다.

첫째, 이중 구조 체제 접근은 체제적 접근과 체계적 접근을 통합하기 때문에 각각의 접근사이의 혼동을 제거할 수 있다.

둘째, 이론과 실제 사이의 차이를 보완할 수 있다. 사고 모델은 개념적 요소, 행동적 요소, 그리고 이 두 요소간의 관계적 지향(relational orientation)--체제성에서 체계성으로 변환되는 과정과 체계성에서 체제성으로 변환되는 과정--으로 구성된다. 이 개념적 틀은 이론가와 실무자가 하나로 통합되는, 반성적 실무자(reflective practitioner)의 역할을 지향할 수 있도록 하여준다. 이중 구조 교수 체제에서, 체제적 사고에 근거한 이해 수준이 체계적 사고(행동 또는 결정에 근거한 사고)에 의한 실제적인 행동으로 구현할 수 있도록 하는, 이론적 토대를 제공한다. 따라서, 이 접근법은 이론과 실제를 연결하기 위해서 필요한 통합적이고 보완적인 지식 기반을 제공한다.

셋째, 이 접근은 "구성주의(constructivism) 對 교수주의(instructivism)" 사이의 상충되는 부분을 해결하는 방법을 제공해 준다. 구성주의적 접근은 체제적 사고를 지원할 수 있는데, Piaget, Vygotsky, Bruner의 이론은 문제 범위에 대해 보다 넓은 인식을 유도하는 사회적, 역사적, 문화적 영역을 포함할 뿐만 아니라, 동시에 동료, 교수자,

매개된 교수적 도구 사이의 협력적이고 역동적인 상호작용을 포함하고 있기 때문이다. 또한 구성주의의 창시자 중 한 명인 Piaget의 개념은 von Bertalanffy의 일반적 시스템 이론에 확실하게 관련되어 있다(Hahn, 1967; von Bertalanffy, 1968, p. 6 재인용).

넷째, 이 모형을 통해서 교수설계가 체제적 사고와 체계적 사고 및 이 두 가지 사고 형태의 연관성을 이해할 수 있다. 예를 들어서, 과제가 복잡하다면, 먼저 설계자는 DSIS 모델의 한 요소인 체제적 사고를 활성화하여 전체 구조와 그 과제의 역동적 과정을 이해하고 나서, 또 다른 요소인 체계적 사고를 활용하여 실질적으로 행동 가능한 해결방안을 찾아야 한다. 이것은 설계자가 이중구조 교수체계 모형 속의 연관적 특성([그림 4-1]에서의 두 사이클)에 기저한 두 가지 사고(체제적 사고와 체계적 사고)유형을 이용해야 한다는 것을 의미한다.

다섯째, "thinking globally, acting locally"이라는 시스템 사고의 핵심적 원리를 교수설계에 적용할 수 있다. 이는 보다 넓은 사회 맥락에서 교수를 설계할 수 있는 능력과 각각의 문제에 다 체계적으로 설계안을 적용할 수 있는 능력을 배양할 필요성이 있음을 의미한다.

4. 체제적 사고 향상 방법

대부분의 HRD 설계자들이 이미 체계적 사고에 익숙해 있기 때문에 이를 위한 안내지침을 제공할 필요는 없을 것이다. 대신 체제적 사고를 몇 개의 하위 능력으로 범주화시키고, 체제적 사고 능력을 향상시키기 위한 몇 가지 방법을 소개하고자 한다.

첫째, 전체 입장에서 문제를 보는 능력이다. HRD 설계자는 시스템의 역동성을 이해하고 표현할 수 있는 능력이 필요하다. 따라서, 설계자는 그래픽, 이미지, 도표, 그림과 같은 시각적 자료에 익숙해야 한다. 전체를 고려하고 이미지에 기반을 둔 직관적인 견해를 얻기 위해서는, 시각적 해독력(visual literacy)이 언어적 해독력(verbal literacy)

보다 더 효과적일 수가 있다. 예로서, Paivio(1991)처럼, Larkin과 Simon(1987)은 정보에 대해 문장적 표상(sentential representation)과 도식적 표상(diagrammatic representation)으로 구분했다. 도식을 이용한 경우는, 단지 문장만을 이용한 경우에 비해서, 특정 문제의 구성 요소와의 위상적(topological)이고 기하학적(geometric)인 관계(체제적 특징)를 잘 나타내 준다. 문장 형식으로 나타낸 경우(단계별 절차의 표상)는 시간적·논리적 순서(체계적 특징)의 관계를 잘 나타내 준다. 이러한 맥락에서, 왜 Senge(1990)와 같은 시스템 이론가가 도식적 표상을 활용하여 시스템 원형(system archetypes)을 표현하고 설명하는 이유를 알 수 있다.

Larkin과 Simon(1987)은 하나의 문제는 문장 형식이든지 혹은 도식을 이용한 형식이든지 주어진 표상에 의해 해결된다는 가정에서 출발한다. 사실, 엉성하게 표상된 문제를 해결하는 비결은 그 표상을 보다 나은 방식으로 변환시켜 주는 것이다. 사람들은 정보를, 도표나 이미지로 되어 있는 정보를 보완하기 위하여 문장 형식을 사용할 수 있으며, 그 반대로 언어적 진술을 보다 알기 쉽게 하기 위해 도표 형식으로 보완할 수 있다.

둘째, 주어진 문제해결 상황에서 공유목표를 세우는 능력이다. 주어진 분제 상황에서, HRD 설계자는 문제를 목표로 바꿀 수 있어야 한다. 이 능력은 요구 또는 가치 분석에 의해서 향상될 수 있는데, 목적 설정 과정은 이러한 분석의 일부분이기 때문이다. 설계자는 목표 발견 활동(goal-finding activities)을 통해서 보다 넓은 영역의 범주 속에서 효과적인 목표를 추구하는 감각을 개발할 수 있다. 체계적 사고 또한 이와 유사한 활동에 관련될 수 있지만, 이 경우에선, 행동이 어떤 전체적인 관점 없이 단순히 문제를 목표로 바꾸는 수준에 머무를 수 있다.

셋째, 주어진 문제 상황에서 목적을 성취하는 가용자원과의 연관 능력이다. 설계자는 다학문적(multi-disciplinary) 접근에 익숙해야 한다. 그럼으로써 여러 이용 가능한 자원을 문제 해결을 위한 의미 있고 유용한 것으로 만들 수 있다. 설계자가 모든 이용 가능한 자원을 목적과 관련해서 상호 의존적인 것으로 볼 때, 보다 나은 창의적인

해결 방안이 발견될 수 있다.

넷째, 주어진 조건에서 시험적 결과(시스템의 변화)를 도출하는 능력이다. 주어진 조건에서 시험적 결과를 도출하는데 도움을 주는 몇 가지 방법을 소개한다. 그 한가지로 모델(문제를 해결하기 위한 모델)의 관점에서 실제 실험을 수행하는 것이다. 그러나 프로젝트가 장기적이고, 과제 내용이 복잡한 경우, 이 방법은 매우 비효율적이며 많은 비용이 든다. 둘째, 컴퓨터 시뮬레이션을 사용하는 방법이 있는데 비용적 측면에서 실제로 실험하는 것보다 훨씬 효율적일 수 있다. 설계자가 여러 입력 값을 선택해서 입력하며, 컴퓨터를 통해서 그에 대한 반응 값을 빨리 얻을 수 있다. 셋째, 설계자는 실제 상황에서 발생하는 문제를 포함한 다양한 케이스 연구를 통해서 체제적으로 사고하는 방법을 배울 수도 있다. 이 경우, 케이스 자료 자체와 문제-해결 접근방식이 체제적 특성을 띠고 있어야 체제적 사고 능력을 향상할 수 있는 여러 방안이 제시될 수도 있겠다. 넷째, 사고 실험(thought experiment)은 가장 효율적인 방법이 될 수 있는데, 인간은 언제 어디에서든 깊은 사유(예. 시스템 사고)를 통하여 어떤 문제에 대한 해결방안을 미리 도출해 낼 수 있기 때문이다. 그러나 사고 실험(예. "what if" 시나리오)을 통해서 믿을 만한 타당한 결과를 얻기란 쉽지 않을 수 있다. 따라서 설계자는 문제 상황과 유사한 사례나 과학적으로 검증된 자료에 근거한 추가 활동이 필요하다. 물론 그것은 이론이나 모형에 근거해야 한다. 사고 실험을 연구 활동에 활용한 예는 물리학과 같은 다른 분야에서도 찾을 수 있다(실제로, Albert Einstein는 연구 활동에 이 방법을 이용했다).

Taylor와 Schneider에 따르면(1989), 여러 연구 결과를 통하여 사고 시뮬레이션(mental simulation: 사고 실험의 한 종류)이 사고와 행동 사이의 연결성을 강화함으로써, 목표지향적 행동을 촉진시킨다는 사실을 밝혔다. 또한, Pham과 Shelley(1999)는 사고 시뮬레이션이 상상적 경험(imagined experience)이 실제 행위로 연결되도록 문제해결기능(problem-solving functions) 및 정서규제기능(emotional regulation functions)을 제공한다고 한다.

참고문헌

이인숙 (2000). 교육공학과 체제학: 지금까지를 돌아보고 앞으로를 내다보며. In교육공학의 간학문성에 대한 조망-과거, 현재, 미래-. 한국교육공학회.

임철일 (1998). 효과적인 기업교육 프로그램의 방향성: ISD로부터 ID로. 인재개발연구, 2(1), pp. 335-353. LG경영개발원.

Argyris, C. (1997). *On organizational learning*. Blackwell publishers Inc.

Argyris, C., & Schon, K.A. (1996). *Organizational learning II: Theory, method, and practice.* Addison-Wesley.

Banathy, B. H. (1991). *Systems design of education: A journey to create the future.* Englewood Cliffs, NJ: Educational Technology Publications.

Bertalanffy, L. V (1968). *General system theory: Foundations, development, application.* George Braziller, Inc. New York.

Bhola, H. S. (1991). Designing from the heart of an epistemic triangle: Systemic, dialectical, and constructivist strategies for systems design and systems change. *Paper presented for the Third Annual Conference on Comprehensive Systems Design of Education Organized by the International Systems Institute*, at Asilomar Conference Center, Monterey, CA.

Blauberg, I. V., Sadovsky, V. N., & Yudin, E. G. (1997). *Systems theory: Philosophical and methodological problems.* Progress Publisher. Moscow.

Checkland P. B. (1985). *Systems Thinking, Systems Practice*. John Wiley, Chichester.

Department of Labor (1991). *What work requires of schools: A SCANS report for America 2000: The Secretary's Commission on Achieving Necessary Skills*, Washington, DC.

Dick, W., & Carey, L.(1990). *The systematic design of instruction.* (3rd ed.). Glenview, IL: Scott, Foresman and Company.

Fiol, C.M., & Lyles, M.A. (1985). *Organizational learning.* Academy of Management Review, 10: 803-813.

Hwang, Ahn-Sook. (1995). Two traditions of systems thinking in Instructional Development. *Educational Technology*, 35 (2), 40-42.

Hutchins, C. L. (1996). *Systemic thinking: Solving complex problems.* Professional Development Systems: Aurora, CO.

Kolb, D. A. (1984). *Experiential learning: Experience as the source of learning and development.* Englewood Cliffs, NJ: Prentice Hall.

Larkin, J. H., & Simon, H. A. (1987). Why a diagram is (sometimes) worth ten thousand word. *Cognitive Science* 11, 65-99.

McCombs, B L. (1986). The instructional Systems Development (ISD) Model: A review of those factors critical to its successful implementation. *ECTJ*. 34 (2). 67-81.

Paivio, A. (1991). Dual coding theory: retrospect and current status. *Canadian Journal of Psychology*, 45(3), 255-287.

Pham, L. B., Shelley E. T. (1999). From thought to action: Effects of process- versus outcome-based mental simulations on performance. *Personality and Social Psychology Bulletin,* 25(2). 250-260.

Reich, R. B. (1991). *The work of nations*. New York: Alfred A. Knopf, Publisher.

Reigeluth, C. M., Pershing J.A., & Park, S. H. (1998). A new paradigm of corporate training. *Strategic Human Resource Development Review*, 2(1). 27-50. LG Center for Management Development, Korea.

Reigeluth, C. M. (1996). A new paradigm of ISD? *Educational Technology*, 36(3), 13-20.

Reigeluth, C. M., & Garfinkle, R J.(1994) *Systemic change in education*. Englewood Cliffs, NJ: Educational Technology Publications.

Reigeluth, C. M. (1983). *Instructional design:* What is it and why is it? In C.M. Reigeluth (Ed.), Instructional-Design Theories and Models: An Overview of their Current Status. Hillsdale, N J: Erlbaum Associates.

Revans, R. (1983). *The ABC of action learning.* London: Chartwell-Brett Ltd.

Saettler, P. (1990). *The evolution of American Educational Technology*. Libraries Unlimited, Inc. Englewood, Colorado.

Senge, P. (1990). *The fifth discipline*: The art and practice of the learning organization. New York: Doubleday.

Solomon, G. (1991). Transcending the Qualitative-Quantitative Debate: The Analytic and Systemic Approaches to Educational Research. *Educational Researcher*, 20 (6) 10-18.

Swanson, R. A., & Holton, E. F. (2001). *Foundations of human resource development*. Berrett-Koehler Publishers.

Taylor, S. E., & Schneider, S. K. (1989). Coping and the simulation of events. *Social Cognition*,

7, 174-194.

Dictionaries:

The Oxford English Dictionary: 2nd edition (1989). Oxford: Clarendon Press.

The Random House Dictionary of the English Language: 2nd edition (1983). New York: Random House.

Webster's Third New International Dictionary of the English Language Unabridged (1981). G&C Merriam Company.

요약

인적자원개발 영역에서 문제해결과 의사결정의 도구가 되는 체제적 사고(systems thinking)는 미래의 핵심적 전문가 집단인 상징 분석가(symbolic analyst)가 되기 위해 보유해야 능력이다. 조직은 요소가 집합된 체제(system)이기에, 전체적인 사고와 종합적인 사고 능력인 체제적 접근(systemic approach)을 요구한다. 체제적 접근과 체계적 접근은 하드 시스템과 소프트 시스템에 근거한 차이를 가진다. 체제적 접근은 소프트 시스템, 발견적 원리 문제와 같은 과제에 적합한 반면, 체계적 접근은 하드 시스템, 절차적 지식에 적합하다. 교수설계 분야에서 체제적 사고는 복잡하고 현실 세계의 문제를 다루며, 이해관계자들의 협력적 행위나 갈등의 조화 등과 같은 사회적 과정을 실천하게 한다. 따라서 다양한 문제 상황에 맞는 최적의 해결방안을 선별할 수 있는 사고 능력이 요구된다. 다만, 이러한 선별적 관점은 체제적 접근과 체계적 접근을 하나로 통합하는 구조를 완성시키지 못한다는 한계를 지니기에, 통합모형으로서 이중구조 교수체제(DSIS)가 제시되었다. DSIS 모형은 체제적 요소와 체계적 요소의 순환적 과정과 하위 요소간의 구체적 특징을 나타내고 있다. 이러한 이중구조 체제는 두 접근의 혼동을 제거하고, 이론과 실제 사이의 차이를 보완하며, 구성주의와 교수주의 사이의 상충되는 부분을 해결한다. 또한, 두 접근의 연관성을 이해할 수 있으며, 시스템 사고의 핵심적 원리를 교수설계에 적용할 수 있다. 이러한 체제적 사고 능력은 전체 입장에서 문제를 보고 문제를 목표로 바꾸는 능력, 가용 자원 연관 능력, 시험적 결과 도출 능력을 함양해서 향상시킬 수 있다.

탐구 질문

1. HRD 전문가로서 갖추어야 하는 체제적 사고 능력이란 무엇인가?
2. 체제적 접근과 체계적 접근을 각각 적용할 수 있는 구체적인 상황은?
3. 이중구조 교수체제 모형을 적용하기에 가장 효과적인 상황은?

/ 저자소개 /

박수홍(suhongpark@pusan.ac.kr)

한국교육개발원(KEDI) 연구원을 거쳐 부산대학교 교육학과 및 멀티미디어, 사회적기업협동과정 교수로 재직 중이다. 관심 영역은 인적자원개발, 수행공학, 앙트러프러너십 교육, 액션러닝, 커리어 디자인 등이다. 주요저서로는 조직 및 지역의 창조적 변화를 이끄는 체계적 액션러닝 SAL(공저), 내 생애 커리어 앵커를 찾아서(역)가 있다.

김두규

부산대학교 연구교수로 활동 후, 현재 부경대학교 인적자원개발 교수로 재직 중이다. 관심 영역은 인적자원개발, 수행공학, 교수설계, 이러닝, 교육프로그램 개발 · 평가, 학습조직 등이다. 주요저서로는 E-Learning Systems, Environments and Approaches Theory and Implementation (공저)이 있다.

제5장

인적자본과 투자

이영민 (숙명여자대학교)

목표

1. 학습자는 인적자본의 개념을 정의할 수 있다.
2. 학습자는 인적자본과 유사한 개념들의 차이를 변별할 수 있다.
3. 학습자는 인적자본이론의 개념과 역사를 설명할 수 있다.
4. 학습자는 인적자본 투자 관련 사례들을 제시할 수 있다.
5. 학습자는 인적자본 투자의 시장실패와 정부실패를 열거할 수 있다.

핵심용어

자본, 인적자본, 인적자본투자, 시장실패, 정부실패, 외부성, 정보 비대칭성, 투자 대비 비용효과, 생산성, 인적자본 투자행위, 투자재원

1. 인적자본이론의 개념적 기초

인적자원개발의 토대적 근간이 되는 개념이 인적자본(human capital)이고, 이 개념을 일반화한 이론이 인적자본이론이다. 인적자본의 개념이 확산된 것은 토지, 자본, 기술 등 전통적인 생산요소가 아닌 인적자본 자체가 기업과 국가의 경쟁력과 국부를 좌우할 정도로 영향력이 커졌기 때문이다. 인적자본에 대한 투자는 사람에 대한 미래 투자이고, 무한한 능력과 잠재력을 지닌 사람의 지식, 숙련 외에도 창의력과 상상력이 경제발전을 주도할 수 있다. 인적자본의 개념, 관련 이론, 인적자본이론에 대한 이해를 통해, 인적자원개발 분야의 넓이와 깊이를 확대할 수 있을 것이다.

1) 인적자본의 개념

인적자본에 관한 개념적 아이디어를 최초로 제시한 사람은 국부론을 저술한 Adam Smith인데, 그는 사람이 특별한 재능을 획득한 것을 '자본'이라고 표현하였다. 19세기에서 20세기를 지나며 인적자본의 개념은 보다 구체화되기 시작하였고, 1950년 후반에서 60년 대 초반, Mincer, Schultz, Becker, Rosen, Grossman 등의 경제학자들은 실물 자본, 금융자본과 대비하여, 미래 경제성장의 중요한 핵심 기제로 인적자본을 언급하였다(Burton-Jones & Spender, 2011). 또한 인적자본을 통해 비단 경제 자체의 성장만이 아니라, 노동시장, 교육, 건강, 결혼, 거시경제, 사회적 현상에 대한 다양한 해석이 가능하다.

일반적으로 인적자본은 근로자가 지닌 지식, 스킬, 능력, 경험, 건강의 총체로서, 생산의 주요한 투입요소이다. 인적자본은 무형의 실체이지만, 자원, 시설, 장비 등에 투자하는 것과 같이 투자가 가능한 자원의 일종으로 간주되고 있다. 인적자본과 관련된 주된 논쟁거리는 인적자본이 과연 자본인지 여부와 다른 형태의 자본이나 자산과 어떤 관계를 가지고 있는지에 관한 부분이다(Blair, 2011). 인적자본 자체가 다른 자본들과 달리 사람으로부터 분리가 될 수 없고, 저장이나 축적되어 후일 생산에 요소로 투입될 가능성이 매우 상이하게 나타나고 있다.

인적자본을 증가시키기 위한 중요한 방법이 교육과 훈련이다(강순희, 윤석천, 박성준, 2011). 그런데, 일반적으로 사람들은 교육과 훈련을 통해 인적자본이 증가하고 이를 통해 임금이 상승한다는 명제에 관해서 정서적으로 동의하지 않곤 한다. 사람들은 자발적으로 교육과 훈련에 참여하는 것이지, 경제적인 관점의 인적자본 투자와 이를 통해 가치를 창출한다는 표현이 적절하지 않다고 생각한다. 또한 교육활동에 참여하는 것은 개인적인 관심사 외에도 문화적, 제도적 차원에서 이루어진다는 점도 있다. 예를 들어, 학교 교육은 사회화의 과정으로서, 사회의 규범과 전통을 전승하는 관점으로 간주할 수 있는데, 이를 경제적인 관점으로만 보는 것은 편협한 것으로 인식한다.

그럼에도 인적자본이 유용한 개념으로 인식되는 것은, 인적자본을 통해 특정한 성과를 산출하는 근로자와 뛰어난 생산성의 의미를 이해할 수 있기 때문이다. 인적자본 자체를 소비하기보다, 인적자본을 생성하고 축적하는데 관심이 있고, 시간을 투입한 근로자의 경우, 여가시간을 활용하거나, 몸이 아파서 노동에 참여힐 수 없는 근로사보다 새로운 숙련(인적자본)을 보다 빨리 축적하고, 숙련을 증진시켜서 궁극적으로 미래에는 더 나은 생산성을 산출할 수 있는 것이다.

인적자본 개념의 논쟁과 발전과 더불어, 1980년대 후반에는 인적자본의 또 다른 형태인 사회적 자본(social capital)과 구조적 자본(structural capital)이 제시되었다(Blair, 2011). 사회적 자본은 사회적 관계망 구축하거나 기존 관계망에 편입함으로써, 공동의 이익을 공유하는 인간의 능력이다. 구조적 자본은 정보시스템과 같이 개인이 가진 지식을 획득하고, 적용할 수 있는, 물리적으로 공유할 수 있는 시스템을 의미한다. 인적 자본과 사회적 자본, 구조적 자본간에는 상호의존성이 매우 높은 편이고, 각각의 정의는 명확한 편이나, 구체적인 변별단계에서는 의미가 혼재되어 있다.

이 외에도, 인적자본과 관련된 개념에는 지적자본(intellectual capital), 지식자산(knowledge capital), 지식재산(intellectual property), 무형자산(intangible asset) 등이 있다. 물리적 실체가 없는 고정된 자산으로, 미래의 경제적 효용을 얻는 측면에서 유사한 개념들이다. 지적자본은 지식경제의 도래와 지식경영의 확산에 따라 나타난 개념으로, 개인의 지적자본의 합을 통해 조직에 축적된 지식, 경험, 노하우를 의미하며, 일반적인 기업에서는 모방할 수 없는 조직 고유의 자본이다.

지식자산은 지적자본과 동일한 개념으로 혼용되어 활용되고 있으며, 인적자산과 구조적자산을 통합한 개념이다. 즉, 지식자산은 기업의 근로자들이 지닌 지식, 기술, 태도의 총체인 역량과 기업의 조직지식이 통합한 개념이다. 지식재산은 개인이 창의적인 활동을 통해 창출한 지식들 중 법적으로 보호할만한 가치가 있는 지식을 의미한다. 무형자산은 특허권이나 저작권 등과 같이 비유동 자산의 하나로 물리적 실체는 없으나 향후 경제적 효용을 창출할 수 있고 경제상의 지위나 법률적인 권리를 행사할 수 있는 자산을 의미한다.

2) 인적자본이론

신고전주의 경제학에서는 생산의 요소인 자본과 노동의 투입이 생산을 유발하는 것으로 가정하고 있다(Burton-Jones & Spender, 2011). 이러한 기본모델의 장점은 한계생산을 위해 노동과 자본을 동일하게 간주하고 보상을 할 수 있다는 점과 산출물 1단위를 더 생산하기 위해 투입을 1단위 늘리면 된다는 전제에 있다. 즉 한계생산과 한계비용이 동일한 수준으로 자본과 노동이 투입된다면, 주어진 투입상황에서 가장 최대의 산출을 할 수 있으며, 효율적인 성과를 창출할 수 있다. 이러한 모델에 기초할 때, 인적자본은 물리적 자본과 마찬가지로 근로자의 생산성을 극대화할 수 있는 요소이다. 신고전주의 경제학의 생산함수 모형으로 본다면, 교육과 훈련을 통해 인적자본을 증가시킨다는 것은 생산과정에서 노동 1단위 투입을 늘리는 것과 같은 개념과 동일시 할 수 있다.

인적자본이론의 대표적 주창자인 Gary Becker는 신고전경제학의 기본가정과 생산함수 모형이 유용한 것으로 판단했으나, 인적자본의 한 유형인 기업특수적 인적자본(firm-specific human capital) 투자의 경우, 특정 기업의 근로자가 해당 기업에서 근무할 때 한계생산성이 더 높게 나타난다고 주장하였다(Lewin, 2011). 이와 같이, 기업특수적 인적자본 투자를 통해 부가된 결과물을 지대(rent)[1)]라고 한다. 그런데, 만약 근로자가 이러한 기업특수적 인적자본을 독점한다면, 본인의 기회비용보다 많은 임금을 받아야 할 것이다. 그러나 고용주는 근로자들이 해당 기업에서 가능하면 오랫동안 일하기를 원한다는 것을 알고 있기 때문에 근로자가 지대를 독점하는 것을 허용하지 않는다.

설령 근로자가 스스로 기업특수적 인적자본에 투자를 하여 지대를 추구한다고 하더라도, 일정부분의 지대를 소유하려고 한다. 역으로, 기업이 근로자들을 대상으로 기업특수적 인적자본에 투자를 한다고 하더라도, 기업이 모든 지대를 독점할 수 없다. 왜냐하면 근로자는 최소한의 기회비용을 얻을 수 있는 다른 회사로 이직을 할 수 있기 때문에, 고용주와 협상을 통해 지대를 나누고자 한다. 대부분의 경우, 고용주와 근로자는 서로 지대를 나누게 된다. 그러나 실제적으로는 이러한 기업특수적 인적자본 투자에 대한 비용 대비 회수효과에 대해서는 불확실성이 존재한다.

인적자본이론에서는 인적자본투자를 통해 생산성 향상 외에도 근로자의 임금상승이나 국가간 생산성 격차와 경쟁력, 경제발전이 가능하다는 논리를 제공하고 있다. 이러한 인적자본투자 → 기업 노동 생산성 제고 → 시장 경쟁력 강화 → 기업의 순익증가 → 인적자본투자 확대 등의 인적자본투자의 선순환 효과가 나타난다. 아울러, 근로자들의 경우, 인적자본투자에 따라 채용, 임금, 승진효과가 나타날 것으로 기대한

1) 지대(rent)는 일반적으로 토지 임대료를 의미하는 표현이나, 경제학에서의 경제적 지대는 공급이 제한되거나 비탄력적일 때, 공급자가 생산요소를 다른 용도로 전용할 때 나타날 수 있는 기회비용의 최대치이다.

다. 그럼에도 불구하고, 인적자본투자에 의한 임금상승은 제한적일 것으로 간주되는데 이는 많은 기업의 임금체계가 연공서열형이라서 인적자본투자나 그 결과에 대한 보상이 충분히 나타날 수 없기 때문이다.

2. 인적자본과 투자

인적자본투자(Human Capital Investment)는 근로자 개인 차원에서는 지속적인 고용가능성을 높일 수 있고, 직업적 만족도와 경력관리를 촉진하는데 중요한 영향요인이다. 기업 차원에서는 근로자의 생산성 제고와 산업 경쟁력 확보에 도움이 되며, 지속 가능한 성장을 위한 혁신방안이 될 수 있다. 국가 차원에서는 경제발전, 사회통합, 미래사회 대응을 위한 전략적인 기능을 하게 된다. 인적자본투자는 단기적인 투자방식으로 경쟁력 강화에 중요한 역할을 하게 될 뿐만 아니라, 장기적으로는 불확실한 사회구조 속에서 개인, 기업, 국가의 혁신과 성장 가능성을 제고한다는 점에서 의의가 있다.

1) 대학교육과 인적자본투자

인적자본투자의 대표적인 사례는 대학교육 수요, 여성의 경력단절과 생애소득, 기업의 교육훈련 실시 등이 있다. 첫째, 대학교육 수요 측면은 '과연 대학교육을 받는 것이 평생의 근로소득 증가에 기여할 것인가?'라는 문제와 관련이 있다. 고등학교를 졸업하고, 대학에 진학하게 되는 이유는 교육열, 사농공상의 문화, 계층이동 가능성, 사회적 신분유지, 학업에 욕구 등 다양하다. 그런데, 인적자본이론에 따르면, 교육은 대표적인 인적자본투자의 사례로서, 동일한 조건 속에서 사람들이 대학에 진학하게 되는 이유는 기대수익을 보장하는 수단이다.

즉, 미래의 기대소득 달성을 위해 시간과 돈이라는 비용지출을 당연하게 받아들이는 것이다. 예컨대, 이자를 받기 위해 은행에 돈을 저축하는 것보다, 즉각적인 수익발생은 안되지만 교육에 투자하면, 향후 기대되는 편익 증가율이 은행이자를 상회하고도 남는 것이다. 장기투자로 인해 편익이 매우 큰 상태에서 할인율까지 높다면, 교육투자 수익률은 극대화될 것이다. 과거 대학교육의 수요는 고학력일 경우 소득곡선이 낮은 학력의 사람들보다 높았기 때문에 가능했던 일로서, 현재 지향성, 연령, 신용제약 등의 요인에 의해 그 차이가 확대되고, 체감률도 달라지게 된다(Ehrenberg & Smith, 2014).

대학교육의 수요는 아래 [그림 5－1]에서 보는 바와 근로소득, 연령, 비용지출 등의 관계를 통해 나타난다[2]. 좌측면 상위는 평생에 걸친 근로소득이고, 하위는 비용지출이 이루어지는 부분이다. 하단면은 연령선으로서 만 18세는 대개 고등학교 졸업하고,22세는 대학을 졸업하는 연령을 의미하며, 60세는 정년연장에 따른 법정 퇴직연령을 의미한다. 물론, 대학 졸업연령은 27세 이후이지만, 설명의 편의 및 해외 문헌들에서 일반적으로 제시하는 연령[3]을 참고하여 22세로 설정하였다.

[그림 5－1]에서 제시한 A면은 대학진학에 따라 소득창출이 이루어지지 않은 면으로서 포기한 근로소득면이고, B면은 대학진학에 따라 등록금, 도서구입비, 기숙사비를 비롯하여 취업사교육비 등 대학재학 당시에 이루어진 총 비용지출을 의미한다. 고졸자의 소득흐름선을 살펴보면, 고졸자의 경우, 대학진학을 하지 않았기 때문에 A면+B면의 합(포기한 근로소득+비용지출)이 발생하지 않았고, 생애 근로소득의 흐름은 A면과 C면의 합이 된다. 물론, 이 가정에는 고졸자가 선취업 후진학 등 입직 후에 재교육기회 비용투자가 이루어지지 않았다는 것, 한 직장에서 계속 근속하면서 연공급 임금체계로 소득을 수령할 것이라는 점, 우상향 곡선이 특정한 연령 시점에 하향한

2) 인적자본투자와 대학교육 수요에 관한 설명은 남성일(2017), 조우현(2010) 등의 책을 참조하여 정리하였다.

3) 외국의 경우, 군 입대 및 취업준비를 위한 휴학기간 등 학업중단이나 노동시장 입직 대기기간이 거의 없기 때문에, 고등학교 졸업한 사람들의 경우 20대 초반에 대학을 졸업하게 된다.

다는 점은 임금 피크제나 근로시간 단축 등의 사례가 있을 수 있다는 점을 고려한 것이다.

이에 반해, 대졸자의 소득 흐름선은 노동시장 이행 후, 순수입이라고 볼 수 있는 C면과 D면의 합이 직접적인 소득이고, 이러한 과정에서 포기한 근로소득인 A면과 학교생활과 노동시장 이행에 따른 지출비용인 B면을 제외해야 한다. 또한, 대학진학에 따른 소득의 증가분(한계수입)은 D면이 되고, 대학진학에 따른 소득의 감소분(한계비용)은 A면+B면이 된다. 따라서 대졸자의 평생소득은 순수입(C면+D면)에서 교육투자비용(B면)을 제외한 면이 된다. 대졸자의 경우, A면은 시간제 근로(아르바이트, 과외 등)를 통해 소득이 보전되는 경우도 있으나, 대개의 경우 발생하지 않는다고 가정하게 된다.

고등학교를 졸업한 학생들이 대학에 진학하는 이유(인적자본에 지속적으로 투자하게 되는 이유)는 대학 진학에 따른 소득증가분 D면이 포기한 근로소득 A면과 비용지출 B면보다 크게 되었을 때 나타난다[4]. 즉, 대학에 진학하면서 발생하는 총 편익이 현재의 투자비용을 상회할 것으로 기대되면(D면〉 A면+B면) 많은 학생들이 대학에 진학하게 된다. 대학진학을 당연시 여기는 사회적인 문화, 과도한 교육열, 부모의 기대수준 등과 같은 요인이 아니라 인적자본투자 관점에서만 고려하였을 경우, 현재의 투자비용이 미래에 발생하는 기대수익의 현재가치보다 커야 투자실패를 감수하고 비용을 지출하게 된다.

최근 대학진학률이 지속적으로 감소하고 있고, 고졸의 생애소득이 대졸보다 괜찮다는 '고졸의 경제학'적인 관점에서 해석한다면, 대학진학에 따른 생애 근로소득에서의 학력효과가 적어도 우리나라에서는 점점 감소하고 있다고 해석할 수 있다. 특히 학벌로 대변되는 학력 프리미엄의 완화는 역량과 능력에 기초한 사회문화를 조성하는데

4) Ehrenberg와 Smith(2014)는 대학진학에 따른 비용지출이나 포기한 근로소득 외에도 대학교육에 참여하는 자체가 학습에 대한 부담을 일으키는 심리적인 손실(psychic losses)로 연결된다는 주장도 하고 있다.

기여할 뿐만 아니라, 학령기 학생들에게 다양한 진로선택의 기회를 확대하는데 바람직한 현상이라고 할 수 있다. 또한 가정배경과 사회적 지위로 특정 계층을 곤고하게 하는 능력주의(meritocracy) 변형을 해체할 것이다.

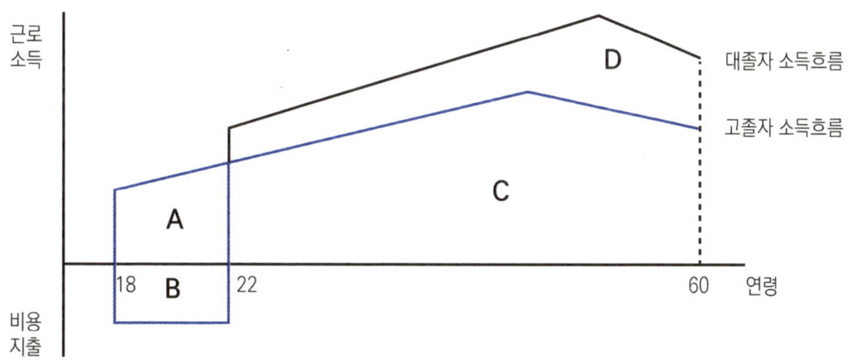

[그림 5-1] 학력과 근로소득 흐름(남성일, 2017, p.89)

2) 여성의 경력단절과 인적자본투자

여성들이 노동시장에 진입한 후 결혼, 출산, 양육으로 인해 노동시장에서 퇴장하고, 다시 재입하는 여성의 경력단절 현상을 인적자본투자의 관점에서 해석할 수 있다[5]. 2016년도 여성가족부 실태 조사결과, 경력단절이 처음 일어난 평균연령은 28.5세였고, 경력단절 이후 노동시장 재진입까지 소요되는 평균 기간은 8.4년이었으며. 경력단절 이후 첫 일자리 임금은 146만원이었다. 동일연령대 비경력단절 여성이 222만원인데 비해, 76만원 정도 낮은 수준의 임금이 형성되고 있다. 다시 말해, 경력단절 후 재취업할 때, 경력단절 여성이 제공 받게 되는 시장임금은 과거의 경력이나 단절기간

5) 여성의 경력단절에 관해서는 성차별이론, 노동시장 분절론, 선별가설이론, 직무경쟁이론, 시장차별이론 등 다양한 이론들로 설명이 가능하다. 본고에서는 여성의 경력단절 자체의 원인이나 문제보다는 이러한 경력단절로 인해 발생하는 인적자본투자의 감가를 중심으로 그 의미를 탐색해 보고자 한다.

과 무관하게 형성되고 있는 것이다.

노동시장 재입직 후에 나타나는 임금 격차가 76만원인데 비해, 평생 생애소득 관점에서 보면, 실제 임금격차는 매우 크게 나타나고 있다. 여성의 고학력화가 진행되고, 장기근속이 늘어나면서, 현재 20대 여성의 잠재 생애근로소득이 약 10.6억인데 반해, 경력단절 여성은 노동시장 입직 후에도 5.9억원의 근로소득 밖에 수령하지 못해, 임금 상실 차이분은 4.7억에 달하며, 대졸여성인 경우 상실 임금총액은 6.3억원에 달할 것으로 추정되고 있다(이혜림, 2013).

여성의 경력단절은 인적자본 투자에 대한 회수가 이루어지지 않거나, 미회수분이 증가하는 현상이다. 아래 [그림 5-2]에서 나타나는 여성의 경제활동 참여곡선은 세 가지 흐름이 있다. 첫 번째 흐름은 만 18세 고등학교 졸업 후 혹은 만 22세 대학 졸업 후 노동시장에 입직하여 지속적으로 일자리에 종사하며, 정년에 임박하여 노동시장에 퇴장하는 흐름이다. 첫 번째 흐름에 따라 노동시장에 종사하는 일하는 여성은 경력이 단절되지 않고 유지되며, 수차례 이직을 반복하며, 더 나은 일자리로 이동한다. 또한 경력개발을 통해 인적자본을 유지, 축적, 강화하는 활동에 참여하며, 소득 흐름선을 일정하게 유지하게 된다.

두 번째 흐름은 만 18세 혹은 만 22세 이후 학교를 졸업하고 노동시장에 입직을 하다 30세 이후 노동시장에서 퇴장하였다가, 40세 전후로 다시 노동시장에 재진입을 하면서 새롭게 소득흐름을 창출하고 노동시장에 퇴장할 때까지 유지하게 되는 흐름이다. 경력단절-재진입 흐름선에서는, 최초 입직단계에서 소득을 창출하고 자산을 유지하던 일반적인 흐름에서 결혼, 출산, 양육이라는 주요한 영향요인에 의해 경력이 단절되다가, 노동시장에 재입직하는 여성의 노동주기가 나타난다. 일정시점 이후 자녀양육이 어느 정도 해결이 되었을 때(주로 초등학교에 입학한 이후), 노동시장에 재진입하기 위해 구직활동을 시작한다.

경력단절 기간이 짧을수록 구직기간은 짧고, 경력이 단절된 기간에도 이를 유지하는 단시간 근로를 하게 되면 구직이 상대적으로 용이하다. 또한 재진입 직전에 직업교육훈련기관에 등록하여 과거 경력에 맞는 유사직종을 선택하거나, 새로운 기술교육에 참여하여 구직 가능성을 높일 수 있다. 인적자본 퇴화의 기간은 경력단절 지속기간에 동질화되어 있고, 이를 회복하기 위한 인적자본 축적행위(예, 직업교육훈련 참여, 사회적 관계망 형성, 전문자격의 취득 등)는 이러한 퇴화를 지연하는데 결정적으로 기여하게 된다.

세 번째 흐름선은 만 18세 혹은 만 22세 후 학교를 졸업하고 노동시장에 입직을 하지 않고, 결혼 후 남성생계부양모델에 의해 가사노동에 종사하면서 경력이 단절되는 현상이 지속되는 경우이다. 때때로 가족 일을 간헐적으로 도우며 비전속 비임금근로자로 일하거나, 계절적 실업을 반복하면서 일시적으로 노동 욕구를 충족하는 형태로 경력단절이 지속되는 경우도 있다. 물론, 이러한 형태는 전형적인 경력단절이라고 보기는 어려우나, 경력단절의 전제조건 혹은 반복적인 경력단절 현상을 고착화할 수 있으며, 인적자본의 손실로 연결될 수 있다. 이럴 경우, 경력단절 지속 흐름선은 생애소득이 나타나지 않는 수평선 형태로 귀결된다.

세 가지 흐름선에 따라 여성은 생애 근로소득은 A면에서는 동일하게 유지되나, 경력단절이 없이 경제활동이 지속될 경우 생애소득은 A면+B면+C면을 유지하게 된다. 그러나 경력단절이 발생하였다가 노동시장에 재진입하였을 경우, 생애 근로소득은 A면+B면이 된다. 이에 반해, 경력단절 현상이 지속될 경우, 여성의 생애 근로소득은 A면에 머무르게 된다. 40대 전후, 재진입 시기에 직업교육훈련기관에 등록하여, 인적자본을 다시 축적하게 되는 경우, 생애 근로소득 B면이 증가하게 된다. 이러한 이유로, 여성의 경력단절을 극복하기 위한 교육훈련이 중요하고, 이와 같은 교육훈련(인적자본 재투자)을 통해 고용조건과 임금이 개선되며, 여성의 노동공급이 증가하게 된다.

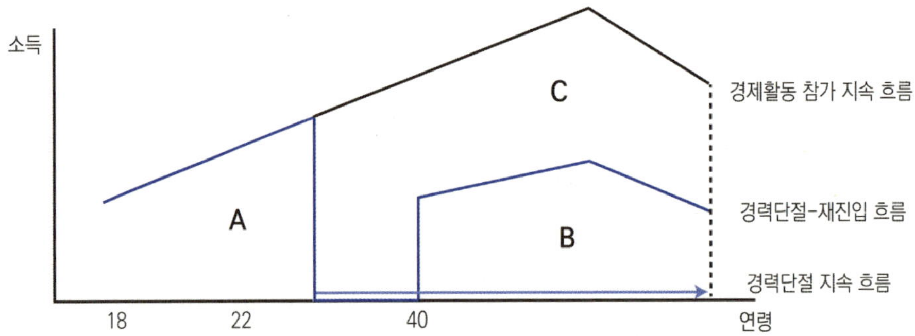

[그림 5-2] 여성의 경력단절과 근로소득 흐름

3) 기업의 교육훈련과 인적자본투자

기업의 교육훈련은 일반적인 인적자본투자와는 다른 형태로 전개된다. 채용된 인원에 대한 교육훈련은 투자로서의 성격을 지니며, 기업은 노동비용의 일부를 부담한다. 기업은 교육훈련을 통해 근로자의 노동생산성을 향상시키고, 이를 통해 수익을 극대화하고자 한다. 이러한 투자행위는 임금상승 이상으로 교육훈련투자가 한계수입생산성 측면에서 효용성이 높다는 전제를 바탕으로 하고 있으며, 근로자는 기업이 투자비용을 회수할 때까지 이직을 하지 않고, 해당 분야에 종사를 해야 한다는 가정에 바탕을 두고 있다. 다시 말해, 기업의 교육훈련은 이윤 극대화라는 목표에 바탕을 둔 투자행위이다.

기업이 근로자들의 인적자본을 높이고 생산성을 제고하기 위한 방식은 일반 인적자본(general human capital)과 기업특수 인적자본(firm-specific human capital) 투자로 구분할 수 있다. 일반적인 인적자본을 투입하고 배가하는 교육훈련을 일반훈련(general training)이고, 기업의 특성에 맞는 교육훈련을 특수훈련(specific training)이라고 명명한다. 일반훈련은 어느 기업이나 사업장과 상관없이 통용이 될 수 있는 훈련의 형태로서, 경영, 회계, 사무, 영어, 생산관리 등의 분야가 이에 해당한다. 이에 반해, 특수훈련은 일반적인 기업에서 활용되는 분야가 아닌 특수한 기업과 사업장에서 활용되는 분야에서 실시된다.

일반 인적자본의 가치는 기업의 투자여부와 상관없이 근로자에 체화되어 유지된다는 점이고, 기업특수 인적자본 가치는 인적자본의 투자결과가 특정기업과 사업장에서 발휘되면서 나타나는 특수한 형태로서의 가치를 지닌다는 점이다. 일반 인적자본 투자 시, 훈련 기간 동안 현재 임금보다 낮은 생산성을 유지하게 되면서 기업 손실이 발생하나, 훈련이 종료되고 활용하는 시점에서는 높아진 생산성으로 현재 임금을 상회하는 이익을 취할 수 있게 된다(남성일, 2017).

일반적으로 기업이 일반 인적자본에 투자하는 경우는 근로자가 이직을 통해 초래되는 비용이 높아서 이직을 단념하는 경우로서, 기업의 투자실패가 발생하지 않을 것이라고 믿는 상태이다. 만약 일반 인적자본에 투자했을 때, 낮은 이직비용으로 근로자가 이직을 하거나(투자비용을 회수할 시간이 짧거나), 근로자가 훈련을 통해 증가한 한계수입생산보다 높은 임금인상을 요구할 경우, 일반 인적자본투자를 회피할 가능성이 높다. 반면, 근로자의 노동이동 비용이 거의 없는 경우, 기업은 훈련을 제공하지 않거나, 훈련비용을 근로자에게 전가하곤 한다.

특수 인적자본은 특정 기업이나 사업장에서만 가치가 발휘되기 때문에 경쟁관계에 있는 다른 기업에서 통용될 가능성이 없고, 사용자와 근로자간 고용계약이 종료되었을 때 그 가치가 상실되는 특징이 있다. 기업특수 인적자본이 성립하는 경우, 차별화된 제품생산, 특수한 장비, 특별한 작업방식과 공정, 기업현장 근로자들의 팀워크, 기업 내 특수한 의사소통 등이 있다(조우현, 2010).

특수 인적자본의 경우, 기업이 교육훈련에 투자하는 강력한 유인기제로 작동을 할 가능성이 있지만, 특수훈련에 참여한 근로자가 퇴사하거나 유사 동종기업에 이직할 경우, 투자손실이 발생하고, 미실현 투자수익이 발생하게 된다. 기업은 생산성 제고를 위해 특수훈련에 실시할 때, 근로자와 훈련비용을 분담하거나, 임금상승 폭을 제한하는 방법 등을 통해 특수 인적자본투자의 실패를 최소화하기 위해 노력한다.

4) 인적자본투자의 시장실패 및 정부실패

노동시장의 불완전성이나 외부성으로 인해, 자원배분의 왜곡현상이 발생하고, 투자 주체에 따라 실패현상이 나타난다(강순희, 윤석천, 박성준, 2011). 자율적인 시장기능에 의해 인적자본투자가 촉진되고 훈련공급이 원활하게 이루어져야 훈련시장(training market)이 정상적으로 작동할 수 있다. 그러나 인적자본투자를 방관하거나 시장의 자정능력을 지나치게 신봉함으로써 실패 현상은 극대화된다. 시장실패가 나타나는 원인은 노동시장의 불완전성, 자본시장의 불완전성, 조정실패, 의사결정 실패 등으로 분류할 수 있다(Almeida, Behrman, & Robalino, 2012).

첫째, 노동시장의 불완전성은 숙련경쟁의 불완전성으로 인해 발생하는 문제로서, 숙련(인적자본)이 시장가격에 의해 부분적으로나마 통용되고 있기 때문에 발생한다. 특수 인적자본의 경우, 기업의 투자에 대한 실패 가능성이 적을 수 있으나, 실제 현장에서는 특수 인적자본과 일반 인적자본의 경계나 구분이 애매할 뿐만 아니라, 특정한 인적자본을 체화한 근로자에 대한 수요는 노동시장에 많기 때문에 인적자본의 통용성이 높다. 따라서 기업은 인적자본에 대한 지체 투자확대보다 이미 투자가 완료된 근로자를 밀렵하곤 한다(poaching externality).

밀렵 외부성 문제 외에도 인적자본 저투자가 발생하는 이유는 보상 불충분성(matching externality)에 의해 발생한다. 고용주가 근로자보다 연봉협상에 대한 우위를 점하고 있으면(구인공고를 내면, 괜찮은 숙련인력들이 지원하고, 고용주는 선별해서 채용할 수 있을 때), 근로자는 인적자본투자를 하더라도 연봉이 증가하는 인센티브가 적기 때문에 교육훈련에 참여하지 않게 된다. 근로자는 인적자본투자에 대한 불완전한 정보와 협상력을 발휘할 수 없는 환경 하에서는 과소투자를 할 가능성이 높다. 또한, 임금상승 여력이 없는 중소기업들의 경우, 정부의 개입이 없이는 인적자본투자가 실행되기 어려운 조건에 놓여 있다.

둘째, 자본시장의 불완전성에 기인하여 인적자본이 과소 투자되고 있다. 고용주와 근로자는 인적자본투자(교육훈련)에 대한 재정투자 여력이 없는 경우가 많기 때문에 투자에 대한 회수효과가 명확하지 않는 한 자발적인 투자를 하지 않는다. 아울러, 금융기관들의 경우, 기업과 근로자에 대한 신용정보 제약으로 인해, 대출을 하지 않기 때문에 투자회수 효과가 명확한 근로자도 자금부족으로 투자를 못하게 된다. 정부는 저소득 근로자들을 중심으로 보조금을 지급하거나, 대부를 하는 방식이 적절할 수 있으나, 이로 인해 정부의 재정이 고갈되고, 대출에 따른 위험률이 상승할 수 있다는 문제는 여전하다.

셋째, 노동시장과 금융시장이 완벽하다고 하더라도, 정보의 비대칭성이나 고용서비스의 문제로 인해, 고숙련 혹은 저숙련 분야에서는 조정실패가 발생한다. 조정실패의 대표적인 예는, 혁신 외부성(innovation externality)과 결원 외부성(vacancy externality)가 있다. 혁신 외부성은 근로자가 고숙련 분야에 투자를 하더라도, 실제 일을 할 수 있는 직무나 기업이 없기 때문에 실패가 나타난다. 결원 외부성은 고임금 등으로 고용주가 고숙련자에 대한 채용을 주저하여 저숙련 근로자가 인적자본투자를 하더라도, 고숙련 일자리로 이동할 수 없기 때문에 발생한다. 그 결과, 노동시장에는 근로자는 저숙련-저생산성의 함정에 빠져 저숙련 균형상태가 지속된다.

넷째, 의사결정의 실패는 인적자본투자에 대한 회수 가능성과 정보가 불명확하고, 우수 교육훈련 공급기관에 정보가 불충분하여 발생하거나, 근로자가 선호하는 시간대의 교육훈련 공급이 부족할 때 발생하거나, 근로자의 인지적, 정서적 문제나 선호로 인해 인적자본투자가 불완전하기 때문에 발생한다. 정부는 시장의 실패를 만회하고자, 근로자의 인적자본투자에 대한 상담 서비스를 확대하거나, 괜찮은 교육훈련기관을 인증하고 보조금을 상향하는 등의 정책을 실행한다.

위와 같은 시장의 실패는 정부의 개입을 통해 효율성이 배가될 수 있다. 정부는 보조금 제도를 개편하거나, 구인-구직 서비스의 질을 높이거나, 신용 대출에 관한 보증제도를 개선하거나, 바우처 제도를 신설해서 금전적인 어려움이 없이 인적자본에 투자를 하도록 유도하고 있다. 특정 분야에는 보조금을 더 상향하거나, 고숙련 일자리를 창출하거나, 고급 상담서비스를 제공하여 정보의 유량을 높이고 있다. 또한, 교육훈련기관에 대한 관리와 인증, 모니터링 제도를 강화하고, 질 관리를 강화하는 등의 조치를 취하고 있다.

정부의 적극적인 노동시장 개입에도 불구하고, 자원배분의 왜곡과 시장의 비효율성은 저절로 해결되지 않을 뿐만 아니라, 때때로 정부 개입 자체가 실패로 귀결되는 정부실패(government failure)가 발생하기도 한다. 정부실패는 정책결정 과정상의 취약성, 부적절한 거버넌스와 책무성을 약화시키는 제도 실행, 제한된 정보체계 등으로 인해 발생하고 있다. 정부는 공공성을 바탕으로 공공교육훈련과 공공교육훈련기관에 투자한다는 점에서 보다 세심한 정책설계와 실행이 필요하다.

첫째, 정부 정책결정 과정상의 취약성은 정책을 수립하고 집행하는 당사자들(국회의원, 공무원 등)이 괜찮은 정책을 수립하여 추진을 하더라도 이에 따른 인센티브가 부족하고, 단기성과에 매몰되어 있으며, 선출직 연한에 의해 정책실행 주기를 지연시키는 경우에 발생한다. 또한 특정한 이해집단을 대변하거나, 이러한 투자정책을 추진하는 기관들간에 업무분담이나 역할 고려가 적절하게 이루어지지 않아서 발생하는 문제이다. 예컨대, 인적자본투자의 주체인 투자자(학생, 근로자, 실업사 등), 훈련 공급자(교육훈련기관, 대학, 협회나 단체 등), 정책 수립자가 원활하게 교류하며 정책을 수립하지 않으면, 정부실패가 발생한다.

둘째, 적절한 거버넌스와 책무성을 약화시키는 제도 실행의 경우, 정책의 전달체계가 적절하게 이루어지지 않으면 정부 실패가 발생하고, 법과 제도를 적절하게 수립하고 관리하며, 이에 대한 권한, 역할, 책임을 명확하게 했을 때 정부 실패가 줄어들게 된다. 교육훈련 기관에 대한 권한을 네거티브 시스템 형태로 제공하되, 제도 운영상 문제를 일으키거나, 적절한 질 관리를 병행하지 않을 경우, 엄격한 조치를 취하고, 책임을 지도록 하는 것이다. 이러한 관리는 비단 교육훈련 기관만이 아니라, 바우처를 받는 개인 근로자, 인적자본투자에 관한 예산시스템이나 전달체계에도 적용된다.

셋째, 제한된 정보체계의 경우, 정부가 시장실패를 보완하고자 하더라도 이러한 개입 자체가 자원의 최적 분배를 달성하지 못하고, 비효율성을 증가시키거나, 민간영역을 정부가 모두 대신하여 실패를 보정하려고 할 때 발생한다. 이를 개선하기 위해서는 근로자, 기업, 지역사회, 국가의 인적자본투자 행위에 대한 강력한 모니터링과 평가시스템을 구축하고, 효율적인 자원배분을 왜곡하는 정책이나 제도를 개선하며, 민간영역에서 자발적으로 다양한 정보를 공개하도록 제도를 개선해야 한다.

참고문헌

강순희, 윤석천, 박성준 (2011). 한국의 인적자본투자 성과분석. 노동연구원.

여성가족부 (2016). 2016 경력단절여성 등의 경제활동 실태조사.

이혜림 (2013). 여성 경력단절에 따른 소득손실 크다. LG 경제연구원.

남성일 (2017). 쉬운 노동경제학. 박영사.

조우현 (2010). 일의 세계 경제학(2판). 법문사.

Almeida, R., Behrman, J., and Robalino, D. (2012). *The Right Skills for the Job? Rethinking Training Policies for Workers*. Washington, DC: World Bank.

Blair, M. M. (2011). An economic perspective on the notion of 'human capital'. In A. Burton-Jones & J.-C. Spender (Eds.), *The Oxford handbook of human capital* (pp. 51–70). Oxford: Oxford University Press.

Burton-Jones, A. & Spender, J.-C. (Eds.)(2011). *The Oxford Handbook of Human Capital*. Oxford University Press.

Ehrenberg, R. G. Smith. R. S. (2014). *Modern labor economics: theory and public policy* (12th ed.). NY: Routledge.

Lewin, P. (2011). A Capital-Based Approach to the Firm: Reflections on the Nature and Scope of the Concept of Capital and its Extension to Intangibles. In A. Burton-Jones & J.-C. Spender (Eds.), *The Oxford handbook of human capital* (pp. 145-161). Oxford: Oxford University Press.

요약

인적자본은 생산의 주요 요소인 토지, 자본, 노동, 기술 등과 같은 중요한 요소로 기능한다. 과거 이러한 생산을 위한 투입의 원천은 물적 자본이었으나, 새로운 제품과 서비스, 부가가치의 창출, 성장한계의 돌파를 위해서 인적자본의 투자가 매우 중요하게 부각되고 있다. 경제적인 관점에서 인적자본의 투자는 노동시장과 밀접하게 연관을 맺고 있으며, 최소 비용으로 최대의 효과를 누리는 편익 극대화에 초점을 두고 있다. 개인편익의 극대화 측면에서 인적자본투자를 살펴본다면, 인적자본투자의 행위인 교육 참여, 자기개발, 경력관리 등은 미래 편익추구를 위한 합리적인 선택이다. 궁극적으로는 개인의 효용을 극대화하여 행복추구와 만족을 극대화하는 것이다.

또한 기업편익의 극대화 측면에서 인적자본투자는 기업의 영속 가능성을 높여주고, 서비스 고객에 대한 만족도를 높여 시장 확대를 촉진하며, 일자리 창출과 국가경제에 기여할 수 있는 토대를 구축할 수 있다. 국가편익의 극대화 측면에서는 인적자본투자는 국민 개개인이 직업 활동을 영위할 수 있는 기회를 제공하고, 실업, 빈곤, 소득불평등, 계층과 세대 갈등과 같은 사회적 문제를 사전에 예방하며, 모든 국민에게 일할 기회와 권리를 보장할 수 있는 방안이 될 수 있다. 특히 국가의 인적자본투자를 통해 국가의 정당한 시장개입, 공공성의 구현, 사회기능 조정자로서의 역할을 기대할 수 있다.

탐구 질문

1. 인적자본의 개념과 특성은 무엇인가?
2. 인적자본이론이 나타난 배경과 의의는 무엇인가?
3. 인적자본투자 관점에서 기업이 교육훈련을 하는 이유는 무엇인가?
4. 국가가 인적자본투자에 참여해야 하는 이유는 무엇인가?
5. 시장의 보이지 않는 손에 의해 교육훈련시장이 활성화될 수 있는가?

/ 저자소개 /

이영민(ymlee@sookmyung.ac.kr)

숙명여자대학교 인적자원개발대학원 교수로 재직하고 있으며, 연구 관심분야는 직업교육훈련, 교육과 노동시장 연계, 직업과 자격제도, 인적자원개발정책, 산학협력, 고용과 노동시장 정책 등이다. 주요 저서로는 한국의 청년고용 1권, 2권, 한국의 장년고용 등이 있다.

제6장

학습이론

정재삼 (이화여자대학교)

■ 목표

1. 학습자는 인적자원개발의 여러 가지 심리학적 측면을 논의할 수 있다.
2. 학습자는 행동주의 학습이론의 주요 원리와 교육훈련에의 시사점을 설명할 수 있다.
3. 학습자는 인지주의 학습이론의 주요 원리와 교육훈련에의 시사점을 설명할 수 있다.
4. 학습자는 구성주의 학습이론의 주요 원리와 교육훈련에의 시사점을 설명할 수 있다.
5. 학습자는 인본주의 학습이론의 주요 원리와 교육훈련에의 시사점을 설명할 수 있다.
6. 학습자는 사회학습이론의 주요 원리와 교육훈련에의 시사점을 설명할 수 있다.

■ 핵심용어

학습, 학습이론, 교육훈련, 인적자원개발, 연합이론, 고전적 조건형성, 조작적 조건형성, 강화, 형태심리학, 정보처리이론, 스키마이론, 개인적 구성주의, 사회적 구성주의, 자아실현, 자기효능감

1. 인적자원개발의 심리학적 측면

심리학 이론이 모든 분야에 적용되기는 하지만, 인적자원개발(HRD)은 수행성과를 향상시키기 위해 심리학적 기초를 최대한 활용해야 한다. 인적자원개발 분야에서 활용할 수 있는 심리학 이론은 광범위하다. 여기에 학습이론, 정보처리이론, 동기부여이론, 집단역학이론과 조직에서 의사결정과 행동이 어떻게 이루어지는가에 대한 심리학 이론이 포함된다(Swanson & Holton, 2001; Swanson, 2009). 그러나 이러한 이론들이 인적자원개발 분야에서 제대로 활용된다고 주장하기는 쉽지 않다. 책임 있는 인적자원개발이라면 심리학 이론의 광범위한 지식을 통합하여 활용해야 할 것이다.

교육훈련 분야에 잘 알려진 도서인 Goldstein(1993)의 조직훈련: 요구사정, 개발 및 평가(Training in Organizations: Needs Assessment, Development and Evaluation)는 포괄적인 심리학적 접근보다 행동주의적 관점을 중시하였다. 그리고 심리학적 관점에서 교육훈련을 실시할 때는 거의 대부분 개인이나 개인의 인식에 초점을 맞추기 때문에 제한적 관점을 느끼게 된다. Swanson(2009)에 의하면, 인적자원개발은 피상적인 심리학 이론과 기법보다는 행동과 학습에 관계된 핵심적인 이해에 초점을 맞추는 것이 더 적절하다.

본 장에서는 인적자원개발의 심리학적 측면을 중심으로 학습이론을 논의하기로 한다. 일반적으로 학습이란 인간 행동의 변화로 정의된다. 좀 더 구체적으로 말하자면, 학습이란 인간의 경험으로 인한 가시적 행동 내지는 잠재적 행동의 지속적 변화를 말하며, 성숙에 의한 자연적인 변화나 질병에 의한 일시적 신체 상태의 변화는 포함하지 않는다. 인간의 학습 현상을 제대로 이해하기 위해서는 경험에 의한 행동 변화로 발생하는 결과보다는 경험에 의한 행동이 변화되는 과정에 초점을 맞추어야 한다. 이렇게 경험에 의하여 행동이 변화되는 과정을 설명하고자 제안된 것들이 바로 학습이론이다.

학습이론은 공통적으로 두 가지 측면에서 학습을 정의하고 있다. 첫째, 학습을 인간의 수행성과(performance) 과정에서 나타나는 지속적인 변화로 가정하고, 둘째, 수행성과에서의 변화는 학습자와 환경과의 상호작용에 따른 결과여야 한다는 것이다. 이러한 관점에서 학습이론이란 수행성과의 과정에서 나타나는 관찰될 수 있는 변화와 이들 변화가 나타나게 된 이유를 연결하는 일련의 구성개념(constructs)으로, 환경과 상호작용하는 과정에 관한 체계적이고 통합적인 견해라고 볼 수 있다(Driscoll, 1994; Spector, 2012).

심리학자들이 학습과정에 대한 연구를 시작하였으며, 학습에 대한 그들의 관점은 시간이 흐름에 따라 진화해왔다. '어떻게 사람이 학습 하는가'에 대한 초기의 실험적 접근은 19세기 후반에서 20세기 중반에 이르기까지 Ebbinghaus, Pavlov, Thorndike, 그리고 Gestalt(형태주의) 등의 심리학자들에 의하여 심도 있게 추진되었다. Ebbinghaus, Pavlov, Thorndike는 모두 연합(association)에 관련되지만, Ebbinghaus는 연합된 아이디어(associated ideas) 목록의 반복회수와 그 목록의 재생회수에 관심이 있었고, Thorndike는 아이디어들 사이의 연합보다는 감각(sensation)과 충동(impulse) 사이의 행동(action)에 관련된 연합에 관심을 두었으며, Pavlov는 연합과 생리적 반사의 조건형성에 관심을 두었다. Ebbinghaus는 이 언어적 학습 실험으로 나중에 기억/인지와 반복학습 연구의 기초를 제공하였고, Pavlov와 Thorndike의 연구는 Skinner의 급진적 행동주의의 바탕이 되었다. 형태주의자들은 부분보다는 전체를, 개별적 사건보다는 사건들의 패턴에 주목한다. Wertheimer, Kohler, Lewin 등에 의하여 형태주의적 학습관이 20세기 중반 행동주의 학습이론에 대한 대안적 관점으로 자리 잡기 시작했고, 이 형태주의 학습이론은 나중에 인지주의 학습이론으로 발전 통합된다. Gestalt이론은 지각, 통찰, 장이론, 인지학습이론, 스키마이론, 상황인지, 구성주의, 인본주의에 영향을 주었다고 할 수 있다(Driscoll, 2005).

다음 절에서는 주요 학습이론들을 행동주의, 인지주의, 구성주의, 인본주의, 그리고 사회학습이론 등의 다섯 가지 지향성으로 묶어서 구체적으로 하나씩 논의한다. 마지막 절에서는 이 학습이론들을 비교하고 인적자원개발의 관점에서 시사점을 논의하고자 한다.

2. 주요 학습이론

1) 행동주의

행동주의는 Watson에 의해 창안되어 Thorndike, Tolman, Guthrie, Hull, Skinner등에 의해 발전되어 온 학습이론이다. 행동주의 심리학자들은 학습을 '새로운 행동을 수행할 수 있는 능력'이라고 보았으며, 자극(S)-반응(R)에 초점을 두었다. 행동주의를 기반으로 하는 이론들은 Thorndike의 연합주의(connectionism), Pavlov의 고전적 조건화(classical conditioning), 그리고 Skinner의 조작적 조건화(operant conditioning)이다(이화여자대학교 교육공학과, 2021; 정재삼, 임규연, 김영수, 이현우, 2012).

이들 행동주의 학자들이 주창한 학습이론의 공통점은 학자들이 가진 학습의 과정에 대한 기본 가정에서 찾을 수 있다. 첫째, 내적인 사고 과정보다 관찰 가능한 행동이 중요하다. 둘째, 행동은 환경에 의해 조성될 수 있다. 즉, 어떤 사람이 학습하는 것은 학습자에 의해서가 아니라 환경적인 요인에 의해서 결정된다. 셋째, 계속성과 강화의 원칙이 학습과정을 설명하는데 중요하다. 계속성의 원칙은 개별적인 두 사건이 연결되기 위해서는 시간적으로 근접해야 한다는 것이고, 강화의 원칙은 특정한 사건이 반복될 수 있는 가능성을 증가시키는 수단이 필요하다는 것이다.

행동주의가 학습이론으로 정착하는 데 크게 기여한 학자는 Skinner이다. 특히 그가 제안한 "조작적 조건화/조건형성(operant conditioning)"과 "강화" 이론은 행동주의 학습에 관한 대표적 이론으로 인정받고 있다. 조작적 조건형성 이론은 학습자가 다시 수행하기를 원하는 것은 강화하고, 그렇지 않는 것은 무시한다는 생각에 바탕을 둔

학습이론이다. 조작적 조건화 학습이론에서 "강화(reinforcement)"의 개념은 중요하다. 어떤 반응이나 행동이 강화되면 그 반응이나 행동은 유사한 조건 하에서 다시 발생할 가능성이 높아진다. 반면에 강화되지 않는 행동은 덜 일어나게 되고 결국에는 사라지게 된다. 따라서 Skinner는 인간의 모든 행동은 학습될 수 있다는 가정 하에 학습자 환경에 강화의 조건을 마련해 주면 의도하는 행동을 학습하게 할 수 있다고 주장한다고 말할 수 있다(Driscoll, 2005; Gredler, 2008; Saettler, 1990).

Skinner는 학습자들에게 반감을 주는 자극이 지배적이고, 계열적 강화를 체계적으로 지원하는 프로그램이 결여되어 있다고 비판하면서, 어떤 행동을 형성할 것인가, 어떤 강화인자가 사용가능한가, 어떻게 하면 가장 효과적인 "강화스케줄"을 작성할 수 있을까에 대해 학습설계가 필요함을 주장하였다. 구체적으로, 정적강화, 부적강화, 벌을 타당하게 활용하면 대부분의 행동을 변화시킬 수 있다고 하였는데, 여기서 정적 강화란 자극을 제시함으로써 행동을 촉진하고자 하는 것이다. 부적 강화는 자극을 제거하여 행동을 촉진하는 것이다. 즉 기대되는 행동을 수행했을 때 학습자가 좋아하는 자극을 제시하면 정적 강화, 학습자가 싫어하는 자극을 면해주면 부적 강화이다. 이 두 가지는 모두 기대되는 행동의 수행을 촉진하도록 도와주는 기제에 해당된다. 반대로 벌은 특정 행동을 억제하기 위한 것이다.

행동주의 학습이론은 성인교육을 포함한 광범위한 교육훈련 활동에 이론적 근거를 제공해주었다. 특히 Skinner(1987)는 교육의 궁극적 목적은 인류, 사회, 개인의 생존을 보장해 줄 수 있는 행동을 조성하는 데 있다고 보았다. 따라서 교육자의 역할은 이러한 교육 목적을 달성하기 위하여 바람직한 행동을 이끌어 내고 바람직하지 못한 행동은 제거해 주는 학습 환경을 조성하는 데 있다.

행동주의 학습이론은 다양한 교육 및 학습활동의 계획과 실천에 영향을 주었다. 행동주의 학습이론에 기초하여 체계적 교수설계, 행동목표, 교육자의 책무성, 프로그램학습, 컴퓨터 보조수업, 역량기반교육 등의 아이디어가 창안되어 교육 활동에 적용되고 있다. 성인을 대상으로 하는 교육훈련 차원에서 위에서 제시된 아이디어를 적용하여 직업기술훈련을 위한 프로그램 개발과 실천이 이루어지고 있다. 그리고 최근 인적자원개발 분야에서 조직의 수행개선을 위한 종업원 행동변화를 이끌어 내기 위하여 적용하는 인간수행공학(human performance technology, HPT)의 방법론도 행동주의 학습이론에 근거하고 있다(정재삼, 임규연, 김영수, 이현우, 2012; Richey, Klein, & Tracy, 2011).

2) 인지주의

인지주의 심리학자들은 마음의 중요성을 강조하며, 학습자가 정보를 처리하고 적용하는 방식은 그 사람의 생각과 정신구조를 변화시킬 수 있다고 보았다. 행동주의 심리학자들에 의해서 '관찰할 수 없는 검은 상자(black box)'로 간주되었던 것을 인지주의 심리학자들에 의하여 인간의 마음으로 관심이 전환된 것이다(Spector, 2012). 인지주의를 기반으로 하는 이론들은 독일에서 일어난 Wertheimer, Kohler, Koffha, Lewin 중심의 형태심리학(gestalt theory), 인간의 마음이 컴퓨터와 동일한 방식으로 작동한다는 Atkinson과 Shiffrin의 정보처리이론(information proccssing theory), 그리고 새로운 개념을 표상하고 지식을 구조화하는데 초점을 두는 Rumehart와 Norman의 스키마이론(schema theory)을 포함한다(정재삼, 임규연, 김영수, 이현우, 2012).

형태심리학자들은 인간이 전체와 전체를 구성하는 부분과의 관계를 어떻게 인지하고 이해하는가에 대한 지각의 원리를 연구했다. 인지주의 이론은 정보처리 과정, 즉 정보가 감각기관을 통해 뇌에 수용되어 조직되고, 기억장치에 저장되고, 인출되어 사용되는 과정을 토대로 학습과정을 개념화하였다. 즉 감각기억, 작동기억, 장기기억이 각각 서로 다른 기능을 하며 정보를 처리한다는 것이다. 또한 교육훈련은 현존하는 학습자 인지구조인 스키마(schema)에 기초해야 한다고 보았다. 인지구조인 스키마는 개인이 환경으로부터 지각한 것을 조직한 정신적 구조라 설명되기도 한다. 인지주의에 의하면, 학습자가 지식을 내적으로 어떻게 구성하고 조직하느냐에 따라 새로운 학습이 일어났는지의 여부가 결정되기 때문에, 학습내용은 학습자가 새로운 정보를 기존 지식에 의미 있게 연결할 수 있도록 조직되어야한다고 주장한다. 즉 학습자가 새로운 지식이나 상황을 만났을 때, 기존의 지식구조를 새로운 상황에 맞게 변화시키는 과정이 학습이라는 것이다.

학습자의 내적인 정신 과정에 대한 이해에 중점을 두는 인지주의 학습이론은 학습자의 학습활동을 활성화시키기 위한 방법을 모색하는 분야 전문가들에게도 많은 영향을 주었다. 이러한 인지적 접근을 옹호한 학습 이론가들로 Ausubel, Bruner, Piaget 등을 들 수 있다. Piaget는 인간발달의 특징을 스키마를 획득하고 변형하는 것(즉, 학습)이라고 주장한다. Piaget는 인지적 구성주의자로 구성주의의 창시자로 인정되기에 여기서는 Ausubel과 Bruner의 학습이론을 중심으로 논의하기로 한다.

(1) Ausubel의 유의미 학습

Ausuble은 인지심리학적 배경을 가지고 있으면서도 "유의미 수용학습"을 지지한다. 그에 따르면, 유의미 학습은 학습자가 가진 인지구조에 새로운 지식을 연계시킬 때 일어난다는 것이다(Driscoll, 1994, 2005). 인지구조는 학습자의 의식 내부에 존재하는 조직화된 개념이나 아이디어의 집합체로 다음과 같은 특성을 지닌다. 학습자의 인지구조는 동화과정이나 경험의 산물로서, 새로운 학습과 파지, 즉 기억하고 이해하는 상태를 지속하는 정도에 결정적인 영향을 준다. 인지구조는 또한 위계적 관계를 갖는다. 즉 가장 일반적이고 포괄적이며 추상적인 개념이 최정점에 위치하고 아래로 내려갈수록 일반성, 포괄성, 추상성이 낮아져 특수한 개념이 위치하게 된다.

인지구조는 새로운 지식을 습득할 때 유의미한 학습을 촉진하며 '포섭(subsumption)' 하는 매개적 역할을 한다. 이때 포섭이란 '새로운 명제나 아이디어가 학습자의 두뇌 속에 이미 조직되어 준재하고 있는 보다 포괄적인 인지구조 속으로 동화되는 과정'을 말한다. Ausubel은 이러한 유의미 학습과정을 세 가지 유형(종속적 포섭, 상위적 포섭,

병립적 포섭)으로 분류하여 설명하고 있다(이화여자대학교 교육공학과, 2017).

Ausubel(1963)에 의하면, 유의미학습은 학습자의 인지구조에 존재하는 기존 개념과 관련을 맺을 수 있는 개념만이 학습될 수 있다는 것이고, 무의미학습은 학습자의 인지구조에 연결되지 않는 개념은 학습하더라도 쉽게 잊힌다는 것이다. Ausubel은 유의미학습을 학습자의 인지구조에 보다 포괄적이고 적합성이 있는 개념들이 포섭하는 역할을 하면서 새로이 학습하는 개념들을 처리하는 과정으로 설명한다. 이 유의미학습은 Ausubel(1978)이 제안하고 주장한 선행조직자(AO: advance organizer) 개념의 기초가 되었다.

Ausuble은 유의미학습을 촉진하기 위해 선행조직자라는 장치를 제안하였다. 선행조직자는 새로운 개념이나 지식을 학습하고자 할 때 학습자의 기존 인지구조와 연계성을 갖도록 가교역할을 하는 장치를 말한다. 선행조직자란 학습자 인지구조의 조정을 위해 학습 이전에 미리 제공되는 일반적, 포괄적, 추상적인 도입자료로서, 새로운 자료와 이전 학습의 연결을 돕는다. 선행조직자는 흔히 진술문으로 제시되나 질문, 이야기, 영화, 시범 등으로 제공될 수도 있다. 가장 효과적인 선행조직자의 제시는 적절한 사례나 비유를 학습자가 이미 알고 있는 개념, 용어, 명제와 연관하여 사용하는 것이다.

(2) Bruner의 발견학습

Bruner는 인지주의 관점의 영향을 받은 심리학자로서 그의 이론의 핵심은 "어떠한 발달단계에 있는 학습자에게도 교과 내용을 지식의 근본적인 구조로 표현한다면 어떠한 지식도 가르칠 수 있다"라고 하는 그의 가설에서 찾아볼 수 있다. 여기서 '지식의 구조'란 해당 지식을 성립시키는 일반적 원리나 기본적 관념이라고 부를 수 있는 것으로, 오늘날처럼 변화가 빠른 시대에는 곧 변화해 버릴 표면적 지식이 아닌 보다 근원적인 관념, 즉 교과 지식의 본질을 습득하는 것이 중요하므로 학교에서 가르칠 가치가 있는 것은 지식의 구조뿐이라고 주장하였다(이화여자대학교 교육공학과, 2017; Driscoll, 2005).

또한 어떻게 가르칠 것인가의 문제에 대해 Bruner는 해당 교과에 대한 지식의 구조를 제공해주는 기초 원리들을 획득할 수 있는 가장 기본적인 이해를 토대로 교과과정이 결정되어야 한다고 설명하고 있다. 이는 학습자들이 기본 원리들을 알게 되면 그 다음에는 코스 속의 문제들을 독자적으로 탐구하고 해결할 수 있게 되기 때문이라는 것이다. 즉 교수자는 학습자들 스스로 의미를 발견하게끔 내용을 제시해주고 기본 개념들을 그들이 이해할 수 있는 언어로 학습할 수 있도록 하여 궁극적으로는 학습자들이 문제해결자가 되도록 도와주어야 한다.

Bruner는 학습자의 각 발달단계에는 적합한 인지구조가 있다는 이론에 기초하여, 3단계의 표상양식, 즉 행동적(enactive) 표상, 영상적(iconic) 표상, 상징적(symbolic) 표상을 제안하였다(Driscoll, 1994). Bruner는 학습자의 인지발달 과정이 행동적 표상으로부터 영상적 표상을 거쳐 상징적 표상으로 발전해가므로 교수절차도 그와 동일하게 직접 경험, 구체적인 영상을 통한 경험, 언어나 기호를 통한 경험의 순으로 조직되어야 한다고 하였다. 그러나 학습자가 잘 발달된 기호 체계를 가지고 있다면 행동적, 영상적 표상 단계를 생략할 수 있으므로 학습자의 선행지식과 지배적인 사고양식을 고려하여 적합한 표상약식을 선정해야 한다. Bruner가 제시한 3단계의 표상양식은 학습자의 인지발달에 맞는 표상단계에 따라 교과내용을 재조직하고 강화해 나갈 수 있는 나선형 교육과정이 필요함을 시사한다.

Bruner는 효과적인 교수법으로서 발견학습 혹은 탐구학습을 주장하였다. 그는 인간의 내적 인지 과정을 중시하는 인지주의 학습 관점을 견지하면서 학습자가 지식의 구조를 이해하게 되면 학습자 스스로가 사고를 진행할 수 있으며 최소한의 지식을 갖고도 많은 것을 알 수 있다고 보았다. 따라서 학습자가 지식구조를 이해하기 위해서는 지속적으로 사고하고 탐구하는 발견학습을 교수 방법으로 활용해야 한다고 주장했다(배을규, 2006; 이화여자대학교 교육공학과, 2017; Driscoll, 1994; 2005). Bruner는 발견학습의 과정을 첫째, 문제의식을 갖고 구체적인 사실이나 경험을 조사하여 문제를 발견하는 단계, 둘째, 학습자가 직관적 사고에 의해 가설을 설정하는 단계, 셋째, 분석 및 종합을 통하여 객관적으로 가설을 검증하는 단계, 넷째, 학습자가 스스로 관계의 규칙성과 유사성을 찾아내고 현실 장면에 직접 활용해 보는 적용의 단계로 이루어진다고 보았다.

이와 같은 인지주의 학습이론에 기초한 교수 원리와 방법들은 성인을 대상으로 하는 교육훈련에서 중시하는 '학습법의 학습(learning how to learn)' 개념이 출현하는데 지대한 영향을 미쳤다. 특히 Ausubel의 유의미학습과 Bruner의 발견학습은 다양하고 예기치 못한 학습 상황을 자주 경험하는 성인학습자에게 어떤 학습 상황 하에서도 효과적으로 학습할 수 있는 능력을 획득하도록 도와주는 교육에 적용할 수 있어 성인 교육 분야에 시사하고 있는 바가 크다.

2) 구성주의

구성주의에서 학습은 학습자에 의해서 능동적으로 구성되며, 학습자기 외부 세계에 대한 의미를 직접 구성한다는 점에서 적극적이고 능동적인 학습자관을 택하고 있다. 즉 기존의 행동주의와 인지주의가 지식을 개인의 의지와 관계없이 독립적으로 존재하는 고정된 실체로 보고, 보편타당한 절대적 진리와 지식 추구를 학습의 목표로 본 반면, 구성주의 이론에서는 학습을 지식의 획득과정이 아니라 능동적인 지식 구성 과정으로 본다.

Rensnick(1989)은 구성주의가 지니고 있는 학습의 특성을 다음 세 가지로 설명하고 있다. 첫째, 구성주의에서 학습의 주체는 학습자이며, 효과적인 학습은 학습자가 정보를 잘 표상하고 구성할 때 일어난다. 둘째, 새로운 지식을 구성하기 위하여 현재의 지식을 사용하는데, 이러한 지식 형성과정은 학습자의 개인차, 즉 학습자의 일반적인 학습전략과 특정 영역에서의 선수지식 등에 영향을 받는다. 셋째, 구성주의에서 지식은 객관적으로 존재하는 것이 아니라, 맥락에 따라 달라질 수 있는 상대적인 특성을 지니므로, 관련된 실제 상황에서 연습할 수 있는 기회를 제공해야 한다(이화여자대학교 교육공학과, 2021). 즉, 구성주의 학습이론에서 인간은 자신이 살고 있는 사회, 문화, 역사의 영향을 받는 존재이다. 따라서 인간은 그러한 영향 속에서 자신이 경험하고 이해하고 지식을 구성해 나가는 과정으로서 학습을 수행한다.

구성주의 관점에서 학습은 주어진 맥락에서 개인의 주관적 경험과 사회적 상호작용을 통하여 의미를 구성하는 과정이며, 학습의 최종 목적은 학습을 통해 맥락에 적합한 의미를 구성하여, 자신이 사는 세상에 잘 적응하고, 필요에 따라 세상을 변화시킬 수 있는 역량을 배양하는 것이다. 구성주의적 관점은 지식 구성에 대한 개인의 역할과 사회의 역할에 따라 '개인적 구성주의'와 '사회적 구성주의'로 구분된다. Piaget 이론과 같이 개인적 구성주의에서 교육은 학습자에게 인지적 갈등을 유발하고 환경에 잘 적응되는 새로운 인지 도식, 즉 지식을 구성하도록 하는 경험을 제공하는 활동이다. Vygosky의 이론처럼 사회적 구성주의는 사람들이 공유하는 문제나 과제에 대하여 사회적인 대화와 활동에 참여함으로써 지식을 구성하는 학습이 이루어진다고 본다. 즉, 사회문화적 구성주의에서 교육은 사람들이 대화를 포함하는 다양한 담론의 교환과 실천 활동에서 더 유능하고 숙련된 사람과 함께 특정한 문화, 사회, 실천 공동체에 입문해 가는 과정이다. 개인적 구성주의와 사회문화적 구성주의 간에는 미묘한 차이가 존재하지만, 양자는 서로 밀접히 연관되어 있다. 개인이 자신의 지식을 구성하는 과정과 특정한 공동체가 공유하는 지식을 구성하는 과정은 서로 연결되어 있다. 요컨대 구성주의 학습은 자신에게 의미 있고 적합하고 타당한 지식과 의미를 구성하기 위한 개인적 및 사회문화적 차원의 협상 과정이다.

구성주의 학습이론은 성인을 대상으로 하는 학습 분야에 큰 시사점을 준다. 성인학습(andragogy)이론으로서 자기주도적 학습은 구성주의 학습이론에서 기인한다고 볼 수 있다. 자기주도성은 성인학습자의 학습과제 수행에는 학습자 개인의 독립성과 개별성 그리고 적극적 탐구 자세를 강조한다. 전환학습은 개인적 구성주의와 사회적 구성주의의 관점을 함께 수용하면서 개인의 인지 도식 혹은 의미 도식의 구성 과정을 설명한다(Mezirow, 1991). 학습자의 생애 경험에 기반하여 학습자가 지식과 의미를 구성해 나간다고 주장하는 성인학습이론은 학습자의 생애 경험을 학습의 원천이자 자극이라고 가정한다(Knowles, 1984).

이외에도 구성주의 학습이론은 상황인지(situated cognition), 인지적 도제(cognitive apprenticeship), 상황학습(situated learning), 반성적 실천(reflective practice), 실천공동체(community of practice, CoP)와 같은 성인교육과 관련된 많은 분야에 영향을 준다. Wenger(2001)에 의하면 CoP에서 공동체의 구성원들은 그 공동체의 실천 활동을 공유하고 있다고 본다. 실천으로서 행함은 어떤 사회적, 문화적, 역사적 맥락 속에서 구조와 의미가 부여되는 행함이다. 따라서 실천공동체가 공유하는 실천은 사회적, 문화적, 역사적 영향 속에서 구조와 의미가 부여된 실천인데, 그 구조와 의미는 실천공동체 구성원들이 협상의 과정, 즉 학습을 통하여 구성해 낸 것이다. 여기서 학습은 실천을 구성해 내는 기제이고 실천은 학습의 역사적 사회적 문화적 산물이다.

다양한 구성주의 이론들은 지식을 구성하는 주요 요인으로 개인의 인지적 작용을 강조하느냐, 혹은 개인이 참여하고 속해 있는 사회, 문화, 역사적 상황에 주안점을 두느냐에 따라 인지적 혹은 사회문화적 구성주의로 분류된다. 인지적 구성주의는 학습이 능동적 인지 재구조화 과정이라는 기본 가정에 동의하면서 주요 관심을 개인의 심리과정에 두며, Piaget가 인지적 구성주의의 대표적인 이론가에 속한다. 이에 반하여, Vygotsky의 사회문화적 구성주의는 학습자가 지식을 내부로 표상하여 자신의 경험적 해석을 통하여 구성해 가는 과정을 학습으로 본다(Bednar et al., 1995). 사회문화적 구성주의는 사회와 개인 간의 상호 밀접한 관계에서 출발하여 지식 구성의 사회적 측면을 강조한다. 따라서 학습은 실제 세상을 반영하는 풍부한 맥락 속에서 상황화되어야 하고, 사회적 상호작용을 통해 이루어질 때 효과적일 수 있다. 〈표 6-1〉은 인지적 구성주의와 사회문화적 구성주의를 비교한 것이다.

〈표 6-1〉 인지적 구성주의와 사회문화적 구성주의

	인지적 구성주의 (Piaget 이론)	사회문화적 구성주의 (Vygotsky 이론)
인지발달	개인의 두뇌 속 (개인의 인지적 발달과정)	사회관계에 참여하는 개인 (사회문화적 동화과정)
학습	적극적인 인지적 구조의 재편성	관련 공동체에서의 문화적 동화
최종 목표	개인 경험의 사회문화적 타당성 검증	개인들 간의 활발한 상호작용에 의한 사회문화적 관습 습득
분석 내용	사회적 상황에 의거한 인지적 재구성 과정	관련 공동체의 참여를 통한 사회문화적 행동양식 습득 및 동화과정
수업 환경	교수자와 학습자 간의 문화 조사	공동체의 문화를 반영하는 학습 교육의 실태조사
집단 간 환경	상이성 강조	동질성 강조

출처: 이화여자대학교 교육공학과(2021). Schunk(2016)와 Driscoll(2005)의 아이디어를 재정리함.

(1) Piaget의 인지발달이론

Piaget는 인지발달에 대한 연구를 60여 년간 지속적으로 수행하며 '발생학적 인식론(genetic epistemology)'이라는 새로운 학문영역을 창조하였다(Driscoll, 2005). 주로 생물학과 철학에 대한 관심사로부터 출발한 그의 연구는 "지식이 어떻게 구성되는가?"와 "아동들이 어떻게 자신들의 세계를 알게 되는가?"에 초점이 맞추어져 있다. Piaget는 지적발달은 바로 유전적 요인과 환경적 요인의 교류에 의해 생기는 결과라고 주장하였다. 즉 아동이 성장하면서 끊임없이 자신의 환경과 교류하며, 이 과정에서 지식이 창조된다는 것이다. 인간은 경험을 통하여 자신의 지식을 쌓아가고 경험이나 신념, 가치, 사회문화적 역사, 또는 기존 인식들을 인지구조의 한 단위인 스키마(schema)로 구성하여, 동화와 조절이라는 적응 과정을 통하여 스키마는 변화하고 확장되며 보다 정교해진다. 즉 인간의 발달은 동화, 조절, 평형화의 세 가지 기본적 과정에 의해 영향을 받는다.

① 동화(assimilation)

- 자기보존의 경향으로 환경 자극들을 이미 지니고 있는 개인의 행동이나 체제 속으로 흡수, 통합하려는 경향
- 새로운 사태를 기존의 인지구조에 통합시킴으로써 적응하는 것

② 조절(accommodation)

- 기존의 인식 틀로는 새로운 사물과 사건을 쉽게 해석할 수 없을 때, 기존의 인지구조를 수정하거나 재구성하여 새로운 지식을 습득하는 것

③ 평형화(equilibration)

- 개인이 사회적, 물리적 환경에 적응함에 있어서, 동화와 조절이 균형을 이루도록 하는 과정
- 동화와 조절을 거쳐 인간의 인지구조가 변하게 되는 것

인간의 인지발달은 인지구조의 질적인 변화과정으로 기존의 인지구조에 새로운 인지구조가 결합 되면서 변화하는 것으로, 아동의 인지는 아래와 같이 감각운동기, 전조작기, 구체적 조작기, 형식적 조작기의 4단계를 거쳐 발달한다. 각 개인은 불변적인 4개의 발달단계를 거치지만, 개인차는 존재할 수 있다. 즉 각 단계는 순서가 바뀌거나 생략될 수 없이 일정하나 연령의 범위는 고정적이지 않다.

① 감각운동기(sensorimotor period): 출생~18개월

- 감각과 운동 능력의 빠른 성장

② 전조작기(preoperational period): 약 18개월~7세

- 논리적 사고와 문제해결 학습
- 논리의 일관성 결여 및 자기중심적인 사고

③ 구체적 조작기(concrete operational period): 약 7세~12세

- 분류, 배열, 작용과 반작용, 상호작용, 동일성 등의 인지 개념 습득

④ 형식적 조작기(formal operational period): 약 12세 이상

- 상징의 추상적, 심리적 사고

Piaget는 아동이 성장함에 따라 무엇을 알게 되고 어떻게 알게 되는가를 밝힘으로써 지식은 어떻게 구성되고 습득되는가에 대한 해답을 얻고자 하였으며, 교육적 시사점을 다음과 같이 요약할 수 있다. 첫째, 아동의 인지구조나 발달 수준에 알맞은 교과내용을 선정하고 그 수준에 맞게 가르쳐야 한다. 학습계열을 결정하여 순차적으로 가르친다. 인지발달에서 연령에 따른 일반적 발달 순서는 심리학적으로 올바른 학습활동의 순서를 결정하는 지침이 된다. 둘째, 탐색의 기회를 많이 제공해야 한다. 진정한 학습은 교사에 의해서 주어지는 것이 아니라 아동 자신이 탐색하는 과정에서 이루어진다. 반복과 연습의 기회를 충분히 제공해야 한다. 반복이나 연습은 지식의 형성과 구성에 필수적인 요소이다. 셋째, 또래 상호작용이 중요하다. 학생들은 다른 학생들과의 상호교환으로 자신의 사고를 시험해보고 다른 대안을 발견하여 학생 자신의 견해나 결론을 결정한다. 동기는 운동이나 사고, 감정과 같은 모든 행동의 욕구에 대한 대답이고 이것은 곧 불균형의 표명이며 또한 욕구가 충족되면 평형상태도 다시 회복된다.

(2) Vygotsky의 사회문화적 발달이론

Piaget가 아동은 스스로 세계를 구조화하고 이해하는 존재라고 생각한 반면에, Vygotsky는 아동이 타인과의 관계에서 영향을 받으며 성장하는 사회적 존재임을 강조하였다. 학습에 있어서 사회문화적 측면에 초점을 두었고, 특히 그 수단으로 언어의 중요성을 강조하였다. Piaget는 전 조작기 아동의 개인적 언어를 '자기중심적 언어'로 자기중심적 사고의 경향을 드러내는 것으로 보았지만, Vygotsky는 오히려 개인적 언어의 사용이 문제해결을 위한 사고의 도구라고 생각하였다. 또한 개인적 언어를 많이 사용하는 아동들은 복잡한 과제들을 더욱 효과적으로 학습한다고 보았다. 그러므로 Vygotsky는 아동의 지적발달이 개인적 언어와 사회적 언어 모두에 영향을 받는다고 주장하였다.

Vygotsky는 인지적 과제를 수행하는 장면에서 아동이 타인의 도움이 없이 독자적으로 실행할 수 있는 수행수준을 '실제발달수준', 성인의 도움을 통해 실행 가능한 수행수준은 '잠재발달수준'이라고 하였다. 이 두 가지 수행 수준 간의 차이를 가리켜 '근접발달영역(Zonc of Proximal Development, ZPD)'이라고 한다. 학습이란 근접발달영역 내에서 일어나며 근접발달영역은 아동이 혼자서는 해결할 수 없지만 성인이나 뛰어난 동료와 함께 학습하면 성공할 수 있는 영역을 의미한다. 교육의 역할은 아동에게 그들의 근접발달영역에 있는 경험을 제공하는 것이다. 따라서 교사의 역할은 아동을 근접발달 영역의 안에 있게 하거나, 또는 그들에게 약간 높은 수준의 과제를 계속 주는 것이다(홍용희, 1995). 교사가 아동에게 제공하는 이러한 도움을 Vygotsky는 비계설정(scaffolding)이라고 한다. 비계설정은 학습의 초기 단계에 아동에게 많은 지지를 제공하고 단계적으로 지지를 감소시켜 아동이 독립적으로 수행하게 하는 것이다. 아동이 실패하지 않도록 초기에는 충분한 지지와 도움을 제공하지만 결국 아동이 독립적으로 수행할 수 있도록 도움을 제거해 간다. 교수 상황에서 어른들의 지도는 아동이 문제를 해결하는 과정을 협동적으로 이끌고 독립적인 문제해결을 위한 부분적인 지원을 제공한다. 따라서 비계설정은 복잡한 수행이나 초기 학습단계에서 실수나 실패의 경험을 줄일 수 있도록 도와준다.

Vygotsky의 사회문화적 발달이론이 주는 교육적 시사점은 다음과 같이 두 가지로 요약할 수 있다. 첫째, 학교는 학습자의 발달에 중요한 영향을 줄 수 있다. 주위의 사람들과 일상적인 상호작용에 대화, 학습활동 등 인간사회에 일어나는 활동이 학습자의 인지발달에 지대한 영향을 미치며, 상호작용을 위해 필요한 언어는 사고와 문제해결양식을 전하는 수단이며 사고발달을 촉진하는 도구가 된다. 둘째, 교사의 역할은 아동에게 현재의 능력을 넘어서는 과제를 부여하고 조언과 도움을 줌으로써 그들의 지적 발달을 촉진시키는 것이다. 따라서 교사는 학습자의 내적 발달과정을 분석하여, 근접발달 영역 내에서 인지발달을 촉진시킬 수 있도록 수업을 설계해야 할 것이다. 즉 현재 발달 수준보다 조금 앞선 내용을 가르치고, 독립적으로 문제해결을 할 수 있도록 도움을 줄여나가는 비계설정이 적합한 교수전략이라 볼 수 있다.

4) 인본주의

인본주의 심리학자인 Maslow(1970)는 "욕구위계설"에 근거하는 인간 동기 이론을 제안하였다. 그의 이론에 따르면 인간은 배고픔과 갈증과 같은 생리적 욕구, 질서와 보호와 같은 안전의 욕구, 타인과 어울리고 어떤 집단에 속하여 사랑을 나누고자 하는 애정의 욕구, 능력 있고 가치 있는 존재로서 남들로부터 인정받고자 하는 존중의 욕구, 자신의 강점과 약점을 수용하면서 자발적이고 독립적으로 자신의 잠재성을 실현하고자 하는 자아실현의 욕구를 지니고 있다. 이러한 욕구들은 위계를 이루고 있어 하위의 욕구 충족이 이루어진 다음에 상위의 욕구를 추구할 수 있다. 위계적인 욕구들 가운데 인간의 학습과 관련하여 중요한 것은 자아실현의 욕구이다. 학습은 그 자체가 자아실현이다. 알고 이해하고자 하는 학습활동은 결국 인간의 자아 성장을 위한 동기에서 비롯된 것이므로 학습의 궁극적인 목표는 바로 자아실현의 욕구 충족에 있다. 자아실현의 욕구는 특정 결핍에 의하여 움직이는 것이 아니라, 사람이 성숙하고 자신을 재개념화 함에 따라서 발달한다(김영수, 이현우, 정재삼, 임규연, 2013; Spector, 2012).

Rogers(1983) 역시 인본주의 학습이론을 주장하고 실천한 학자이다. Rogers는 자신의 전문분야인 심리치료 활동 경험에 근거하여 개인의 성장과 발달을 가능하게 하는 의미 있는 학습의 특징을 제시하였다. 그는 전인적 관여, 자기 주도성, 침투성, 학습자의 평가, 그리고 의미성과 같은 학습의 다섯 가지 특징을 주장하였다. 전인적 관여는 학습자의 정서적 및 인지적 특징들이 학습에 반영되어야 한다는 것이고, 자기 주도성은 학습으로 인한 발견의 의미는 학습자 내부로부터 주어져야 한다는 것이며, 침투성은 학습은 학습자의 행동, 태도, 인격까지도 변화시키는 것이고, 학습자의 평가는 학습자가 자신의 경험이 요구를 충족시키는지를 가장 잘 결정할 수 있다는 것이며, 마지막으로 의미성은 경험학습에 의한 결과는 학습자의 전체적인 경험에 연결되어야 의미를 가질 수 있다는 것이다.

인본주의는 개개인과 개인적 자유, 요구, 동기에 가치에 초점을 두는 관점이다. 개인의 요구가 교육훈련과 학습의 맥락에서 고려될 때, 동기와 의욕에 대한 이슈가 가장 먼저 등장한다(김영수, 이현우, 정재삼, 임규연, 2013). Maslow와 Rogers의 인본주의 학습이론은 성인교육의 이론과 실천에 기여한 바가 크다. 인본주의 학습이론이 말하는 자아실현, 자기 주도성, 전인적 관여, 학습자 평가, 의미성 등의 개념은 성인을 대상으로 하는 교육훈련의 기본 가정이자 실천 지침이 되고 있다. 예를 들면, 성인교육자는 성인학습자의 요구에 맞는 학습과정을 설계해야 하고, 성인교육자는 학습과정에서 지시자나 통제자가 아니라 촉진자이자 안내자의 역할을 해야 한다는 성인교육의 가정과 지침은 바로 인본주의 학습이론에 근거하고 있다. 인본주의 학습이론은 학습자 경험과 자기 주도성을 강조하는 성인학습이론의 토대가 된다. 인본주의 학습이론은 개인의 성장 가능성의 실현을 중시한다. 인본주의 학습이론은 인간 행동이 환경이나 무의식에 의해 결정되는 것이 아니라, 선하고 자유로운 존재인 인간에 의해 주체적으로 결정되며 스스로 그 책임을 지게 된다고 본다. 따라서 인본주의 학습이론은 인간이 자유로운 의지에 의하여 자신의 행동을 결정하고 책임을 지면서 자신의 무한한 성장과 발전 가능성을 실현하도록 인도하는 학습을 추구한다(Spector, 2012).

5) 사회학습이론

Miller, Dollard, Rotter, 그리고 Bandura의 노력으로 정립된 사회학습이론은 행동주의와 인지주의를 종합한 학습이론이라 볼 수 있다. 사회학습이론은 사회적 환경의 영향에 초점을 맞춤으로써 학습에 대한 관점을 확장시켰다(Richey, Klein, & Tracy, 2011). Miller와 Dollard(1941)는 사람들이 관찰에 의하여 학습하게 되는 과정을 연구하여 사회학습(social learning)의 개념을 최초로 창안하였다. 그들은 행동주의에서 말하는 자극, 반응, 강화 개념에 근거하여 사람들은 관찰만으로 학습할 수 없고 관찰한 것을 모방하고 강화해야만 학습이 이루어진다고 주장하였다. 말하자면 학습은 관찰, 모방적 반응, 그리고 강화의 결과라는 것이다. Miller와 Dollard의 사회학습이론은 행동주의적이라고 할 수 있다(배을규, 2006).

Rotter는 사회적 맥락을 중요시하는 사회학습 이론가이다. Rotter는 학습이론에 "통제의 소재(locus of control)"개념이 도입했다. 통제의 소재란 어떤 행동의 성공이나 실패의 원인을 자기 자신 혹은 외부 환경에서 찾는 경향성을 말한다. 어떤 행동의 성공이나 실패 원인을 자신의 능력 탓으로 돌리는 경우 그 개인의 통제 내적 소재(internal locus of control) 사고 경향을 갖고 있고, 외부 환경에서 찾는 경우 그 개인의 통제 외적 소재(external locus of control) 사고 경향을 지닌다는 것이다. 통제의 내적 소재 사고를 하는 사람은 자신의 능력을 문제 상황과 연결 짓기 때문에, 문제 상황을 극복하기 위한 자신의 능력 개발에 전념한다. 반면에 통제의 외적 소재 사고를 하는 사람은 문제 상황은 자신의 능력과 관계없이 환경에 의해 좌우된다고 믿기 때문에 문제 상황을 극복하기 위한 자신의 노력이 필요 없는 것으로 인식한다(Rotter, 1954; Rotter, Chance, & Phrases, 1972).

Rotter의 통제의 소재 개념은 성인의 교육 참여 동기를 설명하는데 적용할 수 있다. 예를 들어 실직자의 교육 참여 동기를 설명할 때, 통제의 외적 소재 지향적 사고를 하는 사람은 자신의 실직이 스스로 통제할 수 없는 요인, 예를 들어 경제적 환경변화나 나이 등에 기인한다고 보아서 교육에 참여할 가능성이 낮아진다. 반면, 통제의 내적 소재 중심적 사고를 하는 사람은 자신의 실직이 스스로 통제할 수 있는 요인, 예컨대 변화에 대처하는 능력이나 직무를 수행할 수 있는 능력이 뒤떨어졌다고 보고 자신의 고용 가능성을 높이기 위하여 교육에 참여할 가능성이 높아진다.

Bandura(1986)는 관찰한 행동을 단순히 모방하는 것으로 학습이 이루어지는 것이 아니라, 어떤 행동을 관찰하는 동안에 이루어지는 인지적 과정의 결과로 학습이 이루어진다고 보았다. Bandura의 사회학습이론은 Vygotsky의 작업을 바탕으로 형성되었다. 이 이론에 따르면 사람들은 관찰, 모방, 모델링과 같은 과정에 의하여 서로 배운다는 아이디어를 강조한다. 사람들의 이러한 측면에서 Bandura는 행동주의와 인지주의를 결합한 사회학습 이론가로 알려지고 있다(Spector, 2012). 사회학습이론은 행동주의와 인지주의 사이의 가교를 형성하여 준다. 이 이론에서는 학습되어야 할 것을 모델링하거나 시범을 보여주는 어떤 다른 사람을 관찰하기와 같은 관찰할 수 있는 과정에 초점을 두기 때문에 어느 정도는 행동주의에 기초를 둔다. 교육훈련 방법으로서 모델링은 학습자의 주의집중, 내적 인지형태에서 관찰된 것에 대한 파지, 다른 사람과 자신에 의해 판단될 관찰한 행동의 재생산 능력, 그리고 이 세 가지 과정에 몰두하는 동기를 필요로 한다(김영수, 이현우, 정재삼, 임규연, 2013).

Bandura의 사회학습이론을 이해하는 데 있어 핵심적인 개념은 "자기규제(self-regulation)"와 "자기효능감(self-efficacy)"이다. 자기규제는 어떤 개인이 행동의 결과를 숙고하여 그 행동을 조절할 수 있는 능력을 말한다. 자기효능감은 어떤 개인이 자신의 노력으로 주어진 상황을 극복하고 원하는 결과를 얻을 수 있다는 신념이나 기대를 말한다. 특히 자기효능감은 어떤 개인의 학습과정과 그 결과에 미치는 영향이 매우 크다고 알려져 있다. 즉 자기효능감이 높은 학습자는 학습과정에서 환경을 적극적으로 인식하고 주도할 가능성이 높아지므로 학습의 결과도 좋아질 수 있다는 것이다(정재삼, 임규연, 김영수, 이현우, 2012).

Rotter는 사회학습이론의 네 가지 요인들, 즉 행동가능성, 기대강화, 강화가치, 심리적 상황을 강조하였고, Bandura는 행동모형, 모형화 된 행동결과, 학습자의 내적 과정, 지각된 자기효능감을 강조하였다(Richey, Klein, & Tracy, 2011). 특히 Bandura의 사회학습이론에서는 행동에 대한 관찰을 통하여 이루어지는 학습을 학습자와 환경 간의 상호작용의 결과라고 본다. 따라서 그의 사회학습이론은 학습자와 환경을 동시에 고려한다는 점에서 성인을 대상으로 하는 교육훈련에 시사점이 크다. 학습자와 환경이 서로 영향을 주고받는 관계에 있으므로 사회적 맥락 속에서 학습을 고려하는 것이 매우 중요하다. 성인의 학습을 이해하고 성인을 위한 교육활동을 구상함에 있어서 의미 있는 사회적 맥락, 즉 교육환경을 조성하는 것이 필요하게 된다.

3. 학습이론의 시사점

인적자원개발의 실제를 위한 심리학 원리는 인간의 정신 과정과 인간 행동의 결정 요인에 초점을 맞춘다. 인적자원개발이 조직을 만들고, 조직안에서 기능을 수행하며, 조직을 개선하는 사람들이 형성한 심리학적 틀 안에서 일어나기 때문에 인적자원개발에서는 심리학 이론을 유용한 핵심 이론으로 받아들어야 한다(Swanson, 2009). 유용한 심리학 이론이 인적자원개발과 관련된 이론과 시제의 관점에서 해석될 때 이 분야의 학문과 전문성은 발전할 것이다. 그러므로 학습, 동기부여, 정보처리 과정과 같은 구체적인 이론과 현상에 기반을 둔 심리학 이론은 인적자원개발의 핵심 이론적 기초를 보완하고 특수한 도전에 매우 유용하게 활용될 수 있다(오헌석, 이현웅, 2010).

본 장에서는 심리학 이론 중에서 여러 가지 관점의 학습이론들을 다루었다. 학습은 인간 행동의 핵심적 과정으로 오랫동안 다양한 분야의 학자와 이론가들에게 관심의 대상이었다. 학습 현상에 대한 체계적인 탐구는 사람이 학습하는 과정에 대한 많은 이론을 낳았다. 이 장에서는 지금까지 나타난 모든 학습이론들보다는 공통적인 이론적 지향성인 행동주의, 인지주의, 구성주의, 인본주의, 사회학습이론 등의 5가지 지향성으로 분류하여 간단히 설명하고자 하였다. 이 장에서 살펴본 학습이론은 학습자와 학습과정에 대한 서로 다른 가정에 기반하고 있으므로 성인을 담당하는 교육훈련 및 인적자원개발 전문가는 학습을 위한 전략을 채택하면서 학습자와 학습과정에 대한 자신의 지향점이 무엇인지를 우선 확인해야 할 것이다. 그리고 자신에게 적합한 학습이론이 무엇인지를 확인하고 그에 적합한 학습 촉진 전략을 구상할 수 있어야 한다.

앞서 논의된 학습이론들의 5가지 지향성을 간략히 정리하고 HRD차원의 시사점을 논의하고자 한다(김영수 외, 2013; 노석준 외, 2016; 배을규, 2006; 이화여자대학교 교육공학과, 2017; 정재삼 외, 2013; Driscoll, 2005; Schunk, 2016).

첫째, 행동주의 관점에서는 학습을 행동의 변화로 보고 있다. 행동주의는 학습자의 관찰 가능한 객관적 행동 그리고 환경의 자극에 대한 측정 가능한 반응으로서 행동에 초점을 맞춘다. 따라서 교육훈련 및 인적자원개발 전문가의 역할은 학습 환경에서 강화의 조건을 적절히 배치하여 바람직한 행동이 일어나도록 하는 데 있다. 행동주의 학습이론은 성인의 직업교육이나 훈련에 적용될 부분이 상당하다.

둘째, 인지주의 입장에서는 학습자의 외적 행동보다는 내적인 정신작용을 중시한다. 인지주의는 학습자의 정신이 환경의 자극을 어떻게 파악하는지에 관심을 갖는다. 학습자의 인지 과정, 즉 정보의 획득, 저장, 인출 과정에 대한 설명은 효과적인 교육훈련과 학습의 절차나 방법을 구안하는 데 도움을 줄 수 있다. 따라서 인지주의 학습이론은 성인을 대상으로 하는 교육훈련의 설계와 교수학습 전략을 마련하는데 적용될 수 있다.

셋째, 구성주의 입장에서는 학습자들이 자신의 경험에 기반하여 자신의 지식과 의미를 구성한다고 가정하면서, 지식과 의미 구성의 인지적 과정은 개인의 정신 활동과 사회적 상호작용에 의해서 이루어진다고 본다. 구성주의 학습이론은 성인을 대상으로 하는 교육훈련과 인적자원개발의 현장에서 자기주도적 학습, 전환학습, 경험학습, 상황인지, 반성적 실천과 같은 개념과 이론에 영향을 주었다.

넷째, 인본주의 관점에서는 인간의 본성, 잠재성, 정서 등을 강조한다. 인본주의 학습이론은 학습이란 인간의 객관적 행동이나 인지적 과정보다 인간의 동기, 선택, 책임과 더 관련이 있다고 본다. 대부분 성인을 대상으로 하는 교육훈련 및 인적자원개발 환경에서는 인본주의 학습이론의 가정에 기초를 두어야 한다.

마지막으로, 사회학습이론의 입장에서는 학습이 일어나는 사회적 환경에 더 초점을 둔다. 학습자는 자신의 환경 속에서 관찰을 통하여 학습을 하게 된다고 가정하면서 학습은 사람, 환경, 행동의 상호작용의 결과라고 본다. 사회학습이론은 성인을 대상으로 하는 교육훈련 및 인적자원개발에서 학습 환경으로서 사회적 맥락의 중요성, 학습 방법으로서 모델링, 교육적 지도와 조언을 위한 멘토링에 대한 이론적 기반을 제공해 준다.

다음 〈표 6-2〉은 지금까지 논의한 행동주의, 인지주의, 구성주의, 인본주의, 그리고 사회학습이론 등의 5가지 학습이론 지향성을 철학적 배경, 학습 정의, 교육의 목적, 학습의 영향요인, 교사의 역할, 그리고 성인의 학습실천 전략의 관점에서 비교한 것이다.

〈표 6-2〉 학습이론 지향성의 비교분석표

	행동주의	인지주의	구성주의	인본주의	사회학습이론
대표자	Skinner Pavlov Thorndike	Ausubel Bruner Gagne	Piaget Vygotsky Dewey	Maslow Rogers	Bandura Rotter
철학 배경	객관주의	객관주의	해석주의 (주관주의)	해석주의	객관주의 (실용주의)
학습	외현적 행동의 변화	인지구조의 변화	주관적 경험에 근거한 개인적 의미 창출	잠재성 실현을 위한 개인적 행위	사회적 맥락 하에 타인에 대한 관찰과 타인과의 상호작용
교육 목적	바람직한 행동 변화 산출	학습역량과 기술개발	지식구성	자아실현과 자율성 실현	새로운 역할과 행동의 모델링
학습 영향 요인	외현적 자극 및 반응의 체계적 배열	정보처리 활동을 촉진 시킬 수 있는 학습자의 정신적 활동 강조	상황적 맥락, 학습 주체인 인간의 학습활동과 학습대상인 지식의 역동적 상호작용	정서적 및 인지적 욕구	사람, 행동, 환경의 상호작용사람, 행동, 환경의 상호작용
교사 역할	바람직한 반응을 유도하기 위한 환경제공	학습활동의 구조화	학습자의 의미와 지식 구성을 촉진하고 활성화시키기	전인적 인간 개발의 촉진	새로운 역할과 행동을 모델링하고 안내하기
성인 학습 및 HRD 실천	행동목표, 역량기반교육, 스킬개발 및 훈련	인지발달 지능, 학습법의 학습	경험학습, 자기주도적 학습, 관점 전환, 반성적 실천	앤드라고지, 자기 주도적 학습	사회화, 사회적 역할, 멘토링, 통제의 소재

출처: 배을규(2006), 이화여자대학교 교육공학과(2021), Driscoll(2005), Schunk(2016)의 아이디어를 재정리함.

참고문헌

김영수, 이현우, 정재삼, 임규연 (2013). 교육공학: 통합적 접근과 학제적 관점. 파주: 교육과학사.

노석준, 최병연, 차현진, 장경원, 오정은, 소효정 (2016). 학습이론: 교육적 관점. 파주: 아카데미프레스.

배을규 (2006). 성인교육의 실천적 기초. 서울: 학지사.

오헌석, 이현웅 (2010). 인적자원개발론. 서울: 학지사.

이화여자대학교 교육공학과 (2021). 미래사회를 위한 교육의 방법과 테크놀로지. 교육과학사.

정민승 (2010). 성인학습의 이해. 서울: 에피스테메.

정재삼, 임규연, 김영수, 이현우 (2012). 교수설계 지식기반. 서울: 학지사.

한국성인교육학회 (편) (2012). 성인교육의 현재와 미래. 서울: 학지사.

홍용희 (역). Berk, I. & Winsler, A. (1005). 어린이들의 학습에 비계설정: 비고스키와 유아교육. 창지사.

Ausubel, D. (1963). *The psychology of meaningful verbal learning*. New York: Grune.

Ausubel, D. (1978). In defence of advanced organizer: A reply to the critics. *Review of Educational Research, 48*, 251-257.

Bandura, A. (1986). *Social foundations of thought and action*. Englewood Cliffs, NJ: Prentice Hall.

Bednar, A., Cunningham, D., Duffy, T., & Perry, J. (1995). Theory into practice: How do we link? In, G. Anglin (Ed.), *Instructional technology: Past, present and future*. Denver, CO: Libraries Unlimited.

DeSimone, R. & Werner, J. (2012). *Human resource development* (6th ed.). South_Western.

Driscoll, M. (1994). *Psychology of learning for instruction*. Needham Heights, MA: Allyn & Bacon.

Driscoll, M. (2005). *Psychology of learning for instruction* (3rd ed.). New York: Pearson Education.

Goldstein, T. (1993). *Training in organizations* (3rd. ed.). Pacific Grove, CA: Brooks/Cole.

Goldstein, T., Ford, K., & Goldstein, D. (2001). *Training in organizations: Needs assessment, development, and evaluation* (4th. ed.). Belmont, CA: Wadsworth.

Gredler, M. (2008). *Learning and instruction: Theory and practice* (6th ed.). Upper Saddle

River, NJ: Prentice-Hall.

Maslow, A. (1970). A theory of motivation. Psychological Review, 50(4), 370-390.

Mezirow, J. (1991). *Transformative dimensions of adult learning*. San Francisco: Jossey-Bass.

Miller, N. & Dollard, J. (19410. *Social learning and limitation.* New Haven, CT: Yale University Press.

Noe, R. (2017). *Employee training and development* (7th ed.). New York: McGraw-Hill.

Resnick, L. (Ed.) (1989). *Knowing, learning, and instruction: Essays in honor of Robert Glaser*. Hillsdale, NJ: Lawrence Erlbaum.

Richey, R., Klein, J., & Tracy, M. (2011). *The instructional design knowledge: Theory, research, and practice*. New York: Taylor & Francis.

Rogers, C. (1983). *Freedom to learn*. Columbus, OH: Merrill.

Rotter, J. (1954). Social learning and clinical psychology. New York: Prentice-Hall.

Rotter, J., Chance, J., & Phares, E. (1972). *Applications of social learning theory of personality*. New York: Holt, Rinehart & Winston.

Saettler, P.(1990). *The evaluation of American educational technology*. Englewood, CO: Libraries Unlimited.

Schunk, D. (2016). *Learning theories: An educational perspective* (7th ed.). New York: Pearson Education.

Skinner, B. (1987). Whatever happened to psychology as the science of behavior? *American Psychologist, 42*, 780-786.

Spector, M. (2012). *Foundations of educational technology*. New York: Taylor & Francis.

Swanson, R. (2009). *Foundations of human resource development(2nd ed.)*. San Francisco: Berrett-Koehler.

Swanson, R. & Holton, E. (2001). *Foundations of human resource development*. San Francisco: Berrett-Koehler.

Wenger, E. (2001). *Communities of practice: Learning, meaning, and identity*. New York: Cambridge University Press.

요약

심리학 이론이 모든 분야에 적용되기는 하지만, 인적자원개발(HRD)은 수행성과를 향상시키기 위해 학습이론, 정보처리이론, 동기부여이론, 집단역학이론과 조직에서 의사결정과 행동이 어떻게 이루어지는가에 대한 심리학 적 기초를 최대한 활용해야 한다. 학습은 인간 행동의 핵심적 과정이기에, 학습 현상에 대한 체계적인 탐구는 사람이 학습하는 과정에 대한 많은 이론을 낳았다. 이장에서는 심리학 이론 중에서 여러 가지 관점의 학습이론들(행동주의, 인지주의, 구성주의, 인본주의, 사회학습이론 등의 5가지 지향성)을 다루었다. 이 장에서 살펴본 학습이론들은 학습자와 학습과정에 대한 서로 다른 가정에 기반하고 있으므로 성인을 담당하는 교육훈련 및 인적자원개발 전문가는 학습을 위한 전략을 채택하면서 학습자와 학습과정에 대한 자신의 지향점이 무엇인지를 우선 확인하고 그에 적합한 학습 촉진 전략을 구상할 수 있어야 한다.

탐구 질문

1. 인적자원개발의 심리학적 측면이 왜 중요한지를 개인, 팀, 조직 차원에서 생각해보시오.
2. 행동주의, 인지주의, 구성주의 학습이론의 기본 가정 및 주요 특징들을 비교하되, 각 접근들이 공헌할 수 있는 상황과 제한적인 상황을 고려해보시오.
3. 인본주의와 구성주의 관계를 비교 검토하고, 왜 사회학습이론이 행동주의와 인지주의의 통합적이라고 하는지 생각해보시오.

/ 저자소개 /

정재삼(chungj@ewha.ac.kr)

1995년 이후 이화여자대학교 교수로 교수설계, 프로그램평가, 인재개발 분야를 연구지도해옴. 한국교육공학회(KSET) 회장, 한국기업교육학회(KSLP) 회장, 대한리더십학회(KAL) 부회장을 역임함. 관심 분야는 적응적 학습(adaptive learning)과 신속한 수행성과(agile performance), 전략적 인재개발(strategic talent development)임.

제7장

성인교육이론

김은지 (경기대학교)

■ 목표

1. 학습자는 인적자원개발 대상자로서 성인학습자들의 다차원적 특성을 이해하고, 조직 내 학습을 촉진시키기 위한 성인교육이론의 필요성을 설명할 수 있다.
2. 학습자는 인적자원개발과 관련한 주요 성인교육이론의 개념과 특성을 구분할 수 있다.
3. 학습자는 앤드라고지, 자기주도학습, 경험학습 등 주요 성인교육이론의 모형과 인적자원개발 분야와의 연관성과 의의를 설명할 수 있다.
4. 학습자는 성인교육이론이 인적자원개발의 이론적 영역과 실무적 영역에 각각 어떠한 영향을 미쳤는지 예를 들어 진술할 수 있다.
5. 학습자는 성인교육이론의 이론적, 실천적 함의를 토대로 인적자원개발 분야에서의 시사점과 활용가능성을 논의할 수 있다.

■ 핵심용어

성인학습자, 앤드라고지, 페다고지, 자기주도학습, 경험학습, 개인학습, 조직학습, 교육훈련, 공식학습, 비공식학습, 평생학습, 인적자원개발

1. 성인교육과 성인학습자

인적자원개발(HRD)을 그 목적과 성과에 따라 개인 수준의 학습과 조직 수준의 학습으로 나눈다면(Swanson & Holton, 2009), 이 장에서는 개인 수준의 학습이 이루어지는 대상인 성인학습자들의 학습 과정과 메커니즘을 설명하는 성인교육 이론에 대해 살펴보고자 한다. 학습자이자 인적자원개발의 주요 대상으로서 성인 학습자들을 위한 최적화된 교육을 위해, 학습자로서 성인들이 아동이나 청소년 등과 구분되는 차이에 대한 인식과 이들의 고유한 특성에 대한 이해가 필요하다. 또한, 인적자원개발 프로그램이나 인터벤션의 효과를 최대로 증진하기 위해서 학습설계와 실제 학습과정의 근간을 이루는 성인교육이론들을 비판적으로 고찰해 볼 필요가 있다.

이 장에서는 학습자로서 성인의 특성과 대표적인 성인교육 이론에 대한 이해를 토대로 인적자원개발 측면에서 성인교육이론의 의의와 시사점들을 고찰하고자 한다. 구체적으로 인적자원개발 분야와의 이론적 연계성 및 적용 가능성 등을 고려하여 성인교육이론 가운데 앤드라고지, 자기주도학습 및 경험학습 이론들에 대한 주요 개념과 특성들을 살펴보고자 한다.

1) 성인교육의 개념

성인교육(成人敎育, adult education)의 개념은 교육학 사전에 의하면, “청년이나 성인기의 개인이 사회적 역할을 보다 잘 수행하고 개인적 성장을 추구하기 위하여 지식, 스킬, 태도의 변화를 지향하는 학습 활동 과정”으로 정의된다(서울대학교 교육연구소, 2011, p.58).

유네스코(UNESCO)가 1976년 성인교육회의(CONFINTEA)에서 성인교육의 개념을 정의한 이후, 유네스코를 비롯한 국제기구들의 성인교육과 관련된 정의와 범주 등을 종합해보면, 성인교육은 기초교육(fundamental education), 교양문화교육(cultural education), 그리고 직업교육(vocational education)등 세 가지 영역을 공통으로 포함하고 있다(이희수, 조순옥, 2005; Merriam & Brockett, 2011). 이 가운데 학교 교육의 범주를 넘어서는 직업 준비 훈련과정, 직업인에 대한 재훈련과정, 혁신적 신기술과 변화하는 지식에 관한 훈련과정 등의 직업교육 영역은 성인을 주요 대상으로 하는 인적자원개발 분야와 가장 밀접한 성인교육의 중요한 영역으로 분류된다.

오늘날 성인교육은 학습에 대한 새로운 방법을 발견하고 학습에 대한 새로운 동기를 창조하려는 하나의 시도이자 학습자들이 중요한 경험을 인식하는 과정으로 양적인 부분보다는 질적인 부분을 중시하는 경향을 보인다(Henschke, 2011; Wlodkowski & Ginsberg, 2017). 성인교육은 교육영역은 물론 교육방법 측면에서도 다양화되어 학문적 가치 탐색의 중요한 분야로 발전해 왔으며, 최근 네트워크와 인터넷 매체 등을 통한 개방형 온라인 교육환경 속에서 교육 기회와 교육 접근성의 확대를 실천해 왔다(Arghode, Brieger, & McLean, 2017).

2) 성인 학습자의 특성

성인(成人, adult)이라는 단어에는 폭넓은 개념들이 내포되어 있는데, 한 개인의 생애 주기에서 특정한 단계(stage)를 의미하기도 하며, 어린이와 청소년과는 구분되는 한 사회의 구성원으로서 사회적인 지위(status)로 이해되기도 한다(Rogers, 1986). 성인이라는 용어에 대한 합의된 개념적 정의는 없지만, 성인은 보다 독립적이며 생애 경험을 많이 축적한 존재로 사회적 차원에서는 사회적 역할 수용과 책임 수행 능력을 갖춘 사람을, 조직적 차원에서는 가치를 창출하는 생산적인 기능을 수행하는 사람을 성인이라 한다(Merriam & Brockett, 2011; Wlodkowski & Ginsberg, 2017).

성인은 일(work)과 일 이외(non-work)의 생활인 가정, 공동체 등 자신이 처한 고유한 환경에서 필요로 하거나 관련된 것에 흥미와 관심을 가지고 배움에 참여하게 되며, 성인학습은 이러한 관점에서 시작된다. 한국기업교육학회에서 발간한 HRD 용어사전에 의하면, 성인학습이란 "성인들의 교육적 니즈가 조직화된 학습 경험들, 방법의 활용, 스킬, 그리고 성인에게 적합한 자원들을 통해 충족된 과정"으로 정의된다(한국기업교육학회, 2010, p.143).

Delahaye(2005)는 학습자로서 성인에 초점을 맞추어 학습자를 지식을 주입하는 대상으로 보는 전통주의적인 관점을 비판하면서, 학습자의 요구, 개성, 경험 및 적극적인 학습활동의 중요성에 가치를 두는 진보주의적 관점에서 주요 특성을 설명하였다. 한편, Rogers(1986)는 아동과 청소년과는 구분되는 성인학습자들의 고유한 특성들을 제시하였으며, Caffarella(1994)는 정보의 습득 및 통합의 관점에서 성인학습자의 학습과정을 설명하였다. Wlodkowski(2008)에 의하면, 73%에 달하는 성인들이 전통적인 개념의 전일제 학생은 아니지만 다양한 방식으로 지속적으로 교육에 참여하고 있다고 하였다. 다수의 학자들에 의해 제시된 학습자로서 성인의 특성에 관한 주요 내용들을 정리해보면 다음과 같다.

첫째, 성인학습자는 생애에 걸쳐 축적해 온 다양한 경험을 가지고 학습상황에 참여하며, 풍부한 경험을 자원으로 활용하여 문제를 해결하려는 경향이 있다. 경험은 성인학습자들의 살아있는 교과서로 이러한 측면에서 성인교육은 학습자들이 중요한 경험을 인식하는 과정이라 할 수 있다(Merriam, 2001; Rogers, 1986). Cafarella(1994)는 성인이 과거에 습득한 지식과 경험은 학습활동에 중요한 역할을 하며, 학습참여를 높이는 요인이라고 하였다. 즉, 그들의 개인적, 사회적 배경은 학습의 중요한 내용이자 자원으로 기능한다고 하였다. 또한, 성인은 직접적인 경험뿐만 아니라 다른 사람들의 간접 경험으로부터 지식을 구성하고 확대할 수 있으므로 성인교육은 교육자와 학습자, 그리고 학습자 상호 간의 경험을 공유할 수 있는 방향으로 구성되어야 한다는 것이다.

둘째, 성인학습자는 자신의 고유한 상황에 적응하기 위해 필요한 학습 주제나 관심 분야 등을 스스로 선택하고 학습상황에 참여하기 원한다. 구체적으로 자신의 직장이나 공동체 생활 등과 관련하여 역량이나 잠재력 개발을 위해 또는 자아실현을 위해 필요로 하는 학습 주제나 분야를 찾아 학습 과정에 능동적으로 참여하고자 한다. 학습 내용이 학습자들에게 구체적인 문제를 해결할 수 있도록 도움을 줄 때 최고의 가치를 가지는 것으로 평가하며, 학습자들의 이전 경험을 통해 획득된 의미, 가치, 기술 및 전략을 변형시키거나 확대하는 것에 초점을 두는 학습내용이나 방식을 선호한다 (Merriam & Brockett, 2011; Robinson, 1991).

셋째, 성인학습자는 구체적인 목표를 달성하기 위해 자신이 선호하는 학습환경이나 학습형태로 학습하고자 하며, 학습경험의 계획과 관리에 있어서 스스로 학습목표를 설정하고 자원을 할당하며 학습전략을 선정하는 것을 선호한다(Merriam, & Bierema, 2014). 대부분의 성인학습자들은 이미 고정된 관념, 습관, 태도, 및 신념 등을 지니고 있어 자신의 이전 경험에 의거하여 의사결정을 내리는 경향이 있다. Cafarella(1994)는 성인학습자는 특정 상황에서 정보를 습득할 때 선호하는 스타일인 학습양식에서 차이를 보이며, 대부분의 성인학습자가 생애의 경험을 통해 이미 정형화된 학습양식을 가지고 있다고 하였다.

넷째, 아동 및 청소년과는 달리 성인은 사회생활이나 가정생활에서 많은 책임과 의무를 지니는 바쁜 생활로 인해 효율성과 효과성에 기초하여 빠른 판단을 내리며 결과물도 빨리 획득하려는 경향이 있다. 학습에 임하게 하는 상황적 맥락이나 학습이 일어나는 환경 자체가 개별적이기 때문에 성인학습자들은 학습에 대하여 각각 다른 요구수준과 기대수준을 가지고 있다(Anderson & Gilmore, 2011; Henske, 2011). 즉, 성인학습자들의 학습은 개인적인 필요에 의해 시작되며, 궁극적인 변화도 개별적으로 일어난다. 이러한 이유로 다양한 상황적 맥락과 환경에 있는 성인들에게 맞는 최적의 모델을 찾기란 쉽지 않다(Merriam, 2001).

위와 같은 학습자로서 성인들이 가지는 고유한 특성에 대한 이해를 토대로 성인교육 이론들의 주요 개념과 특성들을 살펴봄으로써 인적자원개발 측면에서 성인학습의 활성화를 위한 기초를 확립할 필요가 있다.

2. 성인교육이론

1) 앤드라고지(Andragogy)

(1) 앤드라고지와 페다고지 모형

앤드라고지(andragogy)라는 새로운 개념을 소개하여 연구의 지평을 확장시킨 Malcolm Knowles(1980)는 학습자로서의 아동과 성인의 대비적인 특징에 주목하여 아동교육으로부터 성인교육을 구분하였다. 앤드라고지의 개념을 이해하려면, 페다고지(Pedagogy)와의 차이를 구분하는 것에서 시작해야 한다. 페다고지는 그리스어로 아동을 뜻하는 paid와 '이끌다' 또는 '지도한다'라는 뜻의 agogus에서 유래한 용어이다 (Knowles, 1980; Merriam & Caffarella, 1991). 이러한 의미 그대로 페다고지는 아동들을 이끌고 가르치는 기술과 과학이며, 아동들을 이끌고 지도한다는 교육(Pedagogy)을 지칭하는 범용적인 용어로 사용되기도 하였다. 페다고지 모델에서는 학습 내용과 방법, 시기뿐만 아니라 학습에 대한 결정권과 책임이 교사에게 부과되고, 학습자는 교육적 역학관계에서 수동적이다. 따라서 교사 주도하에 계획이 수립되고 평가가 수행되는 과정에서 학습자의 경험은 학습자원으로서의 가치를 인정받기는 어렵다. 이러한 특성으로 인해 성인교육의 아버지라고 불리는 Lindeman(1926)은 기존의 페다고지 모델이 성인을 위한 교육에는 적합하지 않다고 주장하였다.

앤드라고지는 아동을 대상으로 하는 페다고지와는 대조적으로 성인을 뜻하는 그리스어인 andros에서 유래하였다. 협의의 의미로 앤드라고지는 성인들의 학습을 돕는 스킬과 과학이라는 뜻을 지니고 있으며, 광의적 측면에서는 성인교육의 정책, 제도 및 실행 전체를 체계적으로 연구하는 학문을 의미하기도 한다(Henschke, 2011; Merriam, 2001; Merriam, Caffarella, & Baumgartner, 2012).

1960년대 후반 소개된 Knowles의 선구적 성인교육 이론인 앤드라고지의 접근법은 이후 자기주도적, 경험적, 문제중심적 학습 접근과 원칙들에 지대한 영향을 미쳤으며, 오늘날 우리가 여전히 활용하는 성인학습자들을 위한 다양한 방법과 접근법의 기본이 되고 있다(Knowles, Holton, & Swanson, 2009). 앤드라고지라는 개념과 모형의 정립을 통해 성인교육의 지식의 근간을 확장할 수 있는 기회를 제공하며, 학문적 영역을 추구하였다는 점에서 의의가 있다. Knowles는 여러 학자들과 함께 성인교육 고유의 이론과 스킬을 구축하기 위한 학문적 노력을 지속적으로 경주하여 왔으며, 앤드라고지 원칙에 대한 이해는 성인학습자들의 동기를 증대시키고 목표를 성취하게 하는 주춧돌이 되어 왔다는 평가를 받아왔다.

(2) 앤드라고지와 페다고지의 기본 가정

앤드라고지와 페다고지의 모형을 이해하기 위해서는 각각 기초하고 있는 가정들을 비교해 볼 필요가 있다. Knowles(1980)가 제시한 앤드라고지의 기본전제는 초기에 자아개념, 경험의 역할, 학습준비, 학습지향성 등에서 출발하여 이후 학습 필요와 학습 동기가 추가되었다. 페다고지와 앤드라고지의 차이점을 기반으로 Mayer(1982)가 구조적으로 분석한 페다고지와 앤드라고지의 기본 전제에 대한 비교는 다음의 〈표 7-1〉과 같다.

〈표 7-1〉 페다고지와 앤드라고지의 기본 가정 비교

구분	페다고지(Pedagogy)	앤드라고지(Andragogy)
학습	학습자의 관심 및 이해와 관계없이 학습이 이루어진다.	학습자의 자발적인 참여와 기대를 전제로 학습이 이루어진다.
자아개념	아동은 성인의 지도를 필요로 하는 의존적이고, 미성숙한 존재	성인은 스스로 지도가 가능한 성숙하고 독립적인 존재
학습과정의 주체	교사〉학습자	학습자 개인
학습방법	교사 주도 학습 (수동적 학습자)	학습자 주도 학습 (능동적 학습자)
경험의 역할	학습자의 경험에 대한 가치 미부여	학습자의 경험은 자신은 물론 타인에게도 풍부한 학습자원
학습평가 학습준비도	과거의 학습 가치 평가 및 요구 수준에 대한 평가의 어려움	학습과정의 가치 평가 및 요구 충족 수준 등에 대한 판단

페다고지와 앤드라고지의 기본 가정의 비교에서 살펴본 바와 같이 학습의 주체인 아동과 성인이 지니는 제반 특성의 차이점은 각각의 학습과정과 방법에 반영되어 나타난다. 이러한 페다고지와 앤드라고지 간의 기본 전제의 차이는 교사와 학생간의 관계뿐 아니라 교수방법, 학습지도 원리와 교수모형과 같은 영역에도 각각 차이를 발생시키고 있다. 앤드라고지 모형에서는 학습자가 스스로 학습상황이나 과정 등을 주도해 나가며, 교수자는 조력자(facilitator)로서의 역할을 한다. 성인들은 실제 생활에서 필요하다고 여겨지는 것을 배우고자 하는 준비가 되어 있으며, 학습자와 교수자는 상호 협의에 의해 계획을 수립하고 평가를 수행한다. 즉, 앤드라고지 모형은 교육의 전 과정이 교수자와 학습자간의 상호작용에 의해 결정된다는 점을 특징으로 하는 반면, 페다고지 모형은 학습자보다는 교수자를 중심으로 하는 내용의 선택과 배열, 그리고 전달을 특징으로 한다(Gibbons, 2002). 이러한 기본 가정의 차이는 페다고지와 앤드라고지 기반의 교육 모형을 대립적으로 보이게 하지만, 평생학습의 관점에서

보면 페다고지 모형으로부터 앤드라고지 모형으로 옮겨가는 연속선상 위에 존재하는 관계라 할 수 있다.

(3) 앤드라고지 모형의 발달

앤드라고지 초기 모형에서는 성인학습의 핵심원리와 성인 학습자에 관한 주요 가정을 제안하였다(Knowles, 1980). 그러나, Knowles의 앤드라고지 초기 모형은 실제 성인교육 현장에 적용하기에는 다소 개념적이라는 비판적 논의가 제기되었다. 또한, 앤드라고지가 지나치게 개인 학습자를 강조하고, 학습에 미치는 상황적 요인을 간과하고 있음이 지적되었다. 이후 앤드라고지 모형은 Knowles를 비롯한 여러 학자들에 의해 적용이 가능한 실용적 이론으로 구체화되어 갔다.

다소 추상적인 앤드라고지 초기 개념 모형을 토대로 Knowles(1995)는 성인학습 경험의 구성을 위한 앤드라고지 프로세스 설계(andragogical process design)의 7단계를 제시하였다. 구체적으로 학습분위기 조성(상호존중과 신뢰, 협조적 분위기 형성), 학습의 상호적 계획화(상호계획에의 참가 및 결정 공유), 학습요구의 진단(학습자의 요구 진단 지원), 학습목표의 공식화(목표 설정의 주체로 학습자 참여 및 상호작용에 의한 목표 결정), 학습계획의 설계(학습준비도를 고려한 학습과제의 배열), 학습활동의 실행(경험학습, 탐구학습 등), 학습성과 평가와 학습요구의 재진단 등 연속적이고 순환적인 7단계의 과정으로 구성되었다(권두승, 2000; Brockett & Hiemstra,1991). Knowles(1980)는 학습계획을 수립할 때 학습자가 어떠한 역할을 하느냐가 곧 학습의 성격을 결정하는데 큰 영향을 미친다면서 앤드라고지의 가장 큰 특성을 학습프로그램을 계획하는 단계의 학습자 역할에 두었다(Candy, 1991).

이후 학습자를 준비시키는 단계를 추가하여 8단계로 재구성하였으며, 각 단계별 구성요소는 다음과 같다.

① 학습자의 사전준비
② 학습을 위한 분위기 조성
③ 공동 계획 시 학습자 참여
④ 학습요구 진단에 학습자 참여
⑤ 학습목표 설정에 학습자 포함
⑥ 학습계획의 설계 시 학습자 참여
⑦ 학습자의 학습 계획 수행 돕기
⑧ 학습결과의 평가에 학습자 참여

(4) 앤드라고지에 기초한 성인교육의 원리

이후 Knowles는 수년간의 연구를 통해 앤드라고지의 원리와 가정을 수정하고 추가하면서 핵심적인 성인교육이론으로서 발전시켜 나갔다. 뿐만 아니라, 관련 학문 분야의 학자들과 함께 지속적으로 성인교육이론을 적용하고 발전시켜 나가기 위한 학문적인 대화와 연구를 지속적으로 수행하였다. 그 결과 Knowles는 인적자원개발 분야의 학자들과 함께 앤드라고지에 기반한 성인교육의 주요 가정과 원칙을 정리하여 제시하였는데(Knowles, Holton, & Swanson, 2009), 주요 내용과 함께 인적자원개발 측면에서 시사점을 정리해보면 다음과 같다.

첫째, 성인들은 무엇을 왜 배워야 하는지 알고자 하며(Learner's needs to know why), 그 이유와 중요성을 이해할 때 성인 학습자들은 효과적인 학습을 하게 된다는 것이다. Tough(1979)에 의하면, 성인학습자는 자신의 학습에 시간과 비용을 투자하기 전에 학습을 통해 얻게 될 이익과 참여하지 않을 경우의 손실 탐색에 상당한 에너지를 소비하는 경향이 있다. 이는 성인학습자의 알고자 하는 욕구, 즉 학습 요구를 분석하고 개발하는 것이 성인학습의 시작이라는 것과 함께 성인을 대상으로 하는 학습 설계와 운영 과정에 시사점을 제공한다(Merriam, Caffarella, & Baumgartner, 2012).

둘째, 학습자로서 성인은 과제(task)나 문제(problem) 중심으로 학습하려한다는 것이다. 학교에서의 다소 구조화된 경험을 통한 학습경험에 익숙한 어린이나 청소년과 달리 학습자로서 성인은 생활이나 업무 등 실제 생활과 관련성이 높은 문제나 과제를 해결하는데 도움이 되는 학습을 선호하며, 어떤 상황에 대처해야 하거나 어떤 과업을 수행해야 할 필요를 경험했을 때 학습에 대한 준비성이 강화된다. 또한, 교육을 자신의 잠재성을 최대한 성취하기 위한 역량개발 과정으로 파악하기도 하는 성인들 대상의 교육훈련 방법이나 과제 활동 설계 시 실생활에의 적용 가능성이 높은 과제나 실험, 체험 활동 등을 포함할 것을 고려할 수 있다.

셋째, 학습자로서 성인들은 그 동안 삶을 통해 축적된 다양한 경험을 가지고 학습에 참여한다(Prior experience of the learner: resource, mental models). 학습자로서 성인은 자신이나 다른 사람들에게 직·간접적인 학습의 자원으로서 기능할 수 있는 다양한 경험을 가지고 이를 학습에 활용한다(Anderson & Gilmore, 2011). 이러한 특성은 성인 학습자들의 축적된 지식이나 경험을 토대로 그들의 지식의 깊이와 폭의 확장을 가능하게 하는 학습주제나 방법 선정 등에 주요한 시사점을 제공하며, 새롭게 학습한 내용의 평가나 검증 시에도 이러한 특성을 고려해야 할 것이다.

넷째, 학습자로서 성인은 학습을 하고자 하는 내·외적 동기를 가지고 있다. 학습의 결과로서 기대하거나 얻을 수 있는 승진이나 급여 인상 등 외적 동기(external motivation) 요인뿐만 아니라, 성취감이나 자아실현 등과 같은 내적 동기(internal motivation) 요인에 의해 학습에 참여하기도 하고, 학습을 적극적으로 지속하거나 중단하기도 한다(Wlodkowski & Ginsberg, 2017). 특히, 외재적 동기보다는 스스로의 내재적 동기에 의한 학습의 지속 효과와 결과를 언급하는 연구 결과들을(Merriam & Bierema, 2015) 참고하여 성인학습자를 위한 내적 동기 유발 및 지속 방안 등과 관련된 시사점을 도출할 필요가 있다. 또한, 교육훈련의 관점뿐만 아니라 경력개발이나 조직 차원의 고성과자 양성 등의 관점에서도 학습자로서 성인이 가지는 내외적 동기의 역할과 인적자원개발의 영향 관계에 대한 이해와 연구의 필요성에 시사점을 제공한다.

마지막으로 학습자로서 성인은 자기주도적(self-directed)이다. 자신에게 필요한 학습에 대한 요구를 지니는 학습자로서 성인은 학습 주제, 학습 기간, 학습 방법 등 자신의 학습 전반에 대한 계획과 책임감을 가지고 학습에 참여한다(Boyer et al., 2014; Merriam, 2001). 특히, 평생학습 시대에 개인의 경력개발의 책임이 조직으로부터 개인으로 전환되어감에 따라 지속적인 학습을 통한 자기 개발의 필요성은 과거 어느 때보다 높아졌다(Shuttleworth, 2008). 이런 측면에서 인적자원개발의 주요 대상으로서 성인학습자들의 특성과 이들의 학습과정에 영향을 주는 요인들에 대한 이해는 필수적이다. 보다 구체적으로 자기주도성이 두드러지는 성인학습자들을 위한 교육훈련 프로그램을 기획, 설계, 개발 및 운영을 담당하는 인적자원개발 담당자들에게 시사점을 제공한다. Knowles, Holton과 Swanson(2005)은 위와 같은 조건과 상황에서 성인학습자들은 가장 효과적인 학습을 할 수 있다고 제안하였다. 성인교육의 주요한 가정과 원리는 성인학습자들을 대상으로 학습 경험을 계획하거나 설계하는데 기초가 되는 원리들로 구성되어 있어 앤드라고지를 기초로 출발한 성인교육이론의 적용성을 확장시키는데 도움이 되었다는 평가를 받는다.

2) 자기주도학습(Self-Directed Learning)

(1) 자기주도학습의 개념

자기주도학습은 1961년 시카고 대학의 Cyril Houle의 저서인 "The Inquiring Mind"에서 도움이나 협조 없이 학습활동을 해 온 성인들에 관해 소개하면서 처음 등장하여 학문적으로 주목받기 시작하였다. 이후, Allen Tough가 그의 저서인 "Learners without teachers"를 통해 자기주도적인 학습 활동을 분석하면서 본격적인 틀을 잡아가기 시작하였다. Tough(1979)는 학습자 혼자서 점검하고 결정해야 될 사항을 목록으로 만들고 그 목록에 따라 교사의 도움 없이 학습하는 것을 자기주도학습이라 지칭함으로써 자기주도학습을 비형식적 상황에서 일어나는 독학의 개념으로 다소 제한적으로 사용하였다는 비판을 받아왔다(Merriam & Caffarella, 1999). Houle은 자기주도학습이라는 용어를 사용하지는 않았지만, 성인의 다양한 학습 활동에 주목하였으며, Tough는 교사의 도움 없이 학교 밖에서 성인 스스로 자신의 학습을 계획하여 수행하는 현상들에 주목하였다(Merriam & Caffarella, 1991, 1999).

자기주도학습의 개념은 앤드라고지(andragogy)라는 용어를 처음으로 사용한 Malcolm Knowles에 의해 본격적으로 체계화되었다고 할 수 있다(Hiemstra, 2003; Merriam, Caffarella, & Baumgartner, 2012). Knowles가 1975년에 출판한 자기주도학습(self-directed learning)은 그 이후에 나온 많은 연구들을 이끈 기초가 되는 개념 정의와 가정을 제시하고 있다. Knowles(1975)는 자기주도학습을 독학처럼 단순히 교사 없이 행하는 학습으로서 이해하는 시각을 비판하면서, 자기주도학습의 과정 및 단계들을 체계적으로 접근하였다. Knowles(1980)가 정리한 자기주도학습의 개념은 학습자 개인이 주도권을 가지고 자신의 학습요구를 진단하고 학습목표를 설정하며, 그 학습에 필요한 인적·물적 자원을 확보하고, 적합한 학습전략을 선택·실행하여 성취한 학습결과를 평가하는데 있어서 주도권을 갖는 일련의 과정으로 형식적 상황이나 비형식적 상황 모두를 포함한다(Knowles, 1980, p. 45-46). 한편, Candy(1991)는 자기주도 학습은 학습의 목적인 동시에 학습의 과정이라고 강조하였다. 구체적으로 학습의 목적이라는 것은 선택권과 관련한 자율성과 학습을 스스로 계획하고 관리해 가는 과정으로서의 의미를 포함하고 있다는 것이다.

핵심적인 성인교육이론의 하나로 다양한 정의와 개념들이 존재하여 이들을 통합하는 하나의 자기주도학습 정의를 찾기 어렵지만(Merriam, 2001), 공통적으로 자기주도학습은 학습자 개인이 자신의 학습을 계획하고 실행하며 학습결과를 평가하는데 있어서 주도권을 갖는 일련의 과정으로 정의된다(Caffarella, 2000; Merriam, Caffarella, & Baumgartner, 2012).

(2) 자기주도학습의 모형

자기주도학습이 주목받으면서 많은 개인과 조직이 개인개발을 위한 방법으로서 자기주도학습의 필요성을 강조하였으나(Ellinger, 2004; Mitlacher, 2008), 앞서 살펴보았듯이 자기주도학습은 단시간에 쉽게 형성되기에는 어려운 특성을 가진다. 자기주도학습을 진행하고자 하는 학습자의 특성에 따라 학습과정과 형태로서 자기주도학습의 모형은 다양해질 수 있다. 자기주도학습의 모형은 크게 학습과정으로서 자기주도학습의 단계를 제시한 선형적 모형과 학습자를 둘러싼 환경과의 상호작용 결과로서 자기주도학습을 제시한 상호작용 모형으로 나눌 수 있다(Merriam, Caffarella, & Baumgartner, 2012). 또한, 자기주도성의 수준에 따른 단계적 모형 등 이 장에서는 인적자원개발 측면에서 활용 가능한 자기주도학습의 주요 모형들을 간략히 소개하고자 한다.

가) 선형적 모형

Knowles는 자기주도적 학습에 대한 이해를 돕기 위해 자아개념, 경험의 역할, 학습준비도, 학습지향성과 학습동기 측면에서 교사주도 학습과의 비교를 통해 설명하였다(Gibbsons, 2002). Knowles(1975)는 자기주도학습을 다음과 같은 6단계의 선형적인 과정으로 모형화 하였다.

① 학습분위기 조성
② 학습자 요구 진단
③ 학습목표 설정
④ 학습을 위한 인적·물적 자원 파악
⑤ 적절한 학습전략 선택
⑥ 학습결과 평가

구체적으로 살펴보면, 첫 번째 단계로 인간적으로 서로를 격려하고 상호 존중하고 협력할 수 있으며, 심리적으로 압박감을 주지 않는 학습분위기를 조성할 것을 제안하였다. 두 번째는 교사와 유사한 역할을 하는 사람이 일방적으로 무엇을 배울 필요가 있다고 진단하기보다는 학습자 스스로 무엇을 배울지를 진단할 수 있도록 돕는 단계이다. 세 번째는 학습자 요구 진단 결과를 토대로 구체적이고 실현 가능한 학습목표를 설정하고, 학습자의 참여를 강화할 수 있는 학습 계획을 수립하는 단계이다. 네 번째 단계는 학습 목표를 달성하기 위해 요구되는 학습 활동과 학습 경험에 필요한 인적, 물적 학습 자원을 스스로 파악하고 확보할 수 있도록 준비하도록 한다. 다섯 번째 단계에서는 수립한 학습계획을 실행하고 성공적으로 완수하기 위해 필요한 학습전략들을 고안하고 실행한다. 마지막 단계에서는 학습자가 설정한 학습계획의 달성 여부 및 학습목표에 대한 성취 수준에 대한 평가를 내리는 단계이다. Brookfield(1986)는 위와 같은 자기주도학습의 구성요소들과 함께 자기주도적 학습을 촉진하는 핵심 기제로서 학습계약(learning contract)의 활용을 강조하였다.

나) 상호작용 모형

Garrison(1997)의 상호작용 모형(interactive model)에서는 학습자의 개인 특성이나 학습환경 등과 상호작용한 결과로 자기주도학습이 이루어진다고 주장하였다. 그는 전통적으로 성인교육 분야에서는 학습의 통제에 초점을 두어 학습과정에는 관심을 두지 않았음을 지적하면서 성인 학습자들의 동기부여 차원의 중요성을 역설하였다. 다면적 관점으로 자기주도학습의 포괄적인 모형을 제안한 이 모형에서는 내적인 책임, 외직인 통세 그리고 과제에 대한 동기 등 세 가지 핵심요인의 상호작용에 의해 형성되는 통합된 자기주도학습의 과정을 다룬다. 구체적으로 살펴보면, 학습자가 학습활동이나 과제에 주도적으로 참여하기 위해서는 학습자의 동기(motivation) 유발이 선행되어야 하며, 이를 기반으로 학습자는 내적인 책임, 즉 자기점검(self-monitoring)

과 자기관리/통제(self-management)를 통해 자기주도학습을 촉진시켜 나간다는 것이다. 자기점검은 자기주도학습에 참여하기 위해 필요한 학습자의 초인지(meta cognition)와 인지적 학습 과정과 관련된 내적인 책임으로 상호작용 모형의 핵심 요소로 제안되었다(홍기칠, 2004).

상호작용을 강조한 이 모형은 교육 경험의 환경적 · 인지적 · 동기적 요인들의 통합을 시도한 모형으로 내적 책임인 자기점검과 자기관리/통제는 서로 상호작용하며 상호보완적으로 작용하며 자기주도학습을 이루어간다는 것이다(Ellinger, 2004; Garrison, 1997). 또한, 자기주도학습이란 의미 있는 방식으로 학습을 장려하는 협동적 · 구성적 관점의 학습으로 유의미한 학습결과를 얻기 위해서 학습자는 자기주도적이 되어야 한다는 것이다. 즉, 개인적 의미를 구성하는 책임이 자기주도학습의 핵심이라 할 수 있다.

다) 단계적 자기주도학습(Staged Self-Directed Learning) 모형

세 번째 자기주도학습의 모형으로 학습자의 자기주도성의 수준에 따라 교수 단계를 제시한 Grow(1991)의 단계적 자기주도학습(SSDL) 모형을 들 수 있다. 이 모형은 학습자의 자기주도성 수준에 따라 적절한 교수를 처방적으로 활용함으로써 점차적으로 고도의 자기주도 학습자가 되도록 도울 수 있다는 전제를 기반으로 한다. 학습자의 자기주도성 수준을 4단계로 구분하고 처방적인 교수방법을 제안한 단계적 자기주도학습 모형의 주요 내용은 다음 〈표 7-2〉과 같다.

〈표 7-2〉 단계적 자기주도학습(SSDL) 모형

자기주도성	학습자	교수자	교수 스타일 예
1수준 (Low)	의존적 (dependent)	권위자 코치	구조화된 반복연습, 철저한 개인 교수
2수준 (Moderate)	관심있는 (interested)	동기유발자 안내자	강의, 교사주도 토론, 시범, 구조화된 프로젝트
3수준 (Intermediate)	참여적 (participant)	학습촉진자	동등한 참여자로서의 교수자와 함께하는 세미나 그룹 프로젝트
4수준 (High)	자기주도적 (self-directed)	조언자 상담자	인턴쉽, 독립연구, 학습자 주도 토론, 연구 논문

출처: Grow(1991)

① 자기주도성 수준 1(Low)

의존적인 학습자는 무엇을 어떻게 언제 해야 할지 분명한 지침을 줄 수 있는 권위적인 사람이 필요하기 때문에 교수자를 전문가로 여기고 도움을 얻을 수 있을 것이라고 믿는다. 다소 의존적인 1수준의 학습자에게는 구조화된 반복연습, 철저한 개인 교수법 등이 효과적이다.

② 자기수도성 수준 2(Moderate)

보통 수준의 자기주도성을 지닌 학습자는 학습에 흥미를 가지고 있어 동기부여를 잘 해준다면 학습을 잘 수행해가는 편이다. 교수자의 역할은 학습자들이 학습에 흥미를 가질 수 있도록 하거나 동기를 부여하는 등 학습에 대한 안내자의 역할을 수행한다.

③ 자기주도성 수준 3(Intermediate)

학습자는 스스로 교육의 참여자로, 교수자는 촉진자로 여기기 때문에 토론이나 세미나 등 교수자와 함께 참여하는 교수법을 통해 자기 개념, 방향, 타인과 협력하는 방법 등을 배우게 된다.

④ 자기주도성 수준 4(High)

이 단계의 학습자는 교수자의 도움 없이도 자신의 목적과 기준을 설정하고, 목적의 달성을 위해 다양한 정보와 자원 등을 활용한다. 학습자에게 교수자는 상담자나 조언자로서 역할을 수행하고, 학습자는 독립된 프로젝트나 연구를 수행하면서 필요한 경우 자문을 구하는 교수법을 적용할 수 있다.

정리하면, Grow(1991)의 단계적 자기주도학습(SSDL) 모형은 학습자의 자기주도성 수준을 고려한 교수법이 적용될 때 자기주도학습의 효과가 극대화된다고 제안하였다. 즉, 자기주도학습은 상황적인 특성을 지니며, 자기주도성 수준에 따라 다른 교수법을 적용해 나감으로써 학습자가 점차적으로 높은 수준의 자기주도성을 지닐 수 있도록 도울 수 있다는 것이다.

(3) 자기주도학습의 특징

이상에서 살펴본 다양한 자기주도학습의 개념과 모형들에서 두드러지는 특징을 기반으로 자기주도학습을 정리해보면 다음과 같다. 첫째, 자기주도학습의 주도권은 학습의 주체인 학습자에게 있다. 도움이나 지원이 필요한 경우 주변의 개인이나 공동체를 형성하여 자기주도학습을 진행할 수도 있지만, 학습목적을 선정하고 주체적으로 학습자원을 획득하는 등 모든 학습과정의 주도권은 학습자에게 있다(Knowles, Holton, & Swanson, 2005).

둘째, 학습자는 자신의 학습에 대한 권한과 책임을 지닌다. 자기주도학습에서 학습자는 학습 목적에서부터 학습내용, 학습방법, 학습환경, 학습평가 등 모든 상황에 대하여 선택할 수 있는 자율성을 지님과 동시에 이에 대한 책임이 부여된다는 것이다(Boyer et al., 2014).

셋째, 자기주도학습은 학습자의 자기주도성 수준에 따라 학습과정이나 방법 등을 유연적으로 적용할 수 있다. 자기주도학습은 학습자 스스로의 통제와 관리에 의하여 학습에 임하는 일련의 초인지적인 행동을 수행하는 과정으로(Ong, 1992) 필요한 경우 적절한 교수나 도움을 받아 자기주도성을 향상시키거나 학습의 극대화를 이룰 수 있다는 것이다.

넷째, 자기주도학습은 학습자와 주변 개인이나 집단, 조직 등과 상호작용을 통해 이루어진다. 학습자 자신이 학습전체를 기획하고 실행하며 평가하는 등 다른 사람의 통제로부터 독립성을 갖지만(Caffarella, 2001), 자기주도학습을 지원하는 환경과 풍토를 제공하는 학습자를 둘러싼 주변 개인이나 집단, 조직 등 촉진자로서의 역할 수행이 가능한 다양한 조력자들과의 상호작용을 통해 완성되어 간다는 것이다(Rana, Ardichvili, & Polesello, 2016). 즉, 자기주도학습은 교재, 동료, 지도자, 기관이나 조직 등 다양한 형태의 조력자들과의 협력 하에 이루어지는 학습의 형태이다. 정리하면, 자기주도학습은 개별 학습자가 스스로 자신의 학습에서 주도권을 갖고 자신의 학습요구를 진단하고 자신의 학습목표를 설정하며, 학습에 필요한 인적·물적 자원을 확보하고 적합한 학습전략을 선택·실행한 학습결과를 스스로 평가하는 과정과 활동을 통하여 학습의 극대화를 가져오게 하는 것이다.

(4) 인적자원개발과 자기주도학습

인적자원개발 분야에서 자기주도학습은 그 중요성과 비중이 점점 더 증가하고 있는 개념 중 하나이다. 조직 내 학습의 형태가 의도적으로 일어나는 형식적 학습 외에도 비구조화된 비형식, 무형식학습 등을 넘어 다양하고 자유로워지면서 조직 구성원의 자기주도학습 역량을 근거로 한 인적자원개발 전략의 수립에 대한 관심이 고조되고 있다.

지속적인 변화를 거듭하는 경영환경에 신속하게 대응할 수 있는 인재양성의 전략적 방법으로 적시(just in time)에 업무와 직결되는 내용을 학습함으로써 조직의 생산성에 기여할 수 있다는 장점이 주목을 받아왔다(Ellinger, 2004; Guglielmino & Guglielmino, 2008). Boyer와 동료들의(2014) 자기주도학습과 관련된 메타분석 연구결과에 따르면, 자기주도학습은 학습자의 동기, 자기효능감, 내적 통제의 소재뿐만 아니라 수행성과와도 긍정적인 영향관계를 갖는 것으로 밝혀짐에 따라 효과적인 일터학습에 적용 가능한 학습형태라는 기반을 다지게 되었다. 또한, 변화에 보다 유기적으로 유연하게 대응할 수 있는 학습형태로써 기존의 훈련 중심이었던 기업교육의 새로운 대안으로 제시되기도 하였다(정재삼, 1996; Cho, 2005; Stansfield, 2007).

이와 같이 자기주도학습은 지금까지 수동적인 주변인으로서의 학습자에서 적극적인 참여자를 넘어 학습활동 구성의 동반자로, 또 학습의 주체로서 그 역할에 대한 인식을 전환시켜 줌으로써 학습실제에 변화를 일으켜왔다. 이상의 자기주도학습의 주요 개념과 모형에 대한 고찰을 토대로 인적자원개발의 관점에서 자기주도학습의 의의를 정리하면 다음과 같다.

첫째, 자기주도학습은 조직 내 개인 학습자 스스로 학습계획을 세우고 실행하는 과정을 통해 학습의 참여도뿐만 아니라 완성도 향상에 기여하는 효과적인 개인개발 방법이다. 또한, 인적자원개발의 측면에서 개인학습을 기반으로 하는 조직학습으로의 전이 및 확대를 고려할 때 자기주도학습은 그 중요성이 더욱 증대된다(Boyer et al., 2014; Guglielmino & Guglielmino, 2008).

둘째, 자기주도학습은 다양한 배경과 학습요구를 지니는 성인학습자들의 학습목적 달성에 부합하면서도 조직의 교육훈련 비용을 절감할 수 있는 효과적인 방법으로 기능할 수 있다(Smith, Sadler-Smith, Robertson & Wakefield, 2007).

셋째, 급변하는 경영환경에 필요한 적시학습(just-in-time learning)과 업무를 연결함으로써 조직의 생산성 제고에 도움이 될 수 있는 학습 형태라는 강점을 지닌다(Ellinger, 2004; Guglielmino & Guglielmino, 2008). 한 예로, 지속적인 학습이 필요한 연구개발(R&D) 조직의 경우, 개인의 자기주도적 학습의 결과가 학습조직 활성화에 기여할 뿐만 아니라 곧 조직의 목적 달성과 성과에 직접적으로 연결가능하다는 점에서(이정

수, 박효선, 2011; Rana, Ardichvili, & Polesello, 2016) 인적자원개발의 목적 달성을 촉진할 수 있는 적합한 학습형태로 인식되고 있다.

넷째, 학습에서의 자기주도성을 기반으로 개인의 학습계획 수립을 넘어 경력개발을 주도적으로 추진해 나갈 수 있는 동력을 확보하게 된다는 점에서 자기주도학습은 그 의의를 지닌다. 한 예로 경력개발 측면에서 자신의 가치에 따라 주도적으로 경력을 관리해 나가는 새로운 경력 개념인 프로틴(protean) 경력 태도에 가장 잘 부합하는 성인교육이론으로 제안되기도 하였다(Shuttleworth, 2008; Stansfield, 1997). 이와 함께 자기주도학습을 기반으로 하는 포괄적인 경력개발제도 구상에 도움이 될 기초자료를 제공함으로써 인적자원개발의 분야에 기여하고 있다. 이와 더불어 개인개발 측면에서뿐 아니라 조직의 생존과 발전을 위해 학습조직으로의 변화가 필수적이라는 인식과 함께 자기주도학습은 앞으로 더욱 강조되며 발전할 것으로 예측되고 있다.

3) 경험학습(Experiential Learning)

(1) 경험학습의 개념 및 원리

경험(經驗, experience)이란 사람이 살아가는데 지적 성장을 가져오는 중요한 요소로 경험론자들에 따르면, 인간의 모든 지식은 경험 안에 근거하고 있기 때문에 경험이 인간의 지식 형성에 중요한 요소임을 강조하고 있다(김형식, 이희수. 2009; 임태평, 2005). 즉, 성인교육에서 가장 가치있는 자원은 학습자의 경험이며, 경험은 성인 학습자의 살아있는 교과서라는 것이다(Lindeman, 1926; Matsuo, 2015).

성인은 성숙해 감에 따라 자아개념이 의존적에서 자기주도적으로 변화하고 그에 따른 경험을 축적한다(Knowles, 1975). 축적된 경험은 풍부한 학습자원이 되어 성인이 성숙해 감에 따라 내재적 요인에 의해 학습동기를 유발시킨다(Merriam, 2001). 학습은 경험에 기초한 끊임없는 과정으로, 지식은 학습자의 경험에서 연속적으로 얻어지고 시험되는 것이다(Kolb, 1984). 공통적으로 성인학습 이론들은 경험이 성인학습의 중요한 원천임을 강조하고 있다(Hiemstra, 2000; Matsuo, 2015; Yeo & Marquart, 2015). 이러한 경험을 통해 인식하고, 이해하고, 새롭게 형성되는 지식은 내재되어 있다가 후속하는 경험에 영향을 미치거나 환경이나 상황과의 상호작용을 통해 성인학습자의 지식을 변화시킨다. 즉, 경험은 새로운 지각을 형성하게 하며, 이 지각을 바탕으로 새로운 행동을 하는데 긍정적으로 영향을 미치거나 부정적으로 영향을 미칠 수도 있다. 이처럼 성인 학습자의 경험은 그 경험이 가지고 있는 본래의 속성 즉, 본질에 따라 인지 과정에 영향을 미치고, 이는 곧 성인의 학습에 영향을 미친다는 것이다(Hezlett, 2016; Robinson, 2001).

경험학습은 경험을 통한 학습(Learning through experience), 실천을 통한 학습(Learning by doing), 발견과 탐구를 통한 학습(Learning through discovery and exploration)등으로 정의된다(Yeo & Marquart, 2015). 대표적인 경험론자인 John Dewey는 실천을 통한 학습(learning by doing)의 개념과 정당성을 소개하였다. 그는 단순히 무엇을 어떻게 하느냐를 배우는 것보다 새로운 역할의 수행을 위해 학습을 통해서 새로운 지식을 창출하고, 자기 자신을 변화시켜 가는 것이 더 중요하다고 강조하였다(임태평, 2005). 또한, 경험적 학습은 문제를 인식하고, 아이디어를 얻고, 반응을 충분히 시험해보고, 결과를 경험하여, 이전에 갖고 있던 개념들을 확인하거나 수정하는 시행착오 과정의 순환을 의미한다고 하였다. 경험적 학습 과정은 선입견 제거와 같은 개인의 인지 재구조화(cognitive reconstruction)를 통해 의미를 구성하고 새로운 학습 경험을 유도한다는 것이다(Haynes, 2007).

한편, 경험학습의 선구자라 할 수 있는 David Kolb(1984)는 경험이 변화하여 지식을 이루는 과정을 통해 학습이 일어난다고 하였다. 그는 "경험의 전환(transformation)을 통해 지식이 창출되는 과정"(p.38)으로 경험학습을 정의하였다. 또한, 진정한 학습은 학습자가 구체적인 경험에 대한 분석적인 관찰과 반성을 통하여 이들 경험으로부터 추상적 개념화를 시도하고 이를 통해 행동원리를 도출하며, 이 원리를 바탕으로 새로운 행동을 시도함으로써 새로운 시각을 갖고 새로운 경험을 계속적으로 축적하면서 학습자의 행동변화와 성장이 가능하다고 주장하였다. 즉, 경험을 통해 학습하고, 지식을 획득, 구조화, 창출하는 경험학습의 과정은 내용의 획득이나 전달이라기보다는 내용과 경험이 서로 다른 쪽을 전환시키는 상호작용의 원리에 기초한다고 하였다.

(2) 경험학습의 모형

경험에 기반하여 새로운 역량, 새로운 태도 또는 새로운 사고방식을 개발하는 성찰을 진작시키는 경험학습에서(Linda & Williams, 1994) 지식은 경험의 변화를 통해 창출된다. 또한, 학습은 지식이 경험으로 변환되는 순환적인 프로세스로 경험의 변화를 전제로 한다. 경험학습을 제안한 Kolb(1984)에 의하면, 학습은 곧 인지과정으로 후천적으로 습득되는 모든 종류의 경험의 변화를 의미하며, 진정한 학습은 4단계의 순환 사이클을 통해 진행된다고 하면서 경험학습의 모형을 제안하였다.

경험학습 모형은 지각(perceiving)과 처리(processing)라는 정보를 다루는 방식에 의해 두 개의 축으로 나뉘는데, 정보의 지각 방식과 관련된 전자는 구체적인 경험과 추상적인 사고를, 정보의 처리 방식을 다루는 후자는 능동적인 실험과 반성적인 관찰로 구성되어 있다(변영계, 2006). 학습을 지식이 경험으로 변환되는 프로세스로 정의하는 Kolb(1984)의 경험학습의 순환 과정 사이클은 다음과 같은 네 단계로 구성되어 있다.

① 구체적 경험(concrete experience)
② 반성적 성찰(reflective observation)
③ 추상적 개념화(abstract conceptualization)
④ 능동적 실험(active experimentation)

각 단계의 내용을 구체적으로 살펴보면, 첫 번째 구체적 경험 단계에서 학습자는 경험을 구축하고 행동을 수행하면서 다음 상황을 할 것인지 여부를 선택하려고 한다. 두 번째 반성적 성찰 단계에서는 다양한 관점에서 경험을 관찰하고 성찰한다. 세 번째 단계에서는 학습자는 관찰과 성찰을 통해 경험한 것을 추상적으로 개념화하고, 이러한 관찰과 반성적 사고는 새로운 탐색을 위한 이론을 형성하거나 추상적 개념을 통합하여 일반화하는데 기능하게 된다. 마지막 단계에서 학습자들은 더 복잡하고 새로운 상황에서 그들이 배운 일반화된 원리들을 적극적으로 실험하여 보다 새롭고 발전된 행동을 수행하려고 한다. 즉, 새로운 상황에서 새로운 개념의 함의 검증을 통해 학습을 진행한다는 것이다. 이상의 4단계로 구성된 경험학습의 과정은 주기적으로 순환하며 다른 경험을 구축하고 또 다른 학습의 원을 생성하게 되는 것이다. 이 모델에서 각 단계는 다양한 요소로 연결되어 있는데 구체적 경험은 이론이나 추상적 개념을 검증하고 확고하게 하기 위해 사용된다.

Kolb(1984)는 경험학습의 순환 과정은 4가지 지점의 어떤 하나에서 시작할 수 있고 그것은 계속적인 나선형 과정으로 접근할 수 있다고 하였다. Kolb의 모형은 학습과정에 대한 반성적 성찰을 학습의 기초로 여기고 이를 강조하였는데, 이는 구체적인 경험이나 학습활동 그 자체만으로는 학습에 유용하지 않다는 것이다. 즉, 경험학습은 신중하게 선택된 경험들이 반성적 성찰, 비판적 분석, 종합적 사고, 능동적 실험 등을 순차적으로 이루어갈 때 그 의미를 갖게 된다고 하였다(변영계, 2009).

위와 같은 경험학습 모형의 단계들은 성인을 위한 학습경험 설계 시 중요한 틀로 기능하며, 정보의 지각과 처리 방식에 기초하여 발산자형(diverger), 수렴자형(converger), 조절자형(accommodator), 동화자형(assimilator)과 같은 네 가지 학습유형(learning style)이 제안되었다. 학습유형을 진단하는 도구인 Learning Style Inventory(LSI)를 통해 측정된 값으로 개인의 학습양식을 네 가지 유형으로 분류하였다. Kolb가 제시한 경험학습의 4단계 순환 모형은 경험학습 연구에 이론적 기반을 제시하였고, 경험학습의 실제에서 활용 가능한 실천적 모형을 제시했다는데 그 의의가 있다.

(3) 인적자원개발과 경험학습

앞서 살펴본 대표적인 성인교육 이론들인 Knowles의 앤드라고지, 자기주도학습, Kolb의 경험학습 등은 공통적으로 학습자의 경험이 학습의 중요한 원천임을 강조하고 있다. 경험학습에 대한 이해는 성공적인 인적자원개발을 위해 필수적인 부분으로 그 의의를 살펴보면 다음과 같다.

경험학습 접근법은 성인학습자들이 가진 경험의 의미와 가치를 인식하고 학습자의 경험을 활용할 뿐만 아니라 새로운 지식과 경험을 구성하도록 돕는다는 점에서 인적자원개발의 실천과 성과를 개선하는 도구로서 활용되어 왔다. 경험학습의 원리와 접근법을 활용한 전문성 개발 과정에서 성인 학습자는 타인의 경험을 통해 지식을 획득하고, 자신의 선지식이나 선경험과 연결시켜 새로운 지식을 창출하거나 전문성의 확대가 가능하다(Haynes, 2007; Hezlett, 2016). 자신의 경험을 성찰하고 구조화하는 과정을 통해 흩어져 있는 경험의 조각들을 새로운 지식과 경험의 틀에 맞추어 암묵적 지식과 전문성을 조직화하고 개발하게 된다.

또한, 경험학습의 방식은 성인 학습자의 실제 경험에 근거함으로써 교육 훈련 이후 실질적인 변화와 실현 가능성을 높여준다는 장점으로 인해 수행 향상과 관련하여 강조되어 왔다. 한 예로 경험학습의 가치를 체계적으로 활용할 수 있는 방법으로서 숙련된 선배 직원들의 경험을 통해 신입 직원들의 수행과 적응을 높이기 위한 교육 훈련 방법인 현장직무교육(On-the-Job Training: OJT)은 조직에서 경험학습의 가치를 체계적으로 활용할 수 있는 방법이라 할 수 있다(배현경 외, 2013; Knowles, Holton, & Swanson, 2012).

뿐만 아니라, 경험학습 이론에 대한 이해는 성인 학습자들을 대상으로 학습 효과를 극대화하기 위한 학습 설계에 대한 가이드라인을 제시하고 있다는 점에서 그 의의를 찾을 수 있다. 구체적으로 경험학습 이론은 교육 훈련 프로그램의 교수설계나 개발 및 운영 과정에서 성인 학습자들의 특성과 학습 프로세스에 대한 이해를 기반으로 효과적인 동기 유발 전략이나 프로그램 개발 전략에 접목되어 활용가능하기에 인적자원개발 측면에서 의미있는 성인교육 이론으로 분류될 수 있다.

3. 성인교육이론과 인적자원개발

1) 성인교육이론에 대한 비판적 고찰

성인교육이론은 최근 인적자원개발과 관련하여 그 가치와 중요성이 다시 주목을 받으면서 관련 연구가 심화되고 있기는 하나 전통적으로 성인교육 분야는 주로 개인 중심의 발달과 성장만을 고려하며 다소 개념적이고 추상적인 접근법이 주를 이룬 편이다(Arghode, Brieger, & McLean, 2017; Dirkx 1997). 성인교육이론은 그 역사에 비해 학문적 근간이라 할 수 있는 사상과 철학에 관한 논의가 부족하다는 한계를 드러내거나 이론에 대한 학문적 논의와 이론 모형에 대한 현장 적용의 노력이 부족하다는 비판을 받기도 하였다(Ellinger, 2004; Mezirow & Brookfield, 1984).

또한, 성인교육이론은 그 학문적 가치와 영향력에 비해 이론의 실천적 검증을 통한 이론의 공고화 및 실제화 등은 비교적 덜 활성화된 편이었다. 대표적인 성인교육이론이라 할 수 있는 앤드라고지도 수년간의 도전적인 비판과 논쟁들을 통해 점차 발달하며 오늘날 성인학습의 핵심이 되는 원리들을 구축해왔다. 최근에 급변하는 경영환경에서 창의적인 사고를 바탕으로 자기주도적으로 변화에 대처하고 새로운 변화와 지식을 창출해 나가는 능력이 요구되면서 자기주도학습이 다시 주목을 받아왔으나, 인적자원개발 분야에서는 자기주도학습에 대한 전략적인 활성화가 미약한 편이였다. 한 예로 Grow의 단계적 자기주도학습 모형의 경우 실제적으로 조직의 교육훈련 현장에서 검증되지 않았다는 한계를 지적받기도 하는데(Boyer et al., 2014; Ellinger, 2004), 인적자원개발 실제에의 적용 가능성을 향상시키기 위해 성인교육의 이론적 모형을 검증함으로써 현장에의 적용 범위와 수준을 향상시킬 필요가 있다. 이와 더불어 테크놀로지 활용으로 인한 교육과 업무에의 변화가 가속화되는 시대에 학습 과정에 영향을 미치는 디지털 테크놀로지와 네트워크 등 메가 트렌드나 변화를 고려한 모형이나 절차 등을 재탐색함으로써 인적자원개발 분야에서 성인교육이론의 활성화를 제고할 수 있을 것이다.

성인학습이 일어나는 상황적 맥락이나 과정들 자체가 너무 복잡하고 개별적이기 때문에 모든 상황에 맞는 최적의 이론이나 모델을 찾기란 쉽지 않을 것이다(Merriam, 2001). 그럼에도 불구하고 인적자원개발 전문가는 성인 학습자들이 가지는 고유한 특성과 성인교육의 원리에 대한 이해를 토대로 교육 현장에서 지속적인 탐구와 시도를 통하여 각 상황에 최적화된 대안을 도출해내면서 이를 확대 발전시켜 나가야 할 것이다.

2) 성인교육이론의 의의

성인교육이론은 위와 같은 한계점들을 지니지만, 인적자원개발 분야에의 다음과 같은 이론적, 실천적 함의를 제공하고 있다. 먼저 성인교육이론의 기초가 되는 앤드라고지는 전통적인 학교 교육의 범주를 넘어서는 교육대상의 확대와 학습자들의 자기주도성 개념을 강조하고 실천적인 방법을 제시함으로써 인본주의와 실존주의적인 교육철학의 구현에 대한 함의를 제공하였다는 평가를 받는다. 또한, 앤드라고지는 교육현장에서 실천을 위한 과정중심적인 설계 접근법에 대한 안내를 제공하여 성인학습자를 대상으로 하는 프로그램 설계 과정에 시사점을 제공한다. 둘째, 앤드라고지와 경험학습 이론을 통해 학습자원으로써 성인학습자들의 경험에 대한 가치와 의미에 대한 재발견은 유의미학습을 통한 실제적 변화를 촉진하는 방법뿐만 아니라, 개인학습과 조직학습을 위한 지식의 공유 및 창조 과정의 촉진 방안 등에 대한 실천적 시사점을 제공하고 있다.

셋째, 자기주도학습 이론은 조직 내 학습의 형태가 비구조화된 비형식, 무형식학습 등을 넘어 다양화되고 개인화되면서 적시에 필요한 학습과 업무를 연결함으로써 조직의 생산성 제고에 기여할 수 있는 근거와 방법론을 제공하였다. 인적자원개발 관점에서 학습의 궁극적인 목표는 학습 활동을 지원하는 조직의 성과향상에 있으며(Swnanson & Arnold, 1996), 조직 구성원들의 자기주도학습은 개인뿐만 아니라 조직개발의 근간으로 작용할 수 있다. 따라서 조직 내 지식과 전문성 구축을 통해 조직의 미래를 대비하는 것이 HRD의 전략적 역할 중 하나라는 관점(Knowles, Holton, & Swanson, 2005; Torraco & Swanson, 1995)에서 조직 구성원의 자기주도학습 역량을 근거로 인적자원전략의 수립을 가능하게 하는 데에 이론적, 실천적 함의를 제공한 이론이라 할 수 있다. 이상에서 살펴본 성인학습자들의 특성과 성인교육 이론들에 대한 고찰을 토대로 인적자원개발 측면에서 학습자로서 성인들의 특성을 반영한 교육은 앤드라고지의 철학을 담은 자기주도적 학습을 근간으로 할 것으로 예측해볼 수 있다. 구체적으로 교육과정이나 방법 등이 사전에 결정되어 있는 전통적인 학습과 달리 학습자 개인의 목표, 가치, 선호 등을 고려하여 목표 수준 등을 추후에 결정하거나 변경 가능한 다소 유연하고 개방적인 형태로 학습자가 스스로 책임감을 가지고 학습을 수행하면서 필요한 경우 교수자와 상호작용을 하는 형태가 될 수 있다. 이러닝과 같은 온라인 학습은 물론 최근 등장한 대중 온라인 공개강좌(MOOC) 등도 성인학습자들의 비전통적인 학습의 지속가능성을 향상시키는 또 하나의 대안으로 등장하여 활용되고 있다.

넷째, 성인교육이론이 제시하는 성인학습자들의 학습과정과 방법 등에 관한 이론적 기저는 인적자원개발 체제와 전략수립 과정에서 어떻게 학습을 설계하고 현실화할 것인지, 그리고 어떻게 학습의 효과를 극대화할 것인지 등에 대한 가이드라인을 제시하고 있다. 이와 더불어 성인교육이론은 평생학습이라는 개념을 실제적으로 확대하며 인적자원개발과의 연계를 가능하게 하였다. 즉, 성인교육이론에서 제시하는 자기주도성, 경험중심, 비형식학습 등과 같은 특성들은 평생학습의 제 현상을 이해하는 중요한 토대로 평생학습을 실천적 삶의 개념을 내포하는 다양한 범주로 확산시켜 왔다. 성인교육이론에서 제시하는 학습의 과정과 방법에 대한 가이드와 실천적 적용 가능성은 평생학습과 인적자원개발에 유의미한 시사점을 제공하는 것으로 보인다. 그러나 앞서 아직 이에 대한 학문적 체계가 미흡하고 비판이 존재함을 언급하였듯이, 성인교육 및 인적자원개발 분야의 내실 있는 동반 성장을 위해 그 이론적, 실천적 토대를 공고히 확립하기 위한 후속 심화 연구들이 더욱 요구된다.

인적자원개발의 주체이자 장(場)인 조직은 목적 지향적 시스템으로서 효과적이고 효율적인 생존 목표를 추구해야 한다. 인적자원개발의 관점에서 성인학습자를 위한 교육은 그 조직의 목적 달성에 직접적인 기여할 수 있는 방향으로 기획되고 실행될 것으로 기대된다. 개인의 목표뿐만 아니라 조직의 목표 달성에도 중점을 두는 것이 인적자원개발의 책임이자 사명이라는 점을 고려해볼 때 성인교육 이론의 적용과 발전 방향도 구체적으로 조직의 미래와 어떻게 연결될 수 있을지, 개인학습과 조직학습의 연계를 어떻게 강화할 수 있을지 등 지속적인 경험적 연구와 이론의 실천적 적용의 상보적 관계를 지속해 나갈 필요가 있다.

참고문헌

김형식, 이희수. (2009). 성인학습이론에서의 경험의 본질에 관한 연구: Fenwick의 관점을 중심으로. 평생교육・HRD연구, 5(3), 1-21.

배현경, 조대연, 윤소겸, 이윤수. (2013). S-OJT에서 Kolb의 경험학습 과정에 대한 경로 탐색. 농업교육과 인적자원개발, 45(4), 125-143.

이정수, 박효선 (2011). 군의 학습조직과 자기주도학습이 조직효과성에 미치는 영향. 한국HRD연구, 6(1), 1-25.

이진화, 김진모 (2006). 기업체 근로자의 자기주도학습 준비도와 조직특성의 관계. 농업교육과 인적자원개발, 38(3), 279-304.

이희수, 조순옥 (2005). UNESCO 세계성인교육회의가 평생교육정체성 형성에 미친 영향 연구. 평생교육학연구, 11(1), 115~144.

임태평 (2005). 존 듀이와 평생교육. 교육철학, 27(8), 61-78.

정대용, 박권홍 (2010). 중소기업 최고경영자의 학습지향성이 기업성과에 미치는 영향: 시장지향성과 혁신성의 매개효과를 중심으로. 산업교육연구, 24(2), 153-176.

정재삼 (1996). 학습조직을 추구하기 위한 기업교육 방향에 대한 고찰. 경영논총, 14, 127-142.

한국기업교육학회 (2010). HRD 용어사전. 서울: 중앙경제.

홍기칠 (2004). 구성주의적 자기주도학습을 위한 학습력 분석과 학습모형 개발. 교육심리연구, 18(1), 75-98.

Anderson, V. & Gilmore, S. (2010). Learning, experienced emotions, relationships and innovation in HRD. *Journal of European Industrial Training*, 34(8/9), 753-771.

Arghode, V., Brieger, E. W., & McLean, G. N. (2017). Adult learning theories: implications for online instruction. *European Journal of Training and Development*, 41(7), 593-609.

Boyer, S.L., Edmondson, D.R., Artis, A.B. & Fleming, D. (2014). Self-directed learning: a tool for lifelong learning. *Journal of Marketing Education*, 36(1), 20-32.

Brockett, R.G. & Hiemstra, R. (1991). *Self-Direction in Adult Learning: Perspectives on Theory, Research, and Practice*. Routledge, New York, NY.

Candy, P. C. (1991). *Self-direction for lifelong learning*. San Francisco: Jossey-Bass.

Cho, D. (2002). The connection between self-directed learning and the learning organization. *Human Resource Development Quarterly*, 13(4), 467-470.

Clardy, A. (2000). Learning on their own: vocationally oriented self-directed learning projects. *Human Resource Development Quarterly*, 11(2), 105-125.

Cruickshank, D., Bainer, D., & Metcalf, K. (1995). *Tha act of teaching*. New York: McGraw-Hill.

Draves. W. A. (2007). *How to Teach Adults*. (3rd eds.). Learning Resources Network.

Ellinger, A.D. (2004). The concept of self-directed learning and its implications for human resource development. *Advances in Developing Human Resources*, 6(2), 158-177.

Ellinger, A. D., Ellinger, A. E., Yang, B., & Howton, S. W. (2002). The relationship between the learning organization concept and firm's financial performance: An empirical assessment. *Human Resource Development Quarterly*, 13(1), 5-21.

Garrison, D. R. (1997). Self-directed learning: toward a comprehensive model. *Adult Education Quarterly*, 48(1), 18-33.

Grow, G. (1991). Teaching learners to be self-directed. *Adult Education Quarterly*, 41(3), 125-149.

Guglielmino, L. M., & Guglielmino, P. J. (2008). Productivity in the workplace: the role of self-directed learning and the implications for human resource management. *International Human Resources Development and Management*, 8(4), 293-305.

Guglielmino, P. J., Guglielmino, L. M., & Long, H. B. (1987). Self-directed learning readiness and performance in the sorkplace: Implications for business, industry, and higher education. *Higher Education*, 16, 303-317.

Henschke, J.A. (2011). Considerations regarding the future of andragogy. *Adult Learning*, 22(1), 34-37.

Hiemstra, R. (2003). More than Three decades of self-directed learning: from whence have we come? *Adult Learning*, 14(4), 5-8.

Kolb, D. A.(1984). *Experiential learning: Experience as the source of learning and development*. Englewood Cliffs. NJ: Prentice-Hall.

Kolb, D. A.(2015). *Experiential Learning: Experience as the Source of Learning and Development*. (2nd ed.) Pearson Education Inc.

Knowles, M. S. (1975). *Self-directed Learning: A guide for learners and teachers*. Chicago: Follett Publishing Company.

Knowles, M. S.(1980). *The modern practice of adult education: From Pedagogy to Andragogy*.

Englewood Cliffs. N: Prentice-Hall.

Lindeman, E. C.(1926). *The meaning of adult education*. New York: New Republic. republished in 1989 by Oklahoma Research center for continuing professional and higher education

Matsuo, M. (2015). A framework for facilitating experiential learning. *Human Resource Development Review*, 14(4), 442-461.

Merriam, S. B. (2001), Andragogy and Self-Directed Learning: Pillars of Adult Learning Theory. *New Directions for Adult and Continuing Education,* 3-14.

Merriam, S. B., & Bierema, L. L. (2014). *The Profession and Practice of Adult Education: An Introduction*. San Francisco: Jossey-Bass.

Merriam, S. B., & Brockett, L. L. (2011). *Adult learning: Bridging theory and practice*. San Francisco: Jossey-Bass.

Merriam, S. B., Caffarella, R. S., & Baumgartner, L. M. (2012). *Learning in adulthood: A comprehensive guide*. John Wiley & Sons.

Mitlacher, L. W. (2008). The importance of self-directed learning for human resource development. *International Journal of Human Resources Development and Management*, 8(4), 289-292.

Rana, S., Ardichvili, A., & Polesello, D. (2016). Promoting self-directed learning in a learning organization: tools and practices. *European Journal of Training and Development*, 40(7), 470-489.

Shuttleworth, S. (2008). Self-directed learning for lifelong career development. *In Practice* 30, 287-289.

Smith, P. J., Sadler-Smith, E., Robertson, I., & Wakefield, L. (2007). Leadership and learning: facilitating self-directed learning in enterprises. *Journal of European Industrial Training*, 31(5), 324-335.

Stansfield, L. M. (1997). "Employee - develop yourself!" Experiences of self-directed learners. *Career Development International*, 2(6), 261-266,

Tough, A. (1971). *The adult's learning projects. Research in Education* Series No.1. Toronto: Ontario Institute for Studies in Education.

Vann, B. A. (1996). Learning self-direction in a social and experiential context. *Human Resource Development Quarterly*, 7(2), 121-130.

Wlodkowski, R. J. & Ginsberg, M. B. (2017). *Enhancing adult motivation to learn: A comprehensive guide for teaching all adults* (4th ed.). San Francisco: Jossey-Bass.

Yeo, R. K., & Marquardt, M. J.(2015). (Re)Interpreting Action, learning, and experience: Integrating action learning and experiential learning for HRD. *Human Resource Development Quarterly*, 26(1), 81-107.

요약

이 장에서는 성인교육이론 가운데 인적자원개발(HRD)과 관련성이 높은 핵심적인 성인교육이론이라 할 수 있는 앤드라고지, 자기주도학습, 경험학습의 개념 및 특성 등에 대해 살펴보았다. 인적자원개발의 주요 대상으로서 성인 학습자의 특징에 대한 이해를 토대로 인적자원개발 프로그램 및 활동 계획 시 고려해야 할 주요 성인교육이론의 모형과 의의에 대해 논의하였다. 이와 더불어 전통적인 성인교육이론이 지니는 철학적 기초와 실천적 적용의 한계점 등 비판적 고찰을 토대로 학문분야로서 성인교육과 인적자원개발 분야의 통합을 위한 가능성과 향후 과제에 대해 논의하였다.

탐구 질문

1. 성인학습자의 특성과 성인교육이론에 대한 이해를 토대로 조직에서 교육훈련 프로그램의 설계, 개발 및 운영 시 고려해야 할 사항들은 무엇인가?
2. 앤드라고지, 자기주도학습, 경험학습 등 성인교육이론이 인적자원개발과 어떤 관련성을 지니는가?
3. 성인교육이론들이 인적자원개발 분야의 전략적 역할과 미래에 어떻게 기여할 수 있을까?
4. 조직 내 공식, 비공식 학습 활동의 활성화와 개인학습과 조직학습의 연계를 위해 HRD 전문가로서 어떠한 노력들이 필요할까?

/ 저자소개 /

김은지 (ekim@kyonggi.ac.kr)

경기대학교 직업학과 주임교수로 재직 중이며 인적자원개발 전공 분야 교과목들을 가르치고 있다. 인적자원개발 분야 가운데 주요관심 영역과 연구주제는 전문성과 직업능력개발, 지식공유와 조직학습, 커리어개발 지원시스템과 적응적 퍼포먼스 등이며 국내외 관련 학회와 저널을 통해 학술 활동을 하고 있다.

제8장

교수설계이론

임규연 (이화여자대학교)

목표

1. 학습자는 HRD에서 교수설계가 지니는 의미와 의의에 대해 설명할 수 있다.
2. 학습자는 전통적 교수설계이론으로서 Gagné의 포괄적 교수설계이론의 주요 특징을 예를 들어 설명할 수 있다.
3. 학습자는 문제중심 교수설계이론으로서 Merrill의 으뜸원리의 주요 특징 및 이를 반영한 교수전략을 예를 들어 설명할 수 있다.
4. 학습자는 효과적, 효율적, 매력적인 교육프로그램을 설계하기 위해 반드시 고려해야 하는 원리를 제시할 수 있다.

핵심용어

설계, 교수설계, 교수설계이론, 교수전략, 학습의 영역, 학습의 위계, Gagné의 9가지 교수활동, Merrill의 교수의 으뜸원리, 문제중심 원리, 활성화 원리, 시연 원리, 적용 원리, 통합원리, 교수전략 수준

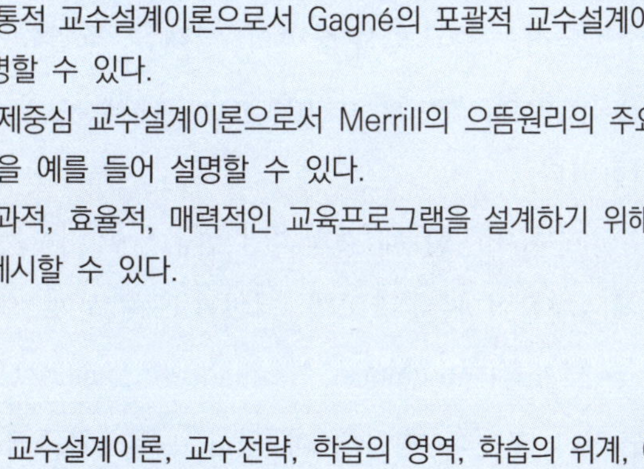

1. 교수설계의 의미

학습은 언제 어디서나 일어난다. 선배의 업무 수행 과정을 관찰하면서, 회의 중에 다양한 의견이 제시되는 것을 보고 들으면서, 혹은 고객에 대한 자신의 대응을 되돌아보면서 우리는 우연적 학습을 경험한다. 그리고 이러한 학습의 경험은 개인 및 조직의 성과에 영향을 미친다. 그러나 모든 학습이 이렇듯 우연히 발생하는 것은 아니다. 지식을 창출하는 개인과 조직의 학습능력을 중시하게 된 이래(Drucker, 1992), 성과 향상에 기여하는 교육훈련 프로그램의 개발 및 운영은 HRD에서 꾸준히 중요한 역할을 차지하고 있다.

목표지향적 처방으로서의 교육훈련 프로그램 개발은 많은 경우 교수설계(instructional design)를 수반한다. 교수설계란 의도된 수행목표의 달성을 촉진하기 위해 학습과정 및 자원, 환경을 구조화하는 것으로서(강명희, 정재삼, 조일현, 이정민, 임규연, 소효정, 2017; 한국기업교육학회, 2010), Smith와 Ragan(2005)은 이를 체계적이고 성찰적인 과정이라 표현하였다.

일반적으로 교수설계를 지칭할 때 절차적인 접근을 의미하는 경우가 많다. 이때의 교수설계는 교수체제개발이라는 광의의 의미를 포괄하게 되며, ADDIE(Analysis, Design, Development, Implementation, Evaluation), Dick과 Carey의 체계적 교수설계 등의 교수설계 절차 모형이 제안된 바 있다. 보다 최근에는 rapid prototyping, SAM(Successive Approximation Model)과 같이 순환적으로 진행되는 단계, 산출물에 대한 형성평가의 효과적 활용 등을 강조한 교수설계 모형이 도입되었다. 이러한 모형이 제안하는 절차를 밟아가면서 전반적인 프로그램 개발 절차를 실행, 관리하게 된다.

이러한 교수설계 행위의 목적은 분명하다. 바로 효과적, 효율적, 매력적인 학습경험을 제공함으로서 교육프로그램의 소기 목적을 달성하는 것이다(강명희 외, 2017). Merrill(2013)에 의하면 교수설계의 목적은 "e^3(effective, efficient, engaging) 학습"을 촉진하는 것이다. 즉 학습목표 달성을 지원하는가의 관점에서 효과성, 학습과정 및 자원이 최적화되어 있는가의 관점에서 효율성, 그리고 학습자의 적극적인 참여와 몰입을 촉진하는가의 관점에서 흥미성을 갖춘 교육훈련 프로그램을 고안하는 것이 교수설계의 핵심이다. 앞서 언급한 교수설계의 절차를 거쳐야 하는 이유는 바로 교수산출물의 효과성, 효율성, 흥미성을 확보하기 위한 과정인 것이다. Richey, Klein, 그리고 Tracy(2011)에 의하면 교수설계는 이러한 속성을 갖춘 산출물을 창출하기 위해 "상세한 명세서(specifications)를 만들어내는 과학이자 예술"(p.3)이다. 이 명세서에는 교육 프로그램의 목적과 목표, 이를 달성하기 위한 학습 활동 및 정보의 구조, 최적의 교수 및 평가 방법 등에 대한 수많은 의사결정 사항들이 기재된다. 그리고 명세서에 기술된 내용을 실물화하여 학습자와 상호작용하고, 그 과정과 결과에 대해 성찰하여 시사점을 도출함으로서 교육훈련 프로그램 개발을 일차적으로 완료한다.

본 장에서는 절차 모형으로서의 교수설계가 아닌, 학습을 촉진하기 위해 교수-학습 이론과 원리를 적용하는 교수전략(instructional strategies)으로서의 교수설계를 다룬다. 즉 수행목표 달성을 위해 최적의 교수방법을 결정하는 단계로서의 교수설계(Reigeluth, 1983)가 본 장의 주요 관심이다. 따라서 효과적, 효율적, 매력적인 교육훈련 프로그램을 창출하기 위해서는 어떠한 이론과 원리를 적용해야 하는가를 논하며, 이를 위해 Robert Gagné의 포괄적 교수설계이론과 David Merrill의 교수의 으뜸원리(First Principles of Instruction)에 대해서 알아본다.

본 장에서 다루는 내용은 성공적인 교육훈련 프로그램 개발 및 운영을 위한 기본에 해당된다. 50여 년 전 처음 제안된 Gagné의 이론에 대해 누군가는 '식상하다'고 이야기하지만, Gagné의 이론을 제대로 적용하기가 결코 쉽지 않다. Merrill은 일생의 연구와 경험을 종합한 원리를 'First' Principle이라 명명함으로서 이들이 좋은 교수설계의 기본이 됨을 명시하였다. HRD가 새로운 진보에 대해 적극적으로 대처해야 함은 마땅하나, 기본을 갖추지 않는다면 새로운 도전은 힘을 잃을 것이다. 효과적, 효율적, 매력적인 교육훈련 프로그램을 설계하기 위한 필요조건으로서 Gagné와 Merrill의 이론에 대해 접근한다.

2. 주의획득에서 전이촉진까지: Gagné의 교수설계이론

가녜(Gagné)는 인간의 학습을 위해 필요한 내적, 외적 조건을 제시하였다. 우선 교육훈련 프로그램이 목표하는 바가 어떠한 영역의 학습에 해당되는지를 확인하고(학습의 영역 규명), 해당되는 학습의 영역에 맞게 과제 및 내용을 구조화하며(학습의 위계 규명), 학습을 촉진하기 위해 갖추어야 하는 외적 조건을 정교화하는 것(교수활동 규명)이 그 핵심이다(Gagné, 1985; Richey, Klein, & Tracy, 2011).

1) 학습의 영역 및 위계 규명

인지적, 정의적, 심체적 학습분류 체계와 관련하여 Gagné가 학습의 영역(domain)을 제안한 것은 1965년이다(Gagné, 1965). 즉, 언어정보(verbal information), 지적스킬(intellectual skills), 인지전략(cognitive strategies), 운동스킬(motor skills) 및 태도(attitude)가 이에 해당된다. 그 후에는 지적스킬 영역을 보다 정교화하여, 변별(discriminations), 구체적 개념(concrete concepts), 규칙 및 정의된 개념(rules & defined concept), 고차적 규칙(higher-order rules) 또는 문제 해결(problem solving)로 구분하였다[1].

이러한 학습의 영역에 대한 구분이 중요한 이유는 해당 영역에 따라 수행목표 및 학습 전략이 달라지기 때문이다. 예컨대, 새로 도입한 장비의 하위 요소에 대한 명칭, 주재원으로 파견나갈 국가의 인구통계적 특성에 대한 사실 등은 언어정보의 영역에 해당되며, 이러한 경우 수행목표는 해당 명칭을 완벽히 암기하거나, 관련 사실을 오류 없이 회상하는 것이 된다. 또한 해당 목표를 달성하기 위해서는 암기를 도와주는 기억술 전략, 소리내어 반복하게 하는 전략 등을 사용한다. 반면, 기존에 사용하던 장비와

1) 상세한 내용은 Gagné의 원서 및 강명희 외(2017), Richey, Klein, & Tracy(2011) 등의 교수설계 관련 서적을 참조하라.

새로 도입한 장비의 장단점을 비교하거나, 파견국의 현지채용인과 의사소통할 때 지켜야 할 원리를 숙지하고, 혹은 신임관리자로서 부서 내 갈등을 조율하는 것 등은 지적기능 영역에 해당된다. 각각의 수행목표는 구체적인 사례를 들어 장단점을 비교하고, 의사소통 원리를 적용하여 원활히 상호작용하며, 부서 내 문제를 해결하는 것이다. 이러한 수행목표 달성을 위해서는 언어정보에서 활용한 암시 및 반복 전략이 더이상 효과적이지 않다. 만약 학습의 영역이 태도에 해당된다면 수행목표 및 학습전략은 또 달라진다. 조직의 핵심가치를 우선시하는 태도를 함양하고자 한다면 태도 변화와 관련된 목표를 기술하고 이를 지원하기 위한 전략을 수립해야 하기 때문이다.

Gagné(1985)에 따르면 이상의 다섯 가지 영역의 학습된 능력은 각각 서로 다른 학습결과를 산출하며, 이들 학습결과가 바로 수행목표로 진술된다. 또한 진술된 수행목표 달성을 위해 요구되는 학습의 위계(hierarchy) 역시 영역 간 차이가 있다. 학습자가 보여주어야 하는 수행을 위계적으로 분석해보면 언어정보의 경우 각 명칭을 회상하는 요소가 순서와 관계없이 나열되어 있는 상대적으로 단순한 구조도를 그릴 수 있다. 이와는 달리 문제해결의 경우 우선적으로 가지고 있어야 하는 지식 요소, 상황 판단과 관련된 의사결정 요소 등이 플로우차트 형태로 복잡하게 표현된다.[2] 이렇게 학습의 위계를 시각적으로 도해화하는 것은 학습 혹은 교수 과제분석(task analysis)이라고 할 수 있으며(Reiser, 2001), 이를 통해 학습자가 학습의 과정에서 실제로 어떠한 인지적 과정을 거치게 되는지, 그 과정에서 어떠한 지원이 필요한지, 학습이 완료되었을 때 어떠한 목표를 달성하게 되는지 등을 명료히 정리할 수 있다.

이상에서 논의한 학습의 영역 및 위계 규명은 현실에서 생략되기도 하며, 이러한 경우 요구분석으로부터 바로 학습목표를 도출하기도 한다. 그러나 요구분석을 제대로 수행하기 위해서는 학습의 영역 및 위계 규명을 먼저 진행하는 것이 좋다. 학습자가 거쳐야 할 바람직한 인지적 과정이 무엇인지 정리하지 않으면 어떠한 부분에서 학습

2) 학습 위계와 관련된 보다 상세한 내용 및 구체적인 예시는 Smith와 Ragan(2005)의 제5장을 참조하라.

자들이 어려움을 겪고 있는지, 즉 바람직한 수행과 현재의 수행 간 차이(gap)가 무엇인지 알 길이 없기 때문이다. 객관주의적 패러다임에 의하면 갭이 발생하는 부분을 사전에 규명하여 정밀히 타격할수록 효과적, 효율적, 매력적인 교육프로그램을 설계할 수 있는 확률이 높아지며, 이는 궁극적으로 최근 이슈화되고 있는 개별화(personalization) 및 개인화(individualization) 학습과도 일정 부분 관련이 있다.

물론 수행 문제에는 이상의 다섯 가지 영역 가운데 여러 영역이 복합적으로 작용하기도 하며, 학습의 위계를 도해화하기가 난처할 만큼 복잡할 수 있다. 많은 경우 현실의 수행 문제는 복잡한, 비구조화된 문제(ill-structured problem)이다. 그러한 경우에도 학습의 영역 및 위계 규명은 도움이 된다. 이를 통해 교육담당자가 자신이 개발하는 교육훈련 프로그램의 수행목표 및 구조를 파악하고 이를 의사결정자 및 학습자와 커뮤니케이션할 수 있기 때문이다. 또한 자신이 담당한 프로그램의 효과성을 어떠한 측면에서 확인해야 하는지(만족도는 효과성이 아니다), 어떻게 해야 효율적으로 운용할 수 있는지(방대한 자료를 제공하고 학습자들이 취사선택하도록 요구하면 불필요한 인지부하를 야기한다), 학습자들이 진정 필요로 하는 핵심 요소가 무엇인지(인간은 적정 수준의 도전적 과제에 대해 흥미를 느낀다)를 파악할 수 있다.

2) 외적 조건의 정교화

앞서 논의한 서로 다른 학습의 영역은 각 영역별로 차별화된 학습의 조건(condition)을 필요로 한다(Driscoll, 2005). 예를 들어 언어정보의 경우 정보를 제시하고 작은 단위로 묶어내는 조건 하에서, 새로운 정보를 기존의 스키마에 의미있게 저장할 수 있도록 맥락을 제공하는 조건 하에서 학습이 촉진된다. 반면 태도는 역할모델을 있을 때, 특정 행동을 선택하는 과정을 시연해줄 때 학습이 촉진된다. 이러한 조건들은 외적(external) 조건에 해당하며 학습자의 내적(internal) 과정을 지원한다. 가네(Gagné)는 이러한 외적 조건들을 정리하여 아홉 개의 교수 활동(Nine Events[3)] of Instruction)

을 제안하였다. 즉 교육훈련 프로그램을 설계할 때 우리가 할 수 있는 것은 이러한 외적 조건들을 충족시키는 활동으로 프로그램을 구성함으로서 학습을 지원하는 것이다. Gagné의 아홉 가지 교수 활동은 〈표 8-1〉과 같다.

〈표 8-1〉 Gagné의 아홉가지 교수 활동

교수 활동	의미
주의 획득하기	학습자가 주의를 기울여야만 후속 활동이 원만하게 이루어짐
학습목표 제시하기	이를 통해 학습자가 향후 진행될 교수활동에 대해 예측을 할 수 있으며, 프로그램을 마친 후 자신의 성취를 확인할 수 있음
선수학습 회상 자극하기	새로운 내용을 접하기 전에 관련 사전지식 등을 활성화해야 함
내용 제시하기	학습 영역 및 위계를 고려하여 새로운 학습 내용을 제시함
학습 안내 제시하기	새롭게 제시된 학습 내용을 보다 효과적, 효율적으로 학습할 수 있도록 안내를 제시함
수행 유도하기	학습자가 특정 능력을 습득했는지 확인하기 위해 학습자에게 해당되는 수행을 요구함
피드백 제공하기	수행에 대한 피드백을 제공하여 학습을 지원함
수행 평가하기	학습목표를 달성했는지의 여부를 확인함
파지 및 전이 촉진하기	학습목표에 대한 날성이 일정 기간 지속되도록, 다양한 맥락에 적용할 수 있도록 지원함

출처: Gagné, R.M. & Medsker, K.L.(1996) 및 이화여자대학교 교육공학과(2021)의 내용을 재정리함.

이상의 교수 활동은 일견 당연하며 마치 대부분의 프로그램에서 이미 적용이 되고 있는 듯 보인다. 그러나 필자의 경험에 의하면 그렇지 않다. 각 활동별로 적용 시 유의점을 알아보면 다음과 같다.

우선, 주의획득의 경우 향후 전개될 학습 내용과는 관계없이 물리적으로 학습자들

3) 일반적으로 event를 '사태'로 번역해왔으나, 사태라는 단어가 주는 부정적인 어감을 피하기 위해 본 장에서는 '활동'이라고 하였다. Reiser(2001) 역시 "9 events of instruction, or teaching activities"(.60)라고 기술한 바 있다.

이 주의를 집중하도록 하는 경우가 있다. 스트레칭을 유도한다던가, 뮤직비디오 혹은 개그 프로그램을 보여주면서 관심을 기울이도록 하는 등이다. 강사가 날씨 이야기를 하면서 참가자와 대화를 시도할 수도 있다. 이러한 유형의 주의획득도 프로그램 진행에 도움이 된다. 그러나 주의가 지속되지는 않는다. Keller의 동기이론(Keller, 1983/2016)에 의하면, 학습내용과 관련하여 학습자들이 호기심을 가질 수 있는 질문, 기존의 경험과 사고체계에 반하는 사례 등을 던져서 학습자들이 학습내용 자체에 대해 주의를 기울일 수 있도록 하는 것이 좋다.

학습목표 제시 역시 어려운 과제이다. 많은 경우 '학습자들은 학습목표에 관심이 없다'고 생각한다. 그러나 이는 학습목표가 잘못 기술되었거나, 학습목표에 대해서 타당한 논의가 이루어지지 않았기 때문일 수 있다. 초등학교에서 교사가 칠판에 적힌 학습목표를 선창한 후 학생들이 이를 박자에 맞추어 따라 읽는 모습을 종종 볼 수 있다. 학생들은 과연 학습목표를 이해하게 되었을까. 목표는 학습자 자신이 스스로 학습의 과정을 조절(regulate)할 수 있도록 도와주며, 성취에 대한 평가 기준으로서 작동한다. 뿐만 아니라 우리가 함께 어디까지 가야 하는지 소통할 수 있는 유일한 수단이다. 이에 대해서 충분히 시간을 할애하여 목표가 무엇인지, 왜 이러한 목표가 도출되었는지, 목표와 관련하여 고려해야 할 점 혹은 수정해야 할 부분이 있는지 등을 학습자와 논의하는 과정이 필요하다.

선수학습을 회상하는 것은 인지주의자들이 강조하는 중요한 활동이다. 새로운 정보는 기존에 이미 가지고 있던 지식과 연결될 때 비로소 인간의 스키마에 자리를 잡는다. 따라서 기존에 가지고 있던 지식을 활성화시켜두어야만 뒤이어 습득하게 될 새로운 정보가 의미를 가지게 된다. 연결되지 않은 정보는 곧 휘발되어 사라지기 마련이다. 과장 승진자가 갖추어야 하는 갈등관리 스킬에 대해 논하기 전에 자신이 평사원으로서 경험했던 갈등 상황 및 당시 관리자의 대처에 대해 회상하도록 하는 것, 혹은 갈등관리 스킬을 학습하기 전에 지난 달 수료했던 커뮤니케이션 스킬 가운데 갈등관리와 관련하여 활용할 수 있는 스킬들을 회상하도록 하는 것 등이 이러한 연결을 촉진하기 위한 예이다. 이를 위해서는 학습대상자에 대한 충분한 이해가 필요하다. 요구분석이 충실할수록 선수학습의 회상을 보다 효과적으로 할 수 있다.

선수학습을 활성화하였으면 새로운 정보를 받아들일 준비가 되었다. 새로운 정보는 타당한 방법으로 시연해야 한다. 여기서의 시연은 비단 행동 혹은 절차적인 스킬에 대한 것만은 아니다. 복잡한 인지적 스킬 역시 적용 과정 등을 보여줄 수 있다. 예를 들어 교육담당자에게 교육훈련프로그램의 투자대비효과(ROI)를 분석하는 방법을 가르친다면, 분석에 필요한 조건 및 정보를 공식에 대입하여 계산하는 과정을 시연한다. 과장승진자에게 갈등관리 스킬을 가르친다면, 숙지해야 하는 원칙 및 원칙을 갈등상황에 적용하여 대응하는 과정을 시연할 수 있다. 이는 다음 절에서 다룰 Merrill의 시연 원리(demonstration principle)와도 관련이 있다.

새로운 정보를 제공하였다고 해서 학습자들이 이를 받아들였다고 볼 수는 없다. 학습에 대한 안내를 제공함으로서 새로운 정보의 부호화(encoding)를 지원해야 하는 것이다. 예컨대, 예시와 非예시를 다양하게 활용하여 개념에 적용해보도록 하거나, 새로운 정보와 관련된 토론 기회를 제공하여 불명확한 부분을 보다 정교화할 수 있도록 도울 수 있다. 앞서 규명한 학습의 영역에 따라 요구되는 안내가 달라진다.

이제 학습자로 하여금 직접 수행해보도록 유도하는 단계이다. 새롭게 습득한 정보나 스킬을 연습해볼 수 있는 기회를 제공하는 것이다. 앞의 단계에서는 학습에 대한 충분한 안내를 제공하였으나, 수행 단계에서는 안내의 정도를 줄인다. 학습자들은 연습의 기회를 통해 스스로 목표달성에 어느 정도 가까워졌는지 판단할 수 있다.

수행하도록 요구하였으면 그에 대한 피드백이 뒤따라야 한다. 열심히 수행한 학습자 입장에서는 나의 수행이 적절한 것인지 어떻게 보완해야 하는지에 대해 궁금할 수밖에 없다. 이때의 피드백은 형성적인(formative) 목적을 지닌다. 즉 목표 달성 여부를 판단하는 것이 아니라, 피드백 역시 학습을 위한 자원의 일부이며 어떠한 부분을 보완해야 하는지에 대한 구체적인 정보로 작동한다. 따라서 가장 효과적인 피드백은 정보적(informative)인 피드백이다(강명희 외, 2017).

이제 평가 단계이다. 피드백을 받은 후 이를 적용하여 수행하도록 요구한다. 이때의 평가는 총괄적(summative) 기능을 할 수 있다. 즉 학습자가 목표를 달성했는지의 여부를 확인하는데 참고한다. 모듈별 테스트, 프로젝트 보고서, 습득한 스킬의 시연 등을 통해 평가를 진행할 수 있으며(Driscoll, 2005), 타당한 평가를 위해서는 학습목표와 평가전략 간의 정합성을 확보하도록 노력해야 한다.

마지막으로 새롭게 학습한 내용을 유사한 혹은 다른 맥락에 적용해볼 수 있도록 지원한다. 전이(transfer)는 HRD에서 매우 중요한 이슈이다. 업무를 수행하는 현실세계는 늘 변화하며, 대상에 따라 상황에 따라 늘 역동적이다. 신임 과장으로서 접하게 되는 조직내 갈등 상황은 매순간 새롭다. 따라서 다양한 관련 맥락을 제시하고 그에 대한 적용방안을 모색하는 경험이 학습자에게 도움이 된다. Driscoll(2005)에 의하면 파지 및 전이 지원은 앞서 논의한 다른 활동과도 연결 지을 수 있다. 5번째 활동, 즉 학습안내 제공하기에서 다양한 사례를 제시함으로서 전이에 대한 연습을 해볼 수 있으며, 활동 6과 7의 수행 유도 및 피드백 제공에서 역시 전이를 염두에 두고 활동을 설계할 수 있다. 다시 말해 파지 및 전이 지원은 아홉 번째 마지막 이벤트로 제안되어 있으나 프로그램 전반에 걸쳐 고려해야 하는 중요한 요소이다.

일반적으로 이상의 교수 활동들은 제시된 순서대로 진행하게 된다. 주의획득이 이루어지지 않으면 새로운 정보를 전달할 수가 없으며, 학습자가 수행하지 않은 상태에서 피드백을 제공하는 것은 불가능하기 때문이다. 그러나 Gagné에 의하면 모든 교수 프로그램에서 반드시 이 순서에 따라 선형적으로 활동을 진행해야 하는 것은 아니다 (Gagné et al., 1992; 정재삼, 임규연, 김영수, 이현우, 2012). 예를 들어, 경우에 따라 내용 제시하기와 학습안내 제시하기를 하나의 세트로 묶어 몇 차례 반복한 후 이를 통합하여 연습을 수행할 수도 있으며, 앞서 언급했듯이 전이 촉진을 위한 설계는 마지막 이벤트가 아니더라도 과정 중에 지속적으로 고려하는 것이 타당하다. 교육담당자 및 교수설계자는 주어진 조건과 맥락을 고려하여 최선의 방법으로 활동을 전개할 수 있다. 모든 설계(design)의 본질은 주어진 조건하에서 최적의(optimal) 안을 찾는 것이기 때문이다.

3. 모든 교육은 실제 문제를 중심으로: Merrill의 으뜸원리 (First Principles)

모든 교육훈련 프로그램은 효과성, 효율성, 매력성을 추구하고 있음을 이미 언급하였다. 특히 David Merrill은 이를 더욱 강조하여 "e^3 학습"을 제안하였으며, 이러한 학습경험을 설계하기 위한 원리인 First Principles of Instruction을 도출하였다. 이를 "First"라고 지칭한 이유에 대해 Merrill은 어떠한 맥락의 교수(instruction)에도 적용할 수 있는, 혹은 적용해야만 하는 가장 중요한 지침이기 때문이라고 하였다. 해당 원리에 대해 기술한 저서를 번역한 역자들은 역자서문에서 First Principles의 명칭을 고민 끝에 "많은 것 중에 가장 뛰어난 것, 혹은 기본이나 근본이 되는 것"을 의미하는 "으뜸"으로 명명하였다고 히였다(임규연, 김영수, 김광수, 이현우, 정재삼, 2014). 따라서 본 원리들은 초등학생부터 성인학습자까지, 학교맥락에서 기업맥락까지 모든 요구를 아우르는 주요 원리로 작동한다.

Merrill은 원리를 제시하기에 앞서 13개의 질문과 그에 대한 자신의 견해를 제시한다. 그중 몇 가지만 기술하면 다음과 같다: 정보(information)와 교수(instruction)는 동일한가? 풍부한 정보에 접근하는 것은 물론 바람직한 일이지만, 이는 교수가 아니다. 많은 교육훈련 프로그램에서 예시(example)는 충분히 제시되는가? 새로운 개념과 원리를 제시하는 프로그램은 많지만 대부분 그에 대해 개념적인 설명을 할 뿐 좋은 예시는 찾아보기 어렵다. 적용(application)은 누구의 몫인가? 실제 맥락에 적용해볼 수 있는 기회가 없다면 효과성을 확보하기 어려우므로, 적용의 기회 역시 설계의 대상이다. 학습자가 이미 알고 있는 것을 파악하고 있는가? 관련성(relevance)은 가장 기본적인 동기 전략에 해당된다.

이상의 질문에 대한 성찰 및 그간 연구된 수많은 이론과 실제를 바탕으로 Merrill은 다음의 으뜸원리를 도출하였다(Merrill, 2013, pp21-22).

- 문제 중심(problem-centered): 실제 문제의 맥락 속에서 스킬을 습득할 때 학습이 촉진된다.
- 활성화(activation): 새로운 지식의 기초가 되는 기존 지식과 스킬을 활성화할 때 학습이 촉진된다.
- 시연(demonstration): 학습해야 할 스킬에 대한 시연을 관찰할 때 학습이 촉진된다.
- 적용(application): 문제를 해결하기 위해서 새로 습득한 스킬을 적용하였을 때 학습이 촉진된다.
- 통합(integration): 학습자가 자신이 새로 습득한 스킬에 대해 성찰하고 토론할 때 학습이 촉진된다.

Merrill에 의하면 위 원리에 사용된 스킬이라는 용어는 지식과 스킬을 아우르는 넓은 범위에 해당되며, 문제는 과제(주로 산출물을 생성함)와 문제(주로 해결방안을 도출함)를 포괄하는 의미이다. 이상의 원리들은 모든 교수맥락, 즉 직접교수 맥락이든 탐구학습 맥락이든 적용할 수 있을 만큼 일반적이며, 교수설계에 있어 직접적인 지침으로서의 역할을 수행한다.

그렇다면 이들 다섯 개 원리 간의 관계는 무엇일까. Merrill은 2013년 저서에서 시연 원리를 적용하는 것이 가장 기본적인 수준(1 수준)의 교수전략이며, 시연에 적용 원리를 더할 경우 그 다음 수준(2 수준), 시연, 적용에 문제중심 원리를 더할 경우 그 다음 수준(3 수준)으로 높아진다고 하였다. 그리고 활성화와 통합 원리의 추가적인 적용을 통해 교육훈련 프로그램의 효과성을 개선할 수 있다고 하였다. 그렇다면 우리가 개발하고 있는 교육훈련 프로그램의 교수전략은 어떠한 수준에 해당될까.

1) 0 수준 교수전략: 정보 제시(information-only)

정보만을 제시하고 마무리되는 프로그램은 1 수준에도 미치지 못하는 교수전략 유형이다. Merrill에 의하면 너무나 많은 교육프로그램이 방대한 정보를 제시하는 역할만을 수행한다. 이것만으로도 학습자들이 스스로 이 정보들을 조직화하고, 이해하고, 더 나아가 이를 활용해서 복잡한 문제를 해결할 수 있으리라 가정한다. 일단 학습자에게 정보를 주기만 하면 언제든 어떻게든 도움이 될 것이라 믿는다. 때로는 정보 제시 후에 내용을 기억하는지에 대한 간략한 퀴즈를 덧붙이기도 한다. 그러나 이 역시 여전히 정보 제시 수준에 지나지 않는다. 참고로, Merrill이 말하는 정보제시 수준은 자원기반학습(resource-based learning)과도 차이가 있다. Hannafin과 Hill(2007)에 의하면 자원기반학습은 다양한 학습 요구 및 맥락을 지원하기 위해 자원을 활용하는 것으로서, 학습맥락에 대한 정확한 이해, 적절한 학습도구 및 스캐폴딩의 활용이 필수적이다.

2) 1 수준 교수전략: 시연(demonstration)

시연은 정보를 제시하는 것과 다르다. Merrill은 "어떠한 정보를 특정 상황에 어떠한 방식으로 적용할 수 있는가를 보여주는 것"(p.23)이 바로 시연의 핵심임을 강조하였다. 좋은 시연을 위해서는 다음과 같은 세 가지의 하위 원리를 적용할 수 있다.

- 일관성(consistency): 학습해야 하는 스킬의 유형에 부합하는 방식으로 시연한다. 이는 Gagné(1985)의 학습의 영역과 개념적으로 관계가 있다. Merrill은 스킬의 유형으로 사실, 개념, 절차, 문제해결 등을 제안한 바 있으며, 만약 개념을 학습해야 한다면 해당 개념의 범주에 해당되는 예시를 다양하게 제시해야 한다고 하였다. 한편 절차를 학습해야 한다면 절차의 각 단계를 어떻게 수행하는지, 수행이 결과가 무엇인지를 구체적으로 보여주어야 한다. 즉 개념은 개념의 특성을 반영하

여, 절차는 절차의 특성을 반영하여 시연해야 한다.

- 안내(guidance): 시연이 진행되는 과정에서 어떠한 요소에 주의를 기울여야 하는지, 시연되는 내용이 학습자와 어떠한 면에서 관련성이 있는지 등을 구체적으로 안내함으로서 학습 효과를 높일 수 있다.
- 멀티미디어(multimedia): 효과적인 시연을 위해서는 멀티미디어를 적절히 활용하는 것이 좋다. 그러나 시연되는 내용과 관계없이 단순히 흥미를 유발하기 위한 멀티미디어는 오히려 학습을 방해한다. 이는 Clark와 Mayer(2016)가 제안한 멀티미디어 원리와 직접적으로 관련이 있다. 그들은 정합성(coherence)을 강조하며 내용과 관련이 없는 사운드, 이미지, 멀티미디어 등의 흥미요소를 최소화할 것을 강조하였다.

3) 2 수준 교수전략: 적용(application)

1수준보다 한 단계 높은 수준의 교수전략은 정보를 타당하게 시연하는 것에 더해 적용의 기회를 제공하는 것이다. 이는 조금 전에 읽고 들은 내용을 기억하는가를 묻는 것과는 다른 차원이다. 앞서 언급한 바와 같이'어떠한 정보를 특정 상황에 어떠한 방식으로 적용할 수 있는가를 보여주는 것'이 시연이었다면, 이제 직접 적용을 해보도록 요구해야 한다. 이때 고려해야 하는 하위 원리는 다음과 같다.

- 일관성(consistency): 시연에서의 일관성과 동일한 개념이다. 즉, 개념 학습이라면 다양한 예시와 非예시를 적절한 범주로 분류해보도록 하고, 절차 학습이라면 시연에서 보여주었던 단계 및 단계별 수행 결과를 직접 수행할 수 있는 기회를 제공한다.
- 피드백(feedback): 학습자가 특정 정보를 특정 상황에 적용하는 과정에서 피드백은 필수적인 요소이다. 앞서 Gagné가 수행 유도 후에 피드백을 제공해야 함을 강조했던 것과 유사한 맥락이다. Merrill은 특히 내재적 피드백, 즉 학습자로 하여

금 자신이 적용해 본 결과를 직접 관찰할 수 있도록 지원하는 피드백이 효과적이라고 하였다. 학습자에게 기대되는 수행을 보여줌으로서 수정 보완할 수 있도록 지원하는 교정적 피드백 역시 효과적이다.

- 코칭(coaching): 적용의 과정에서 학습자에게 적절한 도움을 줄 수 있다. 적절한 사전지식을 회상할 수 있도록 지원하거나, 관련 내용 혹은 관점을 제안하는 것이 이에 해당된다. 여기서 코칭은 점차 소거하는 것이 바람직하며, 이는 스캐폴딩(scaffolding)의 개념과 일맥상통한다(Hannafin, Land, & Oliver, 1999). 즉, 학습자 혼자서는 수행하기 어려운 과제에 적절한 수준의 도움을 제공하다가, 학습자의 역량이 향상되며 차차 도움을 줄여나가는 것이 이상적인 코칭이다. 이러한 과정을 통해 학습자는 독립적으로 과제를 수행할 수 있게 된다.

4) 3 수준 교수전략: 문제 중심(problem-centered)

교수전략의 최상위 수준은 해결해야 하는 문제를 중심으로 학습경험을 구성하는 것이다. 여기서의 문제는 학습자가 현실세계에서 마주치게 될 실제적 특성을 지니며, 작은 단위로 분절한 것이 아닌 전체 문제(whole problem)를 의미한다(Merrill, 2013). 전체문제 혹은 실제 문제의 중요성은 Merrill 뿐만 아니라 van Merriënboer와 Kirschner(2017) 등 여러 학자들이 강조한 바 있다. 문제 중심 원리는 다섯 개의 하위 원리로 구체화된다.

- 문제 중심(problem-centered): 일단, 문제는 현실의 복잡함을 반영하는 복잡한(complex) 문제여야 한다. 복잡한 문제는 강명희 외(2017)에 따르면 여러 개의 부분적인 지식과 스킬의 단순 합이 아니라, 여러 부분들이 유기적으로 연계된 문제이다. 이러한 복잡한 문제를 하나만 제시하는 것보다는 여러 개를 제시하는 것이 훨씬 효과적이다. 이때 여러 개의 문제란, Merrill(2013)의 표현을 그대로

빌자면, "a simple-to-complex progression of whole real-world problems"(p.27)을 의미한다. 다시 말해, 유사한 맥락이지만 상대적으로 단순한 전체 문제에서 시작하여 점차 문제의 복잡도를 높여가며 여러 개의 문제를 해결해야 하는 것이다. 예를 들어 신임관리자를 대상으로 갈등관리 프로그램을 운영할 경우, 처음은 상황의 복잡도가 낮지만, 여전히 실제 조직에서 발생하는 갈등상황을 주고 문제를 해결하도록 하며, 점점 더 상황의 복잡도를 높여가며 여러 차례의 문제해결을 경험하도록 조직화해야 한다. 따라서 이러한 문제'들'을 설계하는 것이 교수설계자의 중요한 역할이 된다. Merrill의 문제중심 원리는 문제의 개수를 지정하지 않고 실제를 반영하여 개발한 문제를 활용하는 문제기반학습(출처), 그리고 실제 있었던 일을 정교하게 구성하여 맥락 정보 및 관계자의 대처, 그러한 대처의 결과까지 기술한 사례(case)를 활용하는 사례기반학습(출처)과도 방법적 측면에서 강조점이 다르다.

- 활성화(activation): Merrill은 활성화와 관련하여 두 가지의 관점을 기술하고 있다. 만약 학습자가 새로 학습하게 될 내용과 관련하여 사전 경험을 가지고 있다면, 이를 명확하게 활성화하여 학습을 준비할 수 있도록 한다. 그러나 학습자가 관련 지식이나 경험을 가지고 있지 않다면, 새로운 내용을 무작정 학습하기 전에 이와 관련하여 향후 실제 경험하게 될 상황을 체험할 수 있도록 함으로써 학습의 기반을 갖추어주어야 한다. 활성화는 3수준 뿐 아니라 1, 2 수준에서 역시 필요하다.
- 구조(structure): 이는 활성화와도 관련이 있는 원리로서, 학습자가 새로운 내용을 학습할 때 이를 연결 지을 수 있는 멘탈 구조를 활용하라는 것이다. 모든 지식과 스킬이 파편화되지 않도록 하려면 적절한 프레임워크를 사용하여 새로운 지식을 조직화해야 하기 때문이다. 이러한 구조는 시연하는 과정의 안내에서, 적용하는 과정의 코칭에서, 그리고 문제해결 과정의 성찰에서 유용하다.
- 통합(integration): 효과적인 학습은 반드시 기존에 가지고 있던 지식과 새로운 지식 간의 통합을 수반한다. 그 과정에서 학습자는 그 둘 간의 관련성을 성찰하고,

이에 대해 다른 사람들과 토론함으로서 깊이를 더하며, 자신이 생각하는 바에 대해서 타인을 설득하는 과정에서 학습이 촉진된다.

• 동료 간 협력 및 비평(peer-collaboration and peer-critique): Merrill에 의하면 인간은 자신이 하지 못했던 것을 새로이 할 수 있게 되었을 때 동기가 유발되며, 자신의 새로운 모습을 다른 사람에게 보여주고 싶어 한다. 따라서 동료학습자의 역할이 중요해진다. 필자가 이해한 바로는, 무작정 팀을 구성해서 고생스러운 과정을 함께 하라는 것이 아닌, 협력의 과정에서 서로의 성장을 격려하고 지원하며, 그 과정과 결과를 공유하도록 하는 것이 Merrill의 협력 및 동료 간 비평이다. 따라서 학습자가 성공의 경험을 할 수 없는, 지나치게 복잡하고 도전적인 과제는 적절한 협력학습 설계가 아니다. 타인 앞에서 무능한 혹은 무기력한 모습을 보이고 싶은 학습자는 없기 때문이다. 앞서 '문제 중심' 원리에서 기술했듯, 적절하게 설계된 복잡도의 문제들을 쉬운 것부터 어려운 것까지 해결해 가는 과정에서 동료와 함께 성찰하고 토론할 수 있는 기회를 제공해야 한다. 그래야만 비로소 생산적인 협력과 비평이 이루어지기 때문이다. 이를 위해서는 본장에서 이미 논의한 바와 같이 학습 맥락, 학습자의 사선 경험, 학습의 위계 등에 대해서 교수설계자가 충분한 이해를 가지고 접근해야 할 것이다.

이상에서 Merrill이 제안한 0수준에서 3수준까지의 교수전략에 대해 알아보았다. 교수설계의 관점에서 보았을 때 가장 바람직한 모습은 3수준이며, 3수준의 교수전략은 van Merriënboer와 Kirschner(2017)이 제안한 4C/ID 모형과도 연관 지어 살펴볼 수 있다[4]. 한편으로는 상황적 조건 및 요구에 따라 1수준 및 2수준의 프로그램 역시 개발할 수 있다. 다만, 1수준을 목표로 한다면 가장 타당하고 바람직한 시연을, 2수준

4) 4C/ID 모형은 four-component instructional design의 약자로서, van Merriënboer & Kirschner (2017), van Merriënboer, Clark, & De Croock(2002), 강명희 외(2017) 등 다양한 자료에서 상세한 내용을 찾아볼 수 있다.

을 목표로 한다면 좋은 시연에 더하여 가장 타당하고 바람직한 적용을 구현해야 할 것이다. 좋은 시연, 좋은 적용을 설계하는 것도 도전적인 과제이다.

4. 결론

최근 학습의 이론과 실제에 있어 다양한 시도가 이루어지고 있다. 객관주의적인 관점과 상대주의적인 관점이 배타적으로 혹은 호혜적으로 적용되기도 하고, MOOC와 같이 대단위 학습자들이 모여 따로 또 같이 학습을 주도적으로 수행하기도 하며, 한편으로는 데이터의 활용과 관련하여 학습/수행분석학이 이슈로 대두되기도 하였다. 이 과정에서 교수설계의 의미 및 역할에 대해 다양한 논의가 진행되고 있다. 우리가 어느 정도까지 사전에 분석을 할 수 있는지, 사전에 분석한 것이 과연 효용가치가 있는지, 분석과 설계가 어느 정도로 긴밀하게 연계될 수 있는지, 설계는 과연 누가 하는 것인지(교수설계자인가 학습자인가? 심지어 플랫폼이 인공지능적으로 설계를 할 수 있는 시대가 되었다) 등이 그 예시의 일부이다. 그러나 아무리 새로운 접근을 취하더라도 교수설계의 기본은 여전히 중요하다. 교수(instruction)는 의도적으로 학습의 경험을 제공하는 행위이며, 설계(design)는 주어진 조건하에서 최적의 안을 모색하는 행위이다. 따라서 본 장에서는 의도적으로 학습의 경험을 제공하기 위해 최적의 방법을 고안하는 과정에서 참조할 수 있는 두 가지의 기초 이론을 다루고자 하였다.

Gagné의 이론, 그리고 Merrill의 원리는 새로운 프로그램을 설계할 때 뿐만 아니라, 현재 운영하고 있는 프로그램의 설계 품질을 평가하기 위해서도 활용할 수 있다. 온라인, 오프라인, 블렌디드 등 모든 맥락의 학습에, 그리고 학습 대상 및 영역을 불문하고 적용 가능하다. 물론 맥락에 따라 더욱 혹은 덜 강조되는 요소 및 원리가 있을 것이다. 이는 교수설계자의 판단이다. 본 장의 내용이 기본에 충실한 프로그램 설계 및 운영을 위한 성찰의 기회가 되기를 기대한다.

참고문헌

이화여자대학교 교육공학과(2021). 미래사회를 위한 교육의 방법과 테크놀로지. 교육과학사.

한국기업교육학회 (2010). HRD 용어사전. 중앙경제.

Clark, R.C., & Mayer, R.E.(2016). *e-Learning and the Science of Instruction: Proven Guidelines for Consumers and Designers of Multimedia Learning.* John Wiley & Sons.

Driscoll, M. (2005). *Psychology of learning for instruction* (3rd ed.). Pearson.

Drucker, P. (1992). The new society of organizations. *Harvard Business Review, 70*(5), 95-104.

Gagné, R.M. (1965). *The conditions of learning* (1st ed.). New York: Holt, Rinehart and Winston.

Gagné, R.M. (1985). *The conditions of learning* (4th ed.). New York: Holt, Rinehart and Winston.

Gagné, R.M. & Medsker, K.L. (1996). The conditions of learning: Training applications. Fort Worth, TX: Harcourt Brace.

Hannafin, M. J., & Hill, J. (2007). Resource-based learning. *Handbook of research on educational communications and technology* (3rd ed.). 525-536.

Hannafin, M., Land, S., & Oliver, K. (1999). Open learning environments: Foundations, methods, and models. In C. M. Reigeluth (Ed.), *Instructional-design theories and models Volume II: A new paradigm of instructional theory.* NY: Routledge.

Keller, J. M. (1983). Motivational design of instruction. In C. M. Reigeluth (Ed.), *Instructional design theories and models Volume I: An overview of their current status.* Hillsdale, NJ: Lawrence Erlbaum Associates.

Keller, J. M. (2016). Motivation, learning, and technology: Applying the ARCS-V motivation model. *Participatory Educational Research, 3*(2), pp. 1-13.

Merrill, D. (2013). (임규연, 김영수, 김광수, 이현우, 정재삼, 2014 역). *First principles of instruction: Identifying and designing effective, efficient, and engaging instruction.* John Wiley & Sons.

Reigeluth, C. M. (1983). Meaningfulness and instruction: Relating what is being learned to what a student knows. *Instructional Science, 12*(3), 197-218.

Reiser, R. (2001). A history of instructional design and technology: Part II: A history of instructional design. *Educational Technology Research and Development, 49*(2), 57-67.

Richey, R., Klein, J., & Tracy, M. (2011). *The instructional design knowledge base: Theory, research, and practice.* Routledge.

Smith, P. & Ragan, T. (2005). *Instructional design* (3rd ed.). Wiley Jossey-Bass education.

Van Merriënboer, J. J., Clark, R. E., & De Croock, M. B. (2002). Blueprints for complex learning: The 4C/ID-model. *Educational Technology Research and Development, 50*(2), 39-61.

Van Merriënboer, J. J., & Kirschner, P. A. (2017). *Ten steps to complex learning: A systematic approach to four-component instructional design.* Routledge.

요약

본 장에서는 절차 모형이 아닌 교수전략(instructional strategies)으로서의 교수설계에 대해 논하였다. 즉 수행목표 달성을 위해 최적의 교수방법을 결정하는 단계로서의 교수설계가 주요 관심이며, 따라서 효과적, 효율적, 매력적인 교육훈련 프로그램을 창출하기 위해 어떠한 이론과 원리를 적용해야 하는가를 알아보았다.

이를 위해 Robert Gagné가 제안한 학습의 영역 규명, 학습의 위계 규명, 교수학습 활동 규명에 대해 기술하였다. 여기서 교수학습 활동이 바로 주의획득에서 전이 촉진에 이르는 9개의 주요 이벤트(event)에 해당된다. 또한 David Merrill이 제안한 교수의 으뜸원리(First Principles of Instruction) 다섯 가지 및 이를 바탕으로 도출된 0수준에서 3수준까지의 교수전략 적용에 대해 기술하였다. 0수준은 정보 제공에 그치는 것으로서 교수(instruction)로 간주할 수 없으며, 가장 높은 수준인 3수준은 문제중심 교수로서 단순한 전체 문제에서 보다 복잡한 전체 문제로 전개되는 일련의 학습 과정에서 학습자로 하여금 실제 문제를 여러 차례 해결할 수 있도록 하는 교수전략이다. 이때 좋은 시연, 좋은 적용, 그리고 활성화, 통합, 동료협력 등이 수반되어야 함은 물론이다.

본 장에서 기술한 내용들은 성공적인 교육훈련프로그램을 설계하기 위한 필요조건이다. 따라서 교수설계, 즉 의도적으로 학습의 경험을 제공하기 위해 최적의 안을 고안하는 과정에서 참조할 수 있는 핵심 준거로서 기능한다.

탐구 질문

1. 현재 운영하고 있는 교육프로그램 가운데 하나를 선정하여 Gagné의 아홉 가지 교수학습 활동이 어떻게 적용되었는지 논하시오. 바람직하게 적용된 부분은 무엇인가? 미흡한 부분이 있다면 어떻게 개선할 수 있는가?
2. 현재 운영하고 있는 교육프로그램 가운데 하나를 선정하여 Merrill이 제안한 교수전략 0~3수준 가운데 어디에 해당되는지 논하시오. 해당 수준으로 설계한 이유가 있다면 무엇인가? 해당 수준으로서 갖추어야 하는 하위 원리들이 타당하게 적용되었는지 논하시오. 예를 들어 2수준에 해당된다면, 일관성, 피드백, 코칭의 원리가 타당하게 적용되었는지, 어떻게 개선할 수 있는지 논하시오.

/ 저자소개 /

임규연(klim@ewha.ac.kr)

2012년부터 현재까지 이화여자대학교 교육공학과 교수로 재직 중이다. 2008년 펜실베이니아주립대학교에서 교육공학박사를 취득하였으며, ㈜크레듀에서 교수설계 및 교육컨설팅을 수행하였다. 주요 연구주제는 협력학습, 테크놀로지기반학습설계 등이다.

제3부 HRD의 과정

인재개발 프로그램을 개발할 때는 체제접근으로 보통 교수체제개발(ISD: instructional systems development)의 과정을 사용한다. 여기에선 아래와 같은 교수체제개발 과정의 5개 요소인 분석(A) – 설계(D) – 개발(D) – 실행(I) – 평가(E)를 전반적으로 다룬다.

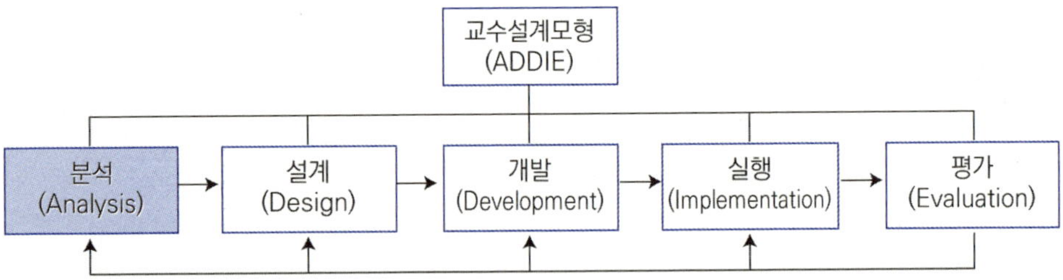

(Syetems Approach)

체제접근인 퍼포먼스 테크놀로지(HPT), 인재개발(HRD), 교수체제개발(ISD)에서 처음에 있는 분석과정을 요구분석(needs analysis, NA) 또는 전단분석(front-end analysis, FEA)이라고 한다. 요구분석이나 전단분석에는 조직분석, 직무분석, 개인분석을 포함한다. 요구분석의 결과는 퍼포민스 차이(gap)의 원인을 분석하여 퍼포먼스 향상을 위한 해결책을 제안하는데 여기에는 교육적 해결책(instructional intervention)과 교육외적 해결책(non-instructional intervention)을 포함된다.

ADDIE에서 분석(Analysis)의 목적은 교육적 해결책의 구체적 내용(학습과제) 즉 'what to teach/learn'을 찾아내는 것이고, 다음의 설계(Design)의 목적은 도출된 학습과제(learning task)를 지도하는 방법 즉 'how to teach'를 찾아내는 일이다. 개발(Development)의 목적은 설계(청사진)에 따라 실물을 만드는 것이고, 실행(Implementation)은 프로그램을 실제상황에 사용하는 것이며, 마지막으로 평가(Evaluation)은 프로그램의 효과를 결정하는 것이다.

인재개발과 ISD 관점에서 보면 요구분석(NA)이나 전단분석(FEA)은 퍼포먼스 문제해결을 위한 해결책을 구체화하는 과정이다. 9장의 분석(A)은 HRD 프로그램 개발과

정의 시작이다. 이 분석과정에는 조직분석(퍼포먼스분석, 원인분석), 직무과제분석(내용분석), 개인분석(학습자분석) 이 포함된다. 이 분석과정을 통틀어 '요구분석' 또는 요구사정이라고도 한다(Noe, 2020; Werner, 2022). 제3부에서는 분석과정을 9장 "요구분석(전단분석)", 설계와 개발과정을 10장 "프로그램 설계와 개발", 실행과정을 11장 "프로그램 실행과 모니터링", 그리고 평가과정을 12장 "프로그램 평가"로 정리하여 논의한다.

제9장

요구분석(전단분석)

정재삼 (이화여자대학교)

목표

1. 학습자는 요구분석(NA) 또는 전단분석(FEA)의 의미를 파악할 수 있다.
2. 학습자는 요구사정과 요구분석의 관계를 설명할 수 있다.
3. 학습자는 조직분석, 직무분석, 개인분석 단계에서 수행해야 하는 내용과 방향을 설명할 수 있다.
4. 학습자는 요구분석의 6가지 단계를 파악하고, 이를 실제 분석 단계에 적용할 수 있다.
5. 학습자는 체제적 관점에 따라 요구분석의 결과를 어떻게 설계과정에 반영할 것인지를 논의할 수 있다.

핵심용어

요구분석, 전단분석(FEA), 요구사정과 요구분석, 바람직한 상태, 현재의 상태, 조직분석, 퍼포먼스분석, 원인분석, 직무분석, 과제분석, 내용분석, 목적분석, 하위스킬분석, 개인분석, 학습자분석, 요구분석의 절차

1. 요구분석의 의미

'요구(要求, needs)'라는 용어는 일반적으로 상당히 광범위한 영역에서 사용되며, 사회적, 정치적, 경제적 조건에 의하여 영향을 받는 가치판단과 관련된 규범적 개념(normative concept)이다(Pershing, Lee, & Chung, 2000). 우리가 생활 속에서 자주 접할 수 있는 용어 중에 "니즈"라는 말이 있다. 여기에서는 학문적으로 니즈, 즉 요구란 어떻게 정의되는지, 요구사정(needs assessment)과 요구분석(needs analysis)[1]의 관계를 살펴본다.

1) 요구(Needs)의 의미

개인과 조직의 학습과 퍼포먼스(performance, 수행성과) 증진을 추구하는 인재개발(HRD)과 퍼포먼스 테크놀로지(human performance technology, HPT) 분야에서 요구(needs)는 퍼포먼스와 연관된다. 니즈, 즉 요구란 바람직한 퍼포먼스의 상태(the desired state of performance, "SHOUD" performance)와 실제 퍼포먼스의 상태(the actual state of performance. "IS" performance)의 차이(discrepancy, gap)를 의미한다. 이 두 퍼포먼스 상태 사이에 유의미한 차이가 존재한다면 '니즈가 있다'라고 말할 수 있는 것이다.

'요구'는 수행의 결과(results)와 관련하여 '현재 상태(what is)'와 '바람직한 상태(what should be)'의 차이이기 때문에 요구는 조직을 구성하는 개개인이 업무에 필수적인 지식, 스킬 및 태도(KSAs)와 관련되어 있다(Rothwell & Kazanas, 1998). 그러나 투입(inputs)과 과정(processes)에서 나타나는 차이는 요구에 포함되지 않고 유사요구

1) 요구분석이 프로그램 관련 활동의 맨 앞단에서 시행되기 때문에 Front-End Analysis(FEA, 전단분석, 前端分析)이라고 불림. 즉 요구분석, 조직분석, 퍼포먼스분석, 직무과제분석, 내용분석, 개인분석, 학습자분석 등이 모두 전단분석임.

(quasi-needs), 욕구(wants), 또는 소망(wishes)이라고 명명되고 있다(Kaufman, Stakenas, Wager, & Mayer, 1981). 이와 같이 요구분석에서 사용하는 요구와 비슷한 용어로서 '욕구'는 조직을 구성하는 개인이나 집단이 가지고 있으며 유익하다고 느껴지지만 실제적으로 퍼포먼스 향상을 위한 지식, 스킬, 태도에서 차이를 충족시키는 데는 별로 공헌하지 않는다.

학교 수업 상황에서 퍼포먼스는 일반적으로 학생들의 학업성취도이다. 수학과목에서 일차방정식에 대해 가르친 후 평가를 했을 때, 학생들 중 80% 이상이 합격 점수 이상을 획득해야(desired performance) 하는데 실제 50%밖에 합격 점수를 획득하지 못했다면(actual performance), 일차방정식 퍼포먼스에 대한 니즈(요구)가 존재한다고 할 수 있는 것이다. 기업이나 공공기관에서도 조직이나 개인의 목표 또는 퍼포먼스 지표를 기준으로 바람직한 퍼포먼스 수준에 비하여 실제의 퍼포먼스 수준이 차이가 있으면 니즈가 있고 그 차이가 크면 니즈가 크다고 할 수 있다.

2) 요구사정(Needs Assessment)과 요구분석(Needs Analysis)

학문적으로도 요구사정과 요구분석이라는 용어가 혼용되는 경우를 어렵지 않게 관찰할 수 있다. 그만큼 둘 사이에 차이가 크지 않다는 의미이기도 하지만 두 개념 사이에는 차이점이 존재하며 각기 다른 두 활동을 의미한다. "요구사정"이란 이루고자 하는 바람직한 상태의 퍼포먼스와 실제 현 상황의 퍼포먼스 사이에 차이가 있음을 확인하고 결정짓는 과정(process)을 의미한다(Kauffman, 1997; Stefaniak, 2020). 즉, 퍼포먼스의 갭, 니즈가 존재한다는 것을 확인하는 것이 요구사정의 결과물인 것이다. 그에 반해 "요구분석"은 니즈가 존재함을 확인하는 것에서 그치지 않고, 현 상황을 더 깊숙이 들여다보고 무엇이 그 퍼포먼스의 차이(gap)를 초래하는지 그리고 이런 상황에 대한 최선의 해결안(solution, intervention)이 무엇인지를 분석하는 활동이다. 요구분석 단계에 흔히 이용되는 방법이 원인분석(cause analysis)이다. 요구를 사정한 후,

자연스럽게 그 요구 상황을 초래한 원인을 파악하고(cause analysis) 문제 상황을 해결하기 위한 해결책을 찾고 제시하는 방향으로 진행되는 것이 일반적이다. 따라서 요구사정과 요구분석은 별개의 활동이기는 하지만 서로 연속성을 가진다.

2. 요구분석의 체제

프로그램의 맨 앞에서 분석되는 전단분석(FEA) 즉 요구분석의 목적은 조직에서 현재 발생하고 있는 퍼포먼스 문제를 해결하고, 예상되는 문제를 예방하고, 사업기회를 실현함으로써 조직의 효과성 증진에 기여하는 것이다(DeSimone & Harris, 1998). 효과적인 요구분석을 하기 위하여 일반적으로 사용되는 요구분석의 과정, 수준, 체제는 McGehee와 Thayer(1961)가 제안한 조직분석, 직무분석, 개인분석의 삼분법(trichotomy)이다(Noe, 2020; Werner, 2022). 이들 삼분법에 의한 요구분석은 포괄적이고 복잡한 체제로서 많은 시간과 능력을 갖춘 전문가를 요구한다. 이 요구분석은 조직이 생산하는 상품과 서비스의 품실관리, 또는 테크놀로지 변화에 따라 반복적으로 수행되는 과정이며, 각각의 분석이 완벽하게 구분되지 않고 중첩되어 있기 때문에 일반적으로 동시에 진행되는 특성이 있다(Blanchard & Thacker, 1999; Wexley & Latham, 1991). 〈표 9-1〉은 요구분석 즉 조직분석, 직무과제분석, 개인분석 시에 경영층, 중간관리자, 그리고 인재개발 담당자들이 가지는 핵심질문을 제시한다(Noe, 2020).

〈표 9-1〉 요구분석 시 경영층, 중간관리자, 인재개발 담당자들의 관심

	경영층	중간관리자	인재개발담당자
조직분석	• 인재개발이 사업목표 달성에 중요한가? • 인재개발이 사업전략을 지원하는가?	• 인재개발에 예산을 얼마나 사용해야 하는가?	• 인재개발 서비스를 받을 비용이 있는가? • 관리자가 인재개발을 지원할 것인가?
직무과제분석	• 조직이 시장경쟁에 필요한 KSA를 갖춘 인재를 보유하는가?	• 상품품질이나 고객서비스에서 인재개발이 가장 크게 차이를 만드는 일은 무엇인가?	• 어떤 과제가 인재개발 대상이 되어야 하는가? • 어떤 KSA가 필요한가?
개인분석	• 어떤 부서나 사업 단위에서 인재개발이 필요한가?	• 누구에게 인재개발이 필요한가? 관리자, 전문직, 핵심 종업원인가?	• 어떤 종업원이 인재개발이 필요한지 어떻게 파악할 것인가?

1) 조직분석(퍼포먼스분석, 원인분석)

조직분석(organizational analysis)은 조직의 목표와 전략수립을 위하여 중요한 역할을 담당한다. 조직분석은 조직 내부 환경을 살펴보고 이들이 조직의 목표와의 적합성을 분석하며, 이 요인들이 직무 퍼포먼스에 미치는 영향을 검토하는 것과 관련된다(Blanchard & Thacker, 1999). 조직분석에 포함되는 분석영역으로는 조직의 목표달성을 위한 조직 환경의 거시적 관점에서 이루어질 필요가 있다. 이와 관련되는 데이터 소스(sources)로는 조직의 경영이념, 경영목표, 사명, 가치, 목적 및 전략의 영역, 구조, 정책과 절차, 직무설계 작업 흐름도를 비롯하여 직무성과 기대수준을 충족하는 개별 수행자의 능력을 촉진, 또는 방해하는 것을 포함하는 전체적인 내부 환경의 여러 요인들, 조직의 효율성 분석지수, 체제와 조직 환경 관점에서 핵심 이해당사자와 경쟁상대의 경영계획과 평가체제 등 다양하다(Blanchard & Thacker, 1999; Tannenbaum & Yukl, 1992; Van Tiem, Moseley, & Dessinger, 2000).

조직분석에서는 퍼포먼스 향상을 위한 해결책 선정도 포함하고 있다. 조직의 목표

와 퍼포먼스의 지표를 기준으로 바람직한 상태와 현재의 상태를 비교하여 그 차이를 확인하고(Gap Assessment, 퍼포먼스 분석), 차이가 클 경우 그 근본 원인을 분석해야 한다. 즉 조직분석을 통하여 퍼포먼스 문제의 위치를 확인하고, 확인된 문제가 해결되어야 할 필요성과 가치가 증명될 때, 구체적 원인을 규명할 필요가 있다. 조직분석에서 퍼포먼스 향상의 해결책으로 교육・훈련(training/learning)뿐만 아니라 훈련 외적(non-training/learning) 해결책(intervention)이 빈번하게 선정되기도 한다(Rummler & Brache, 1995).

2) 직무분석(과제분석, 내용분석)

조직분석을 통하여 퍼포먼스 문제가 조사되고(퍼포먼스 분석), 퍼포먼스 문제의 원인이 확인되며(원인 분석), 그 원인에 따라서 퍼포먼스 향상을 위한 해결책(intervention)이 제시된다. 특히 퍼포먼스 결함의 원인이 지식, 스킬, 태도 등의 역량 부족 때문이라면 그 조직 구성원의 직무(job), 과제(task)와 내용(content)의 분석이 필요하다. 그 직무과제분석(job/task analysis)은 어떤 직무를 수행하는데 요구되는 지식, 스킬, 태도, 도구(tools) 등의 해당 직무에 요구되는 핵심능력 요구조건과 필요조건을 결정하기 위하여 해당 직무, 과제, 내용 등에 관련된 자료를 수집하여 파악하여야 한다(Blanchard & Thacker, 1999).

직무과제(내용) 분석을 위한 자료수집의 소스로는 직무기술서, 직무명세서, 과제분석, 내용분석, 퍼포먼스 기준표, 직무과제 수행 관찰자료, 문헌분석뿐만 아니라 작업환경 분야에서 자원, 도구, HR정책의 영역과 업무와 관련하여 업무흐름도, 절차, 책무, 환경공학의 영역 등이 포함된다(Blanchard & Thacker, 1999; Van Tiem, Moseley, & Dessinger, 2000).

조직분석의 결과는 요구(needs, performance gap)를 충족시키는 교수적/비교수적 해결책(solution, intervention, program)을 구체적으로 제시하는 것이다. 전단분석

(FEA)의 결과로 교수적 해결(instructional intervention)이 추천된다면 교수프로그램의 목적(instructional goal)과 내용(학습과제)이 제안되어야 한다. 직무과제(내용) 분석은 조직의 목적과 환경에 부합하고 조직 구성원/개인에게 필요한 학습과제(learning task)[2]를 구체화하는 것이다. 요구(needs)가 다양할 경우에는 조직의 합당한 기준에 따라서 우선순위(priority)를 정하게 된다.

인재개발(HRD) 또는 교수체제개발(ISD) 프로젝트의 요구분석 결과보고서에는 교육(학습, HRD) 프로그램의 목적, 구체적 학습과제(learning task)가 제시되어야 한다. 과제분석(내용분석, 교수분석)은 교수프로그램의 내용을 구성하고 절차를 조직화하기 위한 핵심적 활동이다. 과제분석(교수분석)은 조직분석의 결과에서 나온 교수적 해결책인 프로그램의 목적분석(goal analysis)과 하위스킬(subordinate skills) 분석으로 구분된다.

(1) 목적분석(Goal Analysis)

목적분석은 조직분석 또는 전단분석(FEA)에서 도출된 프로그램의 교수목적(instructional goal)을 (1) 어떤 유형의 학습이 일어날 것인가(학습영역, learning domain)를 분류한 후에, (2) 그 프로그램 목적을 실행하는 데 필요한 주요 단계들(main steps)로 분해하는 것이다. 목적을 실행하는 데 필요한 주요 단계들을 정하는 데 있어서 하나의 단계 크기를 얼마나 크게 해야 할지, 그 단계에 얼마나 많은 행동이 포함되어야 하는지 학습자와 상황에 따라 결정하기가 쉽지 않아 '정신적 로드맵'을 구성할 필요가 있다. 학습영역 분류는 과제 수행에 필요한 역량을 유형별로 분류하는 작업이다. 학습영역의 분류는 Bloom(1956)의 교육목표분류학(인지적, 정의적, 심체

2) 학습과제는 현업에서 조직구성원이 퍼포먼스 향상을 위해서 해야 되는 많은 직무(job)의 과제(task)와 내용(content) 중에서 필수적으로 학습해야 하는 시급하고 중요하여 우선적으로 선정된 과제와 내용을 의미함. 보통 하나의 학습과제는 프로그램설계에서 한 module의 목표가 됨. 요구분석에서 5개의 학습과제가 선정되면 보통 5개의 모듈로 구성된 프로그램이 개발됨.

적 영역)과 Gagné(1985)의 학습분류체계(learning taxonomy)로 가능하다. Gagné는 학습된 역량 또는 학습영역을 언어정보, 지적스킬, 인지전략, 태도, 운동스킬 등 다섯 가지 범주로 나누었다.

가) 언어정보(Verbal Information)

사실에 대한 것(knowing what)을 언어정보라 한다. 선언적 지식 목표는 사실, 목록, 이름, 조직된 정보를 회상하도록 요구한다. 획득한 지식을 적용하도록 요구하는 것이 아니라 단순히 기억하고 진술할 수 있다면, 언어정보 유형의 학습 목표가 달성된 것이다.

나) 지적 스킬(Intellectual Skills)

지적 스킬은 이전에 경험하지 못한 사례에 규칙을 적용하는 능력이다. 기억이나 선언적 지식과 비교할 때 방법에 대해 아는 것(knowing how)으로 다양한 일상적 과제 수행에 폭넓게 활용된다. 지적 스킬에는 변별(discrimination), 개념 획득(concept acquisition), 원리(principles), 그리고 문제해결(problem-solving)과 같은 4가지 하위 범주가 있다.

① 변별은 어떤 것이 다른 것과 일치하는지 혹은 다른지를 인식하는 능력으로서 지적 스킬 중 가장 낮은 수준이다.

② 개념 획득은 개별 현상을 하나의 범주로 묶는 지적 스킬이다. 개념은 다시 구체적 개념과 추상적 개념(정의된 개념)으로 나뉜다. 와인, 개 등 구체적 사물의 범주화를 '구체적 개념'이라 한다. 한편 '추상적 개념'은 범주화의 대상이 추상적, 이론적 현상인 경우를 말한다.

③ 원리(또는 규칙)는 서로 다른 두 현상 간의 인과적 관계를 이해하는 것이다. 두 가지 현상 중 먼저 발생하는 현상은 원인(cause)이고 나중에 발생하는 현상은

결과(consequence)이다. 원리는 “if A, then B” 형태의 조건문으로 표현된다. 원리에 대한 학습은 현실 문제를 해결하거나 대비하는 데 있어 유용하다. 인과적 원리의 경우, 원인을 알면 결과를 예측할 수 있고, 결과를 보면 그 원인이 무엇인지를 추론할 수 있기 때문이다.

④ 문제해결(problem solving)은 다양한 규칙 중 최적의 대안을 선택하고 이를 적용하여 결과를 얻어내는 과정이다. 이러한 종류의 학습은 원리, 절차뿐 아니라 영역 구체적 지식(domain specific knowledge)을 필요로 한다.

다) 인지전략(Cognitive Strategies)

인지전략은 학습자가 주의 집중, 학습, 기억, 사고 등 자신의 내적 과정을 조정하는 스킬을 뜻한다. 인지전략은 그 자체로 고차 학습의 핵심 목표이자, 동시에 다른 범주의 학습을 지원한다. 따라서 학습심리학자의 주요 연구 대상이 되어 학습전략(Weinstein & Mayer, 1986), 학습방법의 학습(Smith & Ragan, 1999), 학습산출 행동(Rothkopf, 1970), 자기통제 행동(Skinner, 1983) 등의 이름으로 지속적으로 연구되어 왔다.

라) 태도(Attitudes)

태도란 개인의 행동 선택에 영향을 주는 내적 상태이다. 태도는 정의적 요소, 인지적 요소, 행동적 요소로 이루어져 있다고 본다. 또한 태도에 영향을 주는 내적 상태들은 지저, 정서적 측면을 모두 기지고 있다. 인간의 행위는 배노에 의해 영향을 받는다. 무엇을 학습할 것인지, 공부를 지속할 것인지 미루고 게임을 할 것인지, 규정에 따라 업무를 수행할 것인지 아니면 편법을 쓸 것인지 등과 같이 학습과 수행에 관한 모든 실천적 행동들은 태도와 관련 된다.

마) 운동스킬(Motor Skills)

운동스킬은 유연하고 정확하게 타이밍이 맞는 균형 잡힌 근육의 움직임이며 보통 계열성을 지닌 동작들로 구성되어 있다. 학습자는 운동스킬의 절차적 계열을 학습해야만 한다. 운동스킬의 개별 부분들은 부분 스킬로서 개별적으로 학습될 수 있지만, 모든 부분들이 학습되고 난 후에 부분 스킬을 결합해야 한다. 운동스킬 학습을 위한 가장 중요한 외적 조건은 연습할 시간을 제공하는 것이다. 운동 행위의 계열들은 피드백 또는 결과에 대한 지식 등이 제공되는 것과 동시에 계속적으로 반복되어야 한다.

(2) 교수목적의 하위스킬 분석(Subordinate Skills Analysis)

프로그램 목적(goal)의 성취를 위해 요구되는 각 행동 단계(main step)를 수행할 수 있기 위해서는 각 단계의 선수 하위 스킬들이 학습되어야만 한다. 학습자들이 프로그램 목적의 각 단계를 학습하는 데 있어서 필수적인 스킬을 학습하지 못한다면 그 목적을 달성하기가 어렵고, 결국 설계된 교수프로그램은 효과가 없는 것이 되고 말기 때문이다. 그러므로 하위스킬의 분석은 매우 중요하다. 하위스킬 분석방법은 목적의 학습영역에 따라서 각기 다르며, 이 방법들에는 위계 분석(hierarchical analysis), 절차 분석(procedural analysis), 군집 분석(cluster analysis) 그리고 이 세 가지를 통합한 통합적 분석(combining instructional analysis) 등이 있다.

가) 위계 분석

위계 분석은 지적 스킬의 목표를 분석하는 데 사용한다. 위계 분석을 할 때, 교수설계자는 목적의 각 단계에 대한 하위 스킬을 분석하면 된다. 그리고 학습자가 목적의 첫 번째 단계를 학습하기 위해서 이미 알고 있어야 할 것(선수지식)이 무엇인지를 밝혀냄으로써 각 단계의 여러 가지 하위 스킬들을 찾아낼 수 있다. 위계 분석방법은

Gagné가 제시한 지적 스킬의 위계를 따라서 분석할 수 있다. 즉, 학습자가 문제해결을 수행할 줄 알기 위해서는 그 문제해결에 필요한 원리를 적용할 줄 알아야 하며, 원리학습은 그 원리를 이루고 있는 구성 요소들 즉, 개념들을 분류해낼 줄 아는 능력이 있어야 한다. 그러므로 학습목적이 문제해결 학습이라면 이와 관련된 원리, 개념, 변별이 하위 스킬이 되며, 그것이 원리학습이라면 이와 관련된 개념들과 변별이 하위 스킬이 될 것이다.

나) 절차 분석

절차 분석은 운동스킬 목적의 하위스킬을 분석하기 위한 것이다. 목적의 성취 행동 단계를 분석한 후에 학습자가 각 단계를 수행할 때 무엇을 하게 되는지를 밝혀냄으로써 활동들을 분석해 나간다. 운동스킬 목적의 절차 분석은 각 단계별로 이루어져야 하며, 이렇게 분석된 활동들은 하위 스킬이기보다는 목적에서 의도하는 스킬들을 보다 상세화한 것이라고 할 수 있다. 그러므로 운동스킬 분석을 하기 위해서는 목적에 대한 성취 행동 단계에 대해서 학습자들이 그 단계를 잘 해낼 수 있기 위해서 무엇을 알거나 할 수 있어야 하는가를 밝혀내야 한다(Dick , Carey, & Carey, 2009).

다) 군집 분석

언어정보 영역의 목적을 분석하는 최선의 방법은 그 언어정보의 목적이 의도하는 주된 정보를 찾아서 군집 분석을 하는 것이다. 이는 언어정보 영역의 목표는 그 목표에 논리적 구조가 없기 때문에 지저 스킨과 같은 분석을 할 수 없다. 그러므로 위계적 목표 분석 대신에 언어정보의 목표를 성취하는 데 필요한 정보를 직접 찾는 방법을 도입해야 한다. 예를 들어 사람의 뼈를 인체의 머리, 팔, 손, 다리, 발 그리고 몸통 등의 신체적 부위로 묶어서 분석한다.

라) 통합적 분석

태도를 학습하는 목적은 학습자가 어떤 지적 스킬이나 운동스킬을 선택하도록 학습시키는 것이다. 그러므로 태도는 운동스킬 또는 지적 스킬이 그 하위스킬로 분류되며, 이들 스킬들의 보조적 기능으로서 언어정보가 위계에서나 절차에서 필요할 수 있다. 따라서 태도 목적을 분석하는 데는 여러 가지 분석 방법들을 함께 사용하는 통합적 분석 방법이 적용된다.

출발점 스킬(entry skills)은 교수프로그램으로 학습하기 전에 이미 알고 있어야 하는 것이다. 과제분석(교수분석)의 하위스킬 분석에서 주의해야 하는 것은 출발점 스킬을 정확하게 찾아내는 일이다. 어떻게 찾아낼 것인가? 출발점 스킬을 규명하는 방법은 하위스킬 분석과 연관된다. 위계분석을 하면서 '학습자가 이 스킬을 학습하기 위해서 알아야 할 필요가 있는 것이 무엇인가?'와 같은 질문을 계속하다 보면 위계의 맨 아래는 매우 기초적인 스킬까지 포함하게 된다. 출발점 스킬을 정하는 것은 중요하지만 오류를 범할 수 있기 때문에 상당히 위험하기도 하다.

3) 개인 분석(학습자 분석)

직무과제(내용)분석을 통하여 퍼포먼스 기대를 충족시킬 수 있는 직무에 요구되는 지식, 스킬, 태도에 대한 능력 수준이 분명하게 확인되면, 요구분석 전문가/컨설턴트는 퍼포먼스 기대수준(performance expectation)에 미달하는 개인을 확인해야 한다. 개인분석(person analysis)은 현재 직무를 수행하는 개인이 그 직무를 수행하는데 필요한 지식, 스킬, 태도의 영역에서 요구되는 핵심역량을 갖추고 있는가를 조사한다. 일반적으로 업무에서 발생하는 퍼포먼스 차이(gap)는 바람직한 퍼포먼스(SHOULD performance)와 실제 퍼포먼스(IS performance) 간의 차이를 반응적/사후대처(reactive) 관점에서 분석하는 것이지만, 선제적/사전대비(proactive) 관점에서 기대되는 퍼포먼스는 미래의 성과수준이고 실제행동은 현재의 성과수준으로 현대사회의 대부분 조직에서 요구분석은 이들 두 가지 관점을 모두 고려하여 개인분석을 할 필요가 있다. 개인분석을 위한 데이터 소스로는 개인의 인사고과 관련자료, 퍼포먼스의 관찰자료, 지식과 스킬에 관한 검사결과, 태도 조사에 관한 기록 등이다(Blanchard & Thacker, 1999). 특히 개인평가와 관련하여서는 수집 자료의 신뢰도와 타당도 확보를 위하여 360° 평가이론에 기초한 자료수집의 필요가 대두되고 있다(Edwards & Ewen, 1996).

일반적으로 HRD 프로그램 대상자(학습자, 개인)은 나이, 과목, 주제 등의 용어를 이용해서 표현된다. 같은 나이의 개인(학습자)이라고 해도 실제 학습의 효과나 몰입도 등에 영향을 미칠 수 있는 다양한 요소들을 학습자별로 다르게 가지고 있고, 개인분석(학습자 분석)을 통해 그런 다양성을 파악하고 프로그램 설계에 적용함으로써 학습의 효과 및 몰입도 증진을 도모해야 한다. 학습자 특성을 나타내는 지표들에는 어떤 것들이 있는지 또 각 지표들이 얼마만큼의 중요성을 가지는지 일괄적으로 적용하는 것은 불가능하지만, 일반적으로 확인할 학습자 관련 지표들은 출발점 스킬(entry skills), 주제 영역에 대한 사전지식(prior knowledge), 학업 동기(academic motivation), 교육/능력 수준, 전반적인 학습 선호 등이다(Dick, Carey, & Carey, 2015). 이러한 학습자 관련 요소들은 학습목표를 선정하고 개발하는 것뿐만 아니라 학습전략 요소를 결정하는 데 큰 영향을 끼칠 수 있다. 또한 학습자들의 학습동기를 유발할 수 있는 전략을 선정하고, 학습 전달 방식에 관한 결정에도 유용하게 쓰일 수 있다.

3. 요구분석의 절차

요구분석, 즉 전단분석(조직분석, 직무과제분석, 개인분석)은 요구사정으로부터 시작해 원인분석과 해결책 고안 및 제시에 이르는 과정을 거치며 이루어지는 것이 일반적이다([그림 9-1] 참조).

1) 문제상황 인식

요구분석의 첫 번째 단계는 문제상황을 인식하는 단계이다. 요구분석은 보통 그것을 필요로 하는 어떤 문제상황이나 새로운 기회, 혹은 이벤트가 동력이 되어 시작된다(Pershing, 2006). 이 단계는 보통 요구분석의 클라이언트(client)[3]와 요구분석을 실제로 행하는 컨설턴트(consultant)[4]간의 최초 미팅을 통해 이루어지게 된다. 요구분석을 행하는 주체는 내부자일 수도 있고 외부자일 수도 있다. 최초 미팅에서 클라이언트는 일반적으로 퍼포먼스의 문제 상황에 대한 대략적인 설명과 함께 소개함과 동시에 문제상황을 해결하고자 하는 의지와 관심을 드러내게 되고 이는 결과적으로 요구분석 프로젝트의 목적을 정립하는 데 도움이 된다. 이런 문제 상황의 예로는 높은 퇴사율이라든지 낮은 고객의 재방문율, 학생 시험 성적의 하락 등 다양한 분야의 퍼포먼스 상황이 있을 수 있다.

3) 프로젝트의 의뢰인. 보통 조직의 책임자로서 프로젝트의 소유권을 가짐.
4) 프로젝트를 자문해주는 사람. 의뢰인과 함께 시종일관 소통하면서 의뢰인의 프로젝트에 대한 의사결정을 도움.

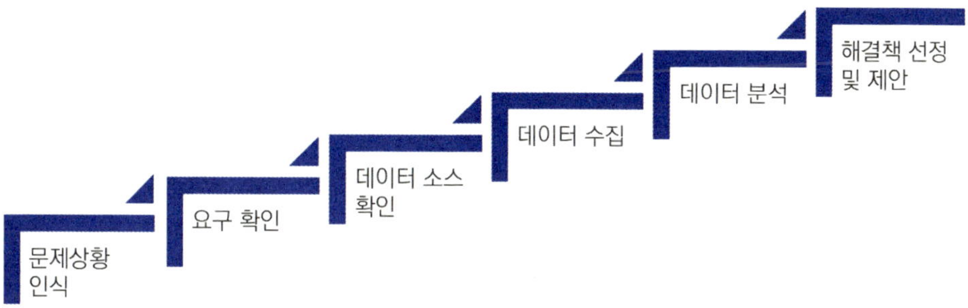

[그림 9-1] 요구분석의 절차

2) 요구 확인

다음 단계는 요구분석이 다루게 될 요구를 확인하는 단계이다. 클라이언트가 얼마나 퍼포먼스 문제상황에 대해 잘 알고 있는지에 따라서 요구를 확인하는 과정은 다른 모습을 보일 수 있다. 클라이언트가 현 상황에 대해 익숙하고 잘 알고 있는 경우, 컨설턴트에게 퍼포먼스 상황과 요구에 관해 자세히 설명할 수 있고, 이는 컨설턴트가 요구분석 과정에서 살펴보아야 할 문제나 영역에 대한 출발점이 될 수 있다. 반면에 클라이언트가 현 상황이나 퍼포먼스 문제에 대해 이해가 부족한 경우, 컨설턴트의 역할이 더 중요해진다. 최초 미팅이나 초반에 이뤄지는 미팅에서 컨설턴트는 많은 질문을 통해 클라이언트가 인식하고 있는 퍼포먼스 문제 상황에 대해 파악하는 것이 중요하다. 클라이언트가 문제 상황에 대해 잘 알고 있든지 잘 모르든지 간에, 최초 확인하는 요구는 클라이언트가 인식하거나 느끼는 것이며, 컨설턴트는 이후 다양한 소스의 데이터를 바탕으로 최초 확인된 요구들이 실제로 퍼포먼스 문제상황과 관련된 요구들인지 확인해야 한다.

3) 데이터 소스 확인

요구분석이 목적이 정해지고, 최초 요구에 대해 클라이언트와 컨설턴트가 상호 동의를 하면 다음 단계는 그 요구를 확인하기 위해 필요한 정보들은 어떤 것들이 있을지 파악하는 일이다. 요구분석 프로젝트에서 최초의 요구가 데이터 수집과 분석 이후까지 수정되지 않고 그대로 가는 경우는 드물다. 그만큼 문제상황과 관련된 데이터를 수집하고 분석할수록 클라이언트들이 인식하는 것과는 다른 새로운 요구들이 발견되는 일이 빈번하다. 이 단계에서는 일단 각 요구에 따라 필요로 하는 데이터 소스들에는 어떤 것들이 있는지 리스트를 작성하고, 클라이언트나 해당 조직의 담당자와 함께 검토하면서 리스트의 데이터 소스들 중 어떤 것들에 어느 정도 접근이 가능한지 파악하여 정리하는 작업이 필요하다.

4) 데이터 수집

필요한 데이터 소스와 사용 가능한 도구들이 결정이 되면 다음 단계는 실제 데이터를 수집하는 단계이다. 데이터 수집에 필요한 시간은 프로젝트별로 다르겠지만, 클라이언트와 데이터 수집에 필요한 전체적인 타임라인에 대해 협의하는 것이 중요하다. 왜냐하면 특정 데이터 소스(예: 반기 보고서)나 인원(예: 해외 주재원) 등은 접근이 가능한 기간이나 시점이 정해져 있고, 협의를 통해서 클라이언트의 협조를 이끌어 내는 것이 중요하기 때문이다. 또한 데이터 수집 시에 예상하지 못한 지체가 생길 수 있음을 고려해서 타임라인을 만들 때 여유 기간을 포함해서 작성하는 것이 현실적인 문제에 대처할 수 있는 방법이다. 요구분석을 수행하는 주체(예: 컨설턴트)는 대상이 되는 조직과 상황에 대해 정확한 이해를 바탕으로 해야 하고, 이를 위해서는 데이터 수집에 있어 상황을 다양한 시각에서 바라보고 다수의 소스들을 통해 데이터를 수집하여 가능한 한 객관적인 시각을 유지하도록 해야 한다. 데이터 수집을 위해 다양한 데이터 수집 도구들을 사용하게 되는데 가장 일반적으로 사용되는 도구들(직접관찰, 문서분석, FGI, 인터뷰, 설문조사 등)을 간단하게 요약하면 다음과 같다.

(1) 직접 관찰(Direct Observation)

직접 관찰은 개인이 다른 개인들을 특정한 환경 속에서 관찰하는 데이터 수집 도구를 의미한다(Creswell, 2015). 직접 관찰을 통해서 조직 안에서 일상 업무들에 대해 직접적인 정보를 얻을 수 있고, 대상자들이 어떤 특정한 과업을 진행할 때 어떻게 하는지, 어떤 반응을 보이고 상호작용을 하는지 등의 정보를 간접적으로 수집하는 것이 아닌 실시간으로 확인할 수 있어 퍼포먼스가 일어나는 실제 맥락에 대한 이해에 큰 도움이 될 수 있다.

(2) 문헌 분석(Documentation, Document Analysis)

데이터 수집의 다른 형태로는 문헌 분석을 들 수 있다. 문헌 분석은 다른 말로 내용분석(content analysis) 또는 부산물 분석(artifact analysis)이라고 불리기도 한다(Stefaniak, 2020). 문서 분석은 일상 입무들이 어떻게 요구에 영향을 미칠 수 있는지 보여주는 기존재하는 모든 자료들을 검토하는 작업이다. 문서 분석의 대상이 되는 자료의 예로는 조직의 규정집, 경영전략, 연간 보고서, 조직의 웹사이트 정보, 학생이 제출한 과제물 등이 모두 포함된다.

(3) 초점집단 면접(Focus Group Interview, FGI)

초점집단 면접은 한 주제에 대해 다수의 개인들로 하여금 동시에 자유롭게 토론할 수 있는 기회를 제공하는 데이터 수집 형태이다. 관련 연구에서는 초점집단 면접에 참여하는 모두가 활발하게 토론에 참여할 수 있게 참여자 그룹의 규모는 6명에서 8명으로 제한하도록 권유하고 있다(Plummer-D'Amato, 2008). 초점집단 면접을 진행할 때는 참가자들이 발언을 할 때 말을 끊지 않거나, 모든 참가자들이 발언을 할 수 있도록 허용하고, 또 비밀유지를 위해 참가자들이 발언한 내용들을 조사한 이후 다른 사람들에게 공개하지 않는 등 가이드라인을 정하고 그에 맞춰 진행하는 것이 중요하다.

(4) 개인 면접(Interview)

개인 인터뷰는 요구 상황과 직접적으로 연관이 있는 사람들과 일대일로 만날 수 있는 기회를 제공하고, 그들로 하여금 요구 상황과 관련된 본인들의 경험을 자세히 설명하며, 인터뷰 진행자가 그 상황을 좀 더 확실히 파악할 수 있게 추가적인 질문을 할 수 있는 기회 또한 제공할 수 있다. 인터뷰는 미리 계획된 질문들의 정도에 따라 구조적 인터뷰, 반구조적 인터뷰, 그리고 비구조적 인터뷰로 구분할 수 있다. 구조적 인터뷰는 인터뷰에서 물어볼 질문들을 미리 계획하고 모든 인터뷰 참가자들에게 공통된 질문을 함으로써 일관성을 유지하고, 질문자로 하여금 어떤 편견 등이 인터뷰에 개입할 여지를 주지 않는다. 비구조적 인터뷰는 이와 반대로 정해진 질문들이 아닌 보다 자연스러운 대화와 같은 형식으로 인터뷰가 흘러가는 방향에 따라 자연스럽게 추가 질문을 결정하는 등 유기적으로 진행된다. 반구조적 인터뷰는 구조적 인터뷰와 비구조적 인터뷰의 중간 단계로 일부 미리 준비한 질문들로 인터뷰를 진행하되 필요한 경우 자유롭게 추가 질문을 하며 인터뷰를 진행하는 방식이다.

(5) 설문조사(Qustionnaire/Survey)

설문조사는 데이터 수집에서 가장 보편적으로 사용되는 도구 중 하나이며(Creswell, 2015), 특정한 주제에 관한 인식이나 태도, 감정, 또는 행위에 대한 정보를 수집하는 데 유용한 도구이기도 하다. 설문조사는 크게 횡단조사(cross-sectional survey)와 종단조사(longitudinal survey)로 나눌 수 있다. 횡단조사는 한 시점에서 개인들의 태도나 의견을 살펴보는 형태인 데 반해 종단조사는 특정 기간에 걸쳐 개인들에게 여러 번의 설문을 실시하는 형태이다. 종단조사의 장점은 시간의 흐름에 따라 참여자들이 인식이나 태도, 행위에 있어 변화를 겪었는지 또한 그들이 속한 환경 내에서 특정한 변화에 의해 영향을 받지는 않았는지 추적이 가능하다는 데 있다. 그리고 설문 문항을 만들 때 참여자들이 보편적으로 이해할 수 있는 명확한 표현을 사용해 효과적으로 답변을 할 수 있도록 해야 한다. 특히나 두 가지를 한 번에 질문하는 쌍심지 질문(double-barreled question), 유도질문(leading question), 모호한 질문(ambiguous question) 등을 피하도록 재차 확인해야 한다. 요구분석을 수행하는 컨설턴트들은 요구상황을 설명하기 위해 데이터를 수집할 때에 향후 데이터에 기반한 결정을 내릴 수 있도록 어떤 데이터가 필요한지 어떻게 그 데이터를 수집할 것인지에 대한 계획을 가지고 있어야 한다.

5) 데이터 분석(Data Analysis)

앞선 단계에서 서술한 것처럼 각 요구 상황을 설명하는 데 필요한 데이터를 복수의 소스와 도구를 통해 수집한 이후 데이터 분석이 이루어져야 한다. 먼저 수집된 데이터들을 통해 프로젝트의 시작단계에서 확인된 요구 상황이 실제 니즈인지 확인할 수 있고, 요구사정(퍼포먼스 분석, Gap Assessment)에서 원인 분석으로 넘어가면서 어떤 요소들이 퍼포먼스의 차이를 초래하는지, 또 퍼포먼스 상황에 긍정적 혹은 부정적 영향을 미치는지 알아보아야 한다. 데이터 분석 단계에서 일어나는 현 상황을 탐구하고 현 퍼포먼스 상태에 기여하는 근본 원인을 찾는 과정은 원인분석(Causal Analysis)이라고 한다.

일단 원인이 특정되면, 요구분석 전문가인 컨설턴트는 '문제 상황을 해결할 수 있는 가능성이 있는가?', '퍼포먼스의 문제나 차이(gap)를 해결할 수 있는 해결책들로는 어떤 것들이 있는가?', 그리고 '비용을 생각했을 때 문제상황을 굳이 해결할 가치가 있는가?'의 질문을 스스로에게 던져 보아야 한다. 특히 문제를 해결하는 데 드는 비용과 문제가 해결되었을 때의 효용을 비교해보고 비용이 현저하게 클 경우 과감하게 문제해결을 포기하는 결단도 필요하다.

6) 해결책 선정 및 제안

원인분석을 통해 퍼포먼스 문제 상황을 야기하는 원인들에 대해 논의했다. 마지막 단계로 데이터 수집과 분석 단계를 통해 얻은 정보를 바탕으로 현재 퍼포먼스 문제 상황을 해결할 수 있는 해결책들(solution, intervention, program)이 무엇인지 생각해 보고 가장 중요하고, 바람직하고, 알맞은 해결책부터 해결책 리스트를 작성할 수 있다.

앞서 언급했던 바와 같이 요구가 존재하는 상황은 바람직한 퍼포먼스와 실제 퍼포먼스 사이에 괴리가 있는 상황으로 해결하고 싶은 문제 상황으로 인식되는 경우가 대부분이다. 따라서 요구분석을 통해 퍼포먼스의 차이를 초래하는 원인들에는 어떤 것들이 있는지 파악한 후 문제 상황을 해결할 수 있는 해결책들을 고안하게 된다. HPT 분야에서는 이렇듯 퍼포먼스를 향상시키기 위한 과정에서 적용가능한 해결책을 교육적 해결책(instructional intervention)과 교육외적 해결책(non-instruction al intervention)이라는 두 가지 종류로 크게 분류하고 있다.

퍼포먼스 문제 상황을 타개하기 위한 해결책을 고안해 내는 데 있어, 개인이나 조직이 흔히 착각하는 부분이 바로 교육/훈련을 통해 퍼포먼스 문제 상황을 해결할 수 있다는 믿음이다. 과거에서부터 퍼포먼스에 문제가 있을 때 가장 쉽게 또 보편적으로 접근했던 방식이 교육/훈련이었기 때문에 제대로 된 요구분석 또는 전단분석 과정을 거치지 않고, 퍼포먼스 문제가 있을 경우 습관적으로 교육/훈련이 필요하다고 성급하게 결론을 내리는 것이다. 조직 내에서 구성원들의 퍼포먼스 문제 상황은 단순한 것이 아니라 체계 안에서 복합적인 상황이 맞물려 발생하는 것이기 때문에 적절한 요구분석 과정을 거쳐 근본 원인을 파악하고 맥락 및 특수한 조건에 부합하는 해결책이 도출되어야 한다. HPT분야에서는 퍼포먼스 문제상황의 해결책으로 교육적 해결책에 대한 성급한 결론을 경계하고, 교육 외적 해결책의 가능성을 항상 염두에 둘 것을 강조하고 있다. 실제 현장에서는 많은 경우, 교육적 해결책과 교육 외적 해결책이 복합적으로 적용되는 경우가 대부분이다.

조직분석에서 퍼포먼스 문제의 해결책으로 교육적 해결책(instructional/learning intervention)이 제안되면, 앞서 논의한 직무과제(내용) 분석과 개인(학습자) 분석을 통해서 구체적인 학습과제(learning task)를 도출해서 교육프로그램 목적을 포함한 요구분석 보고서를 작성하고 클라이언트와 의사결정을 해야 한다. 다시 말하면 요구분석(조직분석, 직무과제분석, 개인분석)의 결과로 도출된 학습과제를 바탕으로 교육훈련과 같은 인재개발 프로그램을 설계할 수 있다. 만약 조직분석(퍼포먼스 분석, 원인 분석)을 통하여 퍼포먼스 문제가 없는 것으로 컨설턴트와 클라이언트가 결정하게 되면 요구분석을 종료할 수 있다. 그리고 조직분석의 결과 퍼포먼스 문제의 원인이 사람 요인(예, 지식과 스킬의 부족)이 아니라 환경 요인(예, 시설이나 도구의 문제, 피드백 부족, 인센티브나 보상의 부족)이라면 교육 외적 해결책(non-instructional/learning intervention)이 제안되고 교육훈련 같은 인재개발 프로그램이 아니라 시설설계, 직무/조직설계, 피드백 시스템, 퍼포먼스 지원시스템(직무보조물 등), 성과관리, 재무시스템, 인재채용 등의 필요성을 컨설턴트와 클라이언트가 결정하게 된다.

4. 분석 결과의 활용

퍼포먼스 테크놀로지, 인재개발, 교수체제개발의 시작인 요구분석(전단분석)에서 조직분석, 직무과제분석, 개인분석을 통하여 교육적 해결책(instructional/learning intervention)이 제안되고 컨설턴트와 클라이언트가 결정하게 되면 ADDIE의 설계(D) 과정으로 넘어가게 된다. 이 경우에는 물론 분석(A)과정에서 직무과제(내용) 분석과 개인(학습자) 분석을 통하여 구체적인 학습과제(learning task)를 확보해야 한다. 이 학습과제가 바로 분석(Analysis)의 근본 목적인 "What to teach/ learn"인 것이다. 다시 말하면, 조직분석의 결과로 교수적 해결책으로 교육프로그램을 제안하고 프로그램의 목적(goal)이 도출되면, 과제분석의 목적분석(goal analysis)을 통하여 그 목적의 학습 영역을 파악하고 목적의 주요 단계(main steps) 분해로 각각의 하위스킬 분석을 실시한다. 개인(학습자)분석을 통하여 학습자의 출발점(투입) 스킬과 선수지식이 확인되면 교육프로그램에 포함될 구체적인 학습과제들의 세트가 결정될 수 있다. 즉 'what to learn/teach'의 내용이 나온다.

그러면, ADDIE의 설계(Design) 과정에서는 분석(요구분석, 전단분석)에서 도출된 구체적인 학습과제(learning task)를 바탕으로 최종 학습목표(terminal learning objectives)를 진술하게 된다. 보통 학습과제가 한 개면 하나의 모듈(module)의 프로그램이 되지만 학습과제가 많아지면 여러 개의 모듈로 구성된 프로그램(코스)이 필요하다. 그러므로 학습과제(즉 최종 학습목표)의 수에 따라서 구체화되면서 1개의 최종목표(terminal objective)와 여러 개의 중도목표들(enabling 또는 enroute objectives, 하위목표들)로 바뀔 수 있다. 최종목표 수에 따라 프로그램의 크기가 달라질 수 있다[일반적으로 1개의 terminal objective는 1개의 module(unit)이 됨]. 이와 같이 학습자가 경험할 학습내용(learning task)이 결정되면 다음에는 그 내용을 어떻게 가르칠 것인가 또는 어떻게 배울 것인가(how to teach/learn)를 결정하는 종합적인 설계

(design)가 진행된다. 물론 요구분석(전단분석)에서 파악된 내용, 학습자, 환경에 관한 여러 가지 사실, 데이터, 증거가 여기 설계단계에 종합되어 활용된다. 학습목표는 물론, 평가전략, 학습경험의 선정/조직과 계열화, 교수전략과 교수매체를 결정하는 데 핵심 자원이 된다. 정확하고 철저한 분석(요구분석, 전단분석)이 효과적이고 효율적인 설계를 가능하게 한다고 볼 수 있다.

9장의 요구분석(전단분석)은 인재개발 프로그램의 교수설계, 교수체제개발, 교육프로그램개발의 시작이다. 조직분석(퍼포먼스분석, 원인분석)으로 퍼포먼스의 차이(요구)가 존재하는지, 그 차이의 원인이 무엇인지, 문제상황 해결을 위해 교수적 해결책이 필요한지, 교수목적(instructional goal)은 무엇인지를 규명한다. 이어 직무과제(내용)분석을 통해 학습목적 달성을 위해 학습자가 거쳐야 할 정신적 과제들과 절차적 관계를 파악하고 학습유형 분류와 하위스킬 분석을 통하여 학습내용을 구체화한다. 여기에 개인(학습자) 분석을 통해 파악한 물리적, 제도적, 사회적, 심리적 조건에 관한 정보가 추가되면 효과적(effective), 효율적(efficient), 몰입시키는(engaging) 프로그램 설계를 위한 많은 증거를 갖출 수 있다. 이 정보들은 이후 ADDIE의 설계-개발-실행-평가 과정에 걸쳐 필요한 증거기반 의사결정을 내리는 데 기여하게 된다. 학습자가 누구이든, 어떤 환경에서 무슨 내용을 가르치든 분석(조직분석, 직무과제분석, 개인분석)을 통해서 양질의 인재개발 프로그램을 만들어 낼 수 있다.

참고문헌

Bloom (1956). *Taxonomy of educational objectives. Handbook 1: Cognitive domain*. New York, NY: McKay.

Blanchard, P. N., & Thacker, J. W. (1999). *Effective training: Systems, strategies, and practices*. Englewood Cliffs, NJ: Prentice Hall.

Creswell, J. W. (2015). Revisiting mixed methods and advancing scientific practices. *The Oxford handbook of multimethod and mixed methods research inquiry*. Oxford University Press

DeSimone, R. L., & Harris, D. M. (1998). *Human resource development* (2nd ed.). Fort Worth, TX: The Dryden.

Dick, W., Carey, L., & Carey, J. O. (2009). *The systematic design of instruction* (7th ed.). Pearson.

Dick, W., Carey, L., & Carey, J. O. (2015). *The systematic design of instruction* (8th ed.). Pearson.

Edwards, M. R., & Ewen, A. J. (1996). *360°feedback: The powerful new model for employee assessment & performance improvement*. New York, NY: American Management Association.

Gagné, R. M. (1985). *The conditions of learning* (4th ed.). New York: Holt, Rinehart & Winston.

Kaufman, R. (1997). Needs-assessment basics. In R. Kaufman, S. Thiagarajan, & P. MacGillis (Eds.), *The guidebook for performance improvement: Working with individuals and organizations* (pp. 107-129). San Francisco, CA: Pfeiffer.

Kauman, R., Stakenas, R. G., Wager, J., & Mayer, H. (1981). Relating needs assessment, program development, implementation, and evaluation. *Journal of Instructional Development, 4*(4), 17-26.

McGehee, W., & Thayer, P. W. (1961). *Training in business and industry*. New York, NY: John Wiley & Sons.

Noe, R. (2020). Employee training and development(9th ed.). McGraw Hill.

Pershing, J. A. (2006). Human performance technology fundamentals. In J. A. Pershing (Ed.). *Handbook of human performance technology* (pp. 5-34). Pfeiffer.

Plummer-D'Amato, P. (2008). Focus group methodology part 1: Considerations for design. *International Journal of Therapy and Rehabilitation, 15*(2), 69-73.

Pershing, J. A., Lee, S., & Chung, J. (2000). Theoretical foundations of conducting needs analysis for performance improvement in organizations: Definition clarification and a framework for action. *Educational Technology International, 2*(1), 5-29.

Rothwell, W. J., & Kazanas, H. C. (1998). *Mastering the instructional design process: A systematic approach* (2nd ed.). San Francisco, CA: Jossey-Bass.

Rummler, G. A., & Brache, A. P. (1995). *Improving performance: How to manage the white space on the organization chart*. San Francisco, CA: Jossey-Bass.

Weinstein, C. E., & Mayer, R. E. (1983). The Teaching of Learning Strategies. *Innovation Abstracts, 5*(32), p. 32).

Werner, J. (2022), *Human resource development*. Cengage Learning.

Stefaniak, J. E. (2020). *Needs assessment for learning and performance: Theory, process, and practice*. Routledge.

Tannenbaum, S. I, & Yukl, G. (1992). Training and development in work organizations. *American Review of Psychology, 43*, 399-441.

Van Tiem, D. M., Moseley, J. L., & Dessinger, J. C. (2000). *Fundamentals of performance technology: A guide to improving people, process, and performance*. Washington, DC: International Society for Performance Improvement.

Van Tiem, D. M., Moseley, J. L., & Dessinger, J. C. (2012). *Fundamentals of performance improvement: Op[timizing results through people, process, and organizations*. Pfeiffer.

Wexley, K. N., & Latham, G. P. (1991). *Developing and training human resources in organizations* (2nd ed.). New York, NY: HarperCollins.

요약

요구(Needs)란 바람직한 퍼포먼스의 상태와 실제 퍼포먼스의 상태의 차이를 의미한다. 그렇기에 조직을 구성하는 개개인이 업무에 필수적인 지식, 스킬 및 태도(KSAs)와 연관된다. 요구사정(Needs Assessment)은 이루고자 하는 바람직한 상태의 퍼포먼스와 현재의 퍼포먼스 사이에 차이가 있음을 확인하고 결정짓는 과정인 반면, 요구분석(Needs Analysis)은 퍼포먼스의 차이를 초래하는 이유와 최선의 해결안을 분석하는 활동이다. 이는 일반적으로 요구를 사정한 후, 원인과 해결책을 찾는 연속적인 과정으로 진행된다. 요구분석은 조직분석, 직무분석, 개인분석의 삼분법으로 구분할 수 있다. 조직분석은 조직 내부 환경을 살펴보고 조직의 목표와의 적합성을 분석하며, 이 요인들이 직무 퍼포먼스에 미치는 영향을 검토하는 것을 의미한다. 직무분석은 어떤 직무를 수행하는데 요구되는 지식, 스킬, 태도, 도구(tools) 등의 핵심능력 요구조건과 필요조건을 결정하기 위하여 관련된 자료를 수집하여 파악하여야 한다. 목적분석은 프로그램의 교수목적을 학습영역으로 분류하고, 프로그램 실행 단계로 분해한다. 학습영역은 Gagné(1985)의 학습분류체계(learning taxonomy)인 언어정보, 지적 스킬, 인지전략, 태도, 운동스킬 등 다섯 가지 범주로 나누어 볼 수 있다. 교수목적의 하위스킬 분석은 위계 분석, 절차 분석, 군집 분석과 이 세 가지를 통합한 통합적 분석 등이 있다. 개인분석은 수행에 필요한 지식, 스킬, 태도의 영역에서 요구되는 개인의 핵심역량을 갖추고 있는지 파악한다. 요구분석은 문제 상황을 인식하고 요구를 확인하며, 필요한 데이터 소스를 파악한 뒤 수집하고 분석하여, 현재 퍼포먼스 문제 상황의 해결책을 모색하는 단계로 이루어진다. 데이터 수집은 직접관찰, 문헌분석, 초점집단 면접, 인터뷰, 설문조사 등으로 진행된다. 이처럼 요구분석(전단분석)에서 파악된 내용, 학습자, 환경에 관한 여러 가지 사실, 데이터, 증거는 설계단계로 연결되어 활용된다. 요구분석 단계에서 정확하고 철저하게 분석이 이루어질 때 효과적이고 효율적인 설계로 이어질 수 있다.

탐구 질문

1. 체제적 접근의 시각에서 분석(Analysis) 단계의 요구분석이 필요한 이유는 무엇인가?
2. 조직분석, 직무분석, 개인분석 단계에서 경영층, 중간관리자, 인재개발담당자의 가장 중요한 역할은 무엇이고 왜 그렇게 생각하는가?
3. 요구분석이 필요한 상황은 무엇이며, 이를 위해 가장 적절한 데이터 수집 방법으로는 어떠한 것이 있는가?
4. 전단분석(요구분석)의 결과는 무엇인가? 요구분석의 결과와 프로그램설계/개발의 관계는 어떠한가?

/ 저자소개 /

정재삼(chungj@ewha.ac.kr)

1995년 이후 이화여자대학교 교수로 교수설계, 프로그램평가, 인재개발 분야를 연구지도해 옴. 한국교육공학회(KSET) 회장, 한국기업교육학회(KSLP) 회장, 대한리더십학회(KAL) 부회장을 역임함. 관심 분야는 적응적 학습(adaptive learning)과 신속한 수행성과(agile performance), 전략적 인재개발(strategic talent development)임.

제10장

프로그램 설계 및 개발

하영자 (교육부 중앙교육연수원)

■ 목표

1. 학습자는 프로그램 설계 시 고민해야 하는 핵심질문을 제시할 수 있다.
2. 학습자는 다양한 교수설계모형을 이해하고 특징을 설명할 수 있다.
3. 학습자는 교수설계모형을 적용하여 프로그램을 설계할 수 있다.
4. 학습자는 역량기반 프로그램을 개발하고 활용할 수 있다.
5. 학습자는 문제해결기반 액션러닝 프로그램을 개발하고 활용할 수 있다.

■ 핵심용어

교수설계, ADDIE, ARCS, 6Ds, 70:20:10, 직무기반(DACUM), 역량기반(CBC), 액션러닝, 문제해결기반 액션러닝, 5why's, 특성요인도법, 로직트리, 의사결정그리드

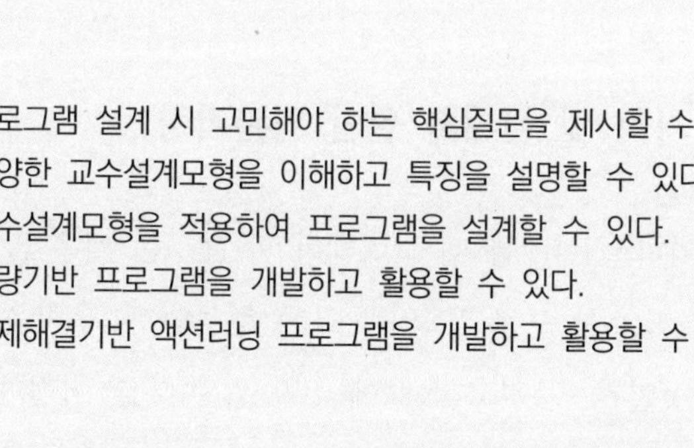

1. 프로그램 기획 및 설계

기억에 남은 대표적인 교육과정 또는 프로그램을 떠올려 보면 그 속에는 창의적이고 차별화된 기획 의도가 담겨있다. 예를 들면 짧지만 강한 메시지를 주었던 지식채널 e는 담당 프로듀서와 14명의 스태프들이 공동으로 개발한 프로그램으로 기획 의도가 분명하였다. 즉 5분의 짧은 시간 동안 시청자가 생각할 수 있는 소재를 주고 잠깐 멈춰서 생각하게 함으로써 시청자 나름대로 메시지를 만들어갈 수 있는 여지를 두는 것이었다. 이러한 기획의도에 따라 그동안의 교육프로그램이나 콘텐츠에서 보인 많은 정보나 빈틈없는 논리가 아닌 비어있는 공간 그리고 마음을 움직이는 메시지를 담는 프로그램이 설계되고 개발된 것이다.

1) 프로그램 기획 및 설계를 위한 기본과정

프로그램을 기획하고 설계할 때 고려해야 할 요소는 매우 많다. 그 중에서 반드시 기억해야 할 기본 요소는 프로그램의 목표는 무엇인가, 무엇을 담을 것인가, 어떻게 도달할 수 있을 것인가, 그리고 목표에의 도달 여부를 어떻게 확인할 것인가이다. 이 4가지 요소 중 프로그램 시작에서부터 마무리까지 특히 기억해야 할 3가지 요소는 목표, 전략, 평가이며, 이들 요소들은 반드시 일관성을 갖고 있어야 한다.

그러나 실제 현장에서는 이론과 달리 목표와 내용 도출, 전략, 평가가 순서적이고 체계적으로 이루어지는 것이 아니라 매우 복합적으로 얽혀있다. 그리고 실제에서 좋은 교육프로그램 개발이 어려운 이유 또한 매우 복합적인데 Pollock과 Jefferson(2015)의 연구결과에서는 충분한 시간 부족, 개선을 위한 기존 과정에 대한 평가 부족, 예산 및 인력 부족 등으로 도출되었다.

프로그램을 설계하는 것은 처방적인 것으로 설계지향적(design-oriented), 상황지향적(situation-oriented), 요소적(componential), 개연적(probabilstic)이라는 특성을 가진다. 따라서 프로그램 설계 시에는 교수학습과 관련된 조건(conditions), 방법(methods), 결과(outcomes)와 변인들과 각 변인들에 관련된 세부 요소들 간의 상호관계를 알아야 한다. 첫째, 조건은 내용의 특성 및 학습자의 특성과 더불어 교육목표 수준, 특성, 활용 가능한 인적·물적 자원, 시간, 재원 등 주어진 조건을 의미한다. 둘째, 방법은 내용을 단일 개념이나 원리 차원에서 또는 여러 개념이나 원리들의 계열화 차원에서 어떻게 조직하느냐에 관련된 조직적 전략, 어떻게 학습내용을 전달·평가할 것인지와 관련된 전달 전략, 조직 및 전달 전략들을 언제 어떻게 사용할 것인지를 결정하는 관리 전략 등 각각 다른 조건에서 다양한 결과를 성취하기 위한 방법을 말한다. 셋째, 결과는 각각 다른 조건에서 사용된 방법들이 얼마나 효과가 있는지를 의미한다.

2. 전통적 교수설계 모형

교육프로그램 기획 및 설계에서 교수체제설계, 즉 교수설계는 기본이다. 교수설계는 교육목표 달성을 위하여 체제적 접근방식에 의해 프로그램을 설계, 개발하는 것을 의미한다. 교수설계 모형의 대부분이 체제적 접근을 토대로 한다는 측면에서 교수체제개발이라 총괄적으로 지칭되고 있다.

1) ADDIE 모형

교수설계 모형에는 다양한 모형이 존재한다. 그 중 가장 기본이 되는 모델이 ADDIE 모형이다. ADDIE모형은 분석(analysis), 설계(design), 개발(development), 실행(implementation), 평가(evaluation)의 과정을 포함하고 있다. ADDIE 모형에 포함된

5가지 과정과 절차는 대부분의 교수설계 모형에서 보이는 공통된 핵심 내용으로 다양한 교수설계 모형의 기초가 된다.

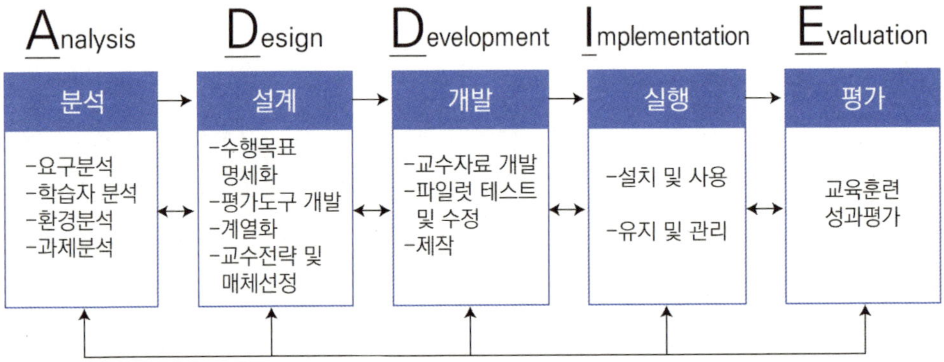

[그림 10-1] ADDIE 모형의 구성 및 단계

(1) 분석

분석에서는 요구분석을 통해 도출된 여러 가지 문제 중에서 인간의 학습이나 수행과 관련하여 교육이 필요한 영역을 선정하고, 이를 위해 요구분석, 학습자분석, 환경분석, 직무 및 과제분석을 실시한다. 이 단계에서는 가장 바람직한 상태(to be)와 현재 상태(as is)간 차이와 그 원인을 규명한다. 분석을 통해 교육의 목표와 내용이 도출된다.

- 요구분석: 무엇을 가르쳐야 할 것인가에 대한 분석으로서 일반적 목적이 정해진다. 요구는 알고 있는 현재의 상태(as is)와 알아야 하는 바람직한 상태(to be)간 차이를 파악하면서 규명한다.
- 학습자분석: 출발점 능력, 일반적 특성, 학습양식 등으로 분류할 수 있으며, 학습자에 따라 사용될 교수전략 및 매체 등도 달라지게 된다.
- 환경분석: 학습환경, 개발환경, 수행환경으로 나누어 분석 가능하다. 학습환경은

학습이 이루어지는 학습장의 환경, 개발환경은 교육프로그램이 개발되는 환경, 그리고 수행환경은 습득한 지식, 기능, 태도를 활용하는 직무환경을 의미한다.

- 직무 및 과제분석: 학교교육일 경우에는 과목이나 주제영역 등 학습내용을 분석하게 되고, 성인학습 기반의 공공 또는 기업교육일 경우에는 직무 또는 과제를 분석한다.

(2) 설계

설계는 분석의 결과를 토대로 실제적인 교육프로그램을 개발하기 위한 계획을 명료화하고 종합하는 단계이다. 즉, 분석단계에서 나온 산출물을 가지고 설계과정에서 구체적인 교수방법을 구상해 낸다. 이 단계에서는 수행목표의 명세화, 평가도구의 설계, 내용의 선정 및 계열화, 교수전략과 매체의 선정이 이루어진다. 따라서 설계과정에서는 교육의 전체 모습인 설계명세서가 도출된다.

- 수행목표의 명세화: 요구분석의 결과로 교육 훈련이 의도하는 방향을 일반적인 수준에서 포괄적으로 기술하는 교육목적이 이끌어진다. 이후에는 도달해야 하는 목적을 구체적인 수준에서 측정 가능하고 관찰가능하게 진술한 목표가 도출된다. 이를 위해 가급적 행위동사를 활용한다.
- 평가도구의 개발: 수업이 끝났을 때 평가를 계획하는 것이 아니라 수업 시작 이전인 설계 단계에서 목표 도달 여부를 측정할 수 있는 평가도구를 개발한다. 이는 목표를 명료화하고 수업을 계획하는데 도움이 된다.
- 계열화: 학습목표 달성을 위한 학습내용과 학습활동이 제시되고 경험되는 순서를 고려한다. 즉 내용의 구성요소들(지식, 기능, 태도)을 배열하는 일로서 학습내용의 선정과 계열화가 이루어진다.
- 교수전략과 매체의 선정: 교수전략과 교수방법은 직접적으로 관련되어 있다. 주어

진 수행목표를 효과적으로 성취하고 학습내용과 과정에 적합한 교수전략과 매체를 선정한다.

(3) 개발

개발은 설계명세서 또는 수업청사진에 따라 교육용 자료를 실제로 개발하거나 제작하는 단계이다. 개발과정에는 먼저 교수자료의 초안 또는 프로토타입(prototype)을 개발하여 형성평가를 실시하고 프로그램을 수정한 뒤 교육 프로그램을 완성하게 된다.

- 교수자료의 개발: 교재, 강사 매뉴얼 및 교수학습활동에 필요한 자료를 준비한다.
- 형성평가 및 수정: 설계단계에서 만들어진 평가도구를 개발하여 소집단의 학습자에게 실시한다. 형성평가는 분석, 설계, 개발을 통해 만들어진 교수자료를 종합적으로 점검하여 수정, 보완하는 작업을 의미하며 양질의 프로그램을 만들기 위한 것이다.
- 제작: 개발된 교수자료는 형성평가 이후 수정이 이루어지고 수정된 교수자료들은 모든 의도된 학습자에게 쓰이도록 충분히 제작되어야 한다. 또한 설계팀의 의도와 어긋나지 않도록 교수자료 개발 계획에 따라 충실하게 제작되어야 한다.

(4) 실행

실행과정에서는 설계되고 개발된 프로그램을 실제현장에 사용하고 교육과정에 설치하며 계속적으로 유지, 관리하는 활동 단계로서 프로그램을 실제 상황에서 실행하는 과정이다.

- 프로그램의 사용 및 설치
- 유지 및 변화 관리

(5) 평가과정

프로그램의 적절성을 결정하는 과정으로서 학습자의 성취도뿐만 아니라 프로그램 개발과정 및 프로그램의 효과와 프로그램의 완성도를 평가하는 것이다. 따라서 프로그램 실행 후 프로그램의 성과를 확인하기 위해 총괄평가가 이루어진다.

〈표 10-1〉 ADDIE 모형과 내용

과정	목적	내용	산출물
분석 (Analysis)	교육의 필요성, 내용, 업무환경 등 교육을 위한 전반적 분석	• 요구분석 • 학습자분석 • 환경분석 • 직무 및 과제분석	• 수행 문제 • 교육목적 • 제한점 • 교육과제
설계 (Design)	분석단계에서 추출된 정보를 토대로 현재 수준에서 이상적인 목표점에 도달하기 위한 교육 명세서 및 실천전략 수립	• 수행목표의 명세화 • 평가도구의 설계 • 프로그램의 구조화 및 계열화 • 교수전략과 매체 선정	• 목표 • 교재 · 교안 • 평가도구 • 매체 · 사례 등
개발 (Development)	설계단계에서 설정된 내용들을 학습을 위한 자료로 제작	• 교수자료의 초안 또는 프로토타입 개발 • 파일럿 테스트 또는 형성평가 실시 • 제작	• 교재 · 교안 • 평가문항 • 매체 · 사례 등 • 파일럿 테스트 자료
실행 (Implementation)	개발단계에서 실행된 내용들을 실세 교육에 적용하여 운영	• 사용 및 설치 • 유지 및 관리	• 프로그램 실행
평가 (Evaluation)	학습목표의 성취도 및 교육의 효과성, 완성도 평가	• 총괄평가/성과평가 실시	• 프로그램 평가보고서 • 총괄평가

2) Gagné-Briggs의 포괄적 교수설계 모형

Gagné-Briggs가 제시하고 있는 교수이론은 Bloom의 인지적, 정의적, 심체적 학습 분류 체계를 발전시켜 인간학습을 5가지 범주로 분류하였다.

〈표 10-2〉 학습의 5가지 범주

Bloom의 교육목표	Gagné의 학습된 능력	수행
인지적 영역	언어정보	• 정보 진술
	지적스킬	• 문제해결을 위하여 개념이나 규칙 활용 • 구체적인 사례를 회상하고 학습자극에 변별적으로 반응
	인지전략	• 문제에 관한 새로운 해결방안 모색 • 학습과정을 통제하기 위한 다양한 방법 활용
정의적 영역	운동스킬	• 신체적 운동을 유연하고 적절한 계열에 따라 실행
심체적 영역	태도	• 특정한 방식으로 행동할 것을 선택

Gagné-Briggs는 다양한 유형의 학습결과를 위해서는 유형별 학습조건을 설정하여야 한다고 했다. 내적조건과 외적조건으로 분류되는데, 내적조건은 현재 학습에 필수적이거나 보조적인 것으로서 학습자가 이전에 습득한 선수능력들의 회상이나 획득을 말한다. 그리고 외적조건이란 학습자 외부의 교수사례를 통해서 학습자의 내적 인지과정을 활성화 시켜주고 보조해 줄 수 있는 다양한 방법들을 말한다.

그리고 학습 유형에 따른 필수적 선수학습능력(essential prerequisites), 보조적 선수학습능력(supporting prerequisites)을 습득할 수 있도록 하는 것이 수업의 계열화에 있어서는 무엇보다 학습자에게 중요하다. 〈표 10-3〉과 같이 5가지 학습목표 영역에 따라 필수적 선수학습능력들과 보조적 선수학습능력들을 제시했다(한정선 외, 2008).

〈표 10-3〉 학습유형에 따른 선수학습능력

학습유형	필수적 선수학습능력	보조적 선수학습능력
지적스킬	• 지적스킬의 단순한 구성 요소 (원리, 개념, 변별)	• 태도 • 인지전략 • 언어정보
언어정보	• 유의미하게 조직된 일련의 정보	• 언어기능 • 인지전략 • 태도
인지전략	• 특수한 지적스킬	• 지적스킬 • 언어정보 • 태도
운동스킬	• 부분 스킬(필요한 경우) • 절차적 스킬(필요한 경우)	• 태도
태도	• 지적 스킬(필요한 경우) • 언어정보(필요한 경우)	• 기타 태도 • 언어정보

다양한 학습 상황에서 소정의 목표를 달성하기 위해서는 학습의 의적, 내적 조건이 충족되어야만 하는데 이러한 조건을 제공하는 일련의 절차를 교수사태라고 한다. Gagné-Briggs가 제시한 9가지의 교수사태는 각각의 학습자의 내적인지과정에 기초한 외직 조건을 제공할 수 있도록 한다. 따라서 교수사태는 수업을 계획하거나 교육·훈련 프로그램을 개발하는 교수설계자에게 설계를 위한 처방을 제공할 수 있다. 학습 상황에서 필요한 교수사태를 제시하면 〈표 10-4〉와 같다.

〈표 10-4〉 학습과정과 교수사태

학습단계 (내적과정)	교수사태 (수업절차)	교수사태의 내용
주의력/ 경각심	[1단계] 주의의 획득	• 모든 교수학습의 시작은 학습자의 주의를 획득하여 교수사태가 원만하게 이루어지도록 하는 일
기대	[2단계] 학습자에게 목표제시	• 학습자가 자신의 학습 목표를 확인할 수 있고 학습자가 지니고 있는 수업에 대한 기대에 부응함
작용기억으로 재생	[3단계] 선수학습능력의 재생 자극	• 본 학습에 필요한 선수학습능력을 새로운 학습을 실시하기 전에 재생시킴 • 선수학습능력의 재생은 교수자가 학습자에게 사전에 학습한 것의 상기
선택적 지각	[4단계] 자극자료의 제시	• 수업에서 다룰 내용의 범위는 교수목표의 범위만큼이나 다양함 • 예) 언어정보의 진술형태, 개념의 예시, 운동기능 시범 등
부호화	[5단계] 학습안내의 제공	• 학습자가 목표에 명세화된 특정 능력을 보다 용이하게 습득할 수 있도록 돕기 위한 것
반응	[6단계] 수행의 유도	• 학습자가 특정 능력을 습득했는지를 확인하기 위해서는 학습자에게 해당되는 행동을 수행하도록 요구하는 것이 필요함 • 교수자는 학습자의 반응을 유도하기 위한 질문을 하거나 행동을 지시함
강화	[7단계] 수행의 정확성에 관한 피드백 제공	• 가장 효과적인 피드백은 정보적(informative)인 피드백 • 반응에 대한 정오판단에 그치는 피드백보다 오답인 경우 이를 수정할 수 있는 보충설명을 해주는 피드백이 효과적임
	[8단계] 수행의 평가	• 학습자가 설정한 학습 목표를 달성했는지 여부를 확인하는 것과 의도한 것을 일관성 있게 수행하는지의 여부를 확인함
재생을 위한 단서제공	[9단계] 파지 및 전이의 향상	• 교수활동은 수행평가로 끝나서는 안 되며 학습한 것의 파지와 전이를 일부분으로 포함하여야 함 • 지적스킬 학습의 파지와 전이를 위해서는 일정한 간격으로 복습을 하게 하는 것이 효과적임 • 언어정보 학습의 파지와 전이를 위해서는 선행되어 학습한 언어정보들과 연관을 시켜주는 것이 바람직함
일반화		

3) Keller의 동기설계이론

Keller의 동기설계이론, 즉 ARCS이론은 학습자에게 학습동기를 유발시킬 수 있는 학습환경을 설계하는 방법으로, 수업진행시 학습자들에게 주의집중(attention), 관련성(relevance), 자신감(confidence), 만족감(satisfaction)을 줄 수 있는 요소와 전략들을 제시한다.

(1) 주의집중(Attention)

주의집중은 학습자의 흥미를 유도하고 학습에 대한 호기심을 유발하기 위해 학습경험에 대한 자극과 재미적 요소를 고려한다. 즉, 학습자가 수업 중에 지속적으로 주의를 집중할 수 있도록 적절한 변화를 주어 흥미를 유발함으로써 탐구하는 학습자세와 이를 통해 주의집중을 유지할 수 있도록 하는 전략을 세운다. 예를 들면, 학습자의 정서적·개인적 정보를 활용하거나, 학습자에게 질문을 던져 지적 호기심을 유발하는 것, 그래픽이나 영상자료 등을 이용하여 학습자의 주의집중을 유도하는 것 등이다.

Keller가 제시한 주의집중을 위한 구체적인 전략은 3가지이다.

- 지각적 주의집중 전략
- 탐구적 주의집중 전략
- 변화성의 전략

(2) 관련성(Relevance)

관련성은 학습자의 학습에 대한 필요와 학습경험에 대한 가치를 학습자 입장에서 최대한 높여 주는 것으로, 학습자의 필요에 맞는 학습내용과 방법, 활동을 설계하도록 하는 것이다. 즉, 관련성은 학습자에게 얼마나 가치 있는 학습인가라는 질문을 던짐으로써 주의집중 후 학습자와 관련 있는 학습내용의 구성을 통해 학습자가 학습활동과 개인의 관심사항간 관련성을 발견할 수 있도록 해준다. 따라서 학습자의 참여 동기를 증가시키기 위해 학습 전개 시 학습자와의 관련성이 강조되어야 한다. 예를 들면, 학습자 개인이 관심을 가질 만한 실제 사례를 제공하고, 많은 대화채널을 활용한다.

Keller가 제시한 관련성을 위한 구체적인 전략은 3가지이다.

- 목적지향성의 전략
- 필요 또는 동기와의 부합성 강조의 전략
- 친밀성의 전략

(3) 자신감(Confidence)

자신감은 학습자 자신이 학습에 대한 자신감을 가지고 적극적으로 학습 진행을 통제함으로써 학습과정을 성공적으로 이끌어내기 위한 것이다. 만족감은 내적 보상과 외적 보상을 통해 강화되어질 수 있는 것으로 이를 위해서는 지속적인 학습동기의 유발이 요구된다. 따라서 교수자는 학습자가 성공에 대한 기대감을 가지고 학습에 적극적으로 참여하도록 한다. 예를 들면, 학습목표를 제시하고, 학습자의 능력과 노력, 과제의 난이도에 따라 학습자가 자신감을 조절할 수 있도록 전략을 세운다. 자신감을 높이기 위해서는 자주 학습내용을 요약, 검토하고, 다양한 상호작용이 가능하도록 학습자들에게 많은 기회를 제공한다.

Keller가 제시한 자신감을 위한 구체적인 전략은 3가지이다.

- 학습의 필요요건 제시 전략
- 성공의 기회제시 전략
- 개인적 통제 증대 전략

(4) 만족감(Satisfaction)

만족감은 학습자들이 그들의 학습경험에 만족하고, 계속적으로 학습하려는 요구를 가지도록 하기 위한 것이다. 동기의 요소로 만족감이 강조되는 이유는 학습자의 노력 결과가 그의 기대와 일치하고 학습자가 그 결과에 대하여 만족하면 학습동기는 계속 유지될 수 있기 때문이다.

Keller가 제시한 만족감을 위한 구체적인 전략은 3가지이다.

- 내재적 강화 전략
- 외재적 보상 전략
- 공정성 강조의 전략

3. 새로운 관점의 교수설계 모형

급격하고 다양한 환경의 변화 속에서 전통적인 교수설계 모형 기반의 프로그램개발에 한계가 있음을 인식하고 새로운 모형들이 제시되었다. 고객의 요구가 신속히 반영될 수 있도록 ADDIE 모형의 통합을 제시하거나, 모바일 러닝, 버추얼 러닝, 플립드 러닝과 같은 테크놀로지의 발달을 고려하고, 학습효과를 보다 제고하기 위한 모형 그리고 학습전이 및 조직의 성과와 연결하는 모형 등 많은 접근이 시도되고 있다.

1) 6Ds 모형

교육프로그램을 기획 설계할 때 학습활동의 성과물이 아닌 업무의 성과를 생각해야 함을 강조하는 접근이다. 즉 지금까지 많은 교육프로그램은 학습의 종착점(Finish Line)을 학습활동이 끝나는 시점으로 이해했지만, 6Ds모형에서 제시하는 학습 종착점은 학습의 결과가 실제 업무에 적용되어 행동의 변화를 가져오고 궁극적으로는 성과 향상이라는 결과를 창출하는 것까지 이어져야 함을 강조한다. 따라서 6Ds모형은 학습 전이에 초점을 맞추고 있는 모형이라고 할 수 있다.

- D1 성과를 정의한다(Define Business Outcomes).
- D2 완전한 학습경험을 설계한다(Design Complete Experience).
- D3 적용을 위해 전달한다(Deliver for Application).
- D4 학습전이를 가속화한다(Drive Learning Transfer).
- D5 성과지원을 효과적으로 배치한다(Deploy Performance Support).
- D6 결과물을 문서화한다(Document Results).

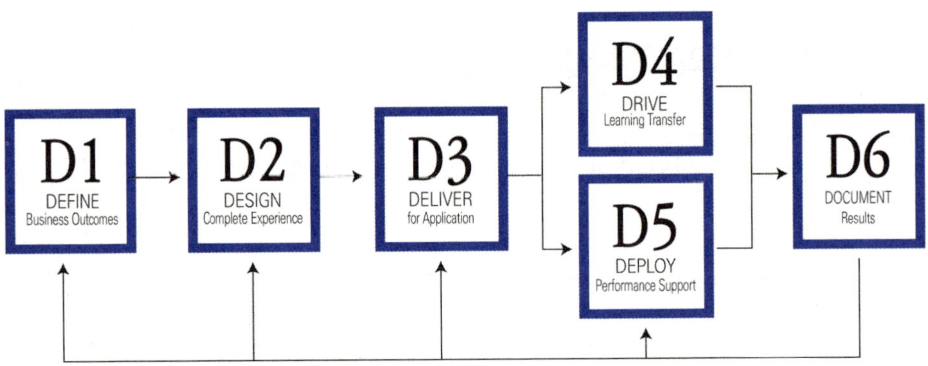

[그림 10-2] 6Ds 모형의 구성 및 단계

6Ds모형이 교육프로그램 기획 설계에 대해 던지는 시사점은 학습자가 무엇을 배우느냐가 아니라, 무엇을 할 수 있게 되느냐에 초점을 두고 교육프로그램을 설계하는 자세가 필요함이다.

2) 70:20:10 모형

70:20:10 모델은 경험, 사회적 노출, 그리고 형식학습이라는 3가지 유형의 학습을 포착하고 서로의 관계를 설명하는 학습 및 개발 모델이다. 모든 학습이 형식학습 상황에서 발생한다는 생각은 학습관리시스템이나 다른 유사 학습기술도구를 활용하여 학습을 관리하고 평가할 수 있음을 전제로 한다. Jane Hart(2015)는 교육과정개발 담당자를 누가, 무엇을, 언제 학습해야 하는지 결정할 수 있는 권한을 가진 유일한 사람이라는 의미로 학습경찰(Learning Police)로 설명하고 있다. 이는 많은 교육기관에서 현재 갖고 있는 생각이며 보이고 있는 실제이다.

일의 미래는 개개인의 요구에 맞춰져 있고 복잡하며 형태가 없다. 따라서 복잡한 상황에서의 업무는 쉽게 체계화할 수 있는 암묵지를 절대적으로 요구한다. 복잡한 지식을 공유하는 것은 우수한 대인관계가 요구되지만 혁신적인 아이디어를 발견하는 것은 보통 느슨한 관계에서 비롯된다.

(1) 70:20:10 모형의 핵심 요소

70:20:10 모형의 경험, 노출, 교육 프레임워크는 강의실이 아닌 일을 통한 학습에 집중하는 것이다. 10의 교육은 형식학습으로 제공되지만 이는 매우 사소한 부분이 되며 경험을 통한 학습이 필수적인 바, 핵심은 70과 20라고 할 수 있다. 특히 네트워크 시대에서 조직의 효과적인 지식 공유를 위해서는 개인, 지식, 관리가 연결된 고리를 가져야 한다. 이러한 개인, 지식, 관리의 연결고리를 갖기 위해서는 찾기, 이해하기, 공유하기를 동해 일과 학습을 연계할 수 있다. 찾기(Seek)는 즐겁게 일과 학습의 연결고리를 찾는 것이며, 이해하기(Sense)는 학습을 통해 이해하고 권한을 위임받는 것이다. 그리고 공유하기(Share)는 일을 통해 얻은 영감을 공유하는 것이다.

70:20:10 모형에서 제시하는 세 영역의 숫자는 절대적 비율을 의미하지 않는다. 이는 일터에서 구성원들이 어떻게 학습하는지를 간단히 나타낸 것이며 비율은 조직의 성과나 업무환경에 따라 달라질 수 있다. 그리고 이들은 연결되어 있으며 상호작용적이다. 세 영역을 구체적으로 살펴보면 다음과 같다.

① 70의 학습(Experience): 경험과 일터

성인학습은 일터에서의 다양한 경험과 체험을 기반으로 한 업무와 과제, 도전과 연습, 문제해결을 통해 대부분의 학습이 이루어진다. 성인학습자는 자신이 왜 배워야 하는지를 분명히 알고 학습의 주제가 즉시 가치를 발휘할 때 가장 학습을 잘 하게 되며, 대부분 자기 주도적으로 배우고 스스로의 학습에 대한 책임감을 가진다. 실제로 성인학습자의 특성상 경험은 살아있는 교과서이자 가치 있는 자원이며 이러한 경험은 일터에서 시작된다. 따라서 실제 현장에서의 다양한 경험에 대한 학습환경의 구성과 일과 학습 사이를 오가며 지식을 획득할 수 있는 역동적인 프로세스가 필요하다.

② 20의 학습(Exposure): 사회적 노출과 협업

사회적 학습과 관계를 기반으로 하며 코칭, 개인적 네트워크, 협력 및 협동을 통해 학습이 이루어진다. McCall은 성인학습자는 지식을 공유하고 다른 사람들을 관찰, 멘토십을 육성하는 등 관계를 통해 많은 학습이 이루어진다고 강조하였다. 이러한 사회적 학습은 일반적으로 형식학습보다 자발적이며 비구조화되고 체계적이지는 않기 때문에 비형식학습의 대표적 유형으로 간주된다.

③ 10의 학습(Education): 교육과 형식학습

형식학습을 기반으로 구조화되고 체계화된 교육과정과 프로그램을 통해 모든 학습이 이루어진다. 형식학습은 전체 학습의 극히 일부인 10%만 차지하지만 형식학습은 모든 학습전략의 필수 영역이다. 이론과 사실에 기초한 학습이 토대가 되어야 실제적 지식의 견고한 기초가 형성되는데 이를 교육이 제공한다. 70:20:10 모형은 형식학습을 간과하는 것이 아니라 오히려 경험과 사회적 상호작용을 통해 배운 것을 증폭시키는 증폭기 역할을 할 수 있음을 강조하고 있다. 즉 형식학습은 성공적인 학습 성과를 창출하는 지원 프레임워크가 된다.

(2) 70:20:10 모형 기반 설계 원칙

70:20:10 모형은 역동적이며 순환하는 학습 프로세스로서 학습과 일을 분리하지 않고 연계하여 각각의 솔루션들을 상호보완하고 강화하도록 유도한다. 이러한 상호작용을 통해서 각 영역은 영역들의 단순 합보다 더 큰 시너지 효과를 나타내게 된다. 이를 위해 70:20:10 모형 기반에서의 교육과정개발자는 기존의 교육과정 설계 또는 개발자가 아니라 성과문제 분석가, 성과개선 설계자, 성과창출 개발자, 성과변화 주도자, 성과결과 추적자로서의 역할을 수행해야 한다. 따라서 전통적 교육과정과 다른 설계 원칙을 가지고 접근해야 한다.

① 민첩한 설계를 해야 한다.

민첩한 설계는 빠르고 유연하게 설계하는 것이며 이를 위해서는 협업과 소통이 일차적이다. 이를 위해서는 우선 설계과정에서 다양한 분야의 전문가로 구성된 협업체를 구성하고 반복적 검토를 통해 교수설계를 지속적으로 개선한다. 그리고 2~3회 이상의 검토와 재설계를 거쳐야 하며, 팀 내에서 지식을 지속적으로 공유해야 한다.

② 성과패러다임을 기억해야 한다.

기존의 ADDIE 중심의 ISD 모델은 교육목표를 달성하기 위한 기반을 형성하는 것으로 설계를 위해 교육관련 분석에서 시작한다. 이러한 접근은 10과 20을 중심으로 하고

70은 그 대상 밖에 있었다고 볼 수 있다. 그러나 70:20:10 모형에서는 조직이 요구하는 성과가 설계의 시작점이다. 따라서 조직의 핵심 이슈 분석, 정량적 성과 차이 분석, 원인분석을 실시해야 한다.

③ 업무에 학습 끼워 넣기, 추출하기, 공유하기를 해야 한다.

업무에 학습을 끼워 넣는 중요한 목적은 사람들이 업무를 잘 할 수 있도록 도와주는 것이다. 즉 학습은 학습 그 자체가 목적이 아닌 지속적으로 성과를 개선하기 위한 부산물이다. 또한 업무로부터 실용적인 지식을 추출하고 공유하는 것은 개인이 하는 것이 아니라 함께 학습하도록 하는 원동력이 된다. 이를 위해서는 성찰, 스토리텔링, 소셜미디어, 블로그, 온라인 커뮤니티 등을 활용할 수 있다.

④ 다양한 학습솔루션과 학습도구를 적절히 활용해야 한다.

70의 학습을 위한 기본 학습솔루션은 개념화, 실험, 경험, 성찰이며 학습도구는 자원제공하기, 지원하기, 도전하기이다. 20의 학습을 위한 기본 학습솔루션은 지식창조, 지식공유, 협업기반 학습이며 학습도구는 협업하기, 공유하기, 개선하기이다. 마지막으로 10의 학습을 위한 기본 학습솔루션은 연결성, 지속성, 맥락, 콘텐츠이며 학습도구는 암기하기와 내재화하기이다. 70:20:10 모형에서 강조하는 학습솔루션과 학습도구는 [그림 10-3]과 같다.

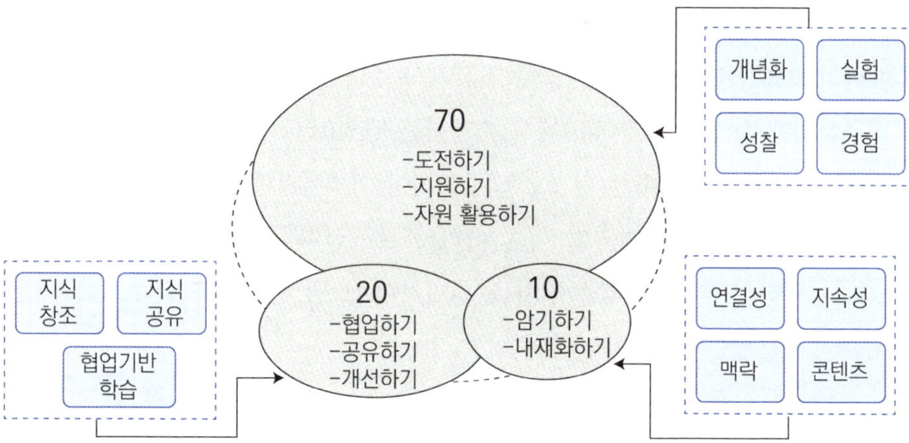

[그림 10-3] 70:20:10 학습솔루션과 학습도구

교수설계 모형은 매우 다양하고 적용 시 교육효과가 높아진다. 그러나 교육을 위한 완벽한 모형이라고는 할 수 없으며, 많은 학자들과 교육전문가들이 교수체제설계가 지니는 한계를 제시하고 있는 것도 사실이다. 그럼에도 불구하고 교수설계 모형을 바탕으로 적용하는 이유는 그것이 교육프로그램을 기획하고 설계함에 있어 중심이 되는 기본이 되기 때문이다.

4. 프로그램 개발

1) 역량기반 프로그램 개발

프로그램을 개발하는 대표적 방법은 크게 2가지로 분류할 수 있다. 하나는 직무기반 프로그램 개발(Developing a Curriculum: DACUM)이며 다른 하나는 역량기반 프로그램 개발(Competency-based Curriculum: CBC)이다.

DACUM 방식은 1960년대 캐나다에서 해당 업무의 우수 수행자로 구성된 위원회에서 전문 지식을 기반으로 직무분석 차원의 역량명세서를 개발하는 활동에서 시작되었다. 따라서 DACUM은 직무, 즉 '일'에 초점이 맞추어짐으로써 직무분석이 기본이 된다. 직무분석은 특정한 직무(job)에서 수행하는 과업(task)을 분석하여 해당 직무의 내용과 필요 능력을 도출하는 것으로 직무분석이 이루어지면 해당 직무 수행에 필요한 지식, 스킬, 태도가 규명되고 이에 따라 프로그램이 개발된다.

DACUM 방식 프로그램 개발 절차를 정리하면 [그림 10-4]와 같다.

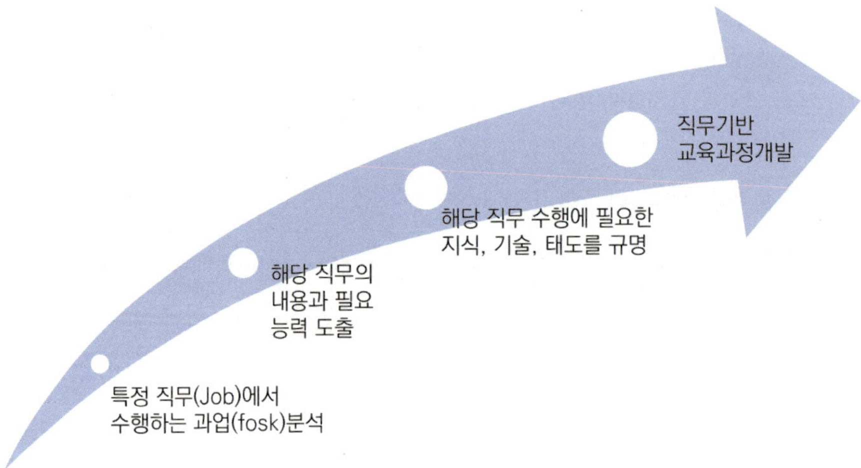

[그림 10-4] 직무기반 프로그램(DACUM) 개발 절차

CBC 방식은 해당 직무나 직무환경에서 최적의 총체적 능력개발을 기반으로 다양한 수행기반 학습지원을 가능하게 한다. 즉 DACUM 방식이 특정 직무를 성공적으로 수행하는데 필요한 지식, 스킬, 태도와 같은 과업 중심의 교육이라면 CBC는 수행성과를 향상시키기 위해 과업과 함께 조직 자산으로서 구성원의 역량을 중요시함으로써 이를 강화시키기 위한 다양한 학습 지원책을 개발한다. CBC 방식 프로그램 개발에서는 역량모형개발이 중요하다. 역량모형개발이란 조직의 목적 달성에 결정적 영향을 주는 역량을 체계적으로 결정하는 과정 또는 결과물로서 역량모델링이라고 불린다. 역량모

형 개발 절차는 일반적으로 조직의 비전 및 미션 검토 → 수행업무 분석 → 성공행동사례 추출 → 역량 규명 → 역량진단 도구 개발 → 역량 모형 확인 검증의 단계를 거친다.

CBC 방식 프로그램 개발 절차를 정리하면 [그림 10-5]와 같다.

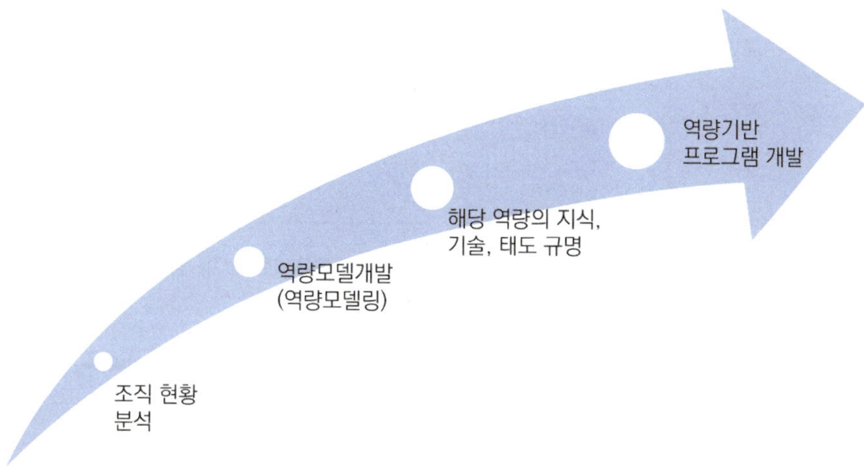

[그림 10-5] 역량기반 프로그램(CBC) 개발 절차

그리고 CBC 방식 프로젝트 수행의 경우 프로그램 개발 절차를 포함하는 4단계로 이루어진다. 즉 계획 수립, 역량 규명, 진단, 교육체계 수립이다. 이를 보다 구체적으로 살펴보면 [그림 10-6]과 같다.

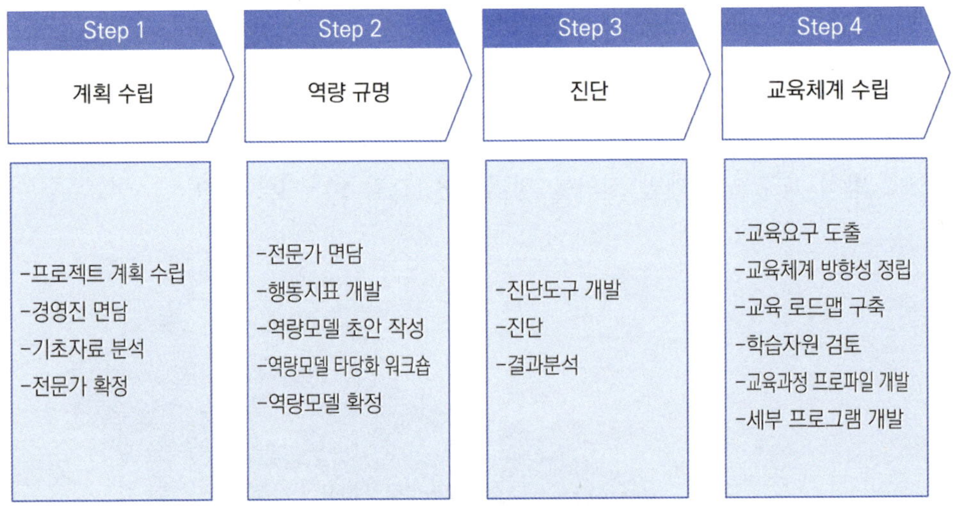

[그림 10-6] 역량기반 프로그램(CBC) 개발 프로젝트 단계 및 내용

A공공기관에서 도출한 CBC기반 프로그램 개발 사례도 유사한 내용을 포함하고 있는데 구체적 내용은 〈표 10-5〉과 같다.

〈표 10-5〉 A공공기관 역량기반 프로그램 개발 사례

단계	현황분석	역량모델 구축	역량기반 교육훈련체계 수립	인재육성전략도출
주요 활동	• 현황 분석 - 조직, 인력, 교육 현황 분석을 통한 특성 파악 • 이해관계자 인터뷰 - 핵심 이해관계자 인터뷰를 통한 아웃풋 이미지 명확화	• 역량모델개발 방향 설정 - 조직 및 인력 현황 분석 결과에 따른 직급별·직무별 역량모델 개발 방향 설정 • 역량모델개발 워크숍 - 직급 및 직무 분류 - 직급·직무별 공통	• 역량진단 및 교육 우선순위 선정 - 역량의 현재수준 및 기대수준 분석을 통한 우선순위 도출 - 직급별·직무별 역량 중 우선적으로 교육이 필요한 핵심 역량 선정 • 역량기반 교육체계 수립 워크숍	• 인재육성 전략 수립 - 비전 및 인재상에 따른 역량기반 교육체계 정착을 위한 단계별 추진 전략 구축 • 진행상황 점검 목록 개발 - 자체적 진행상

단계	현황분석	역량모델 구축	역량기반 교육훈련체계 수립	인재육성전략도출
		역량, 리더십역량, 직무역량 선정 - 역량별 정의 - 역량별 하위요소 선정	- 직무별 내외부 교육자료 탐색 및 매칭 - 역량별 교육체계도출 - 공통역량, 리더십 역량, 직무공통 역량 교육과정 개요서 작성	황점검을 위한 목록 개발 - 점검 가이드 개발 및 제공
주요 산출물	- 현황 분석 보고서 - 교육니즈 분석 보고서	- 역량모델 개발 방향 - 직급 · 직무별 역량 사전	- 역량진단 분석 보고서 - 역량기반 교육훈련 체계 - 교육과정별 개요서	- 교육훈련 체계운영방안 보고서 - 교육체계 정착방안 체크리스트

2) 문제해결기반 액션러닝 프로그램 개발

액션러닝은 조직의 실제적인 과제를 중심으로 실천가능하고 실행가능한 해결책을 도출하고 실행해 나가면서 조직의 창의적 역량을 개발하고 학습조직화를 강화하는 전략적 접근이다. 즉, 액션러닝은 교육 참가자들이 학습 팀을 구성하여 각자 자신의 과제 또는 팀 공동의 과제를 러닝코치(퍼실리테이터)와 함께 정해진 시점까지 해결하는 동시에 지식습득, 질문, 피드백, 성찰을 통하여 과제(문제)의 내용 측면과 해결과정을 학습하는 프로세스이다.

(1) 액션러닝의 구성요소와 과제(문제)

액션러닝의 구성요소는 과제(문제)를 중심으로 학습, 팀, 실행, 질문과 성찰, 그리고 러닝코치(퍼실리테이터)로 이루어진다. 이 중 과제(문제)는 액션러닝의 핵심으로서 어떤 과제(문제)를 선정하느냐에 따라 교육의 성패는 달라진다.

Marquardt(2000)가 제시한 과제(문제)의 선정기준은 다음과 같다.

- 조직의 성과와 직결되는 실질적이고 반드시 해결해야만 하는 과제
- 참가자들의 능력과 권한 범위 내 있는 실현가능한 과제
- 참가자들이 진정으로 관심을 갖는 문제, 해결되었을 경우 변화를 가져올 수 있는 과제
- 퍼즐이나 가상의 수수께끼가 아닌 실존의 과제
- 참가자들의 다양한 아이디어와 해결방안의 제시가 가능한 과제
- 학습의 기회를 제공하여야 하며, 조직의 다른 부문에도 적용이 가능한 과제
- 조직 내 여러 부서에 관련되어 있는 복잡한 과제
- 외부 전문가의 표준화된 해결방식으로 해결되기 어려운 과제
- 의사결정이 아직 내려지지 않은 과제
- 본질에 있어 기술적이기보다는 조직적인 과제

액션러닝 프로그램 개발 시 현장에서는 과제(문제)를 2가지 형태로 운영할 수 있으며, 과제(문제) 선정 후에는 이를 명확화하기 위해 과제(문제)기술서를 작성하는 것이 좋다.

- Open Group 프로그램
  - 학습팀원 각자가 자신의 과제(문제)를 가지고 팀에 참여하는 방식
- Single Project 프로그램
  - 학습 팀 전체가 하나의 공동 과제(문제)를 다루는 방식

<table>
<tr><th colspan="3">과제명</th><th></th></tr>
<tr><td rowspan="7">과제
선정
배경</td><td rowspan="5">현황</td><td>Who</td><td></td></tr>
<tr><td>What</td><td></td></tr>
<tr><td>When</td><td></td></tr>
<tr><td>Where</td><td></td></tr>
<tr><td>How</td><td></td></tr>
<tr><td colspan="2">파급영향
(과제의 중요성)</td><td></td></tr>
<tr><td colspan="2">이해관계자
요구 사항</td><td></td></tr>
<tr><td colspan="3">바람직한 모습(To Be)</td><td></td></tr>
<tr><td colspan="3">핵심문제 기술문
(과제 목적)</td><td></td></tr>
<tr><td colspan="3">과제해결 시 기대효과</td><td></td></tr>
</table>

[그림 10-7] 과제(문제)기술서의 양식(예)

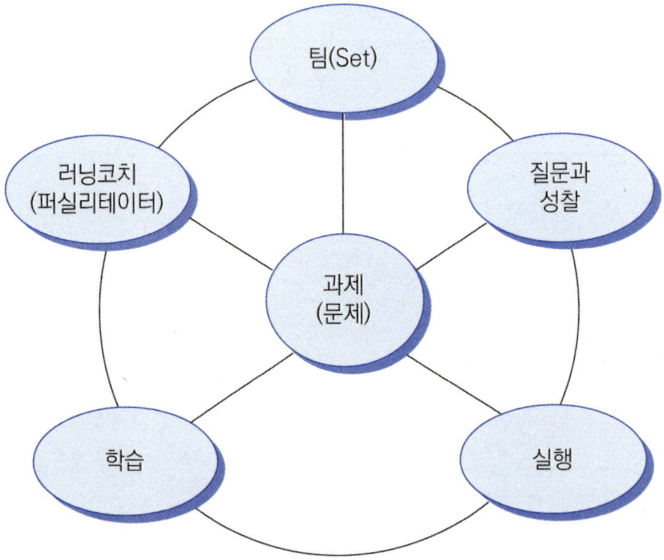

[그림 10-8] 액션러닝의 6가지 구성요소

(2) 액션러닝의 기본 프로세스

액션러닝 프로그램은 운영하고자 하는 기관의 교육목적, 기간, 참가자 등 교육의 특성에 따라 다양한 형태로 운영될 수 있다. 그러나 다양한 교육과정의 특성에도 불구하고 대부분의 액션러닝 프로그램은 일반적으로 오리엔테이션, 액션, 미팅, 발표 및 성찰(Reflection)의 4단계로 이루어진다.

〈표 10-6〉 액션러닝 기본 프로세스

단계	내용
오리엔테이션 (orientation)	• 액션러닝의 이해 • 액션러닝프로그램과 프로세스의 이해 • 학습팀 구성 • 과제 선정 • 과제기술서 작성 • 과제 수행계획 수립 • 문제해결프로세스 습득
액션 (action)	• 요구조사 • 유사직무 등 벤치마킹 • 현장조사 • 과제(문제)내용관련 지식 습득 • 과제(문제)관련 문제점 및 원인 • 기타 과제(문제) 해결에 필요한 활동 수행
학습팀 미팅 (meeting)	• 팀원 역할 분담 • 팀원별 과제(문제)수행 내용 리뷰 • 과제(문제)관련 문제점, 원인, 해결 방안에 관한 팀 전체 차원의 공동의견 도출 • 과제(문제) 수행과정에 대한 성찰 • 과제(문제)수행과정의 학습 포인트 정리 및 공유 • 커뮤니케이션 스타일, 리더십 스타일, 과제(문제)해결관련 아이디어에 관한 팀원 상호간의 피드백 교환
발표 및 성찰 (presentation & reflection)	• 과제 수행과정과 결과를 스폰서에게 발표 • 스폰서에 의한 피드백 • 우수 학습팀 선정, 시상 • 노고 치하와 축하를 위한 파티 • 학습결과보고서 작성

(3) 문제해결기반 액션러닝 프로그램 개발 포인트

프로그램 개발을 할 때 문제해결기반 액션러닝 프로그램의 출발은 아이스브레이킹과 팀미팅, 역할분담, 그라운드룰 설정으로부터 시작한다. 왜냐하면 프로그램은 팀으로 이루어지기 때문에 팀워크가 매우 중요하게 작용하기 때문이다.

진행과정에서는 과제(문제)의 원인을 분석하고 해결안을 도출하는 것이 핵심이므로 이 단계에서는 다양한 액션러닝 기법을 도입하고 프로세스와 내용은 문제해결의 절차에 따라 이루어진다.

① 문제해결 프로세스

문제해결을 진행함에 있어 일반적 절차는 5단계를 거친다. 즉, 문제인식과 도출, 원인 분석, 해결안 개발, 해결안 실행, 그리고 평가 및 사후관리이다. 이 중에서 교육프로그램에서 다루어지는 것은 대부분 해결안 개발까지이다. 단계별 내용과 활용가능한 대표적 기법을 제시하면 [그림 10-9]와 같다.

[그림 10-9] 문제해결 프로세스

② 원인 분석 및 해결안 도출 기법

• 5Why's 기법을 활용한 원인 분석

5Why's 기법은 문제의 원인을 끝까지 추적하면 저절로 해결안이 나온다는 전제를 두고 주어진 문제에 대해서 계속해 원인을 물어 가장 근본이 되는 원인을 찾는 기법이다.

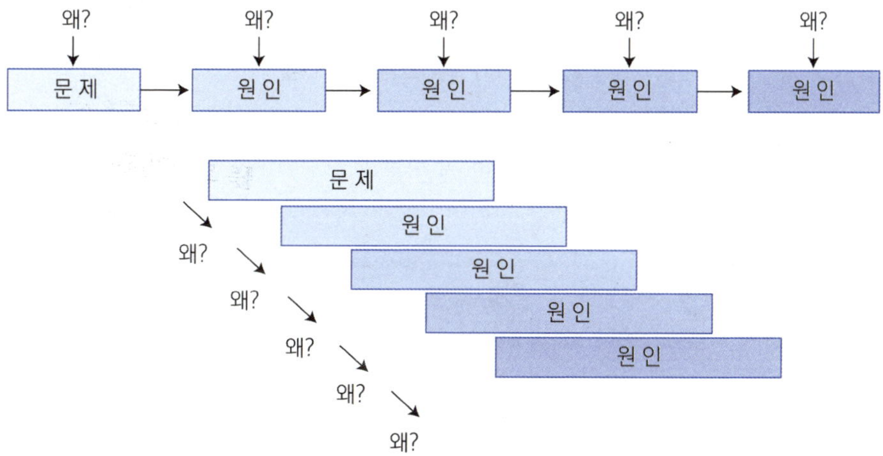

[그림 10-10] 5Why's 기법 모형

• 특성요인도법(Cause-and-effect Diagram; Fishbone Diagram)을 활용한 원인 분석과 해결안 도출

생선가시 모양을 닮았다 하여 피쉬본으로 잘 알려진 특정요인도법은 특정문제에 대해 가능한 원인들을 모두 확인해 보는 기법으로 문제의 인과관계를 문제와 결과를 한눈에 볼 수 있어 중요한 원인을 분석하는데 용이하다. 이 기법은 문제 또는 현재의 상황을 분석할 때, 문제해결 프로세스의 시작 때, 문제해결 또는 실행계획 수립에 정보를 도출하거나 정리할 때에도 유용하다.

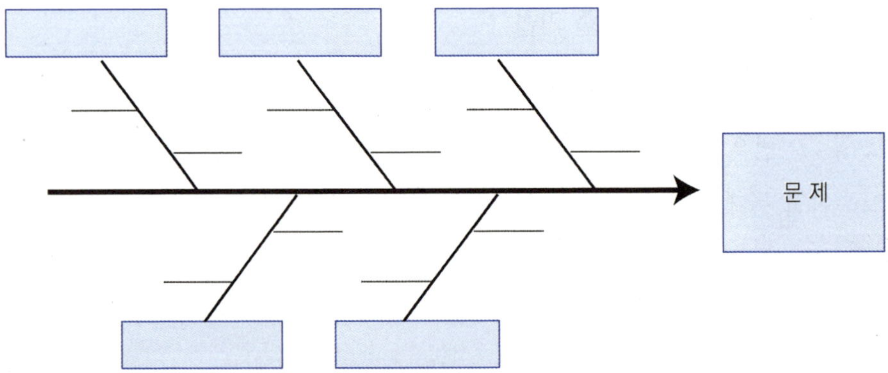

[그림 10-11] 특성요인도법 모형

• 로직트리(Logic Tree) 기법을 활용한 원인 분석

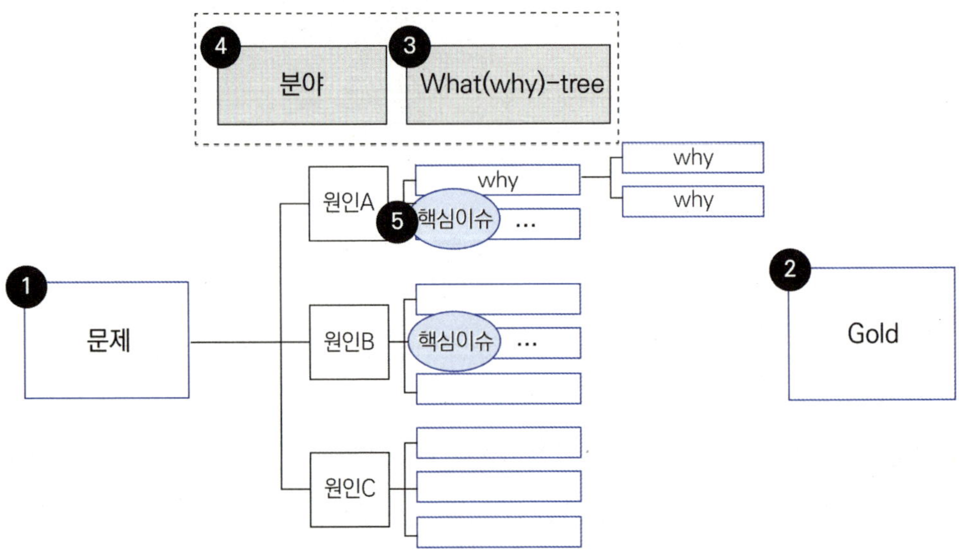

[그림 10-12] 로직트리 원인 분석형

• 로직트리(Logic Tree) 기법을 활용한 해결안 탐색

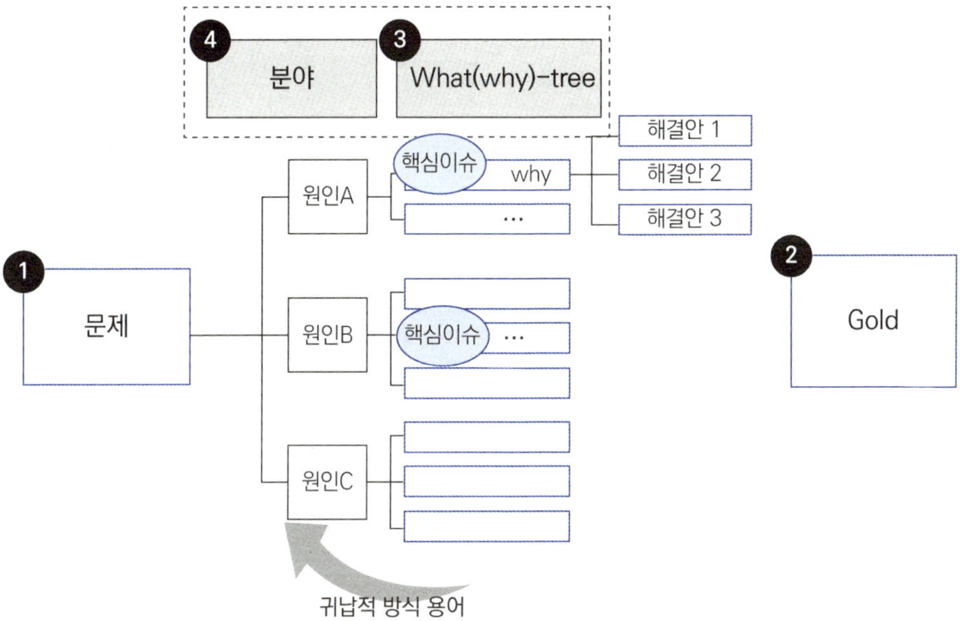

[그림 10-13] 로직트리 해결안 탐색형

• 우선순위 결정을 위한 의사결정그리드

해결안이 다양할 때 사안의 중요성, 최선의 해결책, 실행 과정 등에 대해 객관적인 결정을 내릴 수 있도록 하기 위해 개발된 것으로 문제의 우선순위를 결정하거나 많은 대안들 중에서 하나를 선택할 수 있다.

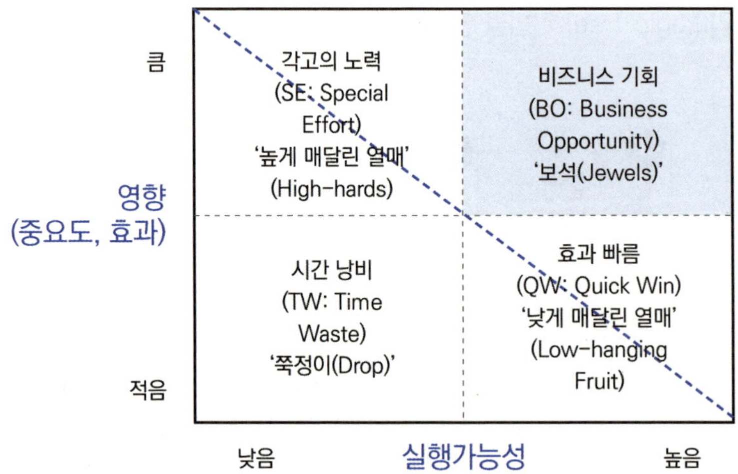

[그림 10-14] 의사결정그리드

참고문헌

오인경 · 최정임(2008). 교육프로그램 개발 방법론. 학지사.

이관춘 · 김은경(2012). 기업교육론: 실무중심의 인적자원개발론. 학지사.

지방혁신인력개발원(2007). 교육프로그램 개발을 위한 교수체제설계매뉴얼.

하영자(2011). 전략적 HRD. 한양사이버대학교.

하영자(2014). 교육과정 기획과 지식디자인. 중앙교육연수원 연수교재.

하영자(2017). 일터학습과 학습민첩성을 위한 70:20:10 모델기반 교육과정개발 탐색. 연수논총, 제35권, 1~22. 중앙교육연수원.

마이클 마쿼트 저, 이태복 역(2004). 액션러닝의 힘. 패러다임컨설팅.

마이클 마쿼트 저, 봉현철 역(2000). 액션러닝. 21세기 북스.

한국액션러닝협회(2008). Action Learning Coach 교재. 한국액션러닝협회.

한정선 · 김영수 · 주영주 · 강명희 · 정재삼 · 박성희(2008). 미래사회를 위한 교육방법 및 교육공학. 교육과학사.

ATD(2015~2018). 2015~2018 ATD 컨퍼런스 디브리핑 자료. 한국표준협회.

Arets, J., Jennings, C., & V. Heijnen(2015). *702010 toward 100% performance*. 70:20:10 Institute. Sutler Media.

Dick, W., Carey, L., & Carey, J. O.(2005). *The systematic design of instruction* (6th ed.). Boston: Allyn and Bacon.

Gredler, M. E.(2005). *Learning and Instruction: Theory into Practice* (5th ed.). New Jersey: Pearson Education, Inc.

Heinich, R., Molenda, M., Russell, J. D., & Smaldino, S. E. (2002). *Instructional media and technologies for learning* (7th ed.). Upper Saddle River, NJ: Prentice-Hall.

Mankin, D.(2009), *Human Resource Development*. Oxford University Press.

Morrison, G.. R., Ross, S. M., Kalman, H. K., & Kemp, J. E.(2011). *Designing effective instruction*. John Wiley & Sons, Inc.

Pollock, R. & Jefferson, A.(2015). *What's New In Training Effectiveness?*. ATD ICE.

Rothwell, W. J., Butler, M. N., Hunt, D. L., et al.(2006). *The Handbook of Training Technologies: An Introductory Guide to Facilitating Learning With Technology From Planning Through Evaluation*. San Francisco: John Wiley & Sons, Inc.

요약

프로그램을 기획하고 설계할 때 고려해야 할 요소는 매우 많으나 반드시 기억해야 할 기본 요소는 프로그램의 목표는 무엇인가, 무엇을 담을 것인가, 어떻게 도달할 수 있을 것인가, 그리고 목표에의 도달 여부를 어떻게 확인할 것인가이다. 프로그램 시작에서부터 마무리까지 기억해야 할 3가지 핵심요소는 목표, 전략, 평가로서 일관성이 있어야 한다.

교수프로그램 설계 및 개발 시 기본이 되는 대표적 교수설계 모형들에는 전통적 교수설계 모형으로 ADDIE모형, 9가지 교수사태를 담고 있는 Gagné-Briggs의 포괄적 교수설계 모형, 그리고 동기설계이론인 Keller의 ARCS 모형이 있다. 이 외에도 환경의 변화를 반영하고 조직의 성과향상과 관련하여 새롭게 대두된 6Ds 모형과 70:20:10 모형을 사용할 수 있다.

ADDIE모형은 분석(analysis), 설계(design), 개발(development), 실행(implementation), 평가(evaluation)의 과정을 포함하고 있다. ADDIE 모형에 포함된 5가지 과정과 절차는 대부분의 교수설계 모형에서 보이는 공통된 핵심 내용으로 다양한 교수설계 모형의 기초가 된다. Gagné-Briggs의 포괄적 교수설계 모형에 따르면 다양한 학습 상황에서 소정의 목표를 달성하기 위해서는 학습의 외적, 내적 조건이 충족되어야 한다. Gagné가 제시한 9가지의 교수사태는 각각의 학습자의 내적인지과정에 기초한 외적 조건을 제공할 수 있도록 한다. 교수사태는 주의의 획득, 학습자에게 목표제시, 선수학습능력의 재생 자극, 자극자료의 제시, 학습안내의 제공, 수행의 유도, 수행의 정확성에 관한 피드백 제공, 수행의 평가, 파지 및 전이의 향상을 포함한다. Keller의 동기설계 ARCS 모형은 학습자에게 학습동기를 유발시킬 수 있는 학습환경을 설계하는 방법으로, 주의집중(attention), 관련성(relevance), 자신감(confidence), 만족감(satisfaction)을 줄 수 있는 요소와 전략들을 제시한다.

6Ds 모형은 교육프로그램을 기획 설계할 때 학습활동의 성과물이 아닌 업무의 성과를 생각해야 함을 강조하는 접근으로 학습전이에 초점을 맞추고 있는 모형이다. 각 단계는 성과 정의(D1), 완전한 학습경험 설계(D2), 적용을 위한 전달(D3), 학습전이 가속화(D4),

성과지원의 효과적 배치(D5), 결과물의 문서화(D6)이다. 70-20-10 모형은 경험, 사회적 노출, 그리고 형식학습이라는 3가지 유형의 학습을 포착하고 서로의 관계를 설명하는 학습 및 개발 모델이다. 70의 학습(Experience)은 경험과 일터를, 20의 학습(Exposure)은 사회적 노출과 협업을, 10의 학습(Education)은 교육과 형식학습을 의미한다.

교수프로그램 개발로 역량기반 프로그램 개발과 문제해결기반 액션러닝 프로그램 개발이 가능하다. 역량기반 프로그램 개발은 해당 직무나 직무환경에서 최적의 총체적 능력개발을 기반으로 다양한 수행기반 학습지원을 가능하게 한다. CBC 방식 프로젝트 수행의 경우 프로그램 개발 절차를 포함하는 4단계로 이루어진다. 즉 계획 수립, 역량 규명, 진단, 교육체계 수립이다. 문제해결기반 액션러닝 프로그램 개발 방법은 액션러닝과 문제해결을 접목하여 프로그램을 개발하면 실제적인 문제로 조직의 성과에 기여할 뿐만 아니라 문제해결능력도 향상시킨다. 액션러닝 프로그램은 일반적으로 오리엔테이션, 액션, 미팅, 발표 및 성찰의 4단계로 이루어진다. 문제해결을 진행함에 있어 일반적 절차는 5단계를 거친다. 즉, 문제인식과 도출, 원인 분석, 해결안 개발, 해결안 실행, 그리고 평가 및 사후관리이다. 원인분석 및 해결안 도출을 위한 다양한 기법들에는 5Why's 기법, 특성요인도법(Cause-and-effect Diagram; Fishbone Diagram), 로직트리(Logic Tree) 기법, 그리고 우선순위 결정을 위한 의사결정그리드 등이 포함된다.

탐구 질문

1. 많은 학자들은 교육을 하나의 이벤트로 생각하는 경향이 높음을 지적하면서 교육 효과를 제고하기 위해서는 교육 전, 교육, 교육 후의 연계된 프로세스가 필요하다고 한다. 교육 단계에 따라 현장에서 적용할 수 있는 연계 프로그램으로 어떤 것들이 있는가?
2. 대표적 교수설계 모형인 ADDIE 모형을 현장에 적용할 때 도출되는 문제점과 해결방안은 무엇인가?
3. 액션러닝기반 문제해결학습의 교육프로그램 개발할 때 가장 유의해야 할 점은 무엇인가?
4. 많은 교육프로그램 중 설계 및 개발이 잘 되었던 사례와 잘못 되었던 사례와 특징은 무엇이었는가?

/ 저자소개 /

하영자(433haja@hanmail.net)

교육부 중앙교육연수원 교수로 재직 중이며, 관심 분야는 학습동기, 교육프로그램 설계, 교수학습기법, 이러닝, HRD 등이다. 주요저서로는 교육방법의 전략적 접근, 온라인교육과 평생교육(역서)이 있으며, 주요 경력은 한양사이버대학교 교육공학과 교수, 이화여자대학교 교육대학원 겸임교수, 서울시인재개발원 교수요원, 한국교육공학회 이사, 한국교육정보미디어학회 이사이다.

제11장

프로그램 실행과 모니터링

이성흠 (사)박약회

■ 목표

1. 학습자는 인적자원개발의 프로그램 실행과 관련되는 기본과 전문 용어를 설명할 수 있다.
2. 학습자는 인적자원개발 프로그램의 질(質) 관리를 위한 모니터링 개념 · 정의를 기술할 수 있다.
3. 학습자는 인적자원개발 프로그램의 훈련방법(직무교육, 집합교육, 자기주도학습)의 장 · 단점을 기술할 수 있다.
4. 학습자는 인적자원개발 프로그램의 모니터링을 위한 지표(indicators)를 개발 · 활용할 수 있다.
5. 학습자는 인적자원개발의 모니터링과 관련된 쟁점사항에 대하여 토론할 수 있다.

■ 핵심용어

프로그램 실행, 모니터링(monitoring), 훈련(교육)방법, 직무교육, 집합교육, 자기주도학습, 강의법, 토의법, 실습형 교수법, 질(質) 관리, 지표(indicators), 혼합학습(blended learning)

1. 프로그램 실행과 모니터링 개관

HRD를 위한 프로그램의 효과적인 실천은 상당한 준비, 창의성, 융통성 등이 요구되며, 이 시점에서 HRD 과정의 첫 번째 단계의 요구분석과 두 번째 단계인 프로그램의 설계와 개발과 관련되는 핵심 쟁점사항들이 다루어져야 한다(Chaplowe & Cousins, 2016; DeSimone & Harris, 1998; DeSimone & Werner, 2012). HRD 프로그램의 적절한 실행은 조직구성원의 역량 강화를 위한 교육·훈련을 위한 중요한 요구사항과 프로그램의 목적이 명확하게 확인되었음을 가정하고 출발한다. 또한, 프로그램 모니터링은 프로그램의 전체 과정을 설정한 지표와 관련된 체계적인 자료수집을 통하여 HRD 프로그램의 목표 달성 정도에 대한 질 관리 기능과 프로그램 수정·보완이나(재)설계를 위한 의사결정에 도움을 주는 기능을 담당하고 있다.

1) 프로그램 실행

조직에서 구성원의 역량개발을 위하여 설계·개발된 프로그램의 실행은 적절한 방법과 테크놀로지를 활용하여 필요한 학습자(구성원)에게 학습경험을 제공하는 것을 의미한다. 이러한 HRD 프로그램은 특정한 영역에서 학습자(구성원)의 전문성을 향상시켜 업무에서 수행향상을 통한 성과향상과 관련되는 내용으로 구성된다. HRD 프로그램의 실행에는 프로그램의 내용을 전달하는 데 요구되는 요소들, 프로그램 자료와 관련되는 요소들, 프로그램을 진행하는 교수자 또는 진행자(facilitator)와 관련되는 요소 등을 사전에 점검하여야 한다(한국교육공학회, 2005). 프로그램 전달과 관련되는 요소에는 교실환경, 테크놀로지, 프로그램이 실시되는 장소까지의 이동 수단, 숙박시설 등이 있다. 프로그램 자료와 관련되는 요소에는 프로그램의 내용을 종합한 꾸러미, 인쇄자료, 프로그램 자료 보관 장소, 프로그램 꾸러미의 운송 등이 있다. 프로그램 진행과 관련되는 요소에는 교수자/진행자와의 일정관리, 프로그램 진행을 위한 사전 준비 관련 사항 등이 있다. 효과적인 HRD 프로그램의 실행을 위해서는 이들 요소를 사전에 점검하고 준비하는 것이 중요하다.

2) 프로그램 모니터링

HRD 프로그램의 설계·개발과정에서 명시된 목표와 프로그램 실행에서 실천된 목표 간의 차이(gap)를 최소화하기 위하여 프로그램 모니터링(monitoring)을 사용할 수 있다. 이러한 프로그램(교육과정) 모니터링은 HRD 프로그램의 전반에 대한 조사·분석을 통하여 프로그램을 위한 요구조사, 프로그램 설계·개발과정, 프로그램 실행의 세부적인 전체 과정, 프로그램 실행과 관련되는 환경 등을 개선시킨다. 또한 프로그램이 실천되는 현장기반의 동향분석, 프로그램의 부정·부실운영 관리 및 사전예방을 통하여 HRD 프로그램의 품질향상을 목적으로 한다(김국현, 2008; 정진철·이승, 2018). 이러한 프로그램 모니터링은 HRD 프로그램이 원래 의도한 목표를 제대로 설계·개발하였는가, 현장에서 투입되어 실천되고 있는 프로그램이 제대로 운영·실천되고 있는가를 파악하기 위한 목적을 가진다. 그리고 조직의 목표달성에 부응할 수 있는 양질의 프로그램이 되기 위하여 요구되는 프로그램에 대한 계속적인 질 관리의 목적, 프로그램의 실행을 담당하는 교수자(촉진자)를 포함하여 프로그램 운영 담당자들이 프로그램을 원래 계획한 것과 동일하게 운영하고 있는가를 지속적으로 확인하고 점검하기 위한 목적으로 활용할 수 있다.

2. 프로그램 실행을 위한 교육 · 훈련방법

HRD 프로그램은 구체적인 훈련방법을 통하여 실천된다. 프로그램을 효과적으로 실천하는 방법을 선정하기 위해서는 (1) 프로그램의 목적, (2) 프로그램에 참여할 학습자(조직구성원)의 전문성 파악, (3) 프로그램 실행에 필요한 인적구성 요소를 포함하는 환경요소, 특히 기술적 측면에서의 환경 등에 대한 고려가 필요하다. HRD 프로그램을 실천하는 일반적인 방법과 기법은 〈표 11-1〉에서 요약된 것과 같이 직무교육, 집합교육, 자기주도학습으로 나누어 설명하고자 한다(강명희 · 정재삼 · 조일현 · 이정민 · 임규현 · 소효정, 2017; 이성흠 · 이준 · 구양미 · 이경순, 2017; 장원섭, 2011; DeSimone & Werner, 2012; World Bank Group, 2018).

1) 직무교육

직무교육(On-the-Job-Training: OJT) 또는 현직교육은 훈련이 필요한 학습자(조직구성원)가 일상적인 업무를 수행하는 장소에서 일반적으로 이루어지는 다양한 교육과정을 말한다(DeSimone & Werner, 2012). 이것은 학습자의 직무와 관련되는 지식이나 기능과 관련된 내용을 습득하는 가장 중요한 방법이다. 직무교육은 학습자가 업무를 수행하는 과정에서 주로 자신의 업무를 총괄하는 상사, 동료 등에 의해서 이루어지며, 이들의 업무수행 과정에 대한 시범과 질문 및 응답을 통하여 이루어지는 교육이다.

〈표 11-1〉 HRD 프로그램 실행 방법과 기법

방법	기법
직무(현직)교육	• 도제교육 • 직무순환 • 멘토링 • 코칭 • 구조화된 직무교육 • 실행학습(action learning)
집합교육	• 강의법 • 토의법 • 실험형 교수법
자기주도학습	• 컴퓨터보조훈련(computer-aided training) • 인터넷과 인트라넷기반훈련 • 지능형 보조훈련

직무교육과 관련하여 전통적으로 이루어지는 도제교육(徒弟教育, apprentice- ship training)은 특정한 업무환경에서 업무를 수행하면서 가르치고 배우는 훈련방법으로 오늘날에도 이러한 전통은 여러 분야에서 계속적으로 사용되고 있다. 예를 들면, 의료 분야의 수련의(修鍊醫, intern) 제도, 예 · 체능 분야의 전문가 양성, 미용 분야, 전통적인 한복과 맞춤양복 분야 등에서는 주요한 훈련방법으로 사용되고 있다. 또한 직업훈련(Job Instruction Training: JIT)도 도제교육과 비슷하게 업무현장에서 이루어지는 직무교육의 방법으로 사용되고 있다. 직무순환(Job Rotation)은 조직의 전체 업무분야를 일정기간 동안 단계적으로 순환하면서 근무하게 함으로써 다양한 경험을 통하여 필요한 업무의 내용을 학습하고 필요한 역량을 습득하도록 하는 방법이다. 이러한 직무순환은 특정 분야의 업무내용에 대하여 훈련을 받는 것이 아니고 관찰과 직접적인 업무수행을 통하여 필요한 역량을 기르는 것으로 조직 구성원이 조직에 새로 들어와서 능력을 발휘할 수 있는 업무를 파악하지 못했을 때, 사용할 수 있는 유용한 방법이다.

멘토링(Mentoring)은 조언자(Mentor)가 조언을 받는 사람(Mentee)에게 조직의 공식적 · 비공식적 업무활동에 적응하도록 도와주는 관계로 정의되고 있다(한국교육공학회, 2005). HRD 프로그램의 훈련방법으로서 멘토링은 조직의 선임자인 조언자가 후임자인 조언을 받는 사람에게 개인의 업무와 관련되는 내용을 직 · 간접적으로 알려주거나 개인의 역량을 증진시킬 수 있는 조언을 하는 방식으로 진행된다. 멘토는 심리적 지원과 역할모델을 하면서 멘티가 조직문화와 업무절차에 적응하고 인간관계를 형성하는 데 도움을 주기도 한다. 코칭(Coaching)은 조직구성원들이 그들의 업무수행에 책임감을 가지고 업무에 헌신할 수 있도록 격려하고, 양질의 업무성과를 달성 · 유지할 수 있도록 안내하며, 동반자로서 조직목표 달성을 통한 성과향상에 공헌하도록 돕는 과정이다. 코칭은 훈련방법이자 성과관리의 방법으로도 활용이 가능하지만, 조직구성원의 수행과 성과를 효과적으로 관리하기 위해 관리자는 통제자가 아닌 코치의 역할을 수행하는 것이 중요하다(장원섭, 2011).

구조화된 직무훈련(교육)(Structured On-the-Job-Training: S-OJT)은 '숙련된 조직구성원'이 역량개발이 필요한 조직구성원에게 업무 단위에 관한 역량개발을 위하여 업무환경과 비슷하거나 이와 유사한 환경에서 필요한 HRD 프로그램의 내용을 훈련시키는, 미리 계획하고 체계화된 직무교육의 방법이다(장원섭, 2011; 한국기업교육학회, 2010). 이와 같은 S-OJT 훈련방법은 전통적인 직무교육 방법의 문제점을 해결하기 위하여 사용되는 방법으로 훈련 목적을 쉽게 예측할 수 있고, 특정한 업무를 수행하기 위한 역량을 전파하는 목표를 위하여 사용할 수 있으며, 일대일의 훈련을 바탕으로 하고, 실제 업무 현장이나 업무 현장과 동일한 조건과 요구를 제공하는 대안적인 환경에서 이루어질 수 있다(Jacobs, 2003, 장원섭, 2011에서 재인용). 실행학습(Action Learning)은 조직에서 업무역량 향상을 위하여 소규모 집단이 현장에서 문제를 해결하고 업무를 수행하는 과정을 통하여 필요한 역량을 개발하는 활동이며, '학습(L)=프로그램화된 지식(P)+질의(Q)+성찰(R)+실행(I)'으로 등식화하여 나타낼 수 있다. 실행학습은 직무와 학습, 이론과 실제를 동시에 통합하려는 의도를 가짐으로써 실제 업무 상황의 문제를 처리하면서 효과적으로 학습하는 직무교육 방법이다.

2) 집합교육

집합교육(Off the Job Training: Off-JT)은 역량개발이 필요한 학습자(조직구성원)가 교육(훈련)을 목적으로 사용되는 독립된 장소에서 여러 학습자가 집단적으로 받는 교육(훈련)을 지칭한다. 집합교육의 방법은 학습(훈련)내용, 학습자, 교육(훈련)자원 및 환경, 조직의 기대 등과 관련되는 기준에 따라서 다양하게 분류할 수 있다. 그러나 이 장에서는 HRD 프로그램을 실행하기 위한 집합교육의 방법으로 교육(훈련)과정에서 전개되는 의사소통 유형에 따라서 (1) 정보전달을 강조하는 강의법 (2) 교수자, 학습자, 교육(훈련)내용을 중심으로 상호작용을 강조하는 토의법 (3) 탐구를 통한 비판적 사고력 개발과 문제해결을 강조하는 실험형 교수법에 대하여 살펴보고자 한다 (이성흠 외, 2017).

먼저, 강의법(講義法)은 HRD 프로그램의 실행에서 가장 보편화된 훈련방법으로 한 사람의 교수자(조정자)가 다수의 학습자(훈련생)에게 프로그램의 내용을 직접 언어로 전달하는 의사소통의 형태로 이루어진다. 프로그램의 내용이 특정 분야의 체계적인 지식에 대한 내용으로 구성되어 있을 때 자주 사용하는 강의법은 교육(훈련)에 대한 전통적인 입장을 가진 사람들이 자주 사용한다. 교수자가 프로그램의 내용에 대하여 많이 알고 있으며, 짧은 시간에 학습자에게 많은 양의 정보나 지식을 전달하려고 할 때 강의법이 효과적이다. 강의법은 설명식 교육(훈련)방법이라고도 한다. 프로그램 실행에서 교수자는 프로그램의 내용을 서술(narration), 기술(description), 설화(telling) 등의 형태로 정보를 제시하고, 학습자는 이것을 수동적으로 받아들인다. 강의법은 교수자가 프로그램의 내용을 설명하고, 학습자는 그것을 받아들이는 방식이기 때문에 교수자의 권위가 없으면 학습자는 프로그램의 내용을 이해하고 받아들이기 어렵다. 이와 같은 이유 때문에 교수자는 권위적이기 쉽다. 또한, 강의법은 학습자의 참여도가 낮고, 학습자 개인의 흥미와 능력을 고려할 수 없으며, 사고력 훈련을 위한 교육(훈련) 내용에는 부적절하다. 강의법의 장점과 단점은 〈표 11-2〉와 같다(이성흠 외, 2017).

〈표 11-2〉 강의법의 장점과 단점

장점	단점
• 친밀성: 교수자와 학습자에게 익숙한 형태의 교육방법이며 수준별 학습 가능 • 경제성: 1인 교수자가 다수 학습자에게 짧은 시간에 많은 양의 정보 · 지식 전달 가능 • 효과성: 기초 정보와 낮은 수준의 지식 전달의 교육목표 달성에 효과적	• 비능동성: 학습자의 소극적인 의사소통으로 이루어지는 수업형태 • 비표준성: 개별 교수자의 역량에 의존하여 표준화의 어려움 • 비효율성: 학습자의 선수학습 정도, 경험 등을 고려하지 않는 훈련방법

다음으로 토의법(討議法)은 교수자와 학습자가 공동으로 참여하는 민주적인 훈련(교육)방법이다. 학습자가 교수자를 포함하여 다수의 동료학습자와 의사소통하면서 주어진 문제를 해결하기 위하여 집단사고를 사용한다. 토의법을 활용할 경우 학습문제는 분명하여야 한다. 특정 주제와 관련된 문제를 해결하기 위한 토의 목적을 교수자가 설정할 수도 있지만, 교수자와 학습자가 협력하거나 학습자가 주도적으로 결정할 수도 있다. 토의 목적과 내용은 어느 정도 구체적이어야 하고 실행가능성이 있어야 한다. 모든 학습자가 관심을 가질 수 있는 조직의 업무과정과 성과향상과 같은 의미 있는 토의 내용일 경우, 학습자를 훈련(교육)에 적극적으로 참여시킬 수 있고 훈련이 성공적일 수 있다. 훈련(교육)과정에서 다양한 의견을 통하여 문제해결 과정을 배우는 것이 토의법의 훈련(교육)목적이기 때문에 의견차가 있더라도 상호 간의 의견을 존중하고 최선의 결론에 도달할 수 있도록 토론을 진행하여야 한다. 토의법에서 교수자(촉진자)는 토론과정에서 의견대립이 커지거나 의사소통이 소극적인 경우를 제외하고는 토론에 참여하지 않는 것이 바람직하다. 토의법의 장점과 단점은 〈표 11-3〉과 같다(이성흠 외, 2017).

〈표 11-3〉 토의법의 장점과 단점

장점	단점
• 민주성: 토의를 통한 집단지성의 발휘가 가능하고 의사소통의 기술 연습 가능 • 능동성: 개방적인 의사소통과 학습자의 능동적인 참여로 인한 동기유발과 흥미유발 가능 • 협동성: 상호의견 교환을 통한 협력과정에서 사회적 기능 및 태도 형성 가능	• 구성원의 한계: 원활한 의사소통에 요구되는 집단 크기의 한계성 • 부정적인 태도 형성: 평가 불안으로 인한 참여 태만으로 방관적인 태도형성의 문제 • 비효과성: 토의주제에 대한 일정 수준 이상의 선수학습의 필요, 계획과 진행에 비교적 많은 시간 소요

마지막으로 실험형 교수법(探究法)은 학습자에게 해결할 학습문제를 주고, 탐구를 통하여 그것을 해결하는 과정에서 학습이 이루어지는 훈련(교육)방법이다. 이 과정에서 학습자는 단독으로 또는 동료학습자와 협력하여 토의 주제와 관련된 문제해결을 위한 의사소통을 한다. 교수자의 역할은 실험을 위한 문제와 관련 자료를 제공하는 것이다. 탐구를 위한 실험형 교수법은 발견학습이라고도 하며, 학습자는 자신이 기존에 가지고 있던 지식을 이용하여 주어진 문제를 파악하고, 문제해결 방안을 생각하며, 문제해결에 필요한 자료를 수집·분석하면서 학습을 진행한다. 실험형 교수법은 학습자의 문제해결 능력을 향상시키는 것이 중요한 목적이다. 실험형 교수법은 구조화되지 않는 학습내용으로 논리성이 부족한 것으로 보이지만, 학습자는 구조화되지 않은 학습문제에서 중요한 기본 개념과 원리를 찾고, 그 개념 간의 관계를 알아내게 된다. 실험형 교수법의 장점과 단점은 〈표 11-4〉와 같다(이성흠 외, 2017).

〈표 11-4〉 실험형 교수법의 장점과 단점

장점	단점
• 현실성: 모의상황에서 실제의 현장과 같은 훈련환경에서 경험을 통한 지식획득 가능 • 능동성: 학습자의 능동적인 참여와 즉각적인 송환을 통한 동기유발 가능 • 효과성: 인지적, 정의적, 심동적 영역의 동시 수행 가능	• 능력 차이: 개별 학습자의 역량수준에 따른 학습효과의 차이 발생 • 흥미로 전락 가능성: 실험 계획과 자료의 잘못으로 인한 오락거리로 전락 가능 • 비경제성: 훈련(학습)진행에 많은 시간과 비용 필요

3) 자기주도학습

조직 구성원은 스스로 학습하면서 성장하고자 하는 욕구를 실현하고자 자기개발(self-development)에 노력한다. 이와 관련된 자기주도학습(self directed learning) 이론은 조직구성원이 자신의 업무환경에서 자기개발에 중요한 근거를 제공하고 있으며, 20세기 후반부터 정보·통신기술(Information and Communication Technology: ICT)의 비약적인 발전으로 첨단 매체를 활용한 교육도 자기개발을 위한 중요한 수단이 되고 있다. 전통적으로 자기개발은 도서관, 박물관, 전람회 등과 같은 교육시설을 이용한 아날로그 형태의 학습(훈련)자료를 이용하여 이루어졌다(장원섭, 2011). 그러나 최근 시대정신을 반영하는 첨단 ICT가 컴퓨터와 접목되어 다양한 분야에서 조직구성원의 자기개발을 위한 디지털 형태의 자료를 제공하는 훈련(학습)환경이 제공됨으로써 언제, 어디서나, 자신이 원한다면 학습을 통한 자기개발이 가능하다(World Bank Group, 2018).

제4차 산업혁명과 연계되어 진행되는 지능정보사회에서는 첨단 ICT를 사용하는 자율학습과 자기개발이 가능한 학습방법에 많은 관심이 집중되고 있다. 컴퓨터를 활용한 자기주도학습은 원칙적으로 학습자가 컴퓨터에서 제공되는 프로그램(courseware)을 사용하여 일대일로 의사소통하는 것으로 학습자가 프로그램에 적극적으로 참여할 수 있으며, 프로그램 내용도 학습자 자신에게 적합한 것으로 선택할 수 있다. 특히, 조직에서는 구성원의 역량강화에 필요한 자기주도학습을 위한 도구로서 컴퓨터보조훈련(Computer-Aided Training), 인터넷과 인트라넷 기반 훈련(Internet-and Intranet-Based Training), 지능형보조훈련(Intelligent Computer-Assisted Training) 등을 활용할 수 있다(DeSimone & Werner, 2012).

컴퓨터보조훈련은 훈련과 실습 접근법(drill-and-practice)을 사용하는 전자워크북을 포함하여 전통적인 HRD 훈련 프로그램으로 사용되는 CD-ROM에 이르기까지 다양한 자료 활용이 가능하다. 인터넷과 인트라넷기반 훈련은 인터넷을 통한 이러닝

(e-Learning)과 조직의 인트라넷을 활용하여 특화된 분야의 역량개발에 요구되는 프로그램을 설계・제공함으로써 조직구성원의 자기주도학습을 통한 역량개발을 유도할 수 있다. 또한, 지능보조훈련은 특정 분야에서 조직구성원의 현재의 전문성을 정확하게 진단하여 수준별 프로그램을 제공함으로써 자기주도학습을 강화하는 훈련(학습)도구로써 활용할 수 있을 것이다. 〈표 11-5〉는 자기주도학습(훈련) 방법으로 활용할 수 있는 ICT기반 교육(훈련)기법의 장점과 단점의 요약이다(이성흠 외, 2017). 이상에서 살펴본 것과 같이 인터넷의 확산과 함께 가상공간에서 진행되는 자기주도학습은 조직구성원에게 요구되는 역량개발을 포함하여 일반 성인을 위한 학습기회 충족에도 공헌하고 있으며, 평생교육 실현을 통한 학습사회 건설에 중요한 역할을 담당할 수 있을 것이다.

〈표 11-5〉 ICT 활용 자기주도학습의 장점과 단점

장점	단점
• 자기주도학습: 학습자의 수준에 맞는 수준별 학습 가능 • 능동적인 상호작용: 학습자와 프로그램 내용 간의 능동적인 상호작용으로 완전학습 가능 • 독립심 신장: 학습에 대한 책무성과 독자적인 문제해결 능력 신장	• 비효율성: 개별학습 시, 오(誤)개념 발생 가능 • 학습효과 검증의 어려움: 학습효과에 대한 실증 자료 부족 • 불충분한 통제 기능: 학습과정의 통제 부족 및 정의적 교육목표 달성의 한계 존재

3. 프로그램 질 관리를 위한 모니터링

합리적인 인적자원관리(Human Resource Management: HRM)를 포함하여 HRD의 주요 기능은 조직에서 수행향상을 통한 성과 극대화와 연결되어 있다. 최근 제4차 산업혁명이 전개되는 지구촌 지능정보사회의 개방된 세계시장에서 점증되고 있는 국제적 경쟁, 빠른 속도로 발달되고 있는 정교한 기술, 그리고 여러 분야의 사회구조에서

급진적인 변화들은 기업의 직무환경에서 훈련(교육)의 범위와 형식을 근본적으로 변화시키고 있다. 이와 같은 시대변화에 부응하면서 경쟁력을 제대로 갖추기 위해서는 조직에서 훈련(교육)의 기능은 수행과 관련되는 문제해결을 통하여 조직이 필요로 하는 요구를 충족하거나 새로운 사업기회를 포착하여 수행향상을 통한 성과향상에 공헌하여야 한다. 이와 같은 관점에서 수행향상과 성과향상을 위하여 조직에서 설계·개발·실행되는 HRD 프로그램은 어떤 효과(율)적 과정을 거쳐서 적절하게 제공되어 원래 계획한 목적이 얼마나 잘 성취되었는가를 판단하는 질(質) 관리 과정이 요구되고 있다. 다음에서 모니터링을 통한 프로그램 질 관리에 대한 기초이론과 프로그램의 질 관리에 대한 의사결정과 모니터링 지표에 대하여 살펴보고자 한다.

1) 모니터링을 통한 프로그램 질 관리

모니터링(monitoring)은 어떤 목적을 달성하기 위하여 설정된 계획(set plans)에 대한 진행 상황을 추적하면서 확립된 표준(established standards)을 준수하는가를 확인하기 위하여 일상적인 정보 수집과 분석을 하는 것이다. 즉, 계획과 표준에 대한 진행과정의 동향과 패턴을 파악하고, 수집된 자료를 통하여 필요한 전략을 적용하면서 프로젝트 또는 프로그램 관리를 위한 결정을 하는데 도움을 주는 활동이다(International Federation of Red and Red Crescent Societies, 2011). 모니터링에서 사용하는 주요 질문은 논리표(logframe) 목표의 관점에서 작성되며 하위 수준(투입자원, 활동, 산출물, 성과물)의 목표에 초점을 맞춘다. 프로젝트와 프로그램에 사용되는 모니터링의 일반적 유형, 목적, 주요활동은 〈표 11−6〉과 같이 요약된다(International Federation of Red and Red Crescent Societies, 2011: 12-3).

〈표 11-6〉 모니터링의 일반적 유형, 목적 및 주요활동

유 형	목적	주요 활동
결과 모니터링	효과와 영향을 추적하는 것	프로젝트/프로그램이 의도한 결과(성과물, 결과물, 영향)를 향한 목표에 있는가와 어떤 의도하지 않은 영향에 머무르고 있는가를 결정하기 위하여 평가와 병합되는 활동
과정 모니터링	투입물과 자원의 사용, 활동의 과정과 산출물의 전달을 추적하는 것	활동이 어떻게 전달되는가, 시간과 자원의 효율성을 검토하는 활동이며, 경우에 따라서는 준수 모니터링과 함께 수행되며 영향평가에 반영되는 활동
준수 모니터일	프로젝트/프로그램과 관련되는 규정, 법률, 기준 등의 준수를 추적하는 활동	기부자 규정과 예상 결과, 교부금과 계약 요건, 지방 정부 규제 및 법률, 윤리적 기준 준수를 확인하는 활동
맥락 모니터링	프로젝트/프로그램이 실행되는 설정 상황을 추적하는 것	확인된 위험과 가정에 영향을 미치는 것으로 예기치 않게 발생하는 고려사항도 확인하는 활동이며, 프로젝트/프로그램에 영향을 미치는 정치, 제도, 자금 및 정책 맥락 등의 활동도 포함되는 활동
수혜 모니디링	프로젝트/프로그램의 수혜자 인식을 추적하는 활동	참여, 처우, 자원에 대한 접근, 전반적인 변화 경험 등을 포함하여 프로젝트/프로그램에 대한 수혜자의 만족과 불만 등과 관련되는 활동
재정 모니터링	사전에 정의된 지출의 범위 내에서 투입물과 활동과 관련된 비용을 분석하는 활동	일반적으로 준수와 과정 모니터링과 동시에 이루어지는 활동
조직 모니터링	프로젝트/프로그램과 파트너와의 지속가능성, 조직개발, 역량구축을 추적하는 활동	대규모의 구현 조직에서 과정 모니터링과 연계하여 수행되는 활동

〈표 11-6〉에서 요약된 것과 같이 교육(훈련) 프로그램의 질 관리를 위한 모니터링은 다양한 형태의 유형에 따라서 적절한 과정과 도구를 활용하여 모니터링과 관련되는 자료를 수집하고, 분석하며, 보고하는 다양한 활동을 포함하고 있다. 모니터링에 사용되는 과정과 도구는 모니터링의 요구에 따라 다양하게 선택 가능하다. 그러나 모니터링의 실제에서 요구되는 모범사례는 다음 사항을 준수하는 것이다(International Federation of Red and Red Crescent Societies, 2011: 13). 첫째, 모니터링 자료는 특정한 고객과 용도에 초점을 맞추어야 한다. 둘째, 모니터링은 미리 설정된 지표와 가정에 기초하여 체계적으로 수행되어야 한다. 셋째, 모니터링은 프로젝트/프로그램의 예상하지 못한 변화와 맥락도 반영하여야 한다. 넷째, 모니터링은 프로젝트/프로그램 실행에 필요한 자료를 제공하기 위하여 적시에 수행되어야 한다. 다섯째, 가능하다면 모니터링은 주요 이해당사자를 포함하여 참여적이어야 한다. 마지막으로 모니터링 정보는 프로젝트/프로그램 관리자뿐만 아니라 수혜자, 기부자를 포함하여 관련되는 이해당사자와 공유되어야 한다.

프로그램의 질 관리의 과정으로 모니터링은 프로그램 평가와 불가분의 관계에 있다. 일반적으로 평가(評價, evaluation)는 특정 현상이나 대상의 가치 또는 질(質)을 판단하는 과정이다. 교육(훈련)프로그램의 평가는 프로그램의 설계, 실행, 결과 등과 관련하여 이들 단계의 목적의 적절성과 성취 정도, 개발 효율성, 효과성, 영향, 지속가능성 등의 가치와 질을 결정하는 것이 목적이다. 따라서 모니터링 과정에서 수집·분석된 자료는 프로그램 평가 단계의 기초자료로 활용 가능하다. 그러나 모니터링과 평가는 〈표 11-7〉에서 요약된 것과 같이 몇 가지 점에서 차별화 된다. 이와 같은 관점을 고려하여 교육(훈련)프로그램의 질 관리를 위한 자료 수집·분석·활용에서 맥락에 맞게 모니터링을 적절하게 활용해야 할 것이다(International Federation of Red and Red Crescent Societies, 2011: 19-20).

〈표 11-7〉 모니터링과 평가의 주요 특징 비교

구분	모니터링	평가
목적	• 과정 확인 • 결정과 개선 조치 정보 제공 • 프로그램 계획 수정 • 책무성 지원	• 진행 정도와 가치 사정(査定) • 장기 계획과 조직학습을 위한 수업과 권장사항 확인(파악) • 책무성 제공
시기	• 프로그램 진행 중	• 정기적 및 프로그램 종료 후
주체	• 프로그램 실행자를 포함하는 내부 인력	• 조직의 내부 인력 또는 외부 전문가
논리 체계	• 투입물, 활동, 산출물 및 단기 결과에 초점	• 성과 전체 목표 달성에 초점

이상에서 간단하게 살펴본 것과 같이 HRD 프로그램의 실행과정에서 사용되는 모니터링은 프로그램과 관련하여 어떤 일이 일어나고 있는가를 설명하기 위하여 필요한 자료를 수집하여 프로그램 질(質) 관리와 의사결정에 필요한 정보와 자료를 지속적으로 제공하는 활동이다(Catholic Relief Srevice, 2011; Chaplowe & Cousins, 2016; International Federation of Red and Red Crescent Societies, 2011; Markiewicz & Patrick, 2016). 프로그램 모니터링과 관련하여 학교교육을 담당하는 공교육에서는 국가 교육과정(프로그램) 모니터링을 통하여 양질이 교육과정을 개발하고, 개발된 교육과정의 안정적인 적용을 지원한다. 교육과정이 적용되는 과정에서 다양한 지표(indicators)를 사용한 면밀한 질 관리 등의 종합적이고 다각적인 접근을 통하여 자료와 정보를 수집하여 교육의 책무성(accountability)을 담보하고자 노력하고 있다(이근호 · 이병천 · 가은아 · 이주연, 2016; 이승 · 정동열 · 곽미선, 2013). 부분적으로는 학교급별(신현석 · 변수연 · 전재은, 2016), 단위 교육과정별(김국현, 2008)로 양질의 교육과정 개발 · 활용을 위하여 모니터링 방법을 활용하고 있다.

이와 반면에 산업(기업)교육과 관련하여 대부분의 조직은 수행향상을 통한 성과극대화와 조직의 특성을 반영한 기회포착을 위하여 조직 구성원의 과정과 결과 모니터링에 초점을 맞춘다(허영주, 2015). 역량개발을 위한 프로그램의 설계 · 개발 · 실행과정에서 총체적 질 관리(total quality management: TQM) 이론을 적용하여(Deming, 1983; Jurna, 1989; Jurna & De Feo, 2010) 양질의 교육(훈련)프로그램을 제공하고자 노력하고 있다. 〈표 11-6〉과 같이 기업(산업) 교육에서는 다양한 유형의 모니터링이 실천될 수 있지만, HRD 분야에서는 프로그램의 실천 과정과 결과에 대한 정보와 자료를 지속적으로 수집하는 활동으로 모니터링을 실천한다(Chen, 2005; Chaplowe & Cousins, 2016; Rossi, Lipsey, & Freeman, 2004). 그러나 여기서는 프로그램의 전체 과정과 관련된 'TQM 관점의 형성적 관점'을 강조하는 과정 모니터링에 초점을 맞추고자 한다. 프로그램 질 관리의 연속성 관점에서 과정 모니터링은 자료수집이 한 시점에서 이루어지는 성과 모니터링과는 다르게 프로그램 전반에 걸쳐 자료수집이 가능하며, 형성적 관점에서 수집된 자료는 프로그램과 관련되는 후속 의사결정에 유용한 기초자료로 활용이 가능하다(주경필 · 권대봉, 2008; Catholic Relief Srevice, 2011; International Federation of Red and Red Crescent Societies, 2011).

2) 프로그램에 대한 의사결정 자료와 모니터링의 지표

HRD 프로그램의 개선을 위한 의사결정에 필요한 자료를 수집하는 목적으로 모니터링 기법을 사용하고자 하는 경우에는 개선이 필요한 영역의 정보와 자료가 필요하다. 이와 관련하여 의사결정을 지원하는 Stuffebeam의 CIPP 평가모형, 즉 상황(Context), 투입(Input), 과정(Process), 그리고 산출(Product)의 측면에 따른 요인별 모니터링 자료는 프로그램 개선을 위한 활용에 많은 도움이 될 수 있다(한국교육평가학회, 2004; 허영주, 2015). Stufflebeam(2003)은 CIPP 평가모형에서 교육(훈련)프로그램 개선을 위한 의사결정을 계획과 관련된 결정, 구조화와 관련된 결정, 교육실천을 위한 결정, 그리고 차기 계획과 순환을 위한 결정으로 구분하였다. 특히, CIPP 평가모형의 과정 측면에서 모니터링 자료는 HRD 프로그램을 실행하면서 그 내부에서 이루어지는 활동에 초점을 맞추어 수집할 수 있으며, 이들 수집 자료를 기초로 보다 효과(율)적인 프로그램의 계획을 수립하거나 프로그램의 목표, 내용, 훈련(교육)방법, 환경 등을 수정·변경하는 데 유용하게 활용할 수 있을 것이다(주경필·권대봉, 2008). 〈표 11-8〉은 모니터링 과정에서 CIPP 평가모형의 4가지 측면을 연결하여 자료를 수집하고 난 다음, 모니터링 자료를 프로그램과 관련된 의사결정 과정에 활용할 수 있는 정보를 제시한다(한국교육평가학회, 2004).

〈표 11-8〉 프로그램 의사결정을 위한 모니터링 영역별(CIPP) 관련 정보

영역	의사결정 관련 정보
상황	• 프로그램 활동(계획)이 이루어지는 환경과 상황 • 학습자에게 충족되어야 할 필요와 요구 • 프로그램의 일반적인 목적과 구체적인 목표
투입	• 설정된 목표의 성취를 위한 교육활동에서 필요한 수단과 절차 • 다양한 대안 전략과 관련되는 정보
과정	• 계획된 프로그램이 실제 실천되는 상황 관련 정보 • 실천단계에서 절차와 관련된 활동 • 실천단계에서의 효율(과)성과 고충사항 관련 정보
산출	• 프로그램의 성취결과 측정 및 해석 • 학습자의 프로그램에 대한 만족의 정도

Chaplowe와 Cousins(2016: 9)에 따르면, 모니터링은 HRD 프로그램의 개선에 필요한 특화된 지표(specified indicators)에 관한 체계적이고 계속적인 자료수집의 기능을 담당하고 있다. 프로그램 모니터링에서 정보 수집을 위한 지표 개발은 중요하다. 따라서 HRD 프로그램 개선을 위한 필요한 정보와 자료를 획득하기 위하여 위에서 제시한 〈표 11-8〉의 영역별 관련 자료와 연계하는 모니터링 지표를 개발·사용할 수도 있다. 그러나 여기서는 HRD 프로그램의 전체 설계과정, 즉 분석-설계-개발-실행-평가의 다섯 단계(강명희 외, 2017; 이성흠, 2005; 이성흠 외, 2017; Gilley, Eggland, & Gilley, 2002)에 따라서 프로그램 모니터링 과정에서 사용할 수 있는 지표를 〈표 11-9〉와 같이 요약·제시한다. 〈표 11-9〉는 HRD 프로그램의 모니터링과 관련된 종합적인

지표가 아니며 일반적으로 사용할 수 있는 지표의 예시이다. 상황과 맥락에 따라 〈표 11-9〉의 일반적인 지표에 조직의 특성과 프로그램에 고유한 특화된 지표를 추가하여 사용할 수 있을 것이다.

〈표 11-9〉 프로그램 설계 단계와 모니터링 지표

단계	지표	목 적
분석	학습목표/학습내용	훈련목표의 적절성, 프로그램 내용의 논리적 구조와 수준, 최신성 등의 자료 수집
	학습자	프로그램 참여자 자료 수집
	훈련(교육)환경	훈련(교육)환경 자료 수집
	특화지표 (1)	분석 관련 특화된 지표 자료 수집
설계	프로그램 조직	프로그램 전체 설계 자료 수집
	프로그램 내용 수준	프로그램 난이도, 학습량 관련 정보 수집
	특화지표 (2)	설계 관련 특화된 지표 자료 수집
개발	훈련(교육)자료 선택	프로그램 자료 선택 정보 수집
	훈련(교육)자료 활용	프로그램 자료 활용 정보 수집
	특화지표 (3)	개발 관련 특화된 지표 자료 수집
실행	교수자(촉진자)	교수자(촉진자) 자료 수집
	훈련(교육)방법	훈련(교육)방법 자료 수집
	훈련(교육)활동	훈련(교육)활동 자료 수집
	훈련(교육)환경	훈련(교육)환경 자료 수집
	특화지표 (4)	실행 관련 특화된 지표 자료 수집
평가	훈련(교육)활동 송환	훈련(교육)활동의 송환 자료 수집
	성적평가	프로그램 성적 자료 수집
	특화지표 (5)	평가 관련 특화된 지표 자료 수집
종합	프로그램 종합	프로그램 전체 관련 종합 자료 수집
	기타사항 (1)	종합 관련 특화된 지표 자료 수집
	기타사항 (2)	종합 관련 특화된 지표 자료 수집

4. 프로그램 실행과 모니터링의 쟁점과 미래 전망

이상으로 HRD 프로그램 실행 및 모니터링과 관련된 내용을 살펴보았다. 조직에서 문제해결과 기회포착을 통한 성과 극대화를 위하여 설계·실행되는 다양한 프로그램은 경쟁적인 기업경영 환경에서 중요한 요소로 작용하고 있다. 최근 대부분 조직에서는 다양한 HRD 프로그램 운영을 지능정보 사회 속 경쟁적인 기업 환경에서 살아남기 위한 투자로 바라보고 있다. 그에 따라 조직 구성원의 수행향상을 위한 다양한 프로그램을 운영하는 동시에 프로그램의 전체 과정에 대한 질 관리를 위한 모니터링 활동을 실행하고 있다. 그러나 조직 구성원의 핵심 역량 강화를 위한 HRD 프로그램의 실행과 질 관리를 위한 모니터링의 문제점과 쟁점사항은 여전히 많이 남아 있다. 조직에서 HRD 프로그램 실행과 모니터링과 관련된 과제, 쟁점사항, 미래전망에 대하여 간략하게 살펴보고자 한다.

1) 프로그램 실행의 쟁점사항과 미래전망

일반적으로 프로그램을 실행하는 훈련(교육)방법은 '프로그램 목적을 달성하기 위하여 적절한 프로그램 내용을 효과(율)적으로 전달하기 위한 의도적이고 계획된 활동'으로 정의할 수 있다. 이러한 훈련(교육)방법의 정의에는 가르치는 행위와 배우는 행위가 존재하여야 하고, 가르치는 행위가 도덕적·규범적 기준에서 정당화될 수 있어야 하고, 행위의 결과로 학습이 일어나야 한다는 기본적인 조건을 내포하고 있다(한국교육공학회, 2005: 75). 이 장에서는 HRD 프로그램 실행을 위한 훈련(교육)방법으로 직무교육, 집합교육, 자기주도학습으로 나누어 다양한 기법들을 살펴보았다. 그러나 HRD 프로그램 실행을 위한 훈련(교육)방법에서 최선의 유일한 방법은 없으며, 단지 여러 가지 상황에 적절한 최적의 방법만이 있을 뿐이다. 이러한 관점에서 HRD

프로그램의 실행과 관련되는 훈련(교육)방법은 프로그램과 관련된 훈련(교육)내용, 교수자(촉진자), 학습자, 훈련(학습)환경 등의 맥락을 종합적으로 고려한 다양한 방법을 선택하는 것이 필요하다(강명희 외, 2017; 이성흠 외, 2017; 장원섭, 2011). 이와 같은 관점에서 훈련(교육)방법은 과학이라기보다는 예술이라고 할 수 있으며(이성흠 외, 2017), HRD 프로그램 실행에서도 프로그램의 다양한 맥락적 요소를 고려하여 적절한 훈련(교육)방법을 선정하여 사용하여야 할 것이다.

최근 과학기술의 비약적인 발전으로 ICT가 컴퓨터를 중심으로 결합됨으로써 HRD 프로그램 실행을 위한 훈련(교육)방법에도 획기적인 변화가 발생하고 있다. HRD 프로그램의 실행은 20세기 중·후반까지만 하여도 아날로그 형태의 인쇄매체를 중심으로 이루어졌지만, 최근에는 방송매체를 포함하여 컴퓨터와 인터넷, 첨단 테크놀로지를 활용한 모바일 환경에서 디지털 형태의 자료공유를 통한 조직 구성원의 역량개발을 위한 훈련(교육)과 학습이 폭발적으로 증가하고 있다. HRD 프로그램 실행을 위한 훈련과 학습은 시·공간을 초월하여 아날로그와 디지털 자료를 동시에 결합하여 혼합학습(blended learning)의 운영을 가능하게 하고 있다(DeSimone & Werner, 2012). 이러한 디지털 학습공간의 이용은 직무교육과 집합교육에서도 다양하게 활용되고 있으며, 특히 원격교육을 통한 자기주도학습에도 다양하게 활용됨으로써 HRD 프로그램의 실행의 미래를 밝게 전망할 수 있다. 그러나 익명성을 강조하는 가상공간에서의 훈련(교육)의 목적으로 사용되는 정보와 자료와 관련하여 대두되는 윤리문제에 대한 고민도 필수적이다.

2) 프로그램 모니터링의 과제와 미래 전망

최근 정책평가 분야에서는 프로그램의 질(質) 관리를 위하여 모니터링을 과정평가와 연계하여 필요한 정보와 자료를 수집·활용하고 있다(고재경·주정현, 2014; 노화준, 2006; 박종택, 2016; 이정환·임상봉·전택기·최예리·윤원근·전영옥·최식인·

유학열 · 이제이 · 김주인, 2016). 이와 비슷한 맥락에서 기업(산업)교육에서 HRD 프로그램의 질 관리를 위한 효과적인 모니터링은 중요하다. 그러나 HRD 분야에서 프로그램 모니터링은 시작단계에 불과한 실정으로 이론에 기초한 실증적인 연구를 통한 경험축적이 요구되는 분야이다. 프로그램 모니터링과 관련하여 가장 시급한 문제 가운데 하나는 HRD 프로그램의 관점, 범위, 내용 등의 영역에 따라서 분류된 모니터링 지표를 개발하고, 다음으로 영역별 지표에 따른 세부지표를 개발하여 모니터링 과정에 사용하여야 한다는 것이다(Chaplowe & Cousins, 2016). 〈표 11-9〉에서는 HRD 프로그램의 모니터링에 사용가능한 지표를 개발하는 방향을 프로그램 설계 단계에 따라서 예시하였다. 〈표 11-9〉의 모니터링 지표는 하나의 예시자료이며, HRD 프로그램의 효과적인 실행과 연계하여 이론에 기초한 과학적인 모니터링 지표개발이 요청되는 시점이다.

조직에서 프로그램의 설계 · 개발 · 운영 과정에서 과정평가와 연계하여 사용할 수 있는 모니터링을 위한 지표를 개발한다면, 맥락에 따른 프로그램의 질 관리가 가능할 것이다. 또한, 모니터링을 위한 프로그램의 목표, 내용, 실제 운영과정, 결과(기능) 등과 연계되어 개발된 지표를 이용하여 수집된 자료는 HRD 프로그램의 질 관리를 위한 이해당사자의 의사결정과정에도 직 · 간접적으로 활용이 가능할 것이다. 이러한 이론에 기초한 과학적 방법을 활용하는 HRD 프로그램의 모니터링을 통한 자료축적과 경험공유는 연구자와 실무자의 공론의 장(場) 마련을 위한 기초자료를 제공할 것으로 기대된다.

참고문헌

강명희 · 정재삼 · 조일현 · 이정민 · 임규현 · 소효정 (2017). 교육방법 및 교육공학 (제3판). 파주, 경기: 교육과학사.

고재경 · 주정현 (2014). 경기도 지속가능발전 지료 개발 및 모니터링 방안 (정책연구 2014-22). 수원, 경기: 경기개발연구원.

김국현 (2008). 도덕 교과서의 총체적 질 관리 방안 연구. 윤리교육연구, 15, 193-220.

노화준 (2006). 정책평가론 (개정판). 서울: 법문사.

박종택 (2016). 공간정보정책 모니터링을 위한 지표개발 연구 (수시 16-35). 경기: 국토연구원.

신현석 · 변수연 · 전재은 (2016). 학부교육의 질과 성과의 의미에 대한 성찰과 쟁점. 교육행정학연구, 34(1), 73-102.

이근호 · 이병천 · 가은아 · 이주연 (2016). 국가 교육과정 모니터링 체제 개선 연구. 한국콘텐츠학회논문지, 16(2), 588-599.

이성흠 (2005). 학습자 만족도 확인을 위한 교육 · 훈련프로그램 반응평가. 서울: 교육과학사.

이성흠 · 이준 · 구양미 · 이경순 (2017). 교육방법 및 교육공학: 의사소통, 교수설계 그리고 매체활용 (제4판). 파주, 경기: 교육과학사.

이승 · 정동열 · 곽미선 (2013). NCS 기반 직업교육훈련모델 운영 모니터링 연구. 직업과 자격 연구, 2(1), 43-66.

이정환 · 임상봉 · 전택기 · 최예리 · 윤원근 · 전영옥 · 최식인 · 유학열 · 이제이 · 김주인 (2016). 국가 및 세계 중요농업유산 선정지역 모니터링 및 관리기법 개발 연구 (Research Report). 경기: 한국논어촌공사 농어촌연구원.

장원섭 (2011). 인적자원개발: 이론과 실천. 서울: 학지사.

정진철 · 이승 (2018). 고성과 · 고품질 직업훈련 개편 대비 직업능력개발훈련 모니터링 체계 개선 연구. 서울: 한국산업인력공단, 서울대학교.

주경필 · 권대봉 (2008). 대학부설 평생교육기관 프로그램의 모니터링을 위한 평가준거체제 개발 연구. Andragogy Today: International Journal of Adult & Continuing Education, 11(1), 27-55.

한국교육공학회 (2005). 교육공학용어사전. 서울: 교육과학사.

한국교육평가학회 (편저)(2004). 교육평가용어사전. 서울: 학지사.

한국기업교육학회 (2010). HRD 용어사전. 서울: (주)중앙경제.

허영주 (2015). 평생교육 프로그램 평가를 위한 절충적 접근의 필요성 탐색. 교육종합연구, 13(4),

243-267.

Chaplowe, S. G., & Cousins, J. B. (2016). *Monitoring and evaluation training: A systematic approach*. Los Angeles, CA: Sage.

Chen, H. (2005). *Practical program evaluation: Assessing and improving planning, implementation, and effectiveness*. Thousand Oaks, CA: Sage.

Catholic Relief Service (2011). Chapter 10: Monitoring and evaluation (M&E). In *Institutional strengthening: Building strong management processes* (pp. e1-e70) . Baltimore, MD: Author.

Deming, E. W. (1983). *Out of the crisis*. Cambridge, MA: MIT Press.

DeSimone, R. L., & Harris, D. M. (1998). *Human resource development* (2nd ed.). Fort Worth, TX: The Dryden.

DeSimone, R. L., & Werner, J. M. (2012). *Human resource development* (6th ed.). Boston, MA: Soth-Western Cengage Learning.

Gilley, J. W., Eggland, S. A., & Gilley, A. M. (2002). *Principles of human resource development*. Cambridge, MA: Perseus Books; 장원섭 (역)(2003). 인적자원개발론. 서울: 학지사.

International Federation of Red Cross and Red Crescent Societies (2011). *Project/Programme monitoring and evaluation (M&E) guide*. Geneva: Author.

Juran, J. M. (1989). *Juran on leadership for quality: An executive handbook*. New York, NY: The Free Press.

Juran, J. M., & De Feo, J. A. (2010). *Juran's quality handbook: The complete guide to performance excellence* (6th ed.). New York, NY: McGraw-Hill.

Markiewicz, A., & Patrick, I. (2016). *Developing monitoring and evaluation frameworks*. Thousand Oaks, CA: Sage.

Rossi, P. H., Lipsey, M. W., & Freeman, H. E. (2004). *Evaluation: A systematic approach* (7th ed.). Thousand Oaks, CA: Sage.

Stufflebeam, D. L. (2003). The CIPP model for evaluation. In T. Kellaghan, & D, L, Stufflebeam with L. A. Wingate (Eds.), *International handbook of educational evaluation* (Part one: Perspective)(pp. 31-62). Norwell, MA: Kluwer Academic.

World Bank Group (2018). *Learning to realize education's promise* (A World Bank Group Flagship Report). Washington, DC: International Bank for Reconstruction and Development/World Bank.

요약

조직 구성원의 역량개발을 위한 HRD 프로그램 실행은 적절한 방법과 시대정신을 반영하는 테크놀로지를 활용하여 프로그램이 필요한 학습자(구성원)에게 훈련(학습)경험을 제공하여야 한다. 프로그램 실행을 위한 훈련(교육)방법으로 직무교육, 집합교육, 자기주도학습을 중심으로 관련되는 기법을 약술하였다. 이러한 훈련(교육)방법은 프로그램과 관련된 내용, 교수자(촉진자), 학습자, 훈련(교육)환경 등의 맥락을 고려하여 최적의 방법을 선택하는 것이 필수적이다. 최근 ICT가 컴퓨터를 중심으로 결합되는 디지털 학습환경에서 HRD 프로그램 실행을 위한 첨단 테크놀로지의 활용가능성을 고찰하였다.

프로그램 설계 · 개발 · 실행의 과정에서 명시된 목표와 프로그램의 실행에서 실천된 목표 간의 차이를 최소화하기 위한 자료를 지속적으로 수집하는 모니터링은 프로그램 질(質) 관리를 위한 도구로 사용되고 있다. 효과(율)적 프로그램 질 관리를 위한 모니터링에서 프로그램과 관련된 특화된 지표(indicator) 개발은 필수적이다. 프로그램 모니터링에 필요한 지표 개발의 방향을 제시하기 위하여 HRD 프로그램의 설계 단계에 따른 분석-설계-개발-활용--평가와 연계하여 개발 가능한 모니터링의 지표를 개발 · 예시하였다. 프로그램 실행의 과정에서 모니터링을 통한 효과(율)적 프로그램 질 관리를 위해 현장에서 모니터링에 대한 과학적 연구를 통해 자료를 축적하고 경험을 공유한다면 이 분야의 현장 실천과 발전에 많은 도움이 될 것으로 판단된다.

탐구 질문

1. 일반적으로 HRD 프로그램 실행에서 사용하는 훈련(교육)방법-직무교육, 집합교육, 자기주도 학습-의 장점과 단점은 무엇인가? 독자(학습자)의 현장경험에 기초한 구체적으로 설명하시오.
2. 독자(학습자)가 소속한 조직에서 자신의 담당 업무와 연계하여 개발한 HRD 프로그램의 내용을 간단하게 요약(소개)하고 프로그램의 실행에서 선택한 훈련(교육)방법은 무엇인가? 프로그램의 내용과 연계하여 선택한 훈련(교육)방법과 구체적인 기법은 무엇이며, 기법의 장 · 단점은 무엇인가?
3. 독자(자신)가 소속한 조직에서 프로그램 질 관리를 위하여 모니터링 과정에서 사용하는 공통된 지표를 무엇인가? 또는, 특정 프로그램에서 사용하기 위하여 개발된 특화된 지표(specified indicators)가 있는가?

/ 저자소개 /

이성흠(suhlee17@hanmail.net)

현재 (사)박약회(博約會) 학술담당 부회장. 경기대학교 산학협력단 부교수 역임. 관심영역과 연구주제는 교육학/교육공학에 기초한 인적자원개발과 수행공학을 통섭적 관점에서 접근하면서 수행향상, 교과와 연계된 인성교육, 혁신단계별 테크놀로지가 교육에 미치는 영향, 학문적 글쓰기 등. 주요 저서로는 교육방법 및 교육공학: 의사소통, 교수설계 그리고 매체활용, 미래세대를 위한 인성교육, 학문적 글쓰기의 이해, 학습자 만족도 확인을 위한 교육 · 훈련프로그램 반응평가 등이 있음. 주요경력은 한국과학기술연구소(KIST) 슈퍼컴퓨터센터 책임기술기사, Indiana대학교 교육 · 훈련센터 연구위원(Research Associate), 중앙공무원교육원 사이버교육팀장 등.

제12장

프로그램 평가

정재삼 (이화여자대학교)

■ 목표

1. 학습자는 프로그램 평가의 의미와 구성요소를 논의할 수 있다.
2. 학습자는 평가(evaluation), 사정(assessment), 측정(measurement), 그리고 검사(test) 간의 미묘한 차이를 설명할 수 있다.
3. 학습자는 프로그램 평가의 5가지 접근법(모형)을 구분하여 사용할 수 있다.
4. 학습자는 평가의 논리를 바탕으로 프로그램 평가의 기본 절차를 논의할 수 있다.
5. 학습자는 프로그램 평가의 기본 절차를 바탕으로 평가계획서를 작성할 수 있다.
6. 학습자는 인재개발 프로그램 평가의 준거를 논의하고 각 준거에 적절한 평가설계를 할 수 있다.

■ 핵심용어

평가, 사정, 측정, 검사, 형성평가, 총괄평가, 평가의 논리, Tyler의 평가모형, CIPP모형, 고객중심평가모형, 인정평가모형, 감정비평모형, 종합실상모형, 자연주의평가모형, 4수준평가모형, ROI모형, 뉴월드Kirtpatrick모형

1. 평가의 의미와 논리

1) 평가와 프로그램 평가

여러 가지 사전적 의미들을 종합해보면, 평가는 대상의 가치를 판단하고 결정하는 일이라는 점을 가장 중요시하고 있다. Scriven에 의하면 평가는 평가대상의 가치(value)[1]를 결정하는 과정 또는 그 과정의 산출물이다. 이 과정이나 부분에 언급되는 용어들에는 감정(appraise), 분석, 사정, 비평, 조사, 등급, 검사, 판단, 평정, 순위, 탐구, 검사 등이 포함된다. 평가 과정에는 value(merit, worth)의 적절한 기준의 파악, 이 기준에 관한 평가대상의 수행성과에 대한 조사, 전반적인 평가 성취 결과를 통합하고 종합하는 일이 포함된다(Scriven, 1991, p. 139).

프로그램 평가(program evaluation)란 "어떤 프로그램(활동, 서비스)의 의사결정을 위하여 유용한 정보를 설명하고 획득하며 제공하는 과정"(Stufflebeam, 1971)이다. 프로그램 평가는 많은 요소를 포함하는 복잡한 과정이지만 그 근본은 목표(objectives)-수단(means)-척도(measures)의 단순한 3단계의 연속이라고 할 수 있다(Isaac & Michael, 1995). 간단히 표현해서 프로그램 평가는 성취할 목표를 결정하는 일, 그 목표가 달성되는 방법을 결정하는 일, 그 목표가 실제로 달성되었는지를 알아내는 일이다. 이러한 목표-수단-척도의 3단계의 요소가 추가되면서 [그림 12-1]과 같이 요구사정(needs assessment)-프로그램기획(program planning)-실행평가(implementation evaluation)-진행평가(progress evaluation)-성과평가(outcome evaluation)의 요소들로 구성되어 복잡해지게 되었다.

1) 가치에는 내재적 가치인 merit와 외적인 가치인 worth가 있음.

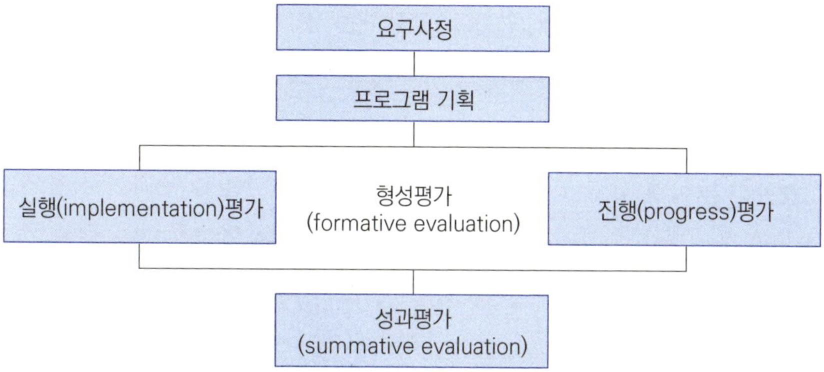

[그림 12-1] 프로그램 평가의 요소

요구사정 요소에서 요구(need)는 "Should Be" 상태와 "Is" 상태 사이의 차이(gap)로 정의된다. 일단 파악되면 요구는 우선순위가 정해지며 이것이 프로그램 목적(program goal) 설정의 기초가 된다. 프로그램 기획 요소에서 프로그램 목적(goal)에서부터 구체적이고 측정 가능한 목표들(objectives)이 도출되고, 이런 목표들이 달성되는 수단을 포함하는 하나의 계획(프로그램 절차, 전략 및 활동)이 형성된다. 실행평가와 진행평가 두 가지 요소는 형성평가(formative evaluation) 단계가 되는데, 실행평가 요소에서는 계획과 실제의 괴리를 찾아내고 프로그램이 원래 실세대로 되도록 유지하거나 적절하게 수정한다. 그리고 진행평가 요소에서는 코스 중간에서 목표 대비 진행의 지표(indicator)를 점검한다. 마지막의 성과평가 요소는 총괄평가(summative evaluation) 또는 산출평가(product evaluation) 단계에 해당된다.

2) 평가와 사정, 측정, 검사

평가와 관련 있는 용어로 사정, 측정, 검사가 있다. 경우에 따라 비슷한 의미로 쓰이기도 하지만, 이들 사이에는 개념적인 차이가 분명히 있다(배호순, 1994; 변창진 외, 1996; 성태제, 2002; Choppin, 1990). 측정(測定, measurement)은 일정한 법칙에 의거하여 어떤 사물이나 그 속성에 수치를 할당하는 것, 즉 사물의 성질을 구체화하기 위하여 수(數)를 부여하는 절차이다. 측정의 대상은 직접측정이 가능한 것과 직접측정이 불가능하여 간접측정만 가능한 것이 있다. 인간에 내재된 잠재적 특성은 직접측정이 불가능하기 때문에 간접측정을 해야 하는데 이 간접측정을 위하여 사용되는 도구가 검사(檢査, test)이다. 심리검사를 중심으로 검사라는 낱말을 정의하면 “개인차를 밝힐 목적으로 표준화된 조건하에서 개인의 심리적 특성을 재기 위한 객관적이고 조직적인 절차 또는 그 도구”(Anastasi, 1985)라고 할 수 있다. 측정 활동은 평가목적 달성을 위한 수단적 가치가 강조되는 절차 방법적 행위(technical act)인 반면, 평가 활동은 그 자체가 합목적적인 활동으로서 측정 결과를 판단 근거로 삼아 평가목적을 달성한다는 점에서 그 본질적인 차이를 발견할 수 있다.

사정(査定, assessment)은 인간의 복잡한 심리적, 행동적 특성의 크기나 수준을 감정하거나 추정하는 것이다(Aiken, 1981). 측정 또는 검사가 한 가지의 특성을 한 가지 방법으로 측정 또는 검사하는 것과는 달리, 사정은 여러 가지 특성을 다양한 방법을 통하여 복합적으로 파악하기 때문에 보다 포괄적인 개념이다. 즉 사정은 인간의 복잡한 특성을 하나의 검사나 도구로 측정하여 평가하는 것이 아니라 여러 가지 다양한 방법들(관찰, 면접, 측정, 검사, 행동기록, 누가기록, 설문조사, 포트폴리오 등)을 동원하여 그 가치를 추정하기 때문에 총평이라고도 한다(성태제, 2002).

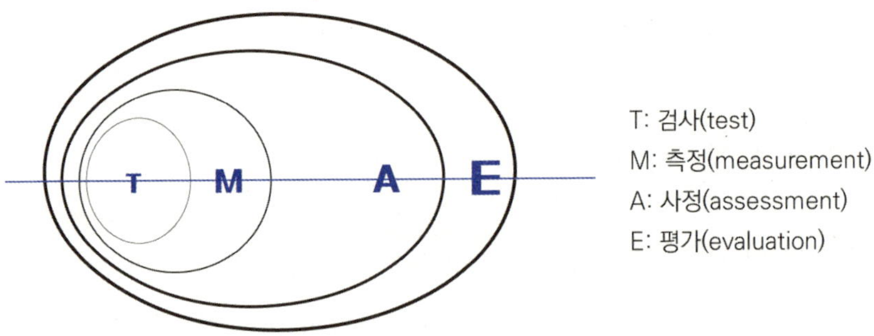

[그림 12-2] 검사, 측정, 사정, 평가의 관계

사정이 측정과 검사에서 필요한 자료를 수집하여 해석이 가능하도록 조사하여 정리하고 측정 결과에 대한 "가치 추정"을 하는 경우가 있으므로, 사정은 측정보다는 평가에 가까운 개념이지만, 사정 자료를 근거로 하여 "가치판단이나 의사결정"을 하는 평가와는 구별된다. 대체적으로 의미 넓이와 활동의 범위에 따라서 [그림 12-2]와 같이 "검사(T) ⊂ 측정(M) ⊂ 사정(A) ⊂ 평가(E)"로 그 포괄 관계를 설명할 수 있다.

3) 평가의 논리

평가는 모든 평가 활동을 받쳐주는 특별한 논리(logic)를 가진다. 이 논리는 평가 분야에서 추리 과정의 기초가 되는 구체적인 원리이다(Scriven, 1991). Fournier에 의하면 평가의 논리에는 준거(criterion) 확립, 기준(standard) 구성, 수행성과(performance) 측정, 가치(worth) 판단이 포함된다고 한다(Russ-Eft & Preskill, 2009). 배호순(1994)은 평가활동의 주요 요소로서 평가준거(criterion), 평가지표(indicator, data), 평가기준(standard) 및 규칙(rule), 가치 판단을 제시한다. 이를 통합 정리하면 평가의 논리(the logic of evaluation)는 다음과 같다.

- 평가 준거(Criterion)를 설정한다.
- 평가 지표(Indicator)를 파악한다.
- 평가 기준(Standard: How well should)을 세운다.
- 수행성과(Performance: How well did)를 측정한다.
- 평가대상의 가치(Worth)를 판단한다.
- 의사결정(Decision-Making)하고 추천한다.

평가 준거(criterion)란 평가할 대상 및 내용, 평가하고자 하는 대상의 속성, 또는 그로 인한 산출 및 활동 결과의 특정 영역이나 차원을 말한다. 이는 평가활동의 근거로서 평가활동의 범위나 영역, 또는 초점을 결정해 주며 평가지표(indicator) 및 기준(degree/standard)의 근원으로 작용한다.

평가지표(indicator)란 평가 준거에 관한 판단을 위하여 근거 자료를 제시하는 표현 방식, 준거에 관한 결과 및 산출을 입증해 주는 데이터, 또는 그 데이터 수집을 위한 측정 방법 및 도구를 포함한다. 일반적으로 평가지표는 양적인 것과 질적인 것으로 나눌 수 있으며, 양적 지표는 수량화하여 표현하는 경우이고 질적 지표는 특정 상태나 속성을 서술 및 표현한 경우를 말한다. 하나의 준거에 대하여 하나의 평가지표 또는 데이터만으로 그 달성 정도 및 성취 정도를 표현하기보다 두 가지 이상을 동시에 사용하는 것이 바람직한 경우가 많다.

평가 기준(standard, degree)이란 평가 준거의 속성과 내용 또는 그로 인한 산출 및 결과의 속성이나 그 자체를 나타내고 그것들의 바람직한 달성정도나 성취수준을 특정 수준 및 범위, 또는 점수로 표시한 것을 의미한다. 평가적 판단을 위한 판단 근거로 활용하기 위하여 평가 준거에 관한 내용 및 속성을 표현 및 측정할 수 있도록 점수, 수준, 범위, 정도 등을 활용한다.

수행성과 측정은 프로그램 참여자들을 포함한 평가 대상(evaluand)이 프로그램 목표를 얼마나 잘 달성했는가를 확인하는 것이다, 여기에는 여러 형태(공통적 기준과 개별적 기준, 절대적 기준과 상대적 기준, 명시적 기준과 묵시적 기준, 질적 기준과 양적 기준, 과정적 기준과 결과적 기준, 내재적 기준과 외재적 기준, 이상적 기준과 현실적 기준 등)로 평가 기준에 바탕을 두며 준비된 평가도구와 방법으로 데이터를 수집하여 측정한다.

평가적 판단이란 준거, 지표, 기준을 판단 근거로 삼아 특정 평가 대상(evaluand)에 관한 가치판단을 내리는 것으로서, 평가활동의 가장 핵심적으로 필수적인 활동으로 간주된다. 평가적 판단은 과정 중심의 판단과 결과 중심의 판단으로 나눌 수 있다. 가치판단 결과, 평가대상에 대한 특정 태도를 취하게 되거나 대상의 가치를 확인한다. 다시 말하면, 이 프로그램이 '조직에 가치가 있는가'를 확인한다. 가치판단에 기반하여

이 프로그램을 그대로 진행할 것인가, 재설계할 것인가, 제거할 것인가를 의사결정하고 추천한다. 이렇게 '평가의 논리'에는 평가자와 이해관계자 또는 고객이 평가 대상(evaluand)의 merit, worth, 또는 value에 대한 평가적 판단을 내리며 '미래에 어떻게 할 것인가'에 대한 추천을 하는 것이 포함된다. 즉 평가의 논리는 우리가 프로그램의 과정과 효과(impact)를 어떻게 결정할 것인가와 관련된다(Scriven, 1991; Shadish, 1995; Russ-Eft & Preskill, 2009).

4) 프로그램 평가의 모형

프로그램 평가 모형(접근법)은 목표지향 접근, 운영지향 접근, 소비자지향 접근, 전문가지향 접근, 참여자지향 접근 등 다섯 가지로 구분될 수 있다(Fitzpatrick, Sanders, & Worthen, 2004, 2010).

(1) 목표지향 평가접근(목적달성모형)

목적달성모형(Goal Attainment Model)은 프로그램 또는 행정적 주치 및 경영·관리를 통해 목표나 프로그램을 위한 제도적, 행정적 목표가 달성된 정도를 사정하는 평가모형이다. 따라서 학생들의 성취도를 평가하든, 행동발달상황을 평가하든, 교사의 수업을 평가하든, 학급경영을 평가하든, 교육행정을 평가하든, 교육재정을 평가하든, 교육시설을 평가하든, 미리 설정하여 놓은 목표를 평가의 기준으로 하는 평가는 모두 목적달성모형, 즉 목표지향 평가 접근이라 한다. 프로그램의 목표를 명세화하고 객관적인 측정도구를 사용하여 프로그램의 목표와 수행/성과(performance) 간의 일치도를 확인하는 평가도 목적달성모형의 일종이다. Tyler(1949)가 처음으로 제안한 모형이 목표지향 평가접근의 가장 대표적인 것이라고 할 수 있다.

교육평가를 교육 프로그램이나 수업에 의해 교육목표가 어느 정도 달성되었는가를 결정하는 과정이라고 말한 Tyler(1943)의 가치판단론적 정의를 따르면, 교육 혹은 수업목표를 평가의 기준으로 하여 어떤 프로그램이나 수업이 종료된 다음 교육목표가 달성된 정도를 확인하는 것이 교육평가이기 때문에 그의 평가방식은 목적달성평가모형이다. Tyler의 평가모형에서는 명세적으로 진술한 행동목표를 기준으로 교육성과를 평가한다고 해서 흔히 행동목표모형(Behavioral Objective Model)이라고도 한다.

Scriven(1972)은 탈목표 평가(Goal-Free Evaluation)가 필요한 이유가 프로그램의 목적/목표를 아는 데서 발생하는 편견을 감소시키는 데 있다고 보았다. 그렇게 하여 프로그램을 전체로서 판단하여 객관성을 높일 수 있다. 목적달성모형에서 평가자는 목적/목표에 직접 관련되지는 않지만 중요한 성과를 놓치게 된다. 잠재적 교육과정의 경우, 부정적 측면의 영향은 탈목표 평가에서 더 잘 발견될 수 있다. 목표중심 평가와 탈목표 평가는 상호보완적이다. 프로그램이 당연히 해야 하는 것을 얼마나 잘하고 있는가뿐만 아니라 의도적이든 비의도적이든 모든 성과 영역에서 프로그램을 판단하는 것은 중요하다. 이와 같이 목표중심 평가와 탈목표 평가는 함께 할 때 더 좋은 결과를 얻을 수 있다.

(2) 운영지향 평가접근(의사결정모형)

평가를 의사결정자에게 필요한 정보를 제공하여 의사결정을 돕는 과정으로 설명하는 의사결정론적 프로그램 평가 정의를 정보처리론적 정의라고 하는 것처럼 의사결정모형(Decision-Oriented Model)을 정보처리모형(Information-Processing Model)이라고 부르기도 한다. 프로그램 평가의 결과는 프로그램의 개선과 발전에 활용되어야 하고 평가결과를 활용하는 것은 합리적인 의사결정 및 운영(management)을 돕기 위해 평가결과를 사용하는 행위를 의미한다. 의사결정모형으로 간주될 수 있는 평가모형은 다양하나 그중 Stufflebeam의 CIPP 모형이 가장 대표적이라고 할 수 있다. 또한, Patton의 활용중심평가모형(Utilization-Focused Evaluation)도 여기에 속한다.

Stufflebeam(1973)은 평가가 의사결정에 필요한 정보를 설계, 획득, 제공하는 과정이라는 정의를 바탕으로 CIPP 프로그램평가모형(CIPP Model for Program Evaluation)을 제안했다. CIPP 프로그램 평가모형이란 용어가 너무 장황하기 때문에 간단히 줄여 흔히 CIPP 모형이라고 한다. CIPP에서 C는 상황평가(context evaluation, C), I는 투입평가(input evaluation, I), 첫번째 P는 과정평가(process evaluation, P), 두번째 P는 산출평가(product evaluation, P)의 약자이다. 즉 CIPP 모형은 네 가지 평가유형(상황평가, 투입평가, 과정평가, 산출평가)으로 구성된 복합적 평가모형이다. CIPP 모형을 개발할 때 Stufflebeam은 각종 조직에서 이루어지는 의사결정의 일반적인 유형을 목표를 확인하고 선정하기 위한 의사결정과 관계되는 기획의사결정(planning decision), 선정된 목표를 달성하는 데 적합한 절차와 전략을 설계하기 위한 구조의사결정(structure decision), 수립된 설계와 전략을 행동으로 옮기는 데 필요한 실행의사결정(implementing decision), 목표가 달성된 정도를 판단하고 그에 대한 의견을 제시하는 순환의사결정(recycling decision)으로 구분했다. 그런 다음 기획의사결정을 위해서는 상황평가(C), 구조의사결정을 위해서는 투입평가(I), 실행의사결정을 위해서는 과정평가(P), 순환의사결정을 위해서는 산출평가(P)가 필요하다는 것을 전제했다. 목표가 달성된 정도를 확인, 판단할 때에 요구되는 의사결정을 순환의사결정이라고 한 것은 프로그램이 하나의 연속적인 활동이기 때문에 상황, 투입, 과정, 산출 평가가 순환적으로 계속 돌고 산출평가가 다시 상황평가의 대상으로 재투입된다는 것을 묵시적으로 나타내기 위한 것이었다(변창진 외, 1996; 정재삼, 1998, 2004; Isaac & Michael, 1995; Stufflebeam, 1983, 1985).

Patton의 활용중심평가(Utilization-Focused Evaluation, UFE)는 평가의 근본목적이 의사결정하는 것이고, 평가자가 이해관계자를 명료화한다면 그 활용이 성공적일 것이라는 가정에 기초를 둔다. Patton(2008)은 이해관계자(stakeholder)를 인간적 요인(human factor), 즉 평가와 그 결과에 대하여 관심을 가진 존재라고 하였다. Patton은 활용중심평가를 의사결정을 위하여 평가의 초점을 의도된 활용자에 의한 "의도된 활용"에 두기 위한 과정이라고 보고, 특정의 의도된 활용을 할 수 있도록 특정의 의도된 활용자들과 함께하는 평가라고 정의했다. 그는 프로그램 평가는 상황적 범주 내에서 의사결정을 돕고 선택할 수 있는 대안들을 분명하게 하고 개선사항을 명료화하는 데 초점을 둔다고 하였다.

(3) 소비자지향 평가접근(고객중심모형)

소비자지향 평가모형은 범람하는 저질의 조잡한 서비스 또는 상품으로부터 소비자 또는 고객(교육자와 학생 또는 학부형들)을 보호하기 위해 Scriven(1974)이 제안했다. 경제학적 관점에서 보면, 교육은 3차 산업에 해당하고 서비스업으로 분류된다. 따라서 교육행위는 서비스 혹은 일종의 서비스 상품이며 학교와 교사는 교육이라는 상품의 생산자이고 판매자다. 이에 반해 학생들과 학부형은 교육이라는 이름이 붙여진 서비스 또는 상품의 소비자라고 할 수 있고 이미 만들어진 여러 가지 교육 프로그램 중에 특정 프로그램을 취사선택해서 사용하는 경우 학교와 교사들도 교육 상품의 소비자에 해당한다. 소비자들로부터 필요한 상품을 현명하게 선택, 구매할 수 있도록 도울 목적으로 공공 또는 전문 기관에서 각종 상품에 대한 평가보고서(예: Consumer Report)를 만들어 소비자에게 제공한다. 이와 같이 상품이나 프로그램에 대해서 일가견이 있는 사람으로서 프로그램 또는 서비스 상품의 소비자를 대신하여 서비스의 상대적 장단점을 판단하여 서비스 또는 상품을 현명하게 선택, 구입하는 데 도움을 줄 수 있는 정보를 수집하고 제공하려는 평가를 고객중심 평가모형(Client- Centered Model) 또는 소비자지향 평가모형 혹은 소비자보호 평가모형이라 한다.

(4) 전문가지향 평가접근(판단중심모형)

전문가지향 평가접근은 평가란 본질적으로 전문가에 의한 전문적인 지식과 스킬을 바탕으로 하여 평가하고자 하는 대상 또는 내용의 가치를 체계적으로 판단하는 활동이라고 보는 입장이다. 이 모형은 전문가의 지식과 스킬 그리고 자질과 경험을 중시하고 판단을 내리기 위해 어떤 표준을 사용할 것인가에 많은 관심을 기울인다. 판단중심 모형은 많다. 평가를 어떻게 정의하든 가치판단이 개입되기 때문에 판단중심모형으로 분류되지 않을 평가모형이 없다고 할 정도이다.

전문가들이 어떤 제품이나 기술, 조직체의 구성과 시설, 프로그램 등이 미리 정해 놓은 표준(standard) 혹은 요건을 충족시키고 있는지를 검토하여 인정 여부를 결정하는 것을 인정(accreditation)이라고 한다. Flexner는 이 방법을 프로그램 평가에 적용하여 인정평가모형(Accreditation Evaluation Model)이라 한다. 이 모형은 미국에서 의학교육의 질 향상의 목적으로 의과대학의 교육과정, 교수 구성, 교육방법, 시설 등을 종합적으로 평가하여 의과대학의 설립인가를 결정하기 위해 Flexner(1970)에 의해 처음으로 시도되었다. 현재 우리나라에서 실시되고 있는 대학평가제도도 이 모형에서 발전된 것이다. 학교나 학원의 설립인가를 비롯하여 2종 교과서와 실험기기, 영화관람 대상을 심사하여 허가하는 것은 인정평가모형을 적용한 대표적인 사례라고 할 수 있다. 인정의 목적은 학교, 병원, 교회, 도서관, 연구소 등과 같은 기관의 조직과 시설 그리고 요원들이 최소한의 요건 및 자격을 갖추고 있는지를 확인함에 있다. 이것을 프로그램 평가에 적용하면 프로그램의 목적, 구성, 실행, 효과를 지속적으로 점검함으로써 미비점을 보완, 개선하도록 유도하고 프로그램의 질을 인정, 승인하여 사용자와 사용 예정자에게 공시하는 데 그 목적이 있다.

Eisner(1975)는 행동주의 심리학의 이론을 기반으로 시도된 교육의 과학적 접근이 지난 60년간 학교 교육의 발전에 공헌하였지만, 심각한 문제도 야기하였다고 보았다. Eisner의 주장은 과학적 접근이 교육에 미친 부정적 측면은 교육평가에서 직관, 감상, 유추 등과 같은 예술적 기교의 개입 여지를 말살함으로써 교육평가를 교육의 실제를 측정, 진단, 통제하는 수단으로 전락시키고 있다는 것이다. 교육평가에 대한 과학적 접근이 남긴 역작용을 제거할 목적으로 그는 예술 활동에서 많이 사용하는 감정

(connoisseurship)과 비평(criticism)에서 교육 비평이라는 개념을 도출하여 예술작품을 감정 또는 평가할 때 그 분야의 전문가들이 사용하는 절차를 교육평가에 적용한 것을 감정·비평모형(Model of Connoisseurship and Criticism)이라 했다. 이 모형에서 감정은 예술작품을 잘 감식하여 그 성질, 효과, 가치를 맛보고 가리는 감상의 예술 또는 감상술(art of appreciation)을 뜻하고 비평은 예술작품을 비롯하여 인물, 행위, 사상, 학설, 의견 따위의 가치, 미추, 선악, 진위, 능력, 정당성, 합리성, 통합성 등을 판단하여 말하는 표출술(art of disclosure)을 의미한다.

(5) 참여자지향 평가접근(자연주의모형)

참여자지향(중심) 평가접근에는 여러 가지 모형이 있는데 이들의 공통점은 이해관계자(stakeholder)를 평가 과정에 포함시킨다는 점이다. 각 모형에 따라 다른 목적으로 이해관계자를 참여시킨다. 참여자중심 평가접근은 어느 하나의 관점에 집착하지 않고 프로그램의 참모습(authenticity)을 제대로 평가할 수 있는 자연주의적 접근이고 어떤 견해와 전략도 모두 수용하기 때문에 이 모형에는 분간하기 어려울 정도로 많은 접근 방법들이 제안된다.

종합실상모형과 반응적 평가는 Stake(1967, 1973)에 의해 제안된 참여자중심 평가를 최초로 도입했다. 그는 기존의 지나치게 객관주의적 접근을 벗어나는 대안적 접근을 찾으려고 노력했다. 두 평가모형들이 뿌리와 바탕이 같기 때문에 공통되는 점이 많다. Stake(1967)의 논문, "교육평가의 실상(Countenance of Educational Evaluation)"에서는 교육자들이 자신의 수업방식을 정확히 이해하고 수업이론의 발전에 기여하여 평가의 전체모양(countenance), 즉 종합실상을 정확하게 검토해야 한다고 주장하며 이렇게 제안한 평가의 틀을 종합실상모형이라 한다. 프로그램의 전체적인 실상을 평가하기 위한 평가활동의 주요 특징은 무엇인가? 평가활동은 평가의 목적과 방법에 따라 달라질 수밖에 없지만 어떠한 평가라도 서술(description)과 판단(judgement)

을 해야 한다. 완벽하게 관찰해서 충실하게 서술하고 정확하게 판단하는 것이 꼭 필요하다.

1973년에 소개된 Stake의 반응적 평가(Responsive Evaluation)는 보다 더 급진적이라고 할 수 있다. 초기의 종합실상 모형에 비하여 반응적 평가 접근은 덜 형식적이면서 더 다원적이고 과정중심이라고 할 수 있다. 반응적 평가는 무엇인가를 평가할 때 사람들이 자연적으로 하는 것이다. 바로 관찰하고 반응하는 것이다. 참여적 접근법의 선구자 역할을 한 반응적 평가는 기존의 평가 접근법들과 다음과 같이 차이가 난다. 먼저 융통성 있고 변화 가능한 평가방법을 사용하고 평가 진행과정에서 새로운 사실을 반영하여 수정적이고 반복적이며 개방적이다. 또 다원적인 실재와 다원주의의 가치를 인정한다. 일반적 이론을 검증하거나 일반화하기보다는 국지적 지식과 이론, 개별프로그램의 구체성을 중요시한다.

종합실상모형과 반응적 평가는 평가 분야를 극적으로 변화시켰고 오늘날의 참여자 지향/중심 평가접근을 시작하였다. 다양한 이해관계자들의 관점을 파악하고 이런 관점에 정당성을 부여해준다. 국지성과 구체성을 강조하고 질적 방법을 사용하였다. 종합실상모형과 반응적 평가는 뿌리와 바탕이 같지만, 종합실상 평가모형은 평가를 실시하기 전에 세운 평가계획에 의거하여 자료를 체계적으로 수집하는 반면, 반응적 평가는 평가를 진행하는 동안 여러 관련 인사(이해관계자)와 의논하여 그들의 반응(요구, 제안)에 따라 어떤 정보를 어떤 방법으로 수집, 분석할 것인지를 정하여 관찰한 그대로 서술한다는 점에서 다르다.

Guba와 Lincoln(1985)의 자연주의 평가모형(Naturalistic Model of Evaluation)은 프로그램의 내용, 구성, 운영과정, 효과, 중요 쟁점 등에 관한 정보를 자연주의적 탐구 방법을 이용하여 수집, 제공하는 평가방식을 총칭한다. 1980년대에 Guba와 Lincoln은 평가에 큰 영향을 준 두 저서, "자연주의적 탐구(Naturalistic Inquiry)"와 "제4세대 평가(4th Generation Evaluation)"를 출간하였다. 이들은 Stake보다는 철학적, 인식론적 특성을 중시하면서 평가의 구성주의적 패러다임을 대중화하였다. 이들은 자연주의 또는 구성주의 평가의 질적 수준을 판단하는 준거로 신빙성(credibility), 전이성(transferability), 신뢰성(dependability), 확증성(confirmability), 진정성(authenticity)을 제안했다. 평가자는 다양한 관점을 가진 이해관계자들이 합의에 도달하도록 하고, 다음에 할 일과 우선순위를 결정할 수 있도록 돕는 역할을 해야 한다고 보았다. 그들은 Stake의 반응적 평가보다는 이해관계자들에게 더 적극적인 역할을 부여하였다. 이들은 다원적 실재(multiple realities)를 중시하며 평가자가 다양한 이해관계자의 관점을 수렴하게 하려고 노력했다.

2. 프로그램 평가의 과정

프로그램 평가의 절차 또는 과정에 대한 논의는 다양하다. Russ-Eft와 Preskill(2001)은 평가를 제대로 설계하고 실행하는 과정으로 ① 평가계획 및 평가목적 개발, ② 평가설계 선정, ③ 데이터 수집방법(관찰, 조사, 인터뷰 등) 선택, ④ 평가 데이터 분석, ⑤ 평가결과 보고를 제시한다. Muraskin(1993)은 평가의 과정을 ① 평가 소비자 확인, ② 평가질문의 선정, ③ 평가실행계획서 작성, ④ 평가자원 확보, ⑤ 평가 실제 문제 도출, ⑥ 외부자문 요청, ⑦ 데이터 수집 방법과 도구 선정, ⑧ 평가결과 분석과 보고 등으로 세분하고 있다.

변창진 외(1996)는 학교, 기업, 사회교육기관 등 교육현장에서 실시하고 있는 평가 활동에서 공통적인 그리고 필수적인 프로그램 평가의 절차를 [그림 12-3]과 같이 ① 평가계획 수립(designing evaluation plan), ② 평가목표 진술(specifying objectives), ③ 평가설계 설정(selecting evaluation design), ④ 평가도구 제작(constructing instruments), ⑤ 평가 데이터 수집(collecting information and data), ⑥ 평가 데이터 분석(analyzing information and data), ⑦ 평가결과 보고(reporting evaluation results), ⑧ 평가결과 활용(utilizing evaluation results) 등 여덟 단계로 구분하여 논의한다.

이 여덟 단계에서 수행하는 프로그램 평가 활동에 대한 기초적인 이해를 할 수 있도록 단계별로 주요 활동 내용을 여기에서 개괄적으로 간단히 설명하기로 한다.

① **평가계획 수립 단계**: 평가목적에 따라 평가내용과 방법이 달라지기 때문에 평가의 목적(또는 필요성) 확인, 평가대상 확인, 학습/평가목표 진술, 추진일정 수립, 평가설계 선정, 평가도구 제작, 필요자원 확보, 데이터 수집 절차, 결과분석 방법, 결과보고 형식, 결과활용 방안, 검토사항(장애요인, 대안검토) 등에 관해 탐색하고 검토한 것을 정리하여 평가계획을 수립하고 계획서를 작성하는 단계이다.

② **평가목표 진술 단계**: 평가목적을 결정하고 그것을 기초로 하여 실제로 평가활동이 이루어질 수 있도록 학습 또는 평가목표를 진술하는 여러 방식 중에 가장 적합한 진술방식을 선정하여, 보다 구체적인 평가목표를 확인하고 진술한 다음, 진술한 평가목표를 검토, 평가하고 평가목표의 이원분류표를 작성하는 단계이다.

③ **평가설계 선정 단계**: 평가 설계라 함은 자연과학에서 실험을 설계하는 것과 같이 평가를 통해 얻고자 하는 정보와 데이터를 평가 실시 목적에 맞게 수집, 분석, 비교할 구체적인 방인을 설계하는 것을 의미하며 실험 및 통제집단의 구성, 평가시기, 평가 횟수, 평가 결과의 비교 기준 등을 설정하는 단계이다.

④ **평가도구 제작 단계**: 평가목적과 내용에 비추어 여러 평가 방법들 또는 측정 도구들 중에서 어느 것을 이용하여 필요한 정보 및 데이터를 수집할 것인가를 검토, 선정한 후 가장 적합한 평가도구를 선정 또는 제작하는 단계이다.

⑤ **평가 데이터 수집 단계**: 평가도구를 사용하여 필요한 정보와 데이터를 수집하기 위하여 평가도구를 선택 또는 제작한 다음 필요한 인력, 시설, 예산, 시간을 확보하고 제반 여건을 점검, 개선해서 실질적으로 정보 또는 데이터를 수집하는 단계이다.

⑥ **평가 데이터 분석 단계**: 평가 데이터 수집 단계에서 모은 정보 또는 데이터를 정리 후 채점하여 평균과 표준편차, 석차 등 양적, 질적 자료를 평가목적에 맞게 유용

하게 정리, 분석하는 단계이다.

⑦ **평가결과 보고 단계:** 프로그램의 고객들 또는 이해관계자들(학생, 학부모, 프로그램 참가자, 참가자의 감독자, 프로그램 운영 조직의 책임자 등)에게 평가 결과를 알려주고 보고하고 그에 대한 반응을 체크하는 단계이다.

⑧ **평가결과 활용 단계:** 평가결과를 바탕으로 수업방법을 개선하거나 학습동기를 유발하고 수정하는 등 평가목적에 맞게 다각적으로 활용하고 그 결과를 점검하는 단계이다.

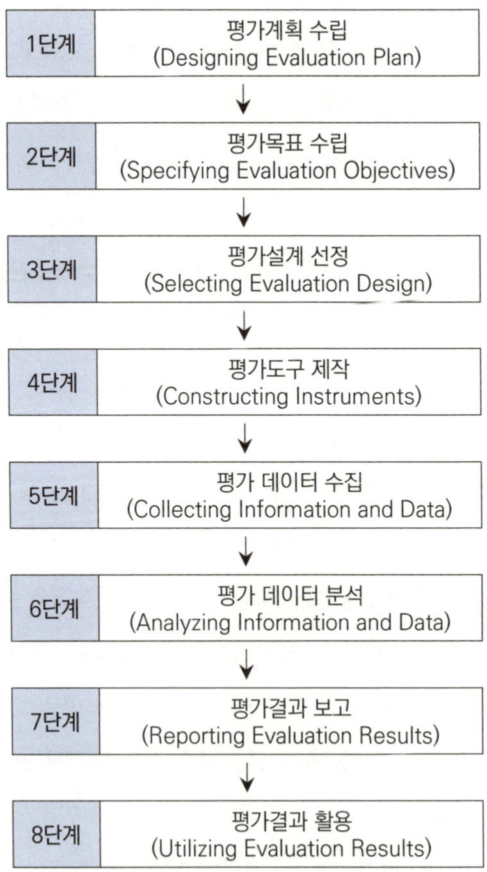

[그림 12-3] 프로그램 평가의 절차

이 여덟 단계는 Phillips(2010)가 제시한 ASTD(현 ATD) 인재개발/교육훈련 프로그램 평가의 과정, 즉 ① 평가 기획(evaluation planning), ② 데이터 수집(data collection), ③ 데이터 분석(data analysis), ④ 보고(reporting)의 네 가지 단계와 비교할 수 있다. 평가계획 수립, 평가목표 진술, 평가설계 설정 등은 "평가 기획"에 해당하고, 평가도구 제작, 평가 데이터 수집 등은 "데이터 수집"에 해당되며, 평가 데이터 분석은 "데이터 분석"에, 마지막으로 평가결과 보고, 평가결과 활용 등은 "보고"에 해당한다고 볼 수 있다.

Philips(2010)에 의하면 기획(planning)은 모든 과정의 첫 단계이다. "일을 계획하라, 그 계획을 실천하라"라는 오랜 격언이 종합적인 평가일 경우에는 더 특별한 의미가 있다. 데이터의 수집은 여러 형태로 다양한 자료출처에 따라 다른 시기에 행해진다. 기법, 시기, 출처는 데이터 형태, 필요시간, 자원제한, 문화적 제한, 편리성을 기반으로 선정된다. 성공적인 데이터의 수집 요점은 어떤 기법을 가용하고 필요할 때 사용하는 방법을 아는 것에 있다. 데이터 분석을 통해 성공의 길이 열린다. 프로그램의 목표와 척도에 따라 다양한 방식으로 데이터의 분석이 이뤄진다. 평가의 요점은 프로그램에 대한 적절한 정보를 수십하여 알아야 할 사람에게 그 정보를 보고하는 것이다.

3. 인재개발 프로그램의 평가

1) HRD 평가

인재개발(HRD)과 교육훈련(T&D)은 개인의 역량과 조직의 역량을 배양하여 궁극적으로 조직의 경영성과를 극대화하는 데 그 목적을 둔다. 평가를 어떤 활동이나 프로그램의 가치와 의미를 결정해나가는 체제적이고 체계적인 과정이라고 한다면, 교육훈련, 즉 훈련개발(T&D)의 목표(objectives)는 궁극적 목표, 중도적 목표, 즉각적 목표로 구분하여 평가와 관련지을 수 있다(Phillips, 1997). 궁극적인 목표는 어떤 프로그램이 제거하거나 극복할 조직상의 특별한 요구를 충족시키는 것 또는 그 문제를 해결하는 것이고, 중도적 목표는 달성될 궁극적인 목표를 위해서 필요한 조직구성원의 직무행동을 변화시키는 일이며, 즉각적 목표는 조직구성원이 자신의 행동을 변화시키고 중도적 목표에 도달하기 위하여 새로운 지식, 스킬, 태도를 습득하는 일이라고 할 수 있다.

인재개발과 교육훈련의 평가는 일반적으로 인적자원개발(HRD)의 과정(process)을 향상시키고, 그 프로그램의 미래를 결정하기 위하여 실시된다. Phillips(1997)는 이 목적 달성을 위하여 아래와 같이 보다 구체적으로 열 가지의 평가목표를 제시하였다.

① 프로그램 목표가 달성되었는지의 여부를 결정하기
② 인재개발 프로그램의 강점과 약점을 파악하기
③ 인재개발 프로그램의 비용(cost)을 수익(benefit)에 비교하기(비용수익분석)
④ 미래의 프로그램에 참여할 대상을 결정하기
⑤ 측정도구(검사) 및 학습사료(사례, 연습문제 등)의 명료성과 타당성을 검증하기
⑥ 프로그램에서 가장 성공한 참가자들과 가장 실패한 참가자들을 파악하기
⑦ 추수평가(follow-up evaluation)를 통하여 참가자들의 주요 행동과 사항들을 강화하기
⑧ 미래 프로그램의 마케팅에 도움이 될 데이터(프로그램의 효과 등)를 수집하기
⑨ 프로그램이 구체적 요구에 대한 적절한 해결책(solution)이었는지를 결정하기
⑩ 경영층의 의사결정을 도울 수 있는 데이터베이스를 구축하기

2) Kirkpatrick 고전적 4수준 평가 모형

교육훈련을 실시한 결과로 개인 학습자와 조직의 입장에서는 어떤 효과를 얻게 되었는지를 판단하는 일은 매우 중요하다고 본다. 이를 위해서 Kirkpatrick이 1950년대 후반과 1960년대 초반에 미국의 훈련개발학회인 ASTD(American Society for Training and Development)[2)]의 출판지에 발표한 네 편의 논문은 조직 교육훈련과 인재개발의 평가에 대한 하나의 전형으로 현재까지 널리 활용되고 있다. 물론 많은 학자들과 실천가들이 이 모형의 단점을 지적해왔다(Molenda, Pershing, & Reigeluth, 1996; Swanson & Holton, 1999). 4수준 평가모형으로 알려진 이 프로그램 평가를 위한 접근은 세계 유수기업과 공공기관에서 여러 가지 변형된 형태로 50년 이상 동안 사용되어 왔기에 이에 대한 기본적인 이해가 필요하다고 본다.

Kirkpatrick(1998)은 인재개발과 교육훈련의 성과를 반응-학습-행동-결과의 네 가지 수준에서 평가할 것을 제시했다(〈표 12-1〉 참조).

- 수준 1(반응): 프로그램 참가자의 프로그램에 대한 느낌이나 만족도
- 수준 2(학습): 프로그램의 결과로 참가자의 지식, 스킬, 태도가 향상된 정도
- 수준 3(행동): 프로그램의 결과로 직무행동의 변화, 학습된 스킬의 현업전이 정도
- 수준 4(결과): 프로그램의 결과로 인해 발생한 최종의 조직기여도 또는 경영성과

2) 2014년에 ATD(Association for Talent Development)로 명칭 변경함

〈표 12-1〉 Kirkpatrick의 고전적 4수준 평가모형(정재삼, 2004a, 2004b)

수준 구분	수준 1 (반응)	수준 2 (학습)	수준 3 (행동)	수준 4 (결과)
평가 목적	• 반응도 평가 • 프로그램 개선	• 목표 달성도 • 효과성 판단	• 현업 적용도 • 학습전이도 및 근무조건 판단	• 경영성과 기여도 • 교육투자가치 확보
평가 시기	교육 (중) 후	교육 전 · 중 · 직후	교육 종료 3~6개월 후	교육 종료 6~12개월 후
평가 기능	보다 형성적 (총괄적)	보다 총괄적 (형성적)	총괄적 (형성적)	매우 총괄적 (형성적)
평가 대상	• 학습자 • 강사 • 연수진행자 • 교육프로그램	• 학습자의 지식, 기능, 태도 습득 정도	• 근무조건 • 적용된 지식, 기능, 태도	• 경영성과 중에서 교육이 기여한 부분
평가 방법	• 설문지 • 면접 • 관찰	• 설문지 • 필기시험 • 사례연구 • 역할연기	• 설문지 • 관찰 • 인터뷰	• CBA, ROI • 설문지 • 인터뷰

3) New World Kirkpatrick 모형

1959년 이후 사용되어 온 모형(전통적 4수준 모형)을 2010년에 비즈니스, 정부, 군대와 비영리조직의 뉴월드에서 효과적으로 운영할 수 있도록 새로운 요소들을 추가하여 뉴월드 모형을 제시했다([그림 12-4] 참조). 이 모형은 프로그램의 기획(planning) 과정에서 고려해야 하는 "the four levels in reverse"(4수준에서 1수준으로)를 반영한다. 가장 중요한 것은 프로그램 참여자들이 향상된 현장직무 수행으로 이뤄내는 프로그램의 성과(outcome)이다. 프로그램이 실행되면 평가가 실제적으로 이루어지는데 1수준에서 4수준의 순으로 진행될 수 있지만, 반드시 순서적으로 진행될 필요는 없다.

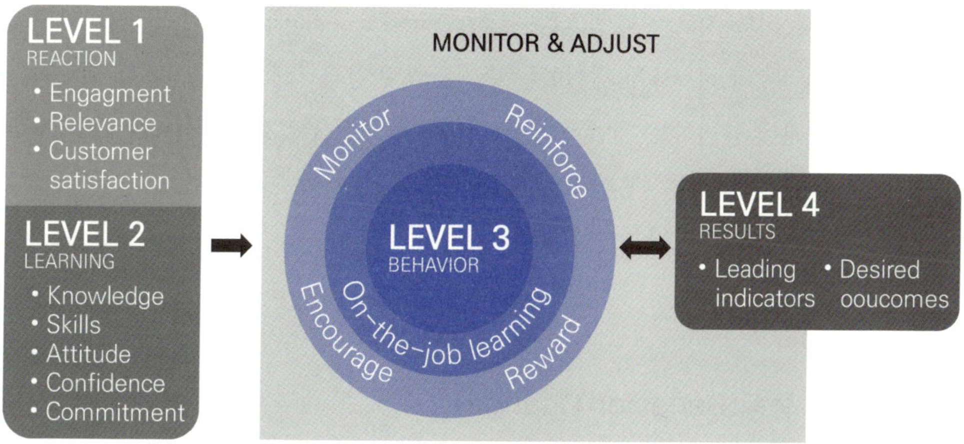

[그림 12-4] 뉴월드 커크패트릭 모형

출처: Kirkpatrick, J. D., & Kirkpatrick, W. K. (2016). Kirkpatrick's four levels of training evaluation. Association for Talent Development.(P.11.)

(1) 4수준: 결과(Organizational Performance)

4수준은 프로그램, 지원, 책임 패키지의 결과로 목표성과(targeted outcomes)가 이뤄지는 정도이다. 4수준 결과의 명료성은 중요하다. 목표성과는 지속유지와 성공의 재정적 현실(financial reality)과 결합된 조직의 목적(purpose)과 임무(mission)와 직결된다. 영리조직(기업)에서는 시장에 채산성 있는 상품과 서비스를 제공하는 것을 의미하고, 비영리조직(정부, 군대)에서는 가용한 자원을 책임성 있게 사용함으로써 임무를 달성하는 것을 의미한다. 모든 조직은 하나의 4수준 결과를 가진다. 이 결과는 광범위하고 장기적이며, 수많은 사람들, 부서 조직들과 환경적 요인들의 축적을 통하여 몇 개월 또는 여러 해를 지나서 창출될 수 있다. 즉 4수준의 결과는 이 조직이 존재하는 이유이며, 고객이나 사회에 공헌하는 것이다.

하나의 프로그램을 조직성과에 연계시키는 것은 쉬운 일이 아니다. 그러나 선행지표(leading indicators)는 개별적인 프로그램과 조직성과 사이의 차이를 연결시키는

데 도움이 된다. 선행지표는 바람직한 결과(desired results)에 긍정적 영향을 이끄는 중대 행동(critical behaviors)을 제시하는 단기간의 관찰과 측정치이다. 조직에는 최고 수준의 조직성과에 공헌하는 개인과 부서 수준의 목표들을 포함하는 수많은 선행지표들이 있다. 예를 들면 월간 매출액, 불량률, 구성원 유지율, 고객만족도 지수 등인데 이 선행지표들은 균형을 갖추어야 하며 조직적 "정렬(organizational alignment)"이 필요하다.

(2) 3수준: 행동(Behavior Change)

3수준은 프로그램 참가자가 프로그램 과정에서 학습한 것을 직무수행 현장에서 적용하는 정도이다. 3수준 행동은 중대 행동(critical behaviors), 필요 동인(required drivers)과 현장 학습(on-the-job learning)으로 구성된다. 중대행동(critical behaviors)은 직무에서 일관성 있게 수행되었을 경우, 바람직한 결과(즉 목표성과)에 가장 큰 영향을 주는 몇 가지의 구체적인 실천(actions)이다. 중대행동은 조직성공을 성취하는 데 가장 중요한 것으로 파악되는 것이다. 프로그램에서 학습한 것과 중대행동 및 바람직한 선행지표 사이의 "정렬"은 조직에 가치를 제공하는 프로그램을 만드는 데 핵심이 된다.

New World Model에서 필요동인이 3수준에 추가된다. 필요동인(required drivers)은 직무에서 중재행동의 수행을 강화하고 점검하며 격려하고 보상하는 과정(process)과 시스템이다. 여기에는 직무보조물, 코칭, 작업검토, 성과급 시스템, 훌륭한 작업에 대한 인정 등이 포함된다. 필요동인은 프로그램에서 학습된 것을 바람직하게 현장 적용하게 하는 핵심이다. 프로그램에서 학습한 지식과 스킬을 책무성과 지원시스템으로 강화하는 조직은 배운 것의 85%를 현장에 적용하고, 교육훈련 프로그램에만 의존하는 조직은 배운 것의 15%만 현장에 적용한다(Brinkerhoff, 2006). 필요동인을 적극적으로 실행하고 점검하는 것이 프로그램 성공의 최대 지표이다.

현장학습(on-the-job learning)은 현대의 작업장에서 중요하다. 직무수행성과에 직접적으로 공헌하는 모든 학습의 70%는 현장에서 일어난다. 개인의 책임과 동기유발은 최적의 수행성과를 위한 외부 지원과 강화 노력의 핵심적 파트너이다. 개인이 자신의 수행성과를 높이는 데 지식과 스킬을 유지하는 책임을 가지게 하는 문화와 기대를 창출하면, 개인의 책무성과 권한위임(empowerment)이 촉진된다. 현장학습은 구성원(employee)과 고용주(employer)가 훌륭한 수행성과를 위해서 책임을 공유하는 기회를 제공한다.

(3) 2수준: 학습(Learning)

2수준은 프로그램 참가자가(학습이벤트에 참가한 것이 바탕이 된) 의도된 지식, 스킬, 태도, 자신감, 헌신(commitment)을 획득하는 정도이다. 학습(2수준)과 행동(3수준)의 차이를 메우기 위하여, 또 필요한 지식과 스킬을 가지고 있지만, 현업에서 제대로 수행하는 데 실패하는 사람들에게 교육훈련이 반복되는 낭비의 사이클을 방지하기 위하여, 자신감과 헌신이 New World 모형의 2수준에 새롭게 추가되었다.

- 지식: 참가자가 어떤 정보/개념/원리 또는 절차(일을 수행해내는 방법)를 이해하는 정도("나는 이것을 이해한다")
- 스킬: 참가자가 어떤 과제(task)를 수행해내는 정도("나는 지금 이것을 해낼 수 있다")
- 태도: 참가자가 무엇을 실행해야 하는 가치를 느끼고 바람직한 마음가짐을 가지는 정도("나는 직무에서 이것을 행할 가치가 있다고 믿는다")
- 자신감: 참가자가 프로그램에서 학습한 것을 현장에서 실행할 수 있다고 생각하는 정도("나는 현장에서 이것을 해낼 수 있다고 생각한다")
- 헌신: 참가자가 프로그램에서 학습한 것을 현장에 적용하려고 의도/노력하는 정도("나는 이것을 현장에서 하겠다")

(4) 1수준: 반응(Reaction: Smile Sheet)

1수준은 프로그램 참가자가 프로그램의 선호도, 관여도(engagement), 직무 관련성에 대하여 느끼는 정도이다. 여기에는 참가자 만족도, 관여도, 관련성이 포함된다. 대략 오프라인 환경에서는 80%, 온라인 환경에서는 58% 정도 1수준 반응평가를 실행한다.

- 참가자 만족도: 프로그램 참가자, 내부 고객의 프로그램에 대한 만족 또는 선호의 정도. 프로그램의 운영 동안에 장애 요인(불만 요인)을 파악하여 제거(형성적 목적에 초점을 두어야 함. 총괄적 목적으로 사용하는 문제가 있음).
- 참가자 관여도/흥미도(engagement): 프로그램 참가자가 적극적으로 관여하여 학습경험에 공헌하는 정도. 관여 수준은 학습성취 수준에 직접 관련됨.
- 참가자 관여도 평가 초점: 프로그램 흥미(촉진자/강사 준비), 참가자 개인의 책임
- 직무 관련성/적절성(job relevance): 프로그램 참가자가 학습한 것을 직무현장에서 사용할 기회(의도)를 가지려고 하는 정도. ⇒ 전이설계(transfer design)의 필요. 궁극적 프로그램의 가치로 매우 중요. 미적용은 자원의 낭비임.

이외에도 인재개발(HRD)과 교육훈련의 평가 모형은 여러 가지가 있어서 용도에 따라 사용할 수가 있다. 예를 들면 HRD 활동을 경제적 관점에서 평가하는데 사용되는 비용수익분석(cost benefit analysis, CBA), 비용효과성분석(cost effectiveness analysis, CEA), 그리고 Phillips의 투자회수율 또는 투자회수효과 분석인 ROI(return on investment)가 있다. 하지만 현업에 종사하는 전문가들이 이 접근들의 추정에 근거하는 한계성을 지적하기도 한다. 그래서 Kirkpatrick과 Kirkpatrick(2016)은 비영리기관이나 공공부문에서 ROI 대신 ROE(return on estimation)의 사용을 권장한다.

참고문헌

배호순 (1994). 프로그램평가론. 서울: 원미사.

변창진, 최진승, 문수백, 김진규, 권대훈 (1996). 교육평가. 서울: 학지사.

성태제 (2002). 현대교육평가. 서울: 학지사.

정재삼 (1998), 교육프로그램 개발모형의 분석: 프로그램평가를 위한 시사점논의. 교과교육학연구, 2(2), 80-97.

정재삼 (2004a). 교육공학의 평가영역. 이화여자대학교 교육공학과 (편), 교육공학. 서울: 교육과학사.

정재삼 (2004b). 교육프로그램평가. 교육과학사.

Aiken, L. R. (1981). *Psychological testing and assessment*. Boston: Allyn & Bacon.

Anastasi, A. (1985). *Psychological testing(6th ed.)*. N.Y.: Macmillan.

Choppin, B. H. (1990). Evaluation, assessment, and measurement. *The international encyclopedia of educational evaluation, 7-8.*

Eisner, E, W.(1975). *The perceptive eye: Toward the reformation of educational evaluation*. C.A.: Stanford University. Stanford Evaluation Consortium.

Fitzpatrick, J. L., Sanders, J. R., & Worthen, B. R. (2004). Evaluation's basic purpose, uses and conceptual distinctions. *Program Evaluation: Alternative Approaches and Practical Guidelines, 3*, 3-29.

Fitzpatrick, J., Sanders, J., & Worden, B. (2010). Program evaluation: Alternative approaches and practical guideline (4th ed.). Upper Saddle River, NJ: Pearson.

Flexner, A.(1970). *Medical education in the United States and Canada: A report to the Carnegie foundation for the advancement of teaching*. N.Y.: The Carnegie Foundation. 1910. Reprint. N.Y.: Arno.

Guba, E. G., & Lincoln, Y. S. (1985). *Naturalistic inquiry*. sage.

Guba, E. G., & Lincoln, Y. S. (1989). *Fourth generation evaluation*. Sage.

Isaac, S. & Michael, W. (1995) *Handbook in research and evaluation*(3rd ed.). Dan Diago, CA: EDITS.

Kirkpatrick, D.(1998). *Evaluation training programs: The four levels*(2nd ed.). San Francisco: Berrett-Koehler.

Kirkpatrick, J. D., & Kirkpatrick, W. K. (2016). *Kirkpatrick's four levels of training evaluation.*

Association for Talent Development.

Molenda, M., Pershing, J. R., & Reigeluth, C. M. (1996). *Designing instructional systems, ed. Craig, RL The ASTD Training and Development Handbook:* a Guide to Human Resource Development.

Patton, A. J. (2009). *Copula-based models for financial time series. In Handbook of financial time series* (pp. 767-785). Springer, Berlin, Heidelberg.

Patton, M. Q. (2008). *Utilization-focused evaluation. Sage publications.*

Phillips, J.(1997). *Handbook of training evaluation and measurement methods*. Houston, TX: Gulf.

Phillips, J.(2010).

Russ-Eft, D. & Preskill, H.(2001). *Evaluation in organizations*. Cambridge, MA: Perseus.

Russ-Eft, D. & Preskill, H. (2009). *Evaluation in organizations: A systematic approach to enhancing learning, performance, and change*. Basic Books.

Scriven, M. (1972). Objectivity and subjectivity in educational research. *Teachers College Record, 73(5),* 94-142.

Scriven, M. (1974). *Evaluation perspectives and procedures.*

Scriven, M. (1991). *Evaluation thesaurus*. Sage.

Shadish, W. R. (1998). Evaluation theory is who we are. *The American Journal of Evaluation, 19*(1), 1-19.

Stake, R. E. (1967). The countenance of educational evaluation. *Teachers College Record. 68,* 523-540.

Stufflebeam, D.(1971). The relevance of CIPP evaluation model for educational accountability. *Journal of Research & Development in Education.*

Stufflebeam, D.(1983). T*he CIPP model for program evaluation. In G. Madaus, M. Scriven & D, Stufflebeam(Eds.), Evaluation models*. Boston, MA: Kluwer-Nijhoff.

Stufflebeam, D. L. (1985). Coping with the point of entry problem in evaluating projects. *Studies in educational evaluation, 11(2)*, 123-129.

Swanson, R. A., Holton, E. F., & Holton, E. (1999). *Results: How to assess performance, learning, and perceptions in organizations (Vol. 5)*. Berrett-Koehler Publishers.

Tyler, R. W. (1943). Trends in the Preparation of Teachers. *The School Review, 51(4)*, 207-212.

Tyler, R. W.(1949). *Basic principles of curriculum and instruction*. Chicago: The University of Chicago Press.

요약

프로그램 평가는 프로그램의 의사결정을 위하여 유용한 정보를 설명하고 획득하여 제공하는 과정이다. 이에 따라 프로그램 평가는 요구사정, 프로그램 기획, 실행평가, 진행평가, 형성평가, 성과평가의 요소로 구성된다. 평가의 논리는 평가 준거의 설정, 평가 지표의 파악, 평가 기준의 설정, 수행성과 측정, 평가대상의 가치 판단, 의사 결정 및 추진을 포함한다. 프로그램 평가의 접근법(모형)에는 목표지향 평가접근(목적달성모형), 운영지향 평가접근(의사결정모형), 소비자지향 평가접근(고객중심모형), 전문가지향 평가접근(판단중심모형), 참여자지향 평가접근(자연주의모형) 등 5가지 모형으로 구분할 수 있다. 프로그램 평가의 기본 절차는 평가계획수립-평가목표진술-평가설계선정-평가도구 제작-평가데이터수집-평가데이터분석-평가결과보고-평가결과활용의 8단계로 진행된다.

인재개발(HRD)과 교육훈련(T&D)에서는 개인과 조직의 역량을 배양하여 궁극적으로 조직의 경영성과를 극대화하는 데 목적을 두고 평가한다. Kirkpatrick은 교육훈련의 성과를 반응-학습-행동-결과의 네 가지 수준에서 평가를 시도했으며, 최근에는 한계점을 보완할 수 있는 뉴월드 모형을 제시하여 프로그램 참여자들의 향상된 현장직무 수행성과에 초점을 둔다.

탐구 질문

1. 프로그램 평가의 목적이 형성적인 것과 총괄적인 것이 있다고 한다면 '과정' 중심 평가는 형성적인 것인지 아니면 총괄적인 것인지 생각해보자.
2. 프로그램 평가의 5가지 접근법(모형)을 언제 어떤 상황에서 사용할 수 있는지 각각 논의해보자. 예를 들어 CIPP모형은 어떤 상황에서 사용하는 것이 옳은가?
3. 평가의 논리를 고려하고 프로그램 평가의 기본 절차를 바탕으로 하나의 평가계획서를 작성해보자.
4. 교육훈련 또는 인재개발 프로그램 평가에 사용하는 Kirkpatrick 모형의 장점과 단점을 논의해보자. 왜 New World Model이 나오게 되었는가?

/ 저자소개 /

정재삼(chungj@ewha.ac.kr)

1995년 이후 이화여자대학교 교수로 교수설계, 프로그램평가, 인재개발 분야를 연구지도해옴. 한국교육공학회(KSET) 회장, 한국기업교육학회(KSLP) 회장, 대한리더십학회(KAL) 부회장을 역임함. 관심 분야는 적응적 학습(adaptive learning)과 신속한 수행성과(agile performance), 전략적 인재개발(strategic talent development)임.

제4부 HRD의 실제

- 제13장 경력계획 및 개발
- 제14장 조직개발 및 변화관리
- 제15장 수행성과관리
- 제16장 리더십의 개발과 교육
- 제17장 테크놀로지 기반 HRD

1부에서는 HRD의 본질을 먼저 파악하고, HRM을 전략적 관점에서 보아서 적극적으로 HPT 전문가가 될 필요가 있음을 강조했다. 2부에서는 이러한 인재개발의 바탕으로 이루고 있는 이론적 기초를 체제이론, 인적자본과 투자, 학습이론, 성인교육이론, 교수설계이론으로 논의하였다. 3부에서는 ADDIE모형을 바탕으로 인재개발의 과정(process)으로 전단분석(요구분석), 프로그램 설계와 개발, 프로그램 실행과 모니터링, 그리고 프로그램 평가를 논의했다. 여기 4부에서는 조직내 인재개발(HRD)의 실제 모습을 경력개발, 조직개발, 퍼포먼스관리, 리더십개발, 그리고 테크놀로지 변화와 인재개발의 관점에서 논의한다.

최근의 국제적 환경의 급격한 변화 그리고 개인 가치관의 변화에 따라 현대사회의 인재개발(HRD) 분야에서 경력개발은 매우 중요한 이슈로 등장한다. 성공적인 경력개발을 위해서는 개인과 조직이 협력적인 관계가 요구된다. 13장에서 경력개발은 조직 내의 많은 활동과 유기적으로 연계되므로, 성공적인 경력개발을 위해서는 균형 있는 시각이 필요함을 설명한다. 14장에서는 조직개발의 의미와 조직개발의 프로세스를 단계별로 설명한 다음, 조직개발을 위한 인터벤션을 인적 프로세스, 기술구조적, 인적자원 관리, 전략적 인터벤션으로 구분하여 구체적으로 논의한다. 조직개발은 환경의 변화와 조직의 요구에 맞추어 당면한 문제를 해결하고, 조직의 발전을 위해 필요하다.

15장에서는 조직에서는 수행성과(performance) 관리를 위해 목표한 퍼포먼스를 분석하고 이를 위서는 퍼포먼스 수준과 환경, 이해관계자, 창출 과정, 결과물 및 피드백 과정 등을 총체적으로 고려해야 함을 설명한다. 퍼포먼스는 목표를 향해 조직과 리더, 구성원들이 함께 행동할 때 달성할 수 있기에, 조직에서 목표하는 성과를 달성하는데 큰 영향력을 가진 행동(High-Impact Behaviors) 위주로 관리하는 것이 필요함을 제시한다. 4차 산업혁명이 가져온 새로운 패러다임으로 인하여 이러한 시대에 요구되는 조직의 리더십은 더욱 중요해졌다. 16장에서는 리더십 개발을 위해서는 조직 및 개개인의 다양한 특성과 환경적 요인을 고려하여 개인 차원, 팀 및 조직 차원에서 요구되는 리더십을 담아낼 수 있는 방향으로 개발이 이루어져야 할 것을 제시한다.

17장에서는 기술혁신, 노동시장과 미래 핵심역량의 변화에 대비해서 HRD의 초점이 인간의 고차원적인 인지능력과 사회적 능력을 강화하고, 현업에서 디지털 기술을 활용하여 문제해결 업무를 수행할 능력을 향상시키는데 주어져야 함을 논의한다. 필요한 역량을 갖춘 인재를 양성하기 위해 일과 학습이 통합되는 비형식학습을 활성화되어야 함을 강조한다.

제13장

경력계획 및 개발

두민영 (강원대학교)

■ 목표

1. 학습자는 경력계획과 개발의 필요성을 설명할 수 있다.
2. 학습자는 4차 산업혁명 시대의 경력성공 준거를 제시할 수 있다.
3. 학습자는 경력개발의 주요 개념 및 이론을 설명할 수 있다.
4. 학습자는 개인 및 조직 측면에서 경력개발의 선순환이 이루어질 수 있는 경력개발 전략을 수립할 수 있다.

■ 핵심용어

경력계획, 경력개발, 프로티언 경력태도, 경력만족, 경력성공, 승계계획, 직무순환

1. 경력의 의미

경력이란 용어는 통상적으로 한 개인의 일과 관련된 이력이나 패턴을 설명하기 위해 사용되어 왔으며(Greenhaus, 1987; 이재은, 이찬, 2016), Arthur, Hall와 Lawrence (1989)에 따르면 경력이란 "개인의 생애주기에 걸쳐 진화하는 개인의 일과 관련된 총체적인 경험"(An evolving sequence of person's work experience over time)이다. 집안에 대를 거쳐 내려오는 부모의 직업을 그대로 이어받아 평생 그 직업에 종사하는 과거와 달리, 산업혁명 이후 인구가 도시로 집중되는 도시화 현상과 산업구조의 급격한 변화로 많은 일자리가 등장하였고, 근무하는 유형도 크게 변화하였다. 베이비부머 세대들이 첫 일자리에서 평생 근무를 하는 평생직장의 개념도 사라진 요즘에는 위에 언급한 '생애주기에 걸쳐 진화하는 개인의 일과 관련된 총체적 경험'이라는 경력에 대한 정의를 더욱 실감할 수 있다. 경력개발(Career development)은 개인개발(Individual Development), 조직개발(Organizational development)과 더불어 HRD의 3대 영역으로 분류되는 중요한 영역이다(McLagan, 1989). 특히, 경력개발은 급변하는 현대 사회에서 그 중요성이 더욱 강조되고 있으며, 한 개인의 일 경험을 생애주기에 따라 종단적으로 연구하고, 또한 개인과 조직 두 가지 관점에서 접근해야 하는 특징을 가지고 있다.

경력개발의 주체는 누구일까? 위에 언급된 경력에 대한 정의에 근거한다면, 경력개발의 주체는 개인일 것이다. 그러나 현대사회에서 개인의 직무는 조직에 속한 경우가 많으므로 개인들의 경력은 조직의 영향을 받는다. 즉, 개인의 측면에서는 자신의 일 경험에 대한 체계적인 계획과 의도적인 활동을 통해 성공적인 인생을 사는 것이 경력개발의 목표라면, 조직의 경우에는 효율적으로 인적자원을 활용 및 관리하기 위해 순환근무제, 사내공모제 및 직군 전환 프로그램, 경력개발 프로그램, 퇴직관리 프로그램 등 경력관련 제도를 운영한다. 즉, 넓은 의미에서 개인과 조직 모두가 경력개발의 주체라고 할 수 있다.

그렇다면 성공적인 경력이란 무엇인가? 경력 성공이란 개인의 업무경험의 결과로 축적된 긍정적인 심리상태와 업무관련 산출물을 의미하는 포괄적인 개념이다(Judge et al., 1995; Seibert, Kraimer, & Liden, 2001; 김보경, 정철영, 2013). 경력성공의 기준은 크게 연봉, 승진 등 객관적인 경력 성공과 직무만족과 같은 주관적인 경력 성공으로 구분할 수 있다(Seibert, Crant, & Kraimer, 1999). 주요 학자들의 경력 성공에 대한 개념 및 이론을 살펴보면 다음과 같다. Hall(1976, 2002)은 경력의 효과성 또는 성공 기준을 크게 4가지로 구분하고 있다. 첫째, 연봉, 승진 등 가시적인 성공을 나타내는 수행 결과, 둘째, 본인 경력에 대한 태도 및 만족도, 셋째, 적응성, 그리고 마지막으로 정체성이다. 시점에 따라 구분한다면, 단기적인 관점에서의 경력 성공에는 가시적인 성공 및 본인 경력에 대한 태도가 포함되고, 정체성 확립 및 적응성이 장기적 관점에서의 경력 성공의 사례가 될 수 있다. 이재은과 이찬(2016)은 국내 기업에 근무하고 있는 사무직 근로자를 대상으로 경력성공 준거 항목을 규명하였는데, 연구결과 나타난 경력성공 준거는 보상, 지위, 권한, 전문성, 자아실현, 안정, 도전, 즐거움, 균형, 인정, 원만함 등 총 12개이다. 12개의 경력성공 준거를 1) 객관적인 성취와 주관적인 정서 측면과 2) 내적, 이적 요인으로 구분하면 〈표 13-1〉과 같다.

〈표 13-1〉 경력성공 준거

	외적	내적
성취	보상, 지위, 권한	전문성, 자아실현, 안정
정서	인정, 원만함, 기여	도전, 즐거움, 균형

출처: 이재은, 이찬(2016)

과거에는 경력성공 기준을 연봉, 승진 등 객관적인 기준을 활용하는 경우가 많았으나, 최근에는 경력에 대한 패러다임 전환에 따라 주관적인 경력성공에 대해 많은 연구가 진행되고 있다(김보경, 정철영, 2013). Gattiker 및 Larwood(1986)와 Judge와 그의 동료들(1995)에 따르면, 주관적 경력성공은 개인의 내적 만족과 외적 성공에 대한 모두 포함한 통합한 개념이며, 주요 구성요소로서 직무만족과 경력만족을 제시하였다. 주관적 경력성공 준거에 대한 해외 및 국내 학술지를 분석한 신수진(2016)과 신수림(2014)의 연구 결과에서도 주요 주관적 경력성공의 준거로 경력만족, 고용가능성, 직무만족이 가장 많이 활용되었다고 분석하였다. 또한, 많은 학자들이 최근 평생직장의 개념이 사라진 사회 현상을 반영하여 경력성공의 요건으로 고용 가능성(employability)을 제시하고 있다(배을규, 이민영, 장민영, 김정원, 2014; Johnson, 2001). 또한, Nabi(2001)는 주관적 경력성공과 객관적 경력성공 외에, 개인의 인지 측면에서 경력성공을 살펴보는 것도 필요하다고 제언하였다. 인지 측면의 경력성공은 본인의 경력성공에 대한 신념과 인식을 가리킨다.

경력성공과 관련된 변인들에 대해 심도 있는 이해를 위해서는 Judge 등(1995)과 Ng 등(2005)의 경력성공에 대한 메타분석 연구를 참조하도록 한다. 많은 학자들은 총체적으로 경력성공을 이해하고 평가하기 위해서는 주관적, 그리고 객관적 경력성공을 동시에 고려해야 한다고 제언하였다. 또한, Higgins(2001)는 경력성공이 다차원적인 개념이며, 사회적 맥락을 반영하여 이해하여야 한다고 설명하였는데, 즉, 이는 사회 변화 및 가치관의 변화에 따라 경력성공의 준거가 달라질 수 있음을 시사한다. 예를 들면, 매년 우리나라의 사회 트렌드를 예측하는 기관에서 제시한 2018년 가장 주목해야 할 이슈는 '워라밸 세대'에 대한 이해이다. 워라밸 세대란 일과 개인 생활의 균형을 최우선 가치로 삼고 야근 없이 퇴근 후 개인 생활을 즐길 수 있는 직장을 선호한다는 젊은 신세대들을 일컫는 용어이다. 과거 세대들의 직장에서 중요한 가치였던 빠른 승진과 높은 연봉은 신세대들에게 더 이상 매력적이지 않을 수 있다. 따라서 조직관리 측면에서 새로운 세대들이 추구하는 경력성공을 이해하기 위해 그들이 갖고 있는 가치관을 이해할 필요가 있다(김난도 외, 2018).

2. 경력 계획

경력계획은 자신에 대한 심도 있는 이해와 경력 기회에 대한 정보 수집을 바탕으로 달성 가능한 경력목표를 설정하고, 이를 성취하기 위한 체계적인 계획 및 실천 과정을 의미한다(나기현, 2015; 이동하, 탁진국, 2008; Feldman, 2002). Aryee와 Debrah(1993)는 경력계획의 필요성에 대해 다음 3가지로 설명하고 있다. 첫째, 사회 변화에 따라 직업이 사라지고 생성되는 속도가 빨라지고 고용 안정성이 감소됨에 따라 개인이 스스로 체계적인 경력계획을 수립해야 할 필요성에 대한 인식이 높아졌다. 둘째, 경력성공의 기준이 과거 높은 연봉과 직장 안정성 등에서 최근에는 경력만족, 성장기회 등 주관적인 요인이 더 강조되기에 일률적인 경력계획은 효과적이지 않다. 셋째, 과거 산업시대의 직장과 관련된 승진, 연봉 등 직장 중심의 관점에서 벗어나 일과 생활의 균형(Work-life Balance)의 개념이 보편화되는 추세에 따라, 성공적인 인생을 정의하는 관점이 일과 생활을 포함하는 총체적인 관점으로 변화하고 있기 때문이다. 경력계획과 관련된 연구에서 많이 인용되는 Gould(1979)의 경력계획 모형은 Hall과 Foster (1977)의 모형에 기반하여 경력계획 수립과 실행, 경력수행 결과 그리고 또 다른 결과로서 경력 정체성 성장의 관계를 설명하는 순환모형으로 [그림 13-1]과 같다.

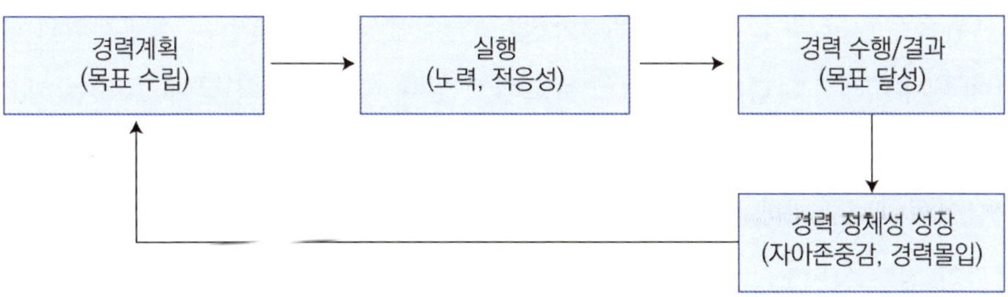

[그림 13-1] Gould의 경력계획모형

출처: Gould(1979) p.549

즉, 경력계획에 따라 목표를 수립하고, 이를 달성하기 위한 노력을 과정을 통해 경력 목표를 달성하고, 결과적으로 자아존중감 및 경력몰입 등의 경력 정체성이 성장되며, 이는 또 다른 경력계획 수립을 강화하는 순환모형이다.

그렇다면 바람직한 경력계획은 어떤 특징을 가지고 있을까? 김희경(2005)은 Steers(1975)의 목표이론에 따라 경력계획의 속성을 크게 구체성, 도전성, 자율성으로 구분하였다. 구체성은 자신의 경력목표를 얼마나 상세하고 구체적으로 설정하는가의 정도이며, 도전성은 경력목표를 달성하는 과정에서 필요한 기술의 숙달 정도와 요구되는 업무 난이도를 포함한다. 마지막으로 자율성은 개인이 얼마나 주도적으로 경력목표를 수행하기 위한 계획을 수립하는지의 정도를 가리킨다. 김희경(2005)에 따르면 경력계획의 구체성·도전성·자율성이 높은 경우 경력만족 수준과 경력몰입 수준이 높은 것으로 나타났으므로, 경력계획 수립 시 참고할 필요가 있다. 경력계획에 대한 주요 연구결과를 살펴보면 다음과 같다. 많은 선행연구에서 경력계획은 개인의 경력성공 및 경력만족도에 긍정적인 영향을 미친다는 연구결과를 보고하였다(김성남, 이규만, 2012; 이동하, 탁진국, 2008; Wayne et al., 1999). 윤하나와 탁진국(2006)의 연구에서도 경력계획은 객관적인 경력성공과 주관적 경력성공 모두에 유의미한 영향을 미치는 것으로 나타났다. 그리고 경력계획은 경력성공에 직접적인 영향을 미치지만, 한편으로는 경력 몰입 및 직무적합성, 조직적합성 등의 요인은 경력계획과 경력 사이에 매개효과를 나타내는 것으로 보고되고 있다. 김동윤과 진성미(2018)는 개인의 경력계획이 주관적 경력성공에 미치는 영향을 검증하고, 개인-조직적합성 및 개인-직무적합성의 매개효과에 대해 분석하였다. 연구 결과, 경력계획은 주관적 경력성공에 긍정적인 영향을 미쳤으며, 개인-조직적합성과 개인-직무적합성은 개인의 경력개발과 경력성공의 관계에서 매개효과를 나타냈다. 즉, 경력만족 및 고용가능성 등 개인의 주관적 경력성공을 높이기 위해서는 체계적인 경력계획이 필요하며, 또한 매개효과로서 개인과 조직 및 직무 적합성은 개인의 주관적 경력성공을 향상시킨다는 연구 결과는 HRD 현장에 시사하는 바가 크다고 할 수 있다.

나기현(2015)의 연구에서는 경력계획, 경력성공 그리고 경력몰입의 관계에 대해 분석하였다. 경력몰입 수준에 따라 집단을 나누어 분석한 결과, 경력몰입이 높은 집단에서는 경력계획이 경력성공에 직접·간접적으로 영향을 미치는 것으로 확인되었으나, 경력몰입이 낮은 집단에서는 경력계획이 경력성공에 영향을 미치지 못하였다. 또한, 박윤희와 이재은(2018) 연구에서도 개인의 경력계획 수준이 조직의 학습지원 효과 즉, 교육훈련 전이 수준에 영향을 미치는 것으로 보고하였다. 즉, 개인이 경력목적을 성취하기 위한 구체적인 경력계획을 가지고 있는 경우 교육 프로그램에 적극적으로 참여할 가능성이 높기 때문이다. 또한 학습을 권장하는 조직문화를 가진 조직에 속하더라도 개인이 명확한 경력계획을 갖고 있지 않는 경우, 학습 동기가 저하되어 교육훈련 전이에 효과적이지 않은 결과를 얻게 된다. 따라서 효과적인 경력개발을 통한 경력성공을 이루기 위해서는 개인들의 명확한 경력계획 수립이 선행되어야 한다.

3. 경력 개발

경력개발에 대해 가장 많이 인용되는 Simonsen(1997)의 정의에 따르면, 경력개발(Career Development)이란 개인의 일과 생활의 목표 달성을 위한 계획적이고 의도된 연속적인 과정이다. 개발(Development)은 한 개인의 성장, 즉 스킬의 지속적인 획득과 적용을 의미하므로, 경력개발은 개인 경력계획의 결과이며 조직의 지원과 기회 제공을 포함하며, 이상적으로 개인과 조직에 모두 초점을 맞추는 협력적인 과정이다(1997, p. 6). 그러나, Mcdonalds와 Hite(2015)는 개인과 조직의 협력적 관계에는 해석의 여지가 있다고 설명하고 있다. McDonalds와 Hite(2015)의 정의는 경력개발의 주체를 개인으로 보고, 조직 내 뿐만 아니라, 조직 외부의 활동을 포함하며, 의도적이고 계획된 활동뿐만 아니라, 예기치 못한 기회 및 즉흥적으로 발생하는 사건까지 포함한다. 또한, 조직 차원의 경력개발은 구조조정이나 사업전략 변경 등 조직의 큰 변화가 있거나 개인이 이직을 할 경우, 경력개발이 지속되기는 어렵기 때문에 1990년대 중반 이후 경력개발 주체로서 개인이 주도성을 강조한 프로티언 경력 태도(Protean career attitudes)와 무경계 경력(Boundaryless) 개념이 등장하게 되었다.

프로티언 경력 태도는 경력의 주체를 개인으로 가장 먼저 인식한 Hall(1976)이 제시한 개념으로, 자기 주도적이고 자율적으로 경력개발을 수행하는 모습을 특징으로 한다. Hall(1996)은 프로티언 경력은 지속적인 학습과 정체성의 변화를 통해 생애주기를 거쳐 형성되며, 객관적인 경력 성공보다 주관적인 심리적 성공에 가치를 둔다고 설명하였다(박용호, 한억천, 2013). Briscoe, Hall, DeMuth(2006)는 프로티언 경력태도의 하위 요소로서 주도적 경력관리와 개인 가치 지향을 설명하고 있다. 프로티언 경력태도가 어떤 효과를 나타내는지에 대해 많은 연구가 수행되었다. 박혜영과 박용호(2015)는 개인의 프로티언 경력 태도와 주관적 경력성공인식이 조직몰입에 어떠한 영향을 미치는지 분석한 결과, 프로티언 경력태도가 조직 몰입에 직접적인 영향은 없으나, 팀과 구성원 사이의 교환관계(TMX)에 의해 매개된다고 설명하였다. 신수진(2016)에 따르면, 프로티언 경력태도와 무경계 경력은 유사하게 보이나, 경력의 동기와 경력성공의 기준이 다르다고 설명한다. 즉, 프로티언 경력태도는 주관적 경력 성공을 위한 개인의 정체성과 태도에 초점을 맞추는 반면, 무경계 경력은 지속적인 고용을 위한 고용가능성 향상과 경력개발에 관심이 더 높다(Arthur & Rousseau, 1996). 즉, 무경계 경력은 현재 소속된 조직에서의 지위나 연봉보다는 조직을 벗어난 외부 노동시장에서 본인의 고용 가능성에 더 관심이 많으며, 무경계, 즉 새로운 환경에서 다양한 역할 적응을 중요하게 생각한다. 또한, 무경계 경력에서는 이직이 적극적 경력개발의 방법으로 고려된다. 적극적 경력개발 전략으로서 이직에 관해 연구한 이규형, 이영면(2015)에 따르면, 과거 이직의 개념은 조직, 직무, 작업환경 및 개인 특성 등으로 인한 수동적인 개념의 이직이었으나, 사회 환경 변화에 따라 경력개발의 주체가 개인으로 이동함에 따라 무경계 경력에 기반한 이직이 적극적 경력개발로 이어지고 있다. 또한 이러한 추세는 최근 노동시장의 경력직 채용 트렌드와도 관련이 있다. 2017년 고용정보원의 주요 업종별 채용 트렌드 변화 연구 중 '전자・전기 및 정보통신 기업들의 채용 트렌드'를 분석한 결과, 신입 채용 비중이 지속적으로 낮아지고 있고, 경력채용이 증가하고 있는 추세가 가속화되고 있다. 또한 상반기 또는 하반기 등 정기적인 시점에 많은 인원을 동시에 채용하는 정기 공채보다는 수시 채용의 비중이 늘어나고 있음을 알 수 있다. 이러한 채용 트렌드 역시 무경계 경력의 고용가능성의 중요성을 더욱 강조하고 있다. 고용가능성과 유사한 개념인 경력 이동 가능성을 높이기 위해 필요한 요소는 다음 4가지 요소로 구성된다(McArdle, Waters, Briscoe, & Hall, 2007). 첫째, 인적자본(Human capital)으로 경력 기회에 영향을 미치는 개인의 지식, 스킬 및 태도를 포함한다. 둘째, 사회적 자본(Social capital)로서 개인이 속한 사회 구조로부터 지원, 리소스 및 환경적 제약을 포함한다. 셋째, 자기 인식(Self-awareness)으로 자신에 대한 이해 및 정체이다. 마지막으로, 적응력(Adaptability)은 환경 변화에 따라 자신의 생각과 감정 및 행동을 변화시키려는 의지와 능력을 말한다.

조직차원에서 경력개발제도(CDP: Career Development Plan)는 조직과 개인의 경력 니즈를 충족시키기 위해 조직의 HR 전략에 기반하여 시행하는 구성원들의 개인별 경력계획 수립, 경력향상 기회 제공 및 직무순환, 직무 배치 계획 등을 포함한다(김민지, 2017; Sturges, Guest, Conway, & Davey, 2002). 즉, 조직적 측면에서 적재적소에 조직 구성원들의 배치하여 경력을 향상시키고, 조직에서 필요한 직무에 대한 후보를 사전 양성하여 인력운용의 효율성을 제고하며, 조직 구성원들의 경력개발을 목적으로 다양한 공식/비공식 교육 프로그램을 운영한다. 반면, 개인적 측면에서는 배치된 직무에서 경력을 쌓고 전문성을 향상시키며, 경력의 증가에 따라 다른 직무로 이동 또는 승진하여 역할과 책임 권한의 범위가 넓어지는 선순환을 통해 경력을 향상시키게 된다.

김민지(2017)에 따르면, 과거 경력개발지원의 목적은 승진을 통한 개인의 책임과 권한 범위의 확장이었으나, 현대사회에서의 경력개발은 직무간 수평적 이동이나 단기적인 프로젝트 경험 등을 통해 직원들의 다양한 경력 이동을 지원한다. 경력개발은 경험과 학습을 통한 학습측면, 업무 배치 및 직무 이동을 통한 직무 측면, 네트워킹 및 사회적 관계를 통한 사회문화적 측면 등 다각도에서 이루어진다. 특히 경력개발은 조직 문화나 근무환경에 따라 제한을 받을 수 있으므로, 경력개발을 촉진하는 제도 및 프로그램을 적극 운영하는 것이 HRD 부서의 역할이다. 그렇다면 조직은 언제 경력개발 프로그램을 도입하고자 할까? 김정은과 김민수(2009)는 2005년 사업체 패널조사 자료 분석을 통해 조직 차원에서 경력개발 프로그램 도입을 결정하는 요인과 그 효과에 대해 분석하였다. 경력개발 프로그램 도입을 결정하는 요인으로 조직혁신성, 조직원의 전문성 수준, 인적자원관리부서의 개방성의 영향을 분석하였고, 효과성으로는 이직율과 인당 매출액을 분석하였다. 연구 결과, 조직혁신성은 경력개발 프로그램 도입을 증가시키나, 조직원의 전문성 수준은 유의미한 영향을 미치지 못했다. 또한 인적자원부서의 개방성과 사업전략과의 연계성은 경력개발 프로그램 도입에 유의미한 영향을 미치는 것으로 나타났다. 또한 경력프로그램 도입과 이직률과 인당 매출로 측정한 조직성과의 관계에서 HR practice(경력경로 다양화, 평가보상, 교육 훈련)의 매개역할을 확인한 결과, 직무순환, 사내공모 및 발탁승진제도 등 경력경로의 다양화는 이직률 감소에 영향을 주지 못했다. 또한 경력경로 다양화는 인당 매출액 증가에 부적 영향을 미치는 것으로 나타났다. 따라서 개인의 업무 경험기회의 확대는 생산성을 저하시키는 결과로 해석될 수 있으므로 해석에 유의해야 하며, 이에 대한 심도 있는 후속 연구가 필요하다. 또한 실무적으로 경력 경로의 다양성을 확장시키기 위한 전략적 접근이 필요하다고 제언하였다. 마지막으로 교육훈련의 다양성은 이직률을 낮추는 효과를 나타났으므로, 조직 구성원의 이직률 감소를 위한 인사전략으로 다양한 교육훈련 프로그램을 통한 경력개발 기회 제공이 필요함을 시사하였다. 2005년 노동패널 4차 자료의 1,905개의 국내 사업장을 분석한 김정은(2007)의 경력개발제도 도입의 결정요인 및 조직성과의 특성 연구에서는 경력 경로의 다양성은 이직률을 감소시키는 반면에 인당매출액도 감소시킨다는 결과를 보고하였다. 직무순환 및 사내공모 등의 여러 가지 업무를 경험할 수 있는 기회가 주어짐에 따라 직원들의 업무 숙련도가 낮아지는 결과를 초래하므로 경력경로의 설정이 중요하다는 점을 시사하였다. 또한 경력개발제도가 개인의 직무역량을 향상시키나, 고성과자들의 이직으로 연결되지 않도록 방안을 마련하는 것이 무엇보다도 중요하다는 점을 강조하였다.

직무순환제도는 경력개발제도 중 하나이다. 직무순환(Job rotation)이란 조직 구성원이 현재와 다른 책무와 기능을 수행하는 지위와 직무로 수평 이동하는 것을 의미하며, 결과적으로 조직 구성원은 조직의 다양한 직무를 경험하게 된다(Stites-Doe, 1996; Beatty, Schneier & McEvoy, 1987; 김영태, 한준상, 최항석 외, 2008; 황규대 외, 2001). 또한, 조직 측면에서는 구성원을 적재적소에 배치하여 인력운용의 효율성을 높이는 장점이 있다. 직무순환제도는 조직 내의 한 분야의 전문가를 양성하기보다는 조직 내의 다양한 직무경험을 통해 관리자에게 필요한 조직 운영에 대한 통합적인 시각을 갖게 된다는 장점이 있다. 따라서 직무순환제도의 시행 여부는 조직의 특성 및 업종, 조직의 인사 철학, 인력 운용 전략의 영향을 받는다. 류호훈과 조동혁(2018)은 공기업 조직 구성원들의 직무순환 인식이 조직 유효성에 미치는 영향을 분석하였다. 직무순환에 대한 인식은 운영절차, 개인발전, 경력관리 3가지 하위 요소로 구성되었으며, 조직 유효성은 직무만족, 조직몰입, 조직 충성도 측면에서 분석되었다. 직무순환이 직무만족에 미치는 영향을 분석해보면, 직무순환의 운영절차에 대한 인식은 직무만족에 영향을 미쳤으나, 개인발전 및 경력관리 측면에서는 직무만족에 대한 영향력은 유의하지 않았다. 또한 직무순환의 운영절차와 경력관리 인식은 조직몰입에 긍정적인 영향을 미쳤으나, 개인 발전에 대한 인식은 조직몰입에 영향을 미치지 못했다. 호텔 직원을 대상으로 직무순환이 고용경쟁력과 주관적 경력만족에 미치는 영향에 대한 구조적 관계를 분석한 권내경, 이상재, 김혜린(2014)의 연구에서 호텔 직원들의 직무순환은 고용경쟁력과 주관적 경력만족도에 유의미한 영향을 미치는 것으로 나타났다. 또한 직무순환과 주관적 경력만족의 관계에서 고용경쟁력이 부분 매개효과가 있는 것으로 나타났다.

직무순환은 경력개발 차원에서 효과적인 인사제도이나, 많은 학자들은 효과적인 직무순환제도 운영을 위해서는 현재 수행하고 있는 직무와 이동할 직무간의 업무 연속성이 존재해야 하며, 개인에게는 현재의 직무에서의 축적된 직무 능력과 업무 동기가 존재해야 한다고 제언하였다(김문중, 2006). 또한, 직무순환 주기가 너무 짧은 경우에도 직무순환의 부작용이 나타날 가능성이 높으므로 현재 직무와 이동할 직무의 난이도, 부서간의 직무순환으로 인한 적응 기간 동안의 예상되는 일시적 생산성 하락, 직원의 스트레스 등을 고려해야 한다(김영재, 김성국, 김강식, 2011).

그 외 사내 공모제도, 직군 전환제 등 조직원의 직무 이동을 활용한 조직차원의 다양한 경력개발 방법이 활용되고 있다. 최근에는 많은 기업들이 퇴직자를 대상으로 퇴직 설계, 지원 및 재취업 프로그램 운영을 통해 퇴직 후 '제 2의 인생 설계'를 지원하고 있다. 평균 수명이 증가함에 따라 주된 일자리에서 퇴직하는 연령은 약 55세이나, 실제로 노동시장에서 이탈하는 실질 연령은 남성의 경우 약 73세, 여성의 경우도 약 70세이다. 즉, 주된 일자리에서 퇴직 후 10년 이상 노동시장에 머무는 것으로 나타났으나, 퇴직 후 재취업 일자리의 질과 만족도는 주된 일자리에 비해 현저히 낮아지는 것으로 나타났다(강순희, 안준기, 2013). 따라서 주된 일자리에서의 업무 경력을 유지 또는 연계할 수 있는 방향의 재취업 및 창업이 가능하도록 퇴직설계 프로그램을 운영한다면 조직 구성원의 전생애적 경력관리 측면에서 효과적일 것이다.

2017 Retention Report by Work Institute의 연구(Training & Development, 2017년 7월호) 결과, 좋은 경력개발제도를 가진 회사의 직원들의 퇴사율이 낮은 것으로 나타났으며, 직원들은 경력개발 측면에서 도전 기회를 선호하고, 업무에서 본인의 지식, 스킬, 능력을 적용할 수 없는 상황은 자발적 퇴직의 주요 원인이 된다고 밝혔다. 경력개발은 퇴직의 주요 원인이나 직원들이 조직에 대한 애정을 유지하는 주요 원인이기도 하므로, 조직의 직원 경력개발은 투자 대비 효과성이 높다고 제언하였다. 조직 차원에서는 경력개발은 인사 전반적인 효율성을 높여주는 투자라는 인식이 필요하며, 채용,

인재개발, 인력 운용, 평가 등 HR에서의 선순환을 통해 통합적 시너지 효과를 나타낼 수 있다. 또한 경력개발의 결과는 신입사원의 배치부터 퇴직관리(outplacement)까지 종단적으로 결과가 누적되므로 초기부터 조직 차원의 체계적인 시행이 필요하다. 교육 및 업무를 통한 일터학습으로 개발된 역량과 도전적인 직무를 통한 경력개발 기회의 연계가 필요하므로, 경력개발은 HR의 모든 활동이 체계적으로 연동될 때 높은 효과를 기대할 수 있다.

참고문헌

강순희, 안준기 (2013). 비정규직 유형별 교육훈련의 임금 및 고용안정성 효과. 노동경제논집, 36(1), 63-91.

권내경, 이상재, 김혜린 (2014). 조직공정성이 심리적 계약에 미치는 영향-서울지역 특급호텔을 중심으로. 호텔관광연구, 16(4), 175-194.

김난도, 이준영, 이향은, 전미영, 김서영, 최지혜, 서유현, 이수진 (2017). 트렌드 코리아 2018. 서울: 미래의 창.

김동윤, 진성미 (2018). 직장인의 경력계획이 주관적 경력성공에 미치는 영향: 개인-조직적 합성과 개인-직무적합성의 매개효과. 직업교육연구, 37(1), 31-53.

김문중 (2006). 최신인적 자원 관리론. 서울: 청목출판사.

김민지 (2017). 대기업 HRD 담당자의 전문직업적 정체성과 개인-직무 적합성, 자기효능감, 경력개발지원 및 직무도전성의 구조적 관계. 서울대학교 대학원 박사학위 논문.

김보경, 정철영(2013). 기업근로자의 경력성공 요인 및 성별조절효과에 관한 국내·외 연구 메타분석. 농업교육과 인적자원개발, 45(2), 123-148.

김성남, 이규만 (2012).경력계획, 직무적합성 및 직장·가정 갈등이 경력성공에 미치는 영향. 대한경영학회지, 25(3), 1419-1438.

김영재, 김성국, 김강식 (2011). 신인적자원관리(2판). 서울: 탑북스.

김영태, 한준상, 최항석, 김민영, 김소영 (2008). 국내 기업 사례에서 직무순환이 인사고과 점수와 핵심인재 선정에 미치는 영향에 대한 연구. 직업능력개발연구, 11(2), 261-283.

김정은, 김민수 (2009). 경력개발프로그램 도입의 결정요인 및 조직성과에 미치는 영향: HR 프랙티스의 매개효과를 중심으로. 조직과 인사관리연구, 33(1), 83-107.

김정은 (2007). 경력개발제도 도입의 결정요인 및 조직성과의 특성에 관한 실증적 연구. 제 4회 사업체패널 학술대회 발표자료.

김희경 (2005). 경력계획의 속성이 경력 만족, 경력 몰입에 미치는 영향에 관한 연구. 서울대학교 대학원 석사학위 논문.

나기현 (2015). 경력계획과 경력성공의 관계에 미치는 경력몰입의 매개역할. 전문경영인연구, 18(1), 47-67.

류호훈, 조동혁 (2018). 공기업 조직구성원의 직무순환 인식이 조직유효성에 미치는 영향. 한국콘텐츠학회 논문지, 18(2), 626-641.

박용호, 한억천 (2013). 기업의 학습조직 구축정도, 자기주도 학습능력, 프로티언 경력태도의 구조적 관계. HRD연구, 15(2), 53-79.

박윤희, 이재은 (2018). 조직의 학습지원과 교육훈련 전이 간 관계에서 전이동기를 통한 경력계획의 매개된 조절효과. HRD연구, 20(1), 39-69.

박혜영, 박용호 (2015). 프로티언경력태도, 주관적 경력성공, 조직몰입의 구조적 관계: TMX의 매개효과를 중심으로. HRD연구, 17(4), 19-45.

배을규, 이민영, 장민영, 김정원 (2014). 중소기업 구성원의 프로티언 경력태도와 주관적 경력성공의 관계에서 자기주도학습 능력의 매개효과 -중소기업 핵심직무능력향상 지원사업 참여업체를 중심으로. HRD연구, 16(1), 1-25.

신수림 (2014). 산업체 종사자의 주관적 경력성공과 고용안정성, 조직경력관리지원, 프로틴 경력태도, 프로틴 경력관리행동의 인과적 관계. 서울대학교 박사학위 논문.

신수진 (2016). 대기업 사무직 근로자의 주관적 경력성공과 지속학습활동, 경력정체성 및 경력적응성, 프로티언 경력지향성간의 구조적 관계. 고려대학교 박사학위 논문.

윤하나, 탁진국 (2006). 주관적 경력성공에 영향을 미치는 요인에 관한 연구: 성별차이의 조절효과를 중심으로. 한국심리학회지: 산업 및 조직, 19(3), 325-347.

이규형, 이영면 (2015). 경력개발 전략으로서 무경계 경력태도와 직장이동의 관계에 대한 탐색적 연구. 인적자원관리연구, 22(2), 147-169.

이동하, 탁진국 (2008). 주도성과 핵심자기평가가 경력성공에 미치는 영향에 관한 연구: 경력계획을 매개변인으로. 한국심리학회지: 산업 및 조직, 21(1), 83-103.

이재은, 이찬 (2016). 사무직 근로자의 경력성공 측정을 위한 통합적 평가 준거 모형 개발. HRD연구, 18(2), 1-36.

이재은, 이찬(2016). 사무직 근로자의 핵심자기평가와 주관적 경력성공의 관계: 도전적 직무경험의 매개효과와 개인특성의 조절된 매개효과. 농업교육과 인적자원개발, 48(1), 97-127.

황규대, 박상진, 이광기, 이철기 (2001). 조직행동의 이해(제3판). 서울: 박영사.

Arthur, M. B., & Rousseau, D. M. (1996)(Eds). *The boundaryless career as a new employment principle.* Oxford, UK: Oxford University Press.

Arthur, M. B., Hall, D. X, & Lawrence, B. S. (1989). *The handbook of career theory.* Cambridge, UK: Cambridge University Press.

Aryee, S. & Debrah, Y.A. (1993) A cross-cultural application of a career planning model. *Journal of Organizational Behavior, 14,* 119-127.

Beatty, R. W., Schneier, C. E., & McEvoy, G. M. (1987). Executive development and management succession. *Research in personnel and human resources management,5*, 289-322.

Briscoe, J. P., Hall, D. T., & DeMuth, R. L. F. (2006). Protean and Boundaryless Careers An Empirical Exploration. *Journal of Vocational Behavior, 69*, 30-47.

Feldman, D. C. (2002). *Work careers: A developmental perspective(Ed).* San Diego, CA.: Pfeiffer.

Gattiker, U.E. & Larwood, L. (1986). Subjective career success: A study of managers and support personnel. *Journal of Business and Psychology 1*(2), 78-94.

Gould, S. (1979). Age, job complexity, satisfaction, and performance. *Journal of Vocational Behavior, 14,* 209-223.

Greenhaus, J. H. (1987). *Career management.* Hinsdale, IL: Dryden.

Hall, D.T., & Foster, L. W. (1977). A psychological success cycle and goal setting: Goals, performance, and attitudes. *Academy of Management Journal, 20,* 282-290.

Hall, D. T. (1996). Protean careers of the 21st century. *The Academy of Management Executive, 10*(4), 8-16.

Hall, D. T. (2004). The protean careers: A quarter-century journey. *Journal of Vocational Behavior, 65*(1), 1-13.

Higgins, M. C. (2002). Changing careers: The effects of social context. *Journal of Organizational Behavior, 22*(6), 595-618.

Judge, T. A., Cable, D. M., Boudreau, J. W., & Bretz,R. D. (1995). An empirical investigation of the predictors of executive career success. *Personnel Psychology, 48,* 485-519.

McArdle, S., Waters, L., Briscoe, J., & Hall, D.(2007). Employability during Unemployment: Adaptability, career identity and human and social capital. *Journal of Vocational Behavior, 71,* 247-264.

McDonald, K.S. & Hite, L.M. (2014). Contemporary career literature and HRD. In N.E. Chalofsky, T.S. Rocco & M. Lane Morris (Eds.). *Handbook of Human Resource Development (pp. 353-368).* Hoboken, NJ: Wiley.

McLagan, P. A. (1989). Models for HRD Practice. *Training and Development Journal, 43*(9), 49-59.

Seibert, S. E., Kraimer, M. L., & Liden, R. C. (2001).A social capital theory of career success. *Academy of Management Journal, 44*, 219-248.

Seibert, S. E., Crant, J. M., & Kraimer, M. L. (1999). Proactive personality and career success. *Journal of Applied Psychology, 84,* 416-427.

Simonsen P.(1997). *Promoting a development culture in your organization.* Palo Alto: CA: Davis-Black.

Steers, R. M.(1975). Task, goal attributes, and supervisory performance. *Organizational Behavior & Human Performance, 13*(3), 392-403.

Stites-Doe, S.(1996). The New Story about Job Rotation. *Academy of Management Executive, 10*(1), 86-87.

Sturges, J, Guest, D, Conway, N & Davey, K.M.(2002). A longitudinal study of the relationship between career management and organizational commitment among graduates in the first ten years at work. *Journal of Organizational Behavior, 23*(6), 731-748.

Wayne, S. J., Liden, R. C., Kraimer, M. L.,& Graf, I. K.(1999). The role of human capital, motivation and supervisor sponsorship in predicting career success. *Journal of Organizational Behavior, 20*(5), 577-595.

요약

산업구조 및 일자리의 급격한 변화 그리고 개인 가치관의 변화에 따라 현대사회의 HRD 분야에서 경력개발은 매우 중요한 이슈로 등장하였다. 경력은 개인의 생애주기에 걸쳐 진화하는 일과 관련된 총체적 경험이지만, 성공적인 경력개발을 위해서는 개인과 조직이 협력적인 관계가 요구된다. 즉, 개인에게는 경력개발은 첫 일자리에서부터 주된 일자리를 거쳐 노동시장을 이탈하는 시점까지 영향을 미치는 중요한 문제이며, 조직 측면에서는 효율적인 인력 운영 및 양성을 위해 필요하기 때문이다. 또한, 현실적으로 경력개발은 조직 내의 HR의 모든 활동과 유기적으로 연계되므로, 성공적인 경력개발을 위해서는 개인과 조직 측면에서 균형 있는 시각이 필요하다.

탐구 질문

1. 산업구조 및 일자리에 큰 변화가 예상되는 4차 산업혁명 시대에서 경력개발은 현재와 어떻게 달라질 것이라 예측하는가?
2. 성공적인 경력개발을 위해 개인과 조직의 관점에서 나타나는 의견의 차이를 해소할 수 있는 방법은 무엇인가?
3. 현재 재직 중인 조직에서 경력개발을 촉진하기 위한 실행중인 인사 제도 및 인력양성방안의 사례는 무엇이며, 어떠한 효과를 보였는가?

/ 저자소개 /

두민영(Scion2006@gmail.com)

James Madison University와 삼성화재 및 삼성 인력개발원을 거쳐 고려대학교 교육문제연구소 연구교수를 역임하고 현재는 강원대학교 교육학과 교수로 재직 중이다. 연구관심 영역 및 주제는 기업교육 및 HRD 전반으로 연구 영역을 확대하고 있으며, 특히 리더십개발, Sales Training, 교수-학습이론, 교수설계 등에서 연구를 진행 중이다. 주요 저서는 개인 · 팀 · 조직의 경험으로부터 배우는 리더십(공역, 2013). 교수 메시지 설계: 교육용 자료 제작 원리(공저, 2016) 등이다.

제14장

조직개발 및 변화관리

박선영 (루이지애나주립대학교)

목표

1. 학습자는 조직개발의 정의, 기원 및 특징을 논의할 수 있다.
2. 학습자는 조직개발의 프로세스를 구체적으로 제시할 수 있다.
3. 학습자는 조직개발을 위한 인터벤션의 종류를 구분해서 설명할 수 있다.
4. 학습자는 조직개발에서 논의되고 있는 이슈를 제시할 수 있다.
5. 학습자는 조직개발의 미래 및 전망을 논의할 수 있다.

핵심용어

조직개발, 조직개발 프로세스, 진입 및 계약, 조직진단, 진단 정보의 수집과 분석, 피드백, 인터벤션의 설계, 평가 및 제도화, 변화관리, 인터벤션, 인적 프로세스 인터벤션, 기술구조적 인터벤션, 인적자원 인터벤션, 전략적 변화 인터벤션

1. 조직개발의 이해

조직개발에 대한 기본적인 이해를 위해 먼저 조직개발의 정의를 살펴보고, 조직개발의 기원 및 역사를 정리해 본 후, 조직개발이 가지는 특징에 대해 파악해 보도록 한다.

1) 조직개발의 정의

조직개발은 학자에 따라 다양한 방법으로 정의되고 있다. 〈표 14-1〉은 조직개발에 대한 정의를 학자별로 구분해두었다. 이러한 정의들이 강조하고 있는 부분을 정리해 보면, 조직개발은 행동과학에 근거를 두고 조직의 효과성을 높이고 조직의 문제를 해결하기 위해 조직 차원에서 계획적으로 인터벤션을 실행하는 과정으로 볼 수 있다.

〈표 14-1〉 조직개발의 정의

학자	조직개발의 정의
Beckard (1969)	행동과학 분야를 활용하여 조직의 프로세스 안에 포함된 계획적인 인터벤션을 통해 조직 효과성을 향상시키고자 의사결정 집단으로부터 관리되고 계획된 조직 전반에 걸쳐 이루어지는 노력
Bennis(1969)	조직이 새로운 테크놀로지, 시장, 문제상황, 변화 자체의 속도에 더 잘 적응할 수 있도록 조직의 신념, 태도, 가치, 구조를 변화시키기 위해 의도적으로 준비된 복잡한 교육적 전략
Burke(1982)	행동과학 테크놀로지, 연구 및 이론을 활용하여 조직 문화를 변화시키고자 하는 계획적인 프로세스
Cummings and Worley(2005)	조직 효과성을 향상시키는 전략, 구조, 프로세스에 대한 의도한 개발, 개선 및 강화를 위해 행동과학 지식을 전 조직에 걸쳐 적용하는 과정
Jackson(2006)	전체를 보는 시스템 관점을 통해 조직 문화, 프로세스 및 구조를 향상하기 위한 과정

학자	조직개발의 정의
McLean(2005)	개인, 그룹, 조직, 커뮤니티, 국가, 지역, 전 인류를 위해 조직 상황에서의 지식, 전문성, 생산성, 만족감, 수입, 인간관계 및 바람직한 결과물을 개발하고자 하는 행동과학을 기반으로 한 프로세스 또는 활동
Vaill(1989)	과업을 수행하고 목적을 달성하기 위해 조직이 개발한 모든 실제적인 프로세스를 이해하고 개선하기 위한 조직적 프로세스

2) 조직개발의 기원 및 역사

조직개발이란 용어가 처음 등장한 것은 1960년대로 추정되지만, 정확한 기원 및 출처가 밝혀진 것은 아니다. 조직개발은 Douglas McGregor, Herbert Shepard, Robert Blake, Jane Mouton, Richard Beckhard 등과 같은 행동 과학 분야 학자들의 연구에서 거의 동시에 언급되었다고 보고 있다(French & Bell, 2005; Ramnarayan & Rao, 2011).

조직개발은 심리학, 경영학, 인류학, 경제학, 시스템 이론 등 다양한 학문적 배경을 기반으로 성장해왔다. Cummings과 Worley(2005)에 따르면 조직개발은 실험실 훈련/T그룹, 액션 리서치/서베이 피드백, 참여적 경영, 생산성과 업무환경의 향상, 전략적 변화라는 5개의 핵심 근간을 중심으로 발전해왔다. French and Bell(2005)의 연구에서는 사회기술적·사회임상적 배경을 조직개발 역사의 한 부분으로 언급하고 있다.

일반적으로 조직개발의 기원과 역사적 배경을 설명할 때 Kurt Lewin이 조직개발에 기여한 점이 언급된다. Lewin은 조직개발의 테크닉, 접근방법, 가치 및 필요성을 정리해준 학자라고 할 수 있다(Bargal & Bar, 1992; Gold, 1999). 또한 실험실 훈련/T-그룹, 액션 리서치, 참여적 경영이 핵심적 근간으로 강조된다(Burke, 2006; Burnes & Cooke, 2012; Cooke, 1998; Cummings & Worley, 2005; French & Bell, 2005).

(1) 실험실 훈련/T-그룹

실험실 훈련은 대인관계, 개인적 성장, 리더십과 관계된 문제 상황을 해결하기 위해 참가자들이 서로의 상호작용과 성장을 통해 배울 수 있도록 형성된 소규모의 그룹을 의미하고 T-그룹이라고도 불린다. 실험실 훈련은 1946년 Lewin이 MIT의 그룹 다이나믹 연구 센터에 있을 때 지역사회 리더들을 위한 교육을 시작하게 되면서 1950년대에 이에 대한 수요가 급격히 증가하게 되었다. 하지만 실험실 훈련의 원래 목적인 그룹의 행동 변화에 치중하기보다는 참가자들의 개인적 성장 및 자기개발을 중심으로 하는 심리치료 성격이 강해지면서 실험실 훈련에 대한 비판이 증가하게 되었다. 이에 따라 1960년대 말에 와서는 실험실 훈련의 수요 및 활용이 급격하게 감소되었다.

(2) 액션 리서치

액션 리서치는 조직개발에서 가장 많이 활용되는 방법으로, 과학적 지식과 조직의 실제적인 자료를 통합하여 조직의 문제를 해결하는 프로세스이다(Shani & Pasmore, 1985). 다시 말하면 액션 리서치는 조직 구성원들과 연구자들이 협업하여 조직의 문제를 해결하기 위한 정보를 수집하고, 이를 분석하여 문제 해결을 위한 방법을 찾아 실행하며, 실행 결과에 따른 추가 정보를 수집해 평가하고, 다시 정보를 수집하는 순환적인 프로세스를 통해 이루어진다. 액션 리서치는 T-그룹이 소멸되면서 조직개발의 핵심 요소로 등장하였다. 액션 리서치는 각 조직마다 각기 다른 특수성을 가지고 있기 때문에 변화 프로세스가 이러한 특수성을 고려하여 설계되고 지속적인 경험과 학습을 필요로 한다는 점을 전제로 진행된다.

(3) 참여적 경영

참여적 경영은 1950년대와 60년대에 걸쳐 급격하게 성장한 조직개발의 핵심 요소로, 조직적 변화를 위해 조직 구성원들이 함께 의사결정을 하여 조직의 목표를 달성하고자 하는 전략으로 볼 수 있다. 참여적 경영을 통해 조금 더 바람직한 의사결정을 할 수 있고, 그룹 간의 협업, 성과 및 참여를 향상시키며, 변화에 대한 저항을 줄일 수 있다. 조직 구성원들은 의사결정을 할 수 있는 기회에 기꺼이 참여하는 편이고, 그러한 기회가 생산성 및 업무 만족도를 높이는 결과를 가져온다(Burnes & Cooke, 2012). Likert(1967)의 참여적 경영 프로그램이나 Blake와 Mouton(1964)의 관리 격자(managerial grid)에 따른 리더십 모델 등이 현재의 경영방식을 분석하고 변화시켜 참여적 경영을 고려할 수 있는 지원도구로 인식된다.

3) 조직개발의 특징

조직개발의 핵심적인 특징은 다음과 같이 정리할 수 있다(Jackson, 2006; McLean, 2005; Ramnarayan & Rao, 2011).

(1) 조직개발은 응용된 행동과학이다.

행동과학에서 도출된 지식이 조직개발의 근간을 형성한다. 조직개발은 조직행동 및 관리뿐만 아니라 심리학, 사회학, 인류학, 경제학, 정치학, 행정학 및 다른 사회과학 분야에서 도출된 이론, 원칙, 개념들이 혼합된 결과물이다. 이러한 과학적 근간을 가지고 인간 및 사회를 성장시키고 개선시키기 위한 방법을 조직에 응용하여 조직성과를 향상시키고자 하는 것이 조직개발의 영역이다.

(2) 조직개발은 전체적인 시스템을 고려한다.

조직개발의 실제는 개방형 시스템 이론과 밀접하게 관련이 있다. 개방형 시스템

이론은 시스템의 한 부분의 변화가 시스템의 다른 부분도 변화시키는 결과를 가져온다는 점을 강조한다. 시스템 이론에 따르면 조직은 환경의 영향을 받게 되고, 조직 자체로만 운영될 수 없다. 개인, 업무, 테크놀로지, 구조와 같은 다양한 하부 시스템으로 구성된 조직의 시스템적인 성격을 고려했을 때, 조직개발은 조직이나 팀 자체를 하나의 개방 시스템을 보고 분석해야 한다. 따라서 한 분야를 변화시킬 지식을 가지고 수행되는 인터벤션은 그 분야와 직간접적으로 연결된 다른 분야에서의 변화가 이루어지지 않은 상태로 지속될 수 없다. 조직개발은 업무를 위한 팀 간의 상호작용을 넘어선 팀, 조직 단위 간의 상호연관성을 강화하는데 초점을 두고 있다.

(3) 조직개발은 참여를 기반으로 한다.

조직개발에서는 장기적인 변화를 이루기 위해 조직원들의 참여가 매우 중요하다. 참여는 조직개발을 통해 협업하면서 고객 또는 조직원들이 중심이 되는 변화를 이루어 내기 위한 구성원의 몰입을 필요로 한다. 직접 해보면서 배울 수 있는 기회를 고객들과 조직원들에게 제공하여 그들의 능력을 키울 수 있게 된다. 외부 컨설턴트의 도움을 통해 조직개발이 이루어지는 경우, 참여는 외부 컨설턴트와의 계약이 종료된 이후에도 조직원들의 문제 해결 능력을 성장시켜 조직에서의 변화를 지속적으로 유지시킬 수 있게 한다. 조직개발은 고객이 추후 접하게 될 문제를 해결할 수 있는 능력을 갖출 수 있도록 컨설턴트와 함께 자료 수집, 진단, 문제 해결 및 실천 과정에 참여하는 것이 중요하다.

(4) 조직개발은 인본주의적 가치를 반영한다.

조직개발은 가치를 새롭게 하고 태도 및 규범을 변화시키고 경영 현장을 개선하기 위해 개발된 교육에 기반한 프로그램으로 볼 수 있다. 이러한 프로그램을 통해 건전한 조직 풍토를 조성하고 바람직한 행동을 유도하게 된다. 또한 조직개발은 조직원들의 의견 및 시각을 존중하고, 이해관계자들과의 협업을 중시하며, 진정성 있는 태도와 민주적인 가치를 기반으로 하고 있다.

(5) 조직개발은 지속가능한 변화를 위해 순환적이면서 주기적으로 실행된다.

조직개발을 순환적이고 주기적으로 진행하게 되면 조직에 지속가능한 변화를 가져올 수 있다. 조직개발의 이러한 순환적 프로세스는 조직 내 구성원들이 하게 되는 새로운 행동을 파악하는데 도움이 된다. 또한 이러한 행동으로 야기되는 새로운 문제 상황이나 이슈를 쉽게 이해하게 되며, 문제 상황을 해결하기 위한 새로운 방안을 도출하게 해준다. 조직개발은 이러한 순환적인 프로세스를 통해 조직이 목표로 삼은 결과물을 얻을 때까지 지속가능 변화를 유지할 수 있게 해준다.

(6) 조직개발은 조직 효과성을 향상시키는 것을 목적으로 한다.

조직개발의 주된 목적은 조직에서 진행되고 있는 프로세스를 향상시켜 조직 효과성을 강화시키는 것이다. 선택된 인디벤션과 상관없이 조직성과를 향상시키는 것이 변화를 위한 조직 개발의 핵심이다. 조직개발의 첫 시작 단계부터 컨설턴트는 현재 프로세스에 문제가 있는 것인지, 프로세스가 개선될 수 있는 것인지를 판단하고, 판단 결과에 따라 컨설턴트의 지식 및 스킬을 전달하여 개인 및 조직적 성장 및 변화를 위한 업무를 시작하게 된다. 조직문화, 구조, 프로세스, 구성원, 환경에 초점을 두는 것도 조직 효과성 개선이라는 목적을 달성하기 위해서이다.

2. 조직개발 프로세스

조직개발이 이루어지는 프로세스는 학자에 따라 사용하는 용어 및 단계별 구분이 약간 다르기는 하지만, 계약을 통한 문제 파악, 진단 후 인터벤션을 결정하고 실행하며 이에 대한 평가를 하는 프로세스가 공통적으로 포함되어 있다. 여기서 인터벤션은 조직 효과성을 높이고 변화를 창출하기 위해 계획되고 의도된 일련의 프로그램 및 활동을 의미한다(Cummings & Worley, 2005). 조직개발 프로세스는 계획적 변화를 실행하기 위한 진단, 계획, 실행, 평가 및 제도화하는 과정을 반영하고 있다. 〈표 14-2〉는 조직개발 프로세스를 학자별로 구분하였다. 본 장에서는 Cummings와 Worley(2015)가 정리한 단계를 중심으로 조직개발 프로세스를 살펴보겠다.

〈표 14-2〉 조직개발 프로세스

학자	Burke(1994)	Cummings and Worley (2015)	McLean(2005)
조직 개발 단계	1. 진입 2. 계약 3. 진단 4. 피드백 5. 변화에 대한 계획 6. 인터벤션 7. 평가	1. 진입 및 계약 2. 조직진단 3. 진단 정보의 수집, 분석, 피드백 4. 인터벤션 설계 5. 변화관리 6. 인터벤션의 평가 및 제도화	1. 진입 및 계약체결 2. 착수 3. 조직진단 및 피드백 4. 실행계획 수립과 인터벤션 소개 5. 실행 6. 프로세스와 결과에 대한 평가 7. 변화의 제도화 8. 계약종료

1) 진입 및 계약

진입 및 계약은 조직개발 프로세스를 진행하기 위한 첫 번째 단계이다. 이 단계에서는 조직의 문제를 구체화하고 이 문제를 해결하기 위해 같이 협업할 참여자를 선정하며 기대사항 및 결과물을 정한 후, 이에 필요한 시간 및 자원을 결정하고 확인하는 일이 이루어진다. 또한 조직개발이 진행되는 동안 이해관계자들(예. 조직개발 컨설턴트와 고객)이 함께 일하면서 지켜야할 기본적인 원칙 및 규범을 결정하게 된다. 이 단계에서는 조직개발 컨설턴트와 고객 모두가 변화가 이루어지는 과정에 대한 기대사항을 분명하게 하고 이를 어떻게 진행할 것인가에 대한 최선의 결정을 하는 것이 중요하다.

2) 조직진단

조직진단은 현재 조직이 어떻게 기능하고 있는지를 이해하기 위한 과정이다. 즉, 조직진단은 구조, 방침, 문화, 시스템 및 프로세스 측면에서 조직의 현재 상황을 분석한 후 문제를 구체화시키는 것으로, 조직이 보유한 문제의 암묵적이고 표면적인 측면을 검토하여 문제가 되는 근본적인 사실을 찾아내는 단계이다. 조직진단의 목적은 고객과 컨설턴트 입장에서 같이 협업하여 조직이 가지고 있는 문제에 대한 이해를 높이는 것이다. 조직진단은 정보 수집 및 정보 분석의 단계로 구분할 수 있다. 이러한 단계는 양적, 질적 정보를 수집하고 분석하기 위한 고객과 컨설턴트가 서로 협력하여 이루어지는 프로세스이다. 이러한 조직진단으로 변화를 위한 인터벤션을 고안하기 위해 필요한 정보를 얻을 수 있다. 조직진단은 조직 전체의 기능을 설명하는 진단 모델을 활용하여 조직, 그룹, 개인 수준에 따라 투입, 변화에 필요한 설계 요인 및 결과물로 나누어 진행될 수 있다. 조직 수준, 그룹 수준, 개인 수준에 따른 진단 모델을 예로 정리하면 〈표 14-3〉과 같다.

〈표 14-3〉 조직진단을 위한 모델

진단 수준	투입	변화를 위한 설계요인	결과물
조직	환경 산업구조	전략, 테크놀로지, 구조, 평가 체제, 인적 자원, 조직문화	조직 효과성 향상 (예: 조직성과 및 생산성 향상)
그룹	조직설계	업무 구조, 목적의 명료화, 팀 기능성, 그룹 규범, 그룹 구성	팀 효과성 향상 (예: 일-가정 양립의 수준 향상, 팀 성과 향상)
개인	조직설계 그룹설계 개인특성	업무 구체화, 스킬의 다양성, 자율성, 결과에 대한 피드백, 업무 중요성	개인 효과성 향상 (예: 업무 만족도 및 성과 향상)

출처: Cummings와 Worley(2005)의 진단모델 (p. 89)

3) 진단 정보의 수집과 분석과 피드백

조직개발을 위한 최적의 인터벤션을 결정하기 위해 조직이 그 역할과 기능을 어떻게 하고 있는지에 대한 정보를 수집하고 분석하는 일은 매우 중요하다. 이 단계는 정보 수집을 위한 계획수립, 정보 수집, 정보 분석, 정보에 대한 피드백 제공, 팔로우업계 단계를 통해 이루어진다. 정보 수집은 설문지, 인터뷰, 관찰, 기록 검토 등 목적 및 상황에 따라 선별 또는 통합된 방법으로 이루어진다. 정보 분석을 위해서 내용 분석, 역장분석(force-field analysis) 및 통계 분석 등의 기법을 활용할 수 있다. 수집하고 분석한 정보에 대한 피드백을 제공하는 것은 조직구성원들이 정보에 대한 책임감과 주인의식을 가지고 조직개발 및 변화 프로세스에 적극적으로 참여할 수 있도록 동기를 부여하기 위함이다. 정보에 대한 피드백을 나눌 수 있는 미팅을 통해 조직 문제를 해결하기 위한 인터벤션을 개발하는데 필요한 정보의 활용 방안을 논의하고, 특정 정보의 제공 및 활용에 대한 거부감을 최소화하며, 정보 소유 및 활용에 대한 적절한 수준의 권한에 대해 논의할 수 있다.

4) 인터벤션의 설계

조직개발 프로세스에서 언급한 바와 같이, 인터벤션은 조직 효과성을 높이고 변화를 창출하기 위해 계획되고 의도된 일련의 프로그램 및 활동을 의미한다(Cummings & Worley, 2005). 효과적인 인터벤션은 의도한 결과물을 내기 위해 필요한 지식을 기반으로 하여 조직의 니즈에 맞추어 조직 구성원들이 변화를 관리할 수 있는 능력을 키우는데 도움이 되어야 한다. 인터벤션을 설계하기 위해서는 조직 구성원들 간의 개인 차, 변화 과정이 가지는 다양한 측면 등 상황적 요소를 고려해야 한다. 조직 차원에서는 변화에 대한 준비도, 변화를 받아들이고 관리하는 능력, 조직 문화적 상황, 및 변화 주도자의 능력을 고려하여 인터벤션을 설계해야 한다.

인터벤션은 조직의 특정한 측면을 변화시키기 위해 도입된다. 이러한 목적에 따라 인터벤션의 종류를 구별할 수 있다. 조직에서 발생할 수 있는 이슈를 해결하기 위한 인터벤션의 종류는 뒤에서 자세히 다루도록 하겠다.

5) 변화관리

인터벤션을 설계하고 실행함에 따라 겪게 되는 조직적 변화를 관리하는 것도 조직개발 프로세스의 중요한 부분이다. 효과적으로 변화를 관리하기 위해서는 다음과 같은 5가지 활동이 필요하다(Cummings & Worley, 2005).

첫째, 변화를 하고자 하는 동기를 부여해야 한다. 조직 차원에서 변화를 맞이할 준비를 할 수 있도록 해야 한다. 또한 변화에 대한 거부감이나 저항이 있는 경우, 이를 극복할 방안을 고려할 수 있어야 한다.

둘째, 조직 구성원이 원하는 모습을 갖출 수 있는 조직에 대한 비전을 수립해야 한다. 조직이 추구하는 바를 대표할 수 있는 핵심가치를 정해서 공유할 수 있어야 한다. 또한 조직의 미래 모습을 구체화하고 기술하며, 이상적인 미래의 모습을 위해 달성해야 할 구체적인 성과 및 결과물에 대해 논의할 수 있어야 한다.

셋째, 조직 차원에서 정치적 지원을 받을 수 있어야 한다. 변화를 주도하는 그룹의 권한이 어느 정도인지 평가해보고, 조직의 핵심 이해관계자들을 선별해 두며, 이들로부터 지원을 다각도로 받을 수 있는 방안을 준비해야 한다.

넷째, 변화로 넘어가는 전환 상황을 관리하도록 한다. 조직이 현재 상황에서 변화된 상태로의 전환이 성공적으로 이루어졌을 때, 발생할 수 있는 활동에 대해 준비할 수 있어야 한다. 계획했던 변화가 실제로 실행되었을 때, 그 시점을 더 나은 미래상으로 나아가기 위한 중간지점으로 간주하여, 중간지점에서 달성한 목표를 구체적으로 기술하여 조직구성원들의 지속적인 변화 프로세스에 대해 이해할 수 있도록 한다. 또한 변화를 실행하고 이에 따른 전략을 구상할 때 지원을 해줄 핵심 인력을 파악해야 한다. 변화 프로세스를 관리하기 위한 특별전담팀을 구성하는 방법도 가능하다.

다섯째, 변화를 지속적으로 유지한다. 변화를 위해 필요한 자원을 제공하고, 변화 주도자 및 그룹을 지원할 수 있는 시스템을 갖추도록 한다. 또한 변화에 필요한 새로운 능력과 스킬을 개발하고, 변화를 이끌어내는 새로운 행동을 강화시키기 위한 보상체계를 수립하도록 한다. 또한 변화를 추구하는 일을 힘들더라도 중간에 포기하지 않고, 지속적으로 변화를 추구해야 한다.

6) 인터벤션의 평가 및 제도화

인터벤션의 평가는 단기적 결과(인터벤션이 의도한대로 실행되었는지 확인)와 장기적 결과(인터벤션이 기대한 결과물을 가져왔는지 판단)를 검토할 수 있다. 이러한 평가를 위해 신뢰도와 타당도를 갖춘 평가 도구를 활용하고, 다양한 평가 방법을 고려해야 한다.

변화를 위해 도입한 프로그램이 지속되고 조직의 일상적인 기능으로 그 역할을 하게 될 때, 인터벤션이 제도화되었다고 할 수 있다. 이러한 제도화는 조직의 특성과 인터벤션의 특성에 영향을 받게 된다. 인터벤션이 조직 내에서 제도화되기까지 조직 구성원들이 인터벤션에 대해 충분히 인식하고, 인터벤션에 참여하고 지원하며, 이에 따른 보상이 주어진 후, 인터벤션이 조직 전체에 확산되어 그에 따른 평가가 이루어지는 프로세스를 거쳐야 한다.

3. 조직개발 인터벤션

조직을 효과적으로 운영하기 위해서는 조직 내에 발생하는 다양한 문제를 효과적으로 다루고 해결하기 위한 인터벤션을 활용하게 된다. 조직개발 인터벤션은 학자에 따라 다양하게 구분할 수 있다(Blake & Mouton, 1964; McLean, 2005; Werner & DeSimone, 2012). McLean(2005)은 조직개발 인터벤션을 개인별, 팀, 프로세스, 글로벌, 조직차원의 인터벤션으로 구분했다. 본 장에서는 조직개발 인터벤션을 조직의 인적 프로세스, 기술구조적, 인적자원관리, 전략과 관련된 문제를 해결하기 위한 방안으로 보고 다음과 같은 4가지 인터벤션으로 구분하도록 하겠다(Cummings & Worley, 2005; 2015).

1) 인적 프로세스 인터벤션

조직은 커뮤니케이션, 의사결정, 리더십, 및 그룹 다이나믹 등 조직 구성원들 간에 발생하게 되는 사회적 프로세스와 관련된 문제를 가지게 된다. 이러한 문제를 해결하는데 초점을 두고 있는 조직개발 방법을 인적 프로세스 인터벤션이라고 한다. 인적 프로세스 인터벤션은 조직 내에 있는 사람들과 그 조직 구성원들이 조직의 목적을 달성하기 위한 프로세스에 초점을 두고 있다. 이러한 인터벤션은 조직 구성원들이 그 역할을 제대로 하고, 조직의 프로세스가 개선되어야만 조직 효과성을 강화할 수 있다는 가정 하에, 개인의 역량 향상, 대인관계 향상, 집단 구성원의 상호작용에 미치는 다양한 요인들에 관심을 가진다. 코칭, 교육훈련, 갈등 해결, 팀 빌딩 등이 인적 프로세스 인터벤션에 포함된다.

2) 기술구조적 인터벤션

조직은 부서 간에 업무를 어떻게 분담하고, 전략적 방향을 지원하기 위해 다양한 부서 간 역할을 어떻게 조정할지에 대해 결정해야만 한다. 또한 상품과 서비스를 고객에게 전달하고, 조직 구성원과 업무를 연결시킬 수 있는 효과적이고 효율적인 방안에 대해서도 고민해야 한다. 이러한 조직의 구조 및 테크놀로지와 관련된 문제를 다루기 위한 조직개발 방법들은 기술구조적 인터벤션이라고 한다. 이러한 인터벤션은 업무 설계 및 조직 구조가 적절한 방법으로 이루어졌을 때 조직의 효과성 및 생산성이 커질 수 있다는 점을 중시한다. 구조적 조직설계, 다운사이징, 리엔지니어링, 전사적 품질 경영, 업무 설계 등이 기술구조적 인터벤션에 포함된다.

3) 인적자원관리 인터벤션

조직에서는 현재의 조직구성원들이나 잠재적 직원들이 조직 내에 자연스럽게 융화되도록 하기 위한 인사제도를 수립하고 운영해 나가야 한다. 예를 들면, 조직은 능력 있는 사람들이 조직에 흥미를 갖게 하고, 조직 구성원들을 위한 성과 목표를 수립하며, 그들의 성과를 평가하고 보상하고, 경력을 개발하게 지원하고 업무상 스트레스를 관리할 수 있어야 한다. 이러한 인사 관련 문제를 해결하기 위한 조직개발 테크닉을 인적자원관리 인터벤션이라고 한다. 이러한 인터벤션은 조직 구성원들이 조직에 융화될 수 있는 방안이 개선되어야 조직 효과성을 증진시킬 수 있다는 점을 강조하고 있다. 목표 설정, 성과 평가, 보상 체제, 경력 관리 및 개발, 직원 복지 개선방안 등이 인적자원관리 인터벤션에 포함된다.

4) 전략적 인터벤션

조직은 내부적으로 보유한 기능을 외부 환경과 연결시켜 변화하는 외부 상황에 적응할 수 있도록 스스로 변화할 수 있어야 한다. 다시 말하면, 조직은 급변하는 외부 환경에 발맞추어 어떤 상품과 서비스를 제공할 것인지, 어떤 시장에서 누구와 어떻게 경쟁할 것인지, 조직의 능력과 강점을 가지고 어떻게 주어진 환경을 활용하고 대응할지에 대해 끊임없이 고민하고 결정해야 한다. 변화하면서 매우 경쟁적인 환경에서 조직이 당면하고 있는 가장 중요한 전략적 문제를 해결하기 위한 조직개발 방법들을 전략적 인터벤션이라고 한다. 전략적 인터벤션은 다른 인터벤션에 비해 최근에 조직개발 부문에 추가되었다. 전략적 변화, 인수 및 합병, 전략적 제휴, 네트워크 형성, 조직학습 등이 전략적 인터벤션에 포함된다.

지금까지 살펴본 4가지 인터벤션을 관련된 조직적 문제와 연결시켜 정리하면 〈표 14-4〉와 같다.

〈표 14-4〉 조직개발 인터벤션의 종류

인터벤션	관련된 소식적 문제	예
인적 프로세스	• 커뮤니케이션 • 문제 해결 • 의사결정 • 상호작용 • 리더십	• 코칭 및 훈련 • 프로세스 상담 • 팀 빌딩 • 그룹 간 관계 형성
기술 구조적	• 노동 분배 • 부서 간의 조화 • 상품 및 서비스 생산 • 업무 설계	• 구조적 조직 설계 • 다운사이징 • 리엔지니어링 • 전사적 품질경영 • 업무 설계

인터벤션	관련된 조직적 문제	예
인적자원 관리	• 인재 확보 • 목표 설정 및 보상 • 경력 계획 및 개발	• 목표 설정 • 성과 평가/보상 체제 • 경력 관리 및 개발 • 직원들의 다양한 특성 관리 방안 • 직원 복지 개선 및 건강 유지 방안
전략적	• 기능, 상품, 서비스, 시장에 대한 의사결정 • 경쟁력 우위 확보 • 환경과의 연계 • 조직 기능을 주도하는 가치 확보	• 전략적 변화 • 인수 및 합병 • 전략적 제휴 • 네트워크 형성 • 조직 문화 변화 • 조직 학습 및 지식관리

4. 조직개발의 이슈 및 전망

1) 조직개발의 이슈

조직개발 분야에서 논의되고 있는 이슈는 다음과 같다(Bradford & Burke, 2006; McLean, 2005).

(1) 조직개발의 정의가 통일되지 않았다.

기존의 정의가 조직개발의 특성을 제대로 반영하고 있는지에 대한 문제제기가 지속되고 있다. 또한 조직개발과 변화관리는 동일한 개념이 아님에도 불구하고 두 개념의 차이를 분명하게 설명하지 못하는 조직개발 전문가들이 있다.

(2) 조직개발만의 고유성을 드러내는데 한계가 있다.

조직개발이 다양한 분야에 영향을 받아 발전해 온 역사로 인해, 이 분야를 대표하고 결정적인 영향력을 미치는 전문적인 단체를 하나로 선택하기 곤란한 점이 있다. 다시 말하면, 조직개발과 관련된 전문기관 및 단체가 많이 있다. 특히 HR 분야와 공통된 영역으로 인해 두 분야의 전문가들이 서로의 영역에서 활동하는 경우가 많은데, 이러한 경향으로 인해 조직개발만의 고유한 특성이 충분히 강조되지 못한다.

(3) 조직개발에서 '조직'보다는 '개발'에 치우치는 경향이 많다.

조직개발 전문가들이 포괄적인 시스템 관점을 가지고 조직 전체에 장기적인 변화와 영향을 가져다줄 인터벤션 선정을 제대로 하지 못하는 경우가 많다. 또한 해당 조직에 비즈니스적 관점으로 접근하지 못하기도 한다. 조직개발을 진행하면서 기술적 측면의 조직을 다양한 사회적 기능을 하는 조직의 특성과 통합하지 못하기도 한다.

(4) 인적 프로세스를 지나치게 강조하는 경향이 있다.

조직개발을 진행하는 프로세스만 강조하게 되면 조직개발 전문가가 해당 조직에 대해서 알고 있어야 할 지식이나 업무와 관련 전문성을 충분히 가지지 못하고 있다는 점을 부각하게 된다. 또한 조직개발 프로세스 이외에 다른 프로세스에 대한 지식이 부족한 것을 드러내게 된다.

(5) 인본주의 가치를 고수하는 것에 따른 부작용이 생길 수 있다.

조직개발에서 강조하는 참여를 기반으로 한 인본주의적 접근이 모든 조직 상황에서 긍정적인 결과를 내는 것은 아니다. 고객들의 가치와 상반되어 조직개발을 위해 필요한 협력 관계를 유지하기 힘들 수 있다. 또한 조직 내에서 때에 따라 필요한 정치적인 태도를 적절하게 취하지 못한다는 비판을 받기도 한다.

2) 조직개발의 전망

조직개발이 앞으로 더 성장하고 발전하는데 영향을 미치는 다양한 요인들이 있다. Cummings와 Worley(2005)는 경제적 요인, 인적자원의 특성, 테크놀로지의 활용 및 조직 자체의 특성을 조직개발의 미래에 영향을 미치는 상황적 요소로 보았다. Church, Shull와 Burke(2016)는 조직이 다양성과 포용(다양한 특성과 배경을 가진 인력을 받아들이고 존중하는 태도와 관련), 지속가능성, 직원 몰입, 인재 관리, 개인에 대한 평가, 코칭, 빅데이터 등을 강조하고 활용하는 수준이 조직개발의 미래에 영향을 미치는 것으로 보았다.

2012년과 2013년에 걸쳐 조직개발 분야에 종사하는 400명 및 84개 회사의 인재관리 책임자들에게 조직개발이 성장하기 위해 가장 중요한 요인을 묻고 그 결과를 정리한 조직개발의 미래를 위한 5개의 핵심 주제는 다음과 같다(Church et al., 2016).

(1) 조직개발의 가치는 지속되어야 한다.

조직개발은 조직 내 구성원들이 성장하고 잠재력을 최대한 발휘할 수 있도록 지원하는 인본주의 가치를 기본으로 하고 있다. 조직의 효과성 달성이 강조되는 추세에 따라 조직개발의 인본주의 가치는 상대적으로 약해지는 경향을 보이기도 하지만, 성과 우선 주의로 인해 인본주의 가치를 잃어서는 안 된다.

(2) 조직개발 실무자들은 앞으로 필요한 데이터 처리 능력을 키워야 한다.

조직개발에서는 데이터의 활용이 매우 중요하다. 이러한 데이터의 처리는 실무자보다는 연구자의 역할이라는 전통적인 인식에서 벗어나야 한다. 인재관리의 세분화, 개인 평가의 다각화, 빅데이터의 활용이 강조됨에 따라 다양한 방법을 통해 필요한 데이터를 통합할 수 있는 능력을 갖추어야 한다.

(3) 조직개발 분야에서 새로운 코칭 모델을 수립할 필요가 있다.

조직개발에서 지속적으로 사용되어온 인터벤션이나 코칭을 필요로 하는 대상 및 그 범위가 다양해졌음을 인지해야 한다. 코치의 역할은 분야에 따라 매우 다양하지만, 조직개발 분야에서의 코칭이 다른 분야와 구별될 수 있는 모델이나 방법론을 아직 정립되지 못한 상태이다. 조직개발 프로세스에 적합하고 인본주의적 가치를 반영한 의미 있는 경험을 제공할 수 있는 코칭 방법이 필요하다.

(4) 조직개발은 대규모의 변화를 실제적으로 다룰 수 있어야 한다.

조직개발이 조직 구성원 개인에 대한 인터벤션 제공에만 지나치게 집중하게 되면, 대규모로 이루어지는 조직적 변화를 위한 인터벤션에 대해 소홀해질 수 있다. 조직개발 실무자라면 전체를 보는 시스템 관점에 따라 대규모로 이루어지는 변화가 가져오게 될 장기적인 영향력을 고려할 줄 알아야 한다.

(5) 조직개발의 미래를 낙관하는 사람은 많아도 조직개발에 참여하고 있는 비율은 낮다.

많은 조직들이 조직개발 부서를 독립적으로 분리하기 보다는 다른 부서의 기능과 혼합된 형태로 운영하는 경우가 많다. 예를 들어 인재 관리, 학습조직 부서와 통합되어 있는 조직개발팀은 조직개발 전문가로서 인식될 수 있는 지식과 네트워크를 갖출 수 있도록 가시적인 성과물을 내야 한다. 또한, 조직개발 내에서 자체적으로 전문가를 양성하기 보다는 HR분야에서 조직개발 전문가로 전환하는 추세가 점점 강해지고 있는 상황이다. 앞으로 더 성장할 조직개발의 미래를 위해 이 분야의 정체성을 확고히 하고, 지역사회, 국가, 글로벌 조직 등으로 그 대상 및 범위를 넓히며, 조직개발 전문가들의 자질을 향상시키고, 이론과 현장 간의 연계를 강화하며, 조직개발 분야 자체를 가치를 가진 모델로 성장시켜 새로운 이론을 만들어내기 위한 노력이 필요하다 (McLean, 2005).

참고문헌

Bargal, D. & Bar, H. (1992). A Lewinian approach to intergroup workshops for Arab-Palestinian and Jewish youth. Journal of Social Issues, 48(2), 139-154.

Beckard, R. (1969). Organization development: Strategies and models. Reading, MA: Addison-Wesley.

Bennis, W. (1969). Organization development: Its nature, origins and prospects. Reading, MA: Addison-Wesley.

Blake, R. R. & Mouton, J. S. (1964). The managerial grid. Houston, TX: Gulf Publishing.

Bradford, D. L, & Burke, W. W. (2006). The future of OD? In J. V. Gallos (Ed.). Organization development (pp. 842-857). San Francisco, CA: Jossey-Bass.

Burke, W. W. (1982). Organization development: Principles and practices. Boston, MA: Little Brown & Co.

Burke, W. W. (2006). Where did OD come from? In J. V. Gallos (Ed.). Organization development (pp. 13-38). San Francisco, CA: Jossey-Bass.

Burnes, B. & Cooke, B. (2012). The past, present and future of organization development: Taking the long view. Human Relations, 65(11),1395-1429.

Church, A. H, Shull, A. C., & Burke W. W. (2016). The future of organization development, transformation, and change. In W. J. Rothwell, J. M. Stavros, & R. L. Sullivan (Eds.), Practicing organization development: Leading transformation and change (4th ed.) (pp. 419-428).

Cooke, B. (1998). Participation, 'process' and management: lessons for development in the history of organization development. Journal of International Development, 10(1), 35-54.

Cummings, T. G, & Worley, C. G. (2005). Organization development and change (8th ed.). Mason, OH: South-Western.

Cummings, T. G. & Worley, C. G. (2015). Organization development and change (10th ed). Stamford, CT: Cengage Learning.

French, W. L. & Bell, C. H. (2005). A history of organization development. In W. L. French, C. H. Bell, & R. A. Zawacki (Eds.), Organization development and transformation:

Managing effective change (pp.16-39). New York, NY: McGraw-Hill.

Gold, M. (ed.) (1999). The complete social scientist: A Kurt Lewin reader. Washington, DC: American Psychological Association

Jackson, J. C. (2006). Organization development: The human and social dynamics of organizational change. Lanham, MD: University Press of America.

Jamieson, D. W., & Worley, C. G. (2008). The practice of organization development. In T. G. Cummings (Ed.), Handbook of organization development (pp. 99-121). Thousand Oaks, CA: Sage.

Likert, R. (1967). The human organization: Its management and values. New York, NY: McGraw-Hill.

McLean, G. N. (2005). Organization development. San Francisco, CA: Berrett-Koehler.

Ramnarayan, S. & Rao, T. V. (2011). Organization development: Accelerating lealrning and transformation (2nd ed.). Thousand Oaks, CA: Sage.

Shani, A. B., & Pasmore, W. A. (1985). Organization inquiry: Towards a new model of the action research process. In D. D. Warrick (Ed.), Contemporary organization development: Current thinking and applications (pp. 438-448). Glenview, IL: Scott Foresman and Company.

Vaill, P. B. (1989). Seven process frontiers for organization development. In W. Sikes, A. B. Drexler, & J. Gant (Eds.), The emerging practice of organization development (pp. 261-272). La Jolla, CA: NTL Institute and University Associates.

Werner, J. M. & DeSimone, R. L. (2012). Human resource development (2nd ed.). Mason, OH: South-Western.

요약

본 장은 조직개발에 대한 기본적인 사항을 소개하기 위해 조직개발의 정의, 기원 및 역사, 특징을 제시한 후, 조직개발의 프로세스를 단계별로 구분하여 설명한 다음, 조직개발을 위한 인터벤션의 종류를 4가지로 구분하여 정리하였다. 또한 조직개발에서 논의되고 있는 이슈를 소개한 후, 조직개발의 미래 및 전망에 대한 내용을 정리하였다.

조직개발은 행동과학에 근거를 두고 조직의 효과성을 높이고 조직의 문제를 해결하기 위해 조직 차원에서 계획적으로 인터벤션을 실행하는 과정으로 볼 수 있다. 조직개발은 다양한 학문적 배경을 기반으로 성장해 온 응용된 행동과학으로, 전체적인 시스템을 고려하고, 참여를 기반으로 하며, 인본주의적 가치를 반영하여. 조직 효과성을 향상시키는 것을 목적으로 한다. 조직개발 프로세스는 계획적 변화를 실행하기 위한 진단, 계획, 실행, 평가 및 제도화하는 과정을 반영하고 있다. 조직 내에 발생하는 다양한 문제를 효과적으로 다루고 해결하기 위한 조직개발 인터벤션은 인적 프로세스, 기술구조적, 인적자원 관리, 전략적 인터벤션으로 구분할 수 있다. 조직개발은 환경의 변화와 조직의 요구에 맞추어 당면한 문제를 해결하고, 앞으로 성장하기 위해 갖추어할 요건을 파악해야 한다.

탐구 질문

1. HRD에서 조직개발이 가지는 중요성은 무엇인가?
2. 조직개발의 이론적인 부분과 현장에서 실행할 때 발생하게 되는 차이를 어떻게 극복할 수 있을까?
3. 조직개발이 앞으로 더 발전하기 위해서 어떤 부분들이 개선되고 보완되어야 하는가?

/ 저자소개 /

박선영(spark65@lsu.edu)

루이지애나주립 대학교 리더십 및 인적자원개발학과(School of Leadership and Human Resource Development at Louisiana State University)에서 부교수로 재직 중이다. 관심 있는 연구 주제는 조직문화 및 행동, 학습 및 성과, 리더십, HRD 연구 동향과 관련된 영역이다. 미국 인적자원개발학회(Academy of Human Resource Development)에서 proceedings editor 및 program chair으로 활동했다.

제15장

수행성과관리

박경연 (다다름 컨설팅)

목표

1. 학습자는 수행성과(performance)의 실무적 차원의 개념과 의미를 이해한다.
2. 학습자는 수행성과(performance)와 역량(competency)의 개념을 연계하여 설명할 수 있다.
3. 학습자는 수행성과관리를 위한 컨설팅의 특징과 원리를 파악한다.
4. 학습자는 성과변화를 위한 행동 변화의 실제(practice)를 설명할 수 있다.
5. 학습자는 수행성과관리(performance management)를 위한 HRD의 실행방법을 제시할 수 있다.

핵심용어

수행, 행동, 성과, 성과관리, 행동변화, 역량, 성과향상, 성과구조, HRD 변화활동, 성과(퍼포먼스) 컨설팅

1. 수행성과에 대한 다양한 인식

조직에서 우리는 어떤 단어를 많이 사용할까? 어느 조직, 어떤 업무를 하든 상관없이 직장인 용어집에 나올법한 단어들이 존재한다. 공식적 통계치는 아니지만, 상식적으로 공감을 얻을 수 있는 1순위 단어가 수행성과(performance)[1]라 예상된다. 수행성과란 조직, 팀 그리고 개인이 존재하는 궁극적 목적 및 가치와도 연결된다. 전사, 팀 단위, 구성원 각자의 수행을 통해 긍정적, 부정적이든 결과가 산출된다. 물론 그 결과가 우리가 기대했던 목적과 목표치를 충족했느냐에 따라 그 가치는 달리 평가될 수 있다.

조직의 미션, 비전 및 전략의 기저에 존재하는 수행성과는 그 존재감과 중요성으로 인해 다양한 개념과 의미로 각자의 머릿속에 개념화되어 있다. 다들 수행성과에 대해 중요하다고 인정하지만, 그 실체에 대해 그려놓은 그림은 각기 다른 것이 현실이다. 예를 들어, 특정 조직 내 같은 팀원들에게 우리 회사의 중요한 성과가 무엇인지, 그것을 위해 우리 팀이 달성해야 하는 핵심 성과를 한 가지 꼽아보라고 하자! 물음에 대해 비슷한 답변을 할 수 있으나 정확히 일치하기는 드문 일다.

그 원인이 무엇일까? 성과라는 같은 단어를 사용하고 있으면서 각자는 그 단어를 다르게 바라보고 해석하기 때문이다. 수없이 많이 듣고 말하는 "수행성과(performance)"란 정말 무엇일까? 특히 인적자원개발(Human Reourse Development, HRD)영역에서 실무를 통해 우리는 성과를 지향하며 교육의 다양한 업무 및 변화 활동을 하고 있다. 시대적 요구와 기대는 교육을 통해 가시화된 성과를 보여달라고 한다. 그래야 교육이 해야 할 명분과 실리가 성립한다. 지금부터 우리도 수행성과의 개념부터 공유하고 이를 어떻게 관리해 나갈 것인가에 관한 방법들을 다루고자 한다.

---

1) 퍼포먼스는 과정중심의 수행과 결과중심의 성과를 모두 포함하는 개념으로 봄.

1) 수행성과의 실무적 차원에서 바라본 의미

영어로는 “Performance”이고 우리말로 표현하면 수행 또는 성과로 많이 번역해서 쓰고 있다. 수행이라고 할 때는 무엇인가를 행하는 즉, 행위, 행동에 초점을 둔 것으로 볼 수 있고 성과는 그러한 행위, 행동을 통해 나온 결과물에 초점을 둔 것이다(정재삼, 2006). 수행은 조직 내 개개인이 하는 업무 수행도 있고 팀 단위에서 수행, 전사 차원이라면 조직 전체로서 활동일 수 있다. 조직은 성과를 향해 가는데 그러기 위해서는 먼저 수행이 이루어져야 한다. 그리고 이루어진 수행들이 성과와 긴밀하게 연계될 때 가치가 더해서 성과가 나오는 것이지 단순히 행한다고 해서 기대 성과로 이어지지 않는다. 그릿(Grit)이라는 개념을 설명할 때, 목적에 따라 의식적 실행을 지속할 때 성과가 현실화된다고 한다. 빨리 달리고 싶어서 매일 달리기를 했다고 기록이 단축되는 것이 아니라는 것이다. 빨리 달리기 위해 지금의 방법 이외에 다른 달리기 방법을 시도해 보기, 각 시도의 효과를 점검하기, 자신의 신체 조건·특징 분석하기, 잘 뛰는 선수들과 다른 점 탐색하기 등 빨리 달리기 위한 환경과 조건들을 찾아서 적용해 보면서 자신만의 방법, 전략을 구체화하고 연습을 통해 자동화하는 등의 의식적 실행이 있을 때 비로소 성과변화를 현실화할 수 있다는 것이다(김미정 역, 2016).

이어서 성과에 대한 의미를 살펴보면, ISPI(International Society for Performance Improvement)에서는 성과란 어떠한 활동(activity)과 그 결과(result)를 합한 것이라 보고 있다(Van Tiem, Moseley, Dessinger, 2012). 성과를 위해 사람은 어떤 행동을 하거나 다양한 활동을 계획하고 실천한다. 결과는 목표한 수준을 달성하는 것을 의미하며 목표달성, 실적충족 등으로 볼 수 있다. 그렇다면 성과는 무엇이 더해져야 할까? 성과란 목석과 목표가 충족되어야 한다. 어떤 행동, 활동할 때 ‘왜 하는가?’ 라는 궁극적 목적과 기대가 결과에 더해져야 하고, 이왕 하는 행동과 활동이 시스템적 관점에서 보는 투입한 노력, 시간 등이 산출된 결과물과 비교해 볼 때, 효과와 효율이라는 기준에서 가치가 있어야 한다. 사람이 어떤 행동이나 활동을 하면 그에 따르는 결과는 무조건 따라온다. 그러나 그 결과가 항상 가치가 있는 것은 아니다. 오히려 더 좋은 행동 대안이 있을 수 있고 하지 않는 것이 더 나은 결정일 수도 있다. 수행성과를 관리한다는 것은 수행과 성과 둘 다를 관리해야 함을 의미한다. 둘은 긴밀하게 연결되어 있고 수행이 이루어짐이 먼저이고 그 결과 중 기대하거나 목적한 바가 충족된 경우에만 성과라고 부를 수 있다.

우리는 일상에서 결과, 더 나아가 성과를 얻기 위해 여러 가지 행동을 한다. 오늘 하루 중에 우리 대다수는 한 번 이상 이를 닦았을 것이다. 여기서 생각해보자! 왜 이를 닦을까? 이를 닦아서 우리가 기대하는 결과, 성과는 무엇인가? 거의 자동화된 행동이다 보니 왜라는 질문을 던질 필요를 못 느낀 채 그냥 해온 것이다. 이런 행동들은 대체로 기대하는 성과가 당연시 여겨지는 경우가 많다. 많은 사람은 이런 질문을 받으면 "충치 예방을 위해서"라고 답변한다. 그렇다면, 각자 이를 닦아서 충치가 예방되어 충치 제로라는 결과를 얻고 있는지를 되물을 수 있다. 한 발짝 더 나아가면 현재도 충치 제로지만 앞으로 충치가 생기지 않도록 구강 상태를 청결하게 유지하는 기대 성과를 확인해 볼 필요도 있다. 기대 성과가 현실화되지 못하고 있다면 기존 수행의 변화를 고려해야 한다.

2) 수행성과와 역량의 관계

개인은 살아가면서 다양한 장면 속 사람들과 관계를 맺고 그 속에서 여러 역할을 한다. 가족과 함께 하는 집에서, 친구들과 생활하는 학교에서 그리고 각자 직업에 따라 일을 하는 장면에서 자의든 타의든 특정 역할을 맡아 수행한다. 특정 장면과 상황 속에서 사람들은 역할과 책임을 다 하기 위해 나름의 행동을 한다. 앞서 논의한 바와 같이 사람이 어떤 행동을 하면 자연스레 그에 따른 결과가 따라오고 그 결과가 본래 의도했거나 기대한 바(추구 가치)를 충족한다면 성과로 볼 수 있다.

조직은 다양한 사람들이 모여서 각자의 업무를 담당하면서 그 안에서 업무 외에 중요하게 맡은 역할과 책임(R&R: Role & Responsibility)을 다할 때 조직의 존속 및 지속가능성의 기초가 갖춰진다. 이것은 조직이 각 개인 즉, 조직구성원들에게 기대하는 성과의 기본일 것이다. 그러기 위해서는 구성원 각자가 자신의 업무에 최선을 다해야 하고 이에 앞서 조직 내 자신의 역할과 책임을 명확히 인식하고 수행할 수 있도록 리더와 조직이 소통해야 한다.

같은 팀장의 역할도 누가, 어떻게 하느냐에 따라 하늘과 땅 차이 이상의 격차와 다름이 수행 결과와 성과로 드러난다. 예를 들어, 리더인 팀장이 어떻게 팀을 이끌어 나가고 팀장으로서 행동하느냐에 따라 팀의 분위기나 문화, 업무 방식 등이 달라진다. 이는 그 팀의 수행성과에 중대한 영향을 미친다. 그러므로 조직은 맡은 업무뿐만 아니라 조직 내 함께 일하는데 있어 각자의 필요 역할을 잘 해주는 것을 요구한다.

개인, 팀 그리고 조직 수준에서 성과 상 문제를 해결하거나 기존에 없던 성과를 발굴하고 이를 현실화함으로써 성과변화를 이끌기 위해 다양한 HRD 활동이 기획되고 실행되고 있다. 그 활동의 중심에 "역량"이라는 요인이 자리 잡고 있다. 역량은 수행성과와도 반드시 연계되어야 하는 요인으로 볼 수 있다. 시작점을 거슬러 올라가면, 역량은 심리학 분야의 McClelland 교수가 1973년 시능검사에 대한 역량 검사의 우위성이라는 논문을 발표하면서 그 개념이 도입되었다. 연구결과에 의하면, 역량은 기존 검사들과 달리 직무성과를 예측하고 불필요한 편견을 배제하는 것이 가능하다는 것이다. 그래서 역량은 한 개인의 현재나 미래를 예측하기 위해 실제 상황에서 그 사람이 생각하고 행동하는 것을 파악하여 파악할 수 있다.

앞서 예시에서 팀장 역할을 여러 명이 맡았는데 역할을 잘 수행하여 소식성과를 높이는 사람과 오히려 역할을 제대로 하지 못해서 개인, 팀 그리고 조직성과에까지 부정적 영향을 미치는 사람도 있는 것이다. 이때 잘 하는 팀장과 그렇지 못한 팀장 그룹 간 역할을 하는데 실제 행동들을 파악하고 우수한 역할 수행그룹의 차별적 행동 특성을 규명한다. 이 결과를 토대로 팀장으로서 기대성과를 낼 수 있도록 육성하기 위한 HRD 활동으로 팀장 역량 강화 교육을 진행한다. 즉, 수행성과의 변화를 위해 구성원들의 행동에 초점을 둔 HRD 해결책이 사용되는 것이다. 이뿐만 아니라 자신이 맡은 업무에서 성과향상을 위해 직무전문가로서 양성하는 HRD 활동도 활발하게 이루어지고 있다.

(1) R&R에 따른 리더십 역량 강화를 위한 HRD 활동

조직의 다른 역할들을 하는 리더들에게 필요한 역량을 리더십 역량(leadership competency)이라고 부른다. 국내 공공 조직에서는 팀장, 과장, 국장 등 직급에 따라 조직에서 기대하는 역할과 책임이 달라서 역할을 잘 하기 위한 적절한 행동들도 차이가 있다. 일반적인 민간 기업도 마찬가지로 팀장과 팀원 역할이 다르고 임원들의 역할과 책임이 분명히 구분된다. 공공, 민간 공통적인 부분은 리더 역할 수행이 조직 전체, 팀, 구성원들이 성과를 내는데 지대한 영향력을 미친다는 것이다. 그래서 실무자 사이에서는 경기가 나쁘고 경영환경이 힘들어서 많은 교육을 포기해도 리더 대상 교육은 진행한다는 말이 있다. 현실이 실제 그러하다. 조직의 존속에 핵심이 되는 수행성과를 놓을 수 없으므로 이에 영향력이 큰 리더십 역량 강화를 위한 다양한 HRD활동을 실행한다.

그렇다면 이전과 달라진 리더십 역량을 강화하기 위해 HRD 활동을 어떻게 설계, 개발 및 운영해 나가야 할지 살펴보자! 리더가 구성원들에게 지시와 통제로 관리하던 시대에서 벗어나 지금 그리고 앞으로는 조직운영의 주체로서 구성원들을 바라보고 그들 스스로 자율적인 존재로서 일에 몰입할 수 있도록 리더십을 발휘해야 한다. 이는 조직에서 리더가 중요하지만, 그들만의 리그가 아닌 구성원들 간에 긴밀한 연결로 구성된 조직에서 그들의 내재된 잠재력이 최대한 발휘되도록 돕는 역할을 리더가 주도해서 해나가야 함을 의미한다. 이제 리더는 구성원들의 마음이 어떻게 작동하는지를 이해하고 행동해야 한다(최동석, 2017). A라는 조직에 나는 성과변화팀의 팀장이라고 가정해 보자. 5명의 팀원과 조직의 성과변화를 위한 다양한 일을 처리하고 있다.

나는 팀장으로서 어떻게 팀원들을 이끌고 육성해 나가야 할까? 이러한 고민이 바로 팀장으로서 리더십 발휘 방향, 방법 등을 모색해 나가는 과정일 것이다. 구성원의 행동을 일으키려고 한다면 지시하기보다 과연 팀원들이 어느 지점에서 혹은 무엇 때문에 움직일지를 머릿속으로 그려보고 다양한 접근 중 실효성 있는 최적안을 찾아 실행해야 한다. 업무 차원의 지시만 할 때보다는 상식적으로 판단해볼 때, 구성원들의 수행을 일으킬 가능성이 더 커 보인다. 그렇다면 이러한 리더십을 발휘하기 위해 어떻게 HRD 활동을 설계, 개발해야 할지 처음부터 기존과 다르게 기획해야 한다.

(2) 직무역량 강화를 위한 직무전문가 양성 관련 HRD 활동

수행성과에서 중요할 뿐만 아니라 HRD 활동의 핵심 대상은 직무역량이다. 직무역량은 전문성이나 장인정신으로 표현할 수 있다. 4차 산업혁명 시대에 기업이 지속가능하려면 효율적 업무 수행만을 강조해서는 불가능하다고 여러 분야 전문가들은 예상한다. 기존과 다른 관점과 접근이 요구된다. 창조적으로 일하고 높은 숙련도를 유지할 뿐만 아니라 확장하여 배우는 정신을 실천하며 최고의 가치 있는 결과물을 만들어 내는 장인성(匠人性)이 있는 인재를 육성해야 한다고 볼 수 있다(장원섭, 2015). 개인과 조직의 생존과 성장을 위해서 협업, 유연한 사고, 창조/창의 관련 역량을 갖춘 구성원이 필요하다. 그러한 사람을 어떻게 육성할지 구상해야 한다. 미래에 필요한 인재를 인적자원개발 활동을 통해 육성하려면 직무 숙련도 향상에만 중점을 둘 것이 아니라, 직무의 가치를 충분히 인식하고 느낄 수 있도록 무형식이고 우연히 발생하는 학습과 성장 과정을 존중해 줄 수 있어야 한다. 또한, 자발적으로 해나갈 수 있도록 적극 지원하고 성취에 대한 인정과 새로운 시도 지원, 실패에 대한 허용이 필요하다. 이를 위해, 인적자원개발 활동은 일에 대한 가치와 몰입을 이끌면서 업무에 관한 확장과 점차 배움을 넓혀나가고 공유해 나갈 수 있는 인프라를 제공하는 지원과 촉진 활동에 힘을 쏟아야 한다.

2. 수행성과관리를 위한 컨설팅의 과정

수행성과관리를 위해서 총체적 접근으로서 컨설팅이 유효할 수 있다. 컨설팅의 기본은 고객에게 맞춤식으로 이루어진다는 점일 수 있다. 조직의 규모, 업종이 같더라도 그 안에 인력이 다르고 팀 구성도 다르고 조직문화도 차이가 있을 수밖에 없다. 수행성과는 조직, 팀 그리고 개인이라는 성과 수준에 따라 달리 관리되어야 한다. 다만, 수행성과를 변화시키기 위한 근본적인 컨설팅의 원리, 절차 및 방법은 있을 수 있다. 여기서 제시하는 컨설팅에 관한 내용은 전체 빵을 의미하고 이것을 활용, 적용하기 위해서는 해당 조직, 팀, 개인에 맞추어서 빵을 자르거나 어울리는 버터나 잼을 발라서 먹기 편한 크기와 원하는 맛을 내도록 활용할 수 있다. 이는 최근 플랫폼(platform) 활용 및 비유가 여러 분야에서 사용되고 있는 것과 비슷한 맥락이다.

수행성과관리를 위한 기초 단계로 수행성과 시스템 역할을 하는 하드웨어적 플랫폼을 설계하여 구조화해야 한다. 다음으로 그 플랫폼을 근간으로 세상, 시장과 고객 변화에 따라 필요한 HRD를 포함한 다양한 수행성과 변화 활동을 소프트웨어와 같이 기능을 장착하는 방식으로 관리해야 한다. 종합해 보면, 수행성과관리를 위한 컨설팅 과정도 플랫폼의 특징을 반영해서 효과성을 높일 때, 비로소 성과가 날 수 있다.

1) 성과분석

수행성과관리의 컨설팅은 최종 지향점인 기대 성과를 명확히 정의하는 것으로 시작된다. 우리는 수행과 성과를 관리하기 위한 목적에서 진행하는 컨설팅 작업 출발점에서 가장 핵심인 성과부터 제대로 분석해야 한다. “왜 성과를 분석해야 할까?” 라는 질문에 답을 해보면, 어떤 목적과 목표를 가지고 전진해야 할지가 명확해지기 때문이다 한 가지 정답이 있으면 좋겠지만 현실은 다양성이 가능성으로 인해 적절한 답변이 존재할 뿐이다. 비유적으로 표현해보면, 집을 나와 어딘가로 가기 위해 걷기 시작했는데 몇 분쯤 지났을 때, "나는 어디로 가고 있는 거지?"라는 생각이 든다면 그 상황은 매우 황당하고 위험하다 볼 수 있다. 즉, 목적지나 목표지점 없이 그냥 걷고 있다면, 걷는 활동의 결과는 무엇이고 어떤 의미와 가치가 나올 수 있을까? 우리들의 일상과 조직 생활에서 비슷한 경우를 흔히 발견할 수 있다. 시험 기간에 열심히 수업 때 필기한 내용을 반복해서 쓰고 읽으며 외우고 있다. 시험 당일, 열심히 외웠던 내용을 빼곡하게 답안에 작성하고 나왔다. 신기하게도 나온 순간, 좀 전까지 외웠던 내용이 머릿속에서 사라진다. 이런 과정을 2년, 4년 하면서 졸업을 했고 전공을 살려 취업을 했다. 기업교육을 전공한 나에게 상사는 내년도 교육의 방향을 수립하기 위해 성과든 요구든 분석하라고 한다. 그런데 어떻게 해야 할지 모르겠다. 왜 이런 일이 발생했을까? 몇 년간 인적자원개발과 관련된 과목들을 수강하고 개념과 방법들을 열심히 암기했지만 어떻게 활용할지, 기업에서 교육성과를 분석하는 경우에는 어떻게 해야 할지, 내가 배운 내용 중에 활용할 개념이나 도구가 있는지를 한 번이라도 진지하게 시뮬레이션 해봤다면 다를 수 있을 것이다. 무엇인가 배웠지만 배웠다는 것이 바로 쓸 수 있다는 것과는 거리가 멀어도 한참 멀다. 즉 무엇인가를 했다가 중요한 것이 아니라 왜, 무엇 때문에 했는가, 하느냐는 최종적으로 기대하는 성과가 명확해야 수행한 것이 의미와 가치 있는 결과로서 개인과 조직에 보탬이 될 수 있다.

조직 내 팀장급을 대상으로 교육이 필요하니 하자가 아니라 왜 교육을 해야 하는지, 교육이 필요한 것이 맞는지 등을 통해 기대 성과를 명확화 하고 그 다음 교육 진행 여부를 결정해야 한다. 이런 과정이 바로 성과분석이다. 기존 요구분석과 차이는 교육에 대한 요구와 기대사항으로 제한을 두지 말고 최종적으로 바라는 성과를 확실히 하는 것이다. 또한, 성과를 명확히 할 때, 조직 내 다양한 성과의 수준과 유기적 연계를 고려해 분석해야 한다. 예를 들어, 성과의 수준은 개인(worker), 팀(work), 조직(workplace), 사회(community, world)로 구분해서 분석할 수 있다. 그리고 성과는 단독으로 작동하는 것이 아니라 총체적이고 유기적으로 조직이라는 시스템 안에서 창출된다는 점이다. 기존 성과를 둘러싼 내/외부 환경, 이해관계자 그리고 성과가 창출되는 과정, 결과물 및 피드백 과정 등에 관해 종합적으로 살펴봐야 제대로 성과를 분석할 수 있다(Addison, Haig, & Kearny, 2009).

2) 성과시스템 설계 및 개발

시스템 관점으로 성과를 바라보고 다양한 성과의 수준까지 고려해서 성과를 관리하기 위해서는 성과가 날 수 있는 선순환 구조의 시스템을 구축해 나가야 한다. 시작은 성과에 긍정적인 시스템을 설계하고 운영해 나가는 것이지만 더 중요한 것은 이 시스템이 최적의 상태로 유지될 수 있도록 다양한 채널을 통해 지속해서 피드백을 받고 반영하는 것이다. Greay A. Rummler(1957)는 "아무리 훌륭한 인재도 나쁜 시스템에 들어가면 그 시스템을 이길 수 없다."(put a good performer in a bad system, and the systems will win every time)라는 분석 결과를 제시했다(Rummler, 2006). 이는 성과를 내려면 시스템이 필요하지만, 그 시스템이 잘못되어 있다면 어떤 인재도 그 시스템을 넘어설 수 없음을 의미한다. 또한, 구축된 시스템도 그대로 유지만 해서는 지속적으로 성과를 낼 수 없다. 환경 변화에 따라 성과 시스템 속 여러 가지 요소들도 제때 바꿔야 한다. 그러기 위해서 시스템 내 점검과 조치할 수 있는 피드백 과정이 반드시 필요하다. 이를 통해 시스템이 계속해서 긍정적으로 작동할 수 있도록 관리할 수 있다.

인적자원개발 분야에서 기본적인 성과시스템은 아래 [그림 15-1]과 같이 설계할 수 있다. 일반 시스템 이론에 기초한 것이다.

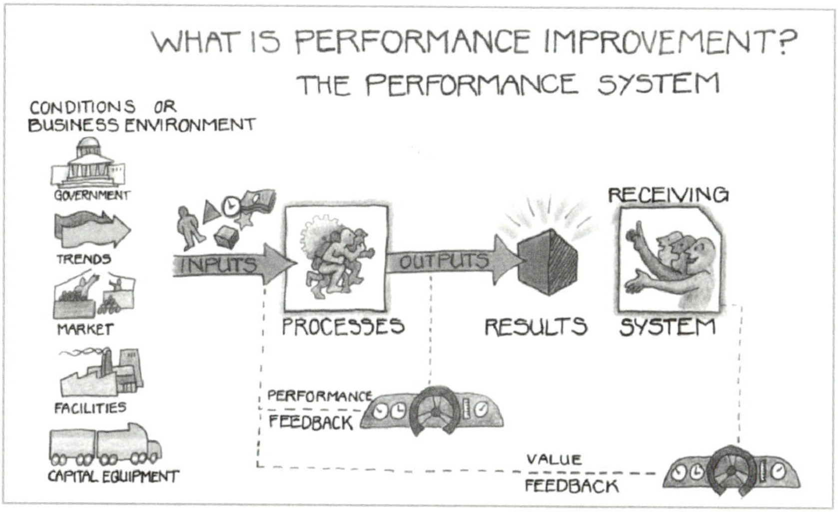

[그림 15-1] 인적자원 분야의 성과 시스템

출처: www.ispi.org

지금까지 성과시스템 전체를 다루었다면, 이제부터는 수행 관점에서 시스템을 살펴보자! 수행은 개인 즉, 수행자 입장에서 시스템을 접근해야 한다. 개인이 어떤 업무나 조직 내 역할 수행 시, 각자에겐 나름의 시스템이 있다. 보고서를 작성할 때 자신만의 작성절차, 절차별 세부 단계 및 활용 도구 등이 있을 수 있다. 세상 모든 직장인이 보고서를 똑같은 절차와 방법으로 작성하지는 않을 것이다. 물론 그중에 비슷하게 수행하는 사람도 있고 완전히 극과 극의 방법으로 진행하는 사람도 있을 수 있다. 예를 들어, 목차부터 잡고 세부 내용을 쓰기 시작하는 사람부터 세부 내용을 두서없이 생각나는 대로 적어보고 그 내용을 유목화해서 목차를 잡고 쓰는 접근도 누군가의 수행에서 관찰할 수 있다. 어쩌면 이런 모든 수행상의 과정에서 우리는 나름의 시스템을 갖추고 있다. 그런데 어떤, 누군가의 시스템은 짧은 시간 내 많은 것을 할 수 있도록 지원해 주는 반면, 어떤 구성원의 수행시스템은 비슷한 시간과 노력을 투입해도 달성도가 기대에 미치지 못하는 결과가 나올 수 있다. 이때, 우리는 성과를 분석할 때,

개인의 의지나 동기로 원인을 돌릴 것이 아니라 그 사람이 수행하는 전반적 과정이나 활동을 찬찬히 짚어봐야 한다. 단순하게 개인의 전문성이나 역량이 부족하기 때문이라고 귀인하게 되면 우리는 성과를 개선하기 위해 교육이라는 해결책을 사용하게 된다. 만약 원인을 그 사람이 업무를 하는 방식, 담당 업무의 특성, 직속 상사의 리더십 스타일 등을 개인의 역량 수준과 함께 고려해서 분석한다면, 쉽게 그리고 유일한 해결책으로서 교육을 선택하지 않을 것이다.

3) 피드백

피드백(Feedback)이란 사람의 행동을 바꾸는 데 도움이 되는 수행에 관한 의미 있는 정보이다. 제대로 된 피드백을 했다면 받은 사람이 더 나은 수행을 위해 무엇을 어떻게 해야 할지 감을 잡을 수 있어야 한다. 예를 들어, 보고서를 제출했는데 돌아온 피드백이 "이것으로는 부족하니 다시 작성해 달라."였다면, 이 피드백을 받고 보고서를 작성한 사람은 무엇을 어떻게 수정할지 알 수 있을까? 오히려 "나보고 어떻게 하라는 거야!"라는 생각이 들며 화가 나거나 당황스러운 감정을 느낄 것이다. 피드백이 제 역할을 하려면 몇 가지 요건을 갖추어야 한다. 먼저, 달성해야 할 성과와 목표를 비교해서 현 상태가 어떠한지에 관한 정보가 포함되어야 한다. 그래야 피드백을 통해 새로운 행동이 학습될 수도 있고 기존에 효과적이지 못한 행동을 중단할 수도 있다. 더불어 제공되는 정보가 구체적이고 세밀하지 못하다면 앞으로 어떻게 해야 할지 막막할 수밖에 없다. 우리가 피드백을 통해 얻을 수 있는 가장 값진 결과는 자발적 행동 변화를 유도하는 것이다. 상사의 피드백을 듣고 스스로가 앞으로 어떻게 해야겠다고 결심하고 이를 바로 실천한다면 조직 내 성과를 향상과 더불어 자율적 조직문화를 구축해 나가는데 매우 효과적인 접근법이 될 것이다.

두 번째로는 피드백의 내용이 상대방이나 수행자가 통제 가능한 부분과 긍정적 측면에 초점을 두어야 한다. 그 사람의 노력이나 의지가 부족해서가 아닌 상황에서 구조

이슈가 있거나 처음 해보기 때문에 스킬이 부족하다면 피드백만으로 성과가 향상될 수 없다. 스킬이 부족하다면 교육훈련을 해야 할 것이고 구조 이슈가 있다면 구조의 문제를 분석하고 이를 해결할 수 있는 접근이 이루어져야 한다. 피드백의 내용이 긍정적 측면에 초점을 두면 즉각적으로 정적 강화를 해줌으로써 행동 변화를 빠르게 일으킬 수 있다. 팀장이 팀원 중 한 명에게 "상반기 목표가 80%인데 지금처럼 해서 되겠어요? 분발하세요!"라고 피드백을 준 경우와 같은 상황에서 "상반기에 60%는 진척이 되었어요. 지금부터 남은 20% 목표를 달성하려면 새로운 접근도 필요할 수 있어요. 제 생각은 이번 달 행사를 활용하면 가능하겠다 싶은데 어떤가요?"를 단순하게 비교해본다면 어느 쪽이 행동 변화도 이끌고 기대하는 성과도 달성할 수 있을까? 피드백은 수행하는 사람에게 무엇을 어떻게 할지에 대해 분명하게 공유가 되어야 하고 앞으로 그 사람이 일이나 역할을 더 잘 할 수 있도록 도와주는 효과가 있을 때 제대로 된 것이다. 조직에서 업무를 수행하면서 피드백조차 없는 경우가 여전히 많고 피드백은 있었으나 일할 의욕, 동기를 꺾고 뭘 어떻게 하라는 거야 하는 반응을 일으키는 사례가 수없이 많다. 과연 누구를 위한 피드백일까? 조직도, 상사도 그리고 수행자도 도움이 되지 않는 피드백은 백해무익한 것이다. 수행과 성과를 변화시키는데 결정적 역할을 할 수 있는 피드백이란 방법이 잘못 쓰이면서 오히려 성과에 방해 요인이 되고 있다. 이제라도 피드백의 효과를 보기 위해서는 수행에 관한 세밀한 관찰을 통해 구체적으로 파악되어야 하고 이를 수행자와 피드백 제공자가 긴밀하게 공유해야 한다. 수행자가 잘하고 있는 것과 그렇지 않은 부분을 명확하게 인식할 수 있게 전달하고 앞으로 최적의 행동을 시도할 수 있도록 구체적 방법을 제시, 제안하는 방식으로 코칭을 하는 것이 효과적이다.

세 번째로 피드백은 개인 단위로 진행하는 것이 효과적이다. 단위를 크고 넓게 잡으면 피드백의 내용은 구체적이기 어렵다. 모두에게 해당하는 피드백을 하려고 하다 보면 일반적 수준에서 피드백 내용이 구성되기 때문이다. 그렇게 되면 피드백을 받은 사람에게 맞춤식이 아니기 때문에 그 효과가 덜 할 수 있다.

3. 성과변화를 위한 행동 변화의 핵심 요인

1) 성과변화의 유형

성과라고 하면 향상이라는 단어가 늘 짝처럼 함께 하는데 성과를 변화하는 방향에 있어 향상이 유일한가를 생각해보자. 지금과는 달라지고 싶다, 변화하고 싶다는 생각이 들었다면 어떻게 달라질까를 고민하기 전에 무엇을 바꾸고 싶은 것인지가 먼저 정해져야 한다. 즉, 변화의 초점, 대상을 확실히 정해야 그 방법도 그것에 맞추어서 전략적으로 탐색할 수 있다. 현재보다 성적이 나아졌으면 좋겠고 그러기 위해서 변화가 필요하다고 인식했다면, 그다음은 변화를 구체화하는 것이다. 나아졌으면 하는 과목이나 시간 관리 등 문제를 세분화해서 변화 대상을 확실히 결정해야 한다. 그래야 변화를 위해 더 효과적인 방법을 찾을 수 있다. 두루뭉술하게 성과를 정의하게 되면 여러 가지 수행을 했지만 기대하는 결과는 산출될 수 없는 구조가 만들어진다. 지금보다 업무를 잘 하고 싶다! 앞으로 잘 해 보자! 라는 초점 없는 구조이다. 업무를 잘 한다는 것이 업무의 완성도를 높이는 것인지, 납기 준수를 위해 속도를 개선하는 것인지 등 기대하는 성과는 다양하게 설정될 수 있어서 성과의 유형을 구분해 보고 변화를 위한 수행에 돌입하는 것이 효과적이다.

수행과 성과컨설팅 분야에서는 성과의 바람직한 변화를 다룰 때, 성과를 4가지 유형으로 분류하고 있다. 첫째로 없던 성과를 새롭게 설정하는 유형(establish), 두 번째로 현재 성과의 수준을 유지하는 유형(maintain), 세 번째로 현재 수준에서 향상하는 유형(improve), 네 번째로 불필요한 성과를 제거하는 유형(extinguish)으로 구분할 수 있다.

현시점에서 각자의 삶 속에서 자신이 주도해서 산출하는 성과가 무엇이 있는지 나열해 보고 각각의 성과를 앞으로 어떻게 변화해야 하는가를 4가지 성과 유형으로 구분해 보기 바란다. 조직구성원으로서 특정 업무를 담당한다면, 내가 업무를 수행해서 달성해야 하는 주요 성과가 무엇인지 그리고 주요 성과는 아닌데 부수적으로 처리하는 일을 통해 나오는 성과가 무엇인지를 목록화해보고 각 성과를 4개 유형으로 분류해 보자. 현재 성과를 어떤 방향으로 변화해야 할지를 확인할 수 있을 것이다. 안 해도 될 일을 하면서 산출해 온 성과가 있다면 과감하게 수행과 성과 둘 다를 그만두어야 하고 급한 일에 쫓겨서 연초 기획했던 업무를 신경 쓰지 못해 진척이 더디다면 현 수준에서 성과를 향상·개선하는 방향으로 설정해야 한다.

2) 행동 변화의 방법론

조직에서 성공, 리더의 성공이란 구성원들을 통해 이루어지는 일들로 결정된다. 그런데도 대부분 조직과 리더는 구성원들이 왜 그렇게 행동하는지 이해하기 위한 노력을 거의 하지 않는다. 그러나 기대하는 성과가 현실화되기 위해서는 구성원들이 이를 위해 움직여주어야 한다. 즉, 목표를 향해 바람직한 행동 혹은 효과적 행동을 함께 해줄 때 성과의 달성이 가능할 수 있다. 심리학에 기초를 두 행동과학은 인간 행동에 관한 과학적 연구를 하는 분야이고, 이를 조직 방면에 적용하는 것은 조직 행동관리라는 분야이다. 즉, 조직구성원들의 행동을 기대하는 쪽으로 변화시켜서 성과의 달성이라는 목표를 이루고자 한다.

성과가 중요하다면 행동을 관리해야 한다. 왜냐하면, 행동 없이 어떤 가치 있는 결과, 즉 성과가 만들어질 수 없기 때문이다. 사람 자체를 바꿀 수 없지만, 사람의 행동은 바꿀 수 있다. 성과 창출을 위해 핵심적 행동이 무엇인지 사전에 탐색하고 체계적으로 관리한다면 훨씬 더 효과적으로 원하는 바를 현실화할 수 있을 것이다. 그렇다면 사람의 행동을 어떻게 관리할 것인가? 우선 사람들의 이전 행동이 어떠했는지 습관이나 패턴을 분석해 보면 앞으로의 행동을 예측하기가 수월해진다. 모든 행동을 하나씩 감독할 필요가 없는 것이 조직에서 목표하는 성과를 달성하는데 큰 영향력을 가지고 있는 행동(High-Impact Behaviors) 위주로 관리하는 것이다.

3) 성과변화를 위한 행동 변화의 핵심, 동기(motivation)

인간의 마음과 그에 영향을 받아서 하게 되는 행동은 무의식의 작용 때문에 작동된다. 자신도 모르게 행동하고 있을 수 있다는 것이다. 행동이란 보이지 않는 심연으로부터 솟아오르는 무의식에 결정적으로 영향을 받는다는 사실은 여러 심리학자를 통해 밝혀졌다(최동석, 2017). 성과변화를 위해 어떤 행동이든 하게 된다면 무엇이 이 행동을 하게 할까? 바로 자신의 주관적 감정, 의지, 가치, 의미, 목적 등에 의해 자유의지에 따라 행동하게 된다는 것이다. 특정 상황에서 할 수 있는 행동들은 많다. 더 근원적으로는 행동할지 말지를 결정하게 되는데 상황 파악도 되고 어떤 행동을 하면 좋을지도 알지만, 마음처럼 모든 생각이 행동으로 옮겨지지는 않는다. 왜 그럴까? 평소 우리 스스로가 알면서도 안 되더라, 아는 것과 하는 것은 다르다 등에 합리적 이유를 찾고 말하게 된다. 전문가로서 조언하고 평을 하는 것과 실제 본인이 실천하는 것과는 큰 격차가 있을 수 있다. 강사가 자신이 강의하는 내용은 누구보다 호소력 있게 전달할 수 있지만 말하는 모든 것을 실천하느냐는 다른 차원인 것과 비슷하다고 볼 수 있다. 알아도 행할 의욕, 의시가 있이야 행동하게 된다. 조직에서 성과를 올리고 싶은데 구성원들이 수행상의 변화된 행동을 지속해서 하지 않는다면 어떤 변화가 일어나지 않을 것이다. 피터 드러커(Peter Drucker)는 세상 모든 것이 변한다는 명제 이외에 모든 것이 변한다고 이야기했다. 이러한 세상 속에서도 누군가는 선제적으로 변화를 이끌려고 하기도 하고 누군가는 억지로 막차를 타고 최대한 미루다 어쩔 수 없이 변화에 이끌려 가는 사람도 있다.

조직이 지속가능하려면 구성원, 즉 인간의 행동 변화에 관해 명확히 이해하고 이를 우리 조직 환경, 구성원 특성에 맞춰서 제도나 시스템에 접목해야 한다. 과거에는 사람의 수행과 성과변화를 계획하면서 평균주의를 주로 기준으로 삼았다. 평균이 모든 것의 기준이 되고 평균에서 벗어나면 비정상적이고 부족한 것으로 평가했다. 그런데 지금은 4차 산업혁명 시대의 특성과 인간의 본질적 특성에 기초해서 개개인성에 관해 주목하고 있다. 현실에서 인간은 평균적이지 않고 들쭉날쭉 하다는 것이다(정미나 역, 2015). 개개인별로 나름의 체계가 있고 전형적 표본은 존재하지 않는다는 것이다. 평균의 시대에서 우리는 사회 시스템, 기업과 학교에서 성적, IQ와 같이 단순한 단위로 사람의 가치를 비교하도록 조장함으로써 일차원적 사고와 판단을 부추겨놓았다. 실제로 인간의 중요한 특성은 거의 모두가 다차원으로 이루어져야 하는데 이것을 수용하는 것이 어려울 수 있다.

상황이 대다수 사람의 행동에 영향을 끼쳐 잔인한 행동까지 내몰리게 하기도 한다는 심리학 연구결과가 있다. 특정 개개인이 어떻게 행동할지는 맥락의 원칙이 적용될 수 있다. 개인의 특성과 내가 처한 상황의 특징을 잘 연계해서 상호작용하는 방식이 가능할 것이다. 어떤 상황이든 사람마다 다른 영향을 끼치게 된다. 맥락의 원칙에 따르면 각자의 행동은 특정 상황과 떼어서는 설명될 수도 예측될 수도 없다. 즉, 행동은 특성이나 상황 중 어느 한쪽에만 따라서 결정되는 것이 아니라, 이 둘의 상호작용을 통해서 표출된다. 특정 사람의 행동을 이해하고 싶다면 그 사람의 기질, 성격이 아니라 그 사람의 맥락에 따른 행동 특징에 초점을 두고 바라보는 것이 맥락의 원칙에 따르는 것이다.

4. 수행성과관리를 위한 앞으로의 HRD

미래 사회와 조직은 어떤 모습일까? HRD 활동을 조직 내외에서 하는 실무자 입장 그리고 취업을 하고자 하는 구직자들에게는 특히 중요한 사항일 수 있다. 환경 변화에 따라 조직도, 사입도 필요한 인재상이 달라지기 때문이다. 개인의 자율성과 주체성을 중시하는 성과사회가 도래하면서 성과라는 단어의 익숙함과 불편함을 앞서 이야기했다. 이는 이제 사회조차 성과를 중시하다니 부담스럽다고 반응할 수도 있지만, 그 뜻을 명확히 이해한다면 개인이자 조직의 구성원으로서 환영할 일이 될 수 있다. 예를 들어, 성과사회에서는 내가 열심히 잘 수행한다면 그에 상응하는 보상과 인정이 이루어진다. 그러기 위해서는 각자가 자신의 역할과 책임을 충실히 하기 위해 스스로 결정하고 완결적으로 수행해야 함을 내포하고 있다. 조직 내 구성원 각자가 역할을 다하며 부가 가치를 창출하고 이를 존중하는 조직의 분위기 속에서 개인과 조직의 지속가능성을 높일 수 있다.

평소 일을 할 때 무슨 일이든지 자신이 통제권을 가지고 있는 경우와 누가 시켜서 해야 하는 일을 할 때 동기 수준과 느끼게 되는 감정은 사뭇 다르다. 유사하게 내가 하겠다고 결정해서 하는 일과 하라고 해서 억지로 하는 일은 그 시작과 끝이 너무도 다르다는 것을 우리는 알고 있다. 이것이 성과의 핵심일 수 있다는 것이다. 다양한 지식과 높은 수준의 기술을 보유하고 있어도 내가 하기가 싫으면 어떤 성과도 나올 수 없다. 한편에서는 주도권과 선택권을 가질 수 없는데 어떻게 성과가 나올 수 있느냐고 반박할 수 있다. 여기서 주도권, 선택권은 직급, 직책에 따라 주어지는 공식적 권한뿐 아니라 자신이 일을 수행하면서 정말 많은 부분을 결정하고 있음을 간과한다. 무엇을 먼저 할 것인지, 어떻게 할 것인지, 어떤 자료를 참고할 것인지 등 셀 수 없이 많은 것들이 수행자 본인에게 결정권이 있고 주도를 할 것이냐 밀 것이냐 또한 스스로 결심하기 나름이다.

그렇다면 이런 성과사회를 이끌어갈 인재란 구체적으로 어떤 사람인가? 이는 인재를 선발 및 육성하고자 HRD Practice를 하는 우리에게 아주 중요한 이야기다. 다양한 분야의 전문가들이 미래사회를 예견하면서 필요한 사람의 요건에 공통 요소가 몰입, 주도, 높은 동기 수준, 차별화된 역량 등을 꼽고 있다. 사람이 행동하는데 생각과 감정 둘 다 영향을 미친다. 과거에는 생각, 인지의 영향력을 크게 여겼지만 최근에는 사람들이 일에 대한 감정, 일의 과정에서 느끼는 부분들이 일을 잘하고 싶고 자발적으로 더 잘하고자 하는 동기를 크게 높일 수 있다는 결과들이 많다. 사실 감정은 우리 몸과 마음에 관련된 복잡한 반응으로서 신체 반응, 충동, 겉으로 표현되는 불안, 기쁨 등의 정신 상태를 다 포함한다. 우리가 지닌 목표, 우리가 살아가는 세상 그리고 일과 조직에 대한 신념과도 감정은 관련이 깊다(이성수, 김정식, 신강현 공역, 2014).

조직과 업무에 관한 감정은 개인차가 크다. 감정은 본래 개인이 사물과 사건에 부여하는 의미에 따라 결정되고 그 일과 조직이 개인에게 얼마나 중요한가, 개인의 신념이 어떠하냐에 따라서도 다르기 때문이다. 소속된 조직에서 주어진 일을 하면서 고객의 요구는 아니지만 스스로 생각해서 이것까지 해주면 고객이 더 수월하게 다음 단계 업무를 하겠다고 판단해서 거기까지 알아서 처리하는 담당자! 이 담당자가 투철한 직업의식에서 행동했을 수도 있고 고객이 잘해주니 나도 잘해주고 싶다는 마음에서 기인했을 수도 있겠다. 중요한 것은 일을 수행하면서 감정이란 의도를 갖게 하기도 하고 자발성과 주도성을 일으키는 동력이 될 수 있다는 것이다.

앞으로의 성과사회에서 감정은 개인에게 불필요하거나 숨겨야 하는 것이 아니라 일의 동력으로서 잘 활용할 때 인재로서 인정받을 수 있을 것이다. 조직 현장에서부터 과거 정답이 있던 사회와 조직에서와는 달리 이제는 직원들의 감정 자본을 챙기는 것이 업무의 성패를 가른다는 것이다(윤덕환, 2018).

HRD 활동은 무엇을 향해 가야 할까? 지금까지 필요성과 변화의 방향을 공유했고 이제는"그래서 어떻게?"라는 측면을 다루고자 한다.

첫 번째로 내적 자원으로서 감정, 직무 동기에 관한 사항이다. 예측의 의미가 사라지는 미래사회에는 주도적이고 자발적으로 관여된 인재가 필요하다. 이제 리더는 구성원의 감정 관리 역량이 중요해지고 있고 이는 감정과 동기가 높은 관련성을 갖기 때문이다. 동기는 내재된 행동 잠재성으로 볼 수 있다. 감정은 앞서 설명했듯이 달성하고자 하는 목표, 목표에 대한 몰입, 목표 관련 진행속도 등에 영향을 줄 수 있다. 직무 동기의 진 과정에 감정은 개입할 수 있고 동기 수준은 직무 관련 행동의 방향, 강도 및 지속성에 큰 영향을 준다(Seo, Barrett, & Bartunek, 2004). 그러므로 앞으로 맞이할 사회와 조직에서는 이렇게 강력한 힘을 가지고 있는 내적 자원, 감정과 직무 동기를 스스로 활용하고 관리할 수 있는 역량을 가진 사람을 원하고 우리는 이러한 역량을 키워줄 수 있어야 한다.

두 번째로 시대 변화에 따라 조직은 관리보다 혁신이 중요해졌고 이는 모든 일에 기획 역량을 요구하고 있다. 해왔던 대로는 더는 가치 있는 결과물을 산출할 수 없다. 더불어 기존의 방법과 틀로 해결되지 않는 많은 문제를 새롭게 바라보고 전략적으로 해결하기 위해서도 기획 역량은 필수 요건으로 볼 수 있다. 기획을 잘 하기 위해서는 무엇을, 어떻게 할까가 아니라 왜라는 물음에서 시작해야 계획과는 다른 진정한 기획이 가능하다고 한다(남충식, 2014). 우리는 왜라는 물음을 가지고 자신의 업무를 잘 기획하고 풀어나가는 역량을 키워줘야 한다.

세 번째로 다보스 포럼을 포함한 다수의 전문가 그룹이 꼽는 협업 역량(coordination with others)이다. 혼자서 성과를 계속해서 창출할 수가 없는 환경에서 조직 간, 조직 내 그리고 인력 간 다양한 업무연계는 성과에 있어 핵심일 수 있다. 집단지성과 마찬가지로 협업은 서로의 다름과 다양성을 인정하고 융합해 나가려는 시도가 당연하게 여겨지는 조직문화 속에서 그 가치가 현실화될 수 있다. 나와 다른 것을 틀린 것으로 간주한다면 어떤 새로운 결과도, 가치도 조직에 더해질 수 없다. 협업하는 것은 난이도 최상의 수행으로 여겨진다.

일에 깊게 몰입하며 혁신을 주도하고 다름을 시너지로 만들어 나갈 수 있는 미래의 인재를 육성하는 방법은 지금까지 HRD 활동에 정답을 찾을 수 없듯, 사례별로 찾아야 할 수 있다. 그러나 우리의 공감대가 형성되는 지점은 일터(workplace)에서 육성의 방법을 모색해야 하고 입력요소가 많은 집합 교육은 비중은 줄이되 재탄생 수준의 혁신이 필요하다.

참고문헌

남충식. 기획은 2형식이다, 휴먼큐브, 2014.

앤절라 더크워스(김미정 역). 그릿(Grit), 비즈니스 북스, 2006.

윤덕환(2018). 정답이 있었던 시대에 필요했던 캐릭터, 이젠 팀원 감정 관리가 업무의 성패 갈라. *DBR, 5*(2).

장원섭. 장인의 탄생. 학지사, 2015.

정재삼. 수행공학의 이해: 기업교육 리엔지니어링의 틀(개정판). 교육과학사, 2006.

최동석. 인간의 이름으로 다시 쓰는 경영학. 21세기 북스, 2017.

토드 로즈(정미나 역). 평균의 종말: 평균이라는 허상은 어떻게 교육을 속여왔나. 21세기 북스, 2016.

Addison, Haig, & Kearny(2009). *Performance architecuture*. Wiely.

Pinder, C.(이성수, 김정식, 신강현 공역). 조직의 직무동기. 학지사, 2014.

Rummler, G. (2006). *Serious performance consulting*. Pfeiffer & Co.

Seo, Barrett, & Bartunek(2004). The role of affective experience in work motivation. *Academy of Management Review, 29*(4), pp 423-439.

Van Tiem, D., Moseley, J, & Dessinger, J.. (2012). *Fundamentals of performance improvement* (3th ed.). Pfeiffer & Co.

요약

조직의 핵심이며 HRD 활동의 주요 영역인 수행성과(performance)는 수행과 성과의 긴밀한 연계가 필수적이다. 우리와 조직은 둘 다 '수행'을 통해 목적과 목표를 충족한 가치있는 결과인 '성과'를 달성하기를 기대한다. 즉, 수행과 성과를 긴밀하게 연계하여 기대 성과를 달성하기 위해 조직에서는 리더십, 직무역량 강화를 위한 다양한 HRD 활동을 기획하고 실행한다. 이러한 수행성과관리를 위해 조직에서는 목표한 성과를 분석하는 것부터 해야 한다. 성과는 수준과 환경, 이해관계자, 창출 과정, 결과물 및 피드백 과정 등을 총체적으로 고려할 때, 올바른 분석이 가능하다. 긍정적인 시스템은 성과의 전제 요소이기에 설계된 시스템을 지속적으로 점검하는 피드백 과정을 시스템 내 포함해야 한다. 피드백은 현 상황에 대한 구체적인 정보를 기반으로 수행자가 통제 가능한 부분과 긍정적 측면에 초점을 두어 개인 단위로 이루어져야 한다. 성과변화는 없던 성과를 새롭게 설정하는 유형(establish), 현재 성과의 수준을 유지하는 유형(maintain), 현재 수준에서 향상하는 유형(improve), 불필요한 성과를 제거하는 유형(extinguish)으로 구분할 수 있다. 이러한 성과는 목표를 향해 조직과 리더, 구성원들이 함께 행동할 때 달성할 수 있기에, 조직에서 목표하는 성과를 달성하는데 큰 영향력을 가진 행동(High-Impact Behaviors) 위주로 관리하는 것이 필요하다. 또한 구성원들의 행동 변화를 이끌어내는 동기와 맥락별 행동을 분석하는 것이 중요하다. 따라서 HRD는 조직원의 내적 자원, 동기, 기획 역량, 협업 역량을 키우는 방향으로 나아가서 수행성과 변화에 기여해야 할 것이다.

탐구 질문

1. 나에게 중요한 성과가 무엇이고 이를 위해 내가 하는 행동은 무엇인가?
2. 자신이 기대하는 성과가 나오려면 수행상의 어떤 변화가 필요한가?
3. 앞으로 조직에서 HRD 활동을 통해 조직, 팀, 개인 수준별 어떤 성과를 창출해야 하는가?
4. 성과의 수준(조직/팀/개인)에 따라 성과시스템을 분석하고 점검하려면 어떤 접근이 필요한가?

/ 저자소개 /

박경연(ppp@dadareum.kr)

다다름 대표, 중앙대 원격미래교육원 강사로 재직 중이다. 관심 영역 및 연구 분야는 사람, 행동, 성과, 역량, 직무동기, 몰입 등이다. 경력으로는 LG Display 조직문화 팀, KMA 교수실 등이 있다.

제16장

리더십의 개발과 교육

오현아 (KB국민카드)

목표

1. 학습자는 리더십의 정의를 논의할 수 있다.
2. 학습자는 리더십의 대표이론을 흐름별로 설명할 수 있다.
3. 학습자는 리더십 개발이 중요한 이유를 경영환경의 변화와 연계해 설명할 수 있다.
4. 학습자는 리더십 개발 시 고려해야 할 요소를 분류하여 설명할 수 있다.
5. 학습자는 바람직한 리더의 역할을 설명할 수 있다.

핵심용어

리더십, 특성이론, 행동이론, 상황이론, 셀프리더십, 진성리더십, 감성리더십, 팀리더십, 변혁적리더십, 전략적리더십, 리더십개발, 리더십교육

1. 리더십에 대한 이해

21세기 현대 사회는 기존의 사고와 생활 방식으로는 상상할 수 없을 정도로 빠른 변화와 함께 극도로 전문화, 세분화되어 가고 있다. 그에 따라 각각의 분야에 전문성을 요하고 있으며 이에 따른 전문인의 양성과 전문 지식에 대한 요구 또한 가속화되고 있다. 더군다나 4차 산업혁명이 가져온 새로운 패러다임은 일자리의 상당부분이 인공지능으로 대체되거나 인공지능과 함께 일하는 방식이 될 것으로 전망된다. 이에 따라 4차 산업혁명 시대에는 창의적 사고, 문제정의 및 해결역량, 회복 탄력성과 같은 새로운 역량을 갖춘 인재들이 각광을 받을 것으로 전문가들은 예측하고 있다. 이러한 역량을 강화하기 위해 기업은 기존의 기업교육 방식이 아닌 새로운 전략을 모색해야 하는 시점이다.

어떠한 조직이든 경영 이념 및 목적을 가지고 그 목적을 달성하기 위해 최선을 다한다. 글로벌 무한 경쟁 시대에서 세계 초일류 기업들은 기업의 가치 창출의 원천은 사람에 있음을 강조하고 있다. 즉, 조직 내 시스템이나 프로세스도 중요하지만 결국 조직을 이끌어 나가는 것은 조직 구성원이다. 따라서 조직 구성원들이 어떤 사고를 하며 어떤 행동 양식을 가지고 업무에 몰입을 하느냐가 조직의 성패에 중요한 영향을 끼친다고 볼 수 있다. 특히 이러한 조직 구성원의 상호작용을 도우며 협력을 이끌어 내기 위해서는 리더십이 필요하다. 오늘날 기업을 운영하는 경영 시스템이 자본 중심에서 인간이 중심이 되는 인간 존중의 패러다임으로 전환되고 있는 상황에서, 경영 활동이 근본적으로 인간의 행동을 통하여 조직의 목표를 달성하고 성과를 내는 유기체라고 할 때, 조직의 유효성에 결정적인 영향을 끼치는 리더십은 무엇보다 중요한 요소다.

1) 리더십의 정의

리더십이라는 용어는 조직 심리학에서 비롯하여 제 1차 세계대전 초기 미국 심리학회에서 행한 연구로부터 이론이 나오기 시작하였으며, 연구자들의 관점에 따라 다양하게 정의되어 "리더십에 대한 정의는 그 개념을 연구하는 학자들의 수만큼이나 많다."는 Bass(1990)의 말처럼 이를 다루는 연구자들의 관점에 따라 여러 가지로 다르게 나타나고 있다. 즉, 지금까지 여러 학자들에 의해 리더십은 목표 지향성, 사람들 간의 영향력, 상호 교류, 힘, 자발성 등에 대한 견지에서 다양하게 정의되어 왔다(백기복, 2000). 그 이유는 리더십을 바라보는 학문적 관점이 시대와 영역에 따라 변해왔기 때문일 것이다. 사회학자들이 바라보는 리더십과 심리학자들이 이해하는 리더십, 그리고 정치학 측면에서 해석하는 리더십 현장은 다르고, 이러한 다양한 리더십의 개념은 리더십 발휘 과정에서 어디에 초점을 두느냐에 따라 달라져왔다고 할 수 있다(백기복, 신제구, 김정훈, 2009). 이렇게 다양한 리더십의 정의를 정리하면 다음 〈표 15-1〉과 같다. 연구자들에 따라 약간의 차이는 보이나 아래에 정리된 리더십의 정의에서 공통적으로 등장하는 단어는 "영향"이다. 조직구성원은 하나의 역할을 충실히 잘 수행해 나가면 조직에서 성과를 인정받고 보상도 받는다. 그러나 리더는 그보다 더 많은 역할을 요구받고, 조직 구성원들 스스로 자신의 역할을 잘 수행해 나갈 수 있도록 자발적인 행동을 유도하는 것이 핵심이라 할 수 있겠다. 따라서 다양한 리더십의 정의를 종합하여 정의하면 리더십이란 '조직의 비전과 목표를 달성하기 위해 조직 구성원의 모든 활동에 긍정의 영향을 미쳐 그들이 자발적으로 자신의 역할을 수행하고 몰입하도록 유도하며 자극을 불어 넣어주는 과정'이라고 정의 내릴 수 있다.

〈표 16-1〉 리더십에 대한 다양한 정의

연구자	정의
Hersey & Blanchard(1982)	주어진 상황에서 개인이나 집단의 목표 달성을 위한 활동에 영향을 미치는 과정
Bass(1990)	조직구성원들의 지각이나 기대 그리고 상황의 구조화 또는 재구조화를 위해 집단에서 구성원들 간에 상호 교류하는 과정
Nanus(1992)	꿈(비전)의 제시를 통하여 추종자들의 자발적 몰입을 유인하고 그들에게 활력을 줌으로써 조직을 혁신하여 보다 큰 잠재력을 갖는 새로운 조직형태로 변형시키는 과정
Yukl(1998)	집단이나 조직의 한 구성원이 사건의 해석, 목표나 전략의 선택, 작업 활동의 조직화, 목표 성취를 위한 구성원 동기부여, 협력적 관계의 유지, 구성원들의 기술과 자신의 계발, 외부인의 지지와 협력의 확보 등에 영향을 미치는 과정
Northouse(2001)	리더가 지도력을 발휘하여 개별 구성원과 집단의 행동에 영향을 미치고 이들의 행동을 조직의 성과에 연결시키는 중요한 역할을 수행하는 것
Marion & Uhl Bien(2002)	조직의 인적 자본과 사회적 자본의 증진을 통해서 집단지능을 향상시켜 조직의 적응력을 극대화하는 행위

2) 리더십 이론

리더십에 대한 연구는 그 개념의 중요성, 복잡성, 다차원성 등으로 인해 여러 방향에서 다양하게 이루어져 왔다. 대부분의 연구자들은 시대적인 발전을 중심으로 하여 특성이론, 행동이론, 상황이론의 세 가지 범주로 구분하여 논의하고 있다.

(1) 특성이론

초기의 리더십 이론은 효율적인 리더와 비효율적인 리더가 명확하게 구별되는 몇 가지 특성과 자질을 가지고 있다고 가정하고, 리더가 갖고 있는 개인적인 특성을 찾아내는데 초점을 두었다. Stogdill은 1949년부터 1970년 사이에 각종 조직 행동 연구

문헌에서 리더의 효과성, 리더와 추종자와의 관계, 효율적 리더십과 비효율적 리더십, 상위 층의 리더십과 하위 층의 리더십을 조사하고 이러한 연구를 통해 리더는 사회성, 지배성, 자신감, 지능, 창조성 등을 갖추어야 한다고 주장하였다(Stogdill, 1971; 여인길, 2003 재인용). 그러나 이러한 리더십의 특성 이론에는 리더의 선발 방법에 문제가 존재한다는 점, 특성 이론가들이 전통적으로 상황 문제를 고려하지 않고 모든 리더를 동일한 특성으로 특성화 하려는 데 따른 문제점 등 몇 가지의 문제점이 대두되었다. 그럼에도 불구하고 리더십 특성 이론은 초기 리더의 행동 규명에 많은 기여를 한 것은 사실이다.

(2) 행동이론

특성 이론과 달리 행동 이론은 개인의 성과 또는 집단의 성과에 영향을 미치는 행동을 어떻게 측정할 수 있는 가의 문제에 관심을 두고 있다. 따라서 행동 이론가들은 리더의 행동은 성과에 영향을 미치며 관찰 가능한 행동이라고 가정하고 리더가 성과를 얻기 위해 어떻게 행동하는가에 대해서 알아야 한다고 주장한다. 그러나 이와 같은 리더십 행동이론들은 공통적으로 몇 가지의 문제점과 제한점을 가지고 있다. 첫째, 리더의 행동 유형을 측정, 분류하는 데 있어 객관적이고 신빙성 있는 측정 방법이 개발되지 않았다는 점이다. 둘째, 리더십 과정에는 행동 스타일 이외에도 많은 변수들이 작용하고 있으므로 리더십의 효과는 현실적으로 리더의 행동보다도 상황적 변수에 의해 결정되는 경우가 너무나 많다는 것이다. 따라서 리더십에서 작용하는 조직체의 상황적 변수를 고려하지 않고 효율적안 리더의 행동에 대해 결론을 내리기는 매우 어려운 것이 사실이다.

(3) 상황이론

리더십 상황이론은 리더십을 형성하는 결정적인 요소가 리더의 개인적인 특성에 있는 것이 아니라, 리더가 처해 있는 조직이나 집단의 상황과 환경요인에 있다는 주장이다. 대표적인 리더십의 상황 이론에는 Fiedler의 상황이론, Hersey와 Blanchard의 이론, 그리고 경로-목표 이론이 있다. Fiedler(1953)의 이론은 과업 중심형과 인간관계 중심형 중에서 어느 형이 유효한가는 그 때 그 때의 리더와 부하간의 관계, 직무 구조, 직위 권력 등 3가지 상황 변수가 리더에게 유리한가의 여부에 달려 있다는 것이다. Hersey 와 Blanchard(1982)는 부하의 성숙도라는 하나의 상황 조정 변인과, 관계적 행동(배려와 유사)과 과업적 행동이라는 두 가지 리더의 행동을 다루고 있는데 부하의 성숙도가 리더 행동의 효과를 어떻게 조정하는가를 제시하고 있다. 한편, 경로 목표 이론은 리더의 행동이 부하의 만족도와 업무성과에 어떻게 영향을 미치는가를 알아보기 위하여 출발한 것으로 기대 이론(expectancy theory)에 뿌리를 두고 그 연장선에서 발전되었다. 이 이론을 정교화 시킨 House(1971)에 따르면 리더의 행위가 조직원들의 동기를 유발할 수 있으려면 조직원들의 목표 성취에 방해가 되는 요소들을 제거해주어야 하고 그들이 필요로 하는 지원과 도움을 줄 수 있어야 하며 목표 성취와 그에 따른 유의한 보상을 연결시켜 줘야 한다고 주장한다. 즉, 목표와 보상에 이르는 경로를 다루고 있다고 하여 '경로-목표 이론'이라고 명명하였다.

2. 리더십의 개발

1) 리더십 개발의 필요성

4차 산업혁명이 불러올 패러다임 변화는 실로 다양하다는 전망이 나오고 있다. 그에 따라 기업의 인재개발 및 육성 기준도 변화하고 있다. 인공지능과 더불어 일해야 하는 4차 산업혁명 시대에는 특히나 창의적 사고, 문제 정의 및 해결역량 등이 요구되고 있다. 이렇듯 끊임없이 변화하는 경영환경에서 조직의 목표를 달성하고 인재를 육성하기 위한 리더의 역할은 그 어느 때보다 중요해졌다. 따라서 대부분의 조직은 리더십 개발에 많은 노력을 기울이고 있다. 하지만 학계에서 리더십의 효과성에 대한 의문은 지속적으로 제기되어 오고 있다(신제구, 2017). 즉 조직의 성과가 리더십에 의한 것인가, 또한 리더십이 성과에 기여하는 정도가 얼마나 되는가에 대한 의문의 제기이다. 당연히 조직 구성원들의 조직에 대한 몰입을 통해 성과에 기여하게 이끄는 것은 다양한 외부 요인 및 내부 요인이 있을 수 있다. 예를 들면 조직의 규모, 사회적 지위, 조직문화, 보상 및 복리후생 제도, 업무 자체에 대한 만족도 등 많은 요인이 성과에 영향을 미친다. 그럼에도 불구하고 조직 구성원들의 헌신과 몰입을 이끄는 가장 큰 요인이 리더십이라는 것은 부인할 수 없는 사실이다.

리더십은 기업조직 뿐만 아니라 작게는 가정, 팀, 비공식적 집단, 크게는 사회단체, 기업, 공공조직에 이르기까지 조직운영에 필수적인 요소이다. 심지어 스포츠, 예술, 문화, 종교계에서도 리더십의 발휘 정도에 따라 그 분야의 위상이 달라질 수 있다. 기업과 조직에서 리더십의 중요성은 아무리 강조해도 지나치지 않을 것이다. 리더십의 개발은 우리 모두가 평생을 통해 이루어야 할 일이며 성취해야 할 목표이기 때문이다.

2) 리더십 개발의 방향

한 조직의 리더십을 하나로 정의하기란 매우 어려운 일이다. 개인마다 차이가 존재하고 팀마다 다른 업무와 분위기가 있으며 이들 개인과 팀은 조직이 가고자 하는 방향과 다른 생각을 할 가능성도 크다. 즉, 모두를 만족시키고 추종할 수 있는 리더십은 존재할 수 없다. 따라서 분석 수준의 기준인 개인수준, 팀 또는 집단 수준, 그리고 조직 수준의 상황을 잘 고려한 리더십 개발에 초점을 맞추어야 한다. 개인 수준의 리더십 개발에만 치중하게 되면 다양한 개인의 특성과 상황을 모두 고려하기 어렵고 조직이 추구하는 비전과 방향과 어울리지 않거나 조직에 도움이 되지 않는 경우가 발생할 수 있다. 개인수준의 역량을 개발할 때 반드시 포함시켜야 하는 역량의 범위를 개인만이 아니라 리더에게 요구되는 팀과 조직 차원의 요구가 포함되어야 하는 이유이다. 따라서 개인차원에서 요구되는 리더십과 조직차원에서 요구되는 리더십의 몇 가지 사례를 살펴보고자 한다.

(1) 개인차원의 리더십 개발

가) 셀프리더십

최근 국내외를 막론하고 리더의 위치에 있으면서도 도덕적, 윤리적인 문제로 인해 리더의 자격에 대해 논란이 되었던 일이 많아지고 있다. 개인적으로 자기관리를 제대로 수행하지 못하는 리더가 과연 팀의, 조직의 리더 역할을 잘 수행할 수 있을까? 물론 리더뿐만 아니라 모든 개인도 자신의 삶을 영위하는데 있어 스스로에게 영향력을 발휘할 수 있어야 개인의 사명과 비전을 성취할 수 있다. 이러한 맥락에서 셀프리더십은 모든 리더십의 기초가 되는 기본적인 리더십의 영역이라 할 수 있다.

① 셀프리더십의 개념

셀프리더십은 행동의 자기관리 방법이 발전된 형태로 "자신에게 영향을 주는 과정"이라고 정의할 수 있다. 이것은 1980년대 중반 자기통제이론에 근간을 두고 리더십의 개념으로 등장하였다(Neck&Houghton, 2002). 자기통제는 조직에서 리더십의 대체로 적용되어 오던 행동전략으로 이후 자기관리로 불리다가 셀프리더십 이론의 기초가 되었다(Manz & Sims, 1980). Manz와 Sims에 의하면 전통적으로 경영혁신을 추진하기 위한 조직관리 시에는 조직 구성원의 외부적인 요소, 즉, 비전, 목표, 직무, 과업수행에 대한 보상 등에 중점을 두었다. 그러나 셀프리더십에서는 전통적 조직관리와 달리 조직 구성원 스스로에게 초점을 두고, 구성원이 함께 만든 비전, 자기목표 설정, 자기강화, 자기성찰, 스스로 문제해결 및 계획 수립 등을 강조한다. 셀프리더십의 자기영향력 과정은 자신이 하고자 하는 일을 실천하기 위한 자신의 내면에서 동기를 이끌어 내는 내적 과정이라 할 수 있다(Manz & Neck, 2004).

② 셀프리더십의 구성요소

Houghton과 Neck(2002)은 셀프리더십의 영역을 세 가지로 나누어 설명한다. 즉, 행동기반 전략(behavior focused strategies), 내적 자기보상 전략(natural reward strategies), 건설적 사고구축 전략(constrictive thought pattern strategies)이다.

〈표 16-2〉 셀프리더십의 구성요소

행동기반 전략	자기관찰	업무활동 중 효율적이지 못한 행동의 수정, 개선을 위해 자신의 행동에 대한 정보를 수집, 관찰하는 전략
	자기목표설정	목표를 스스로 세움
	자기암시	자신의 행동을 용이하게 하기 위해 단서(암시)가 되는 것들을 작업장 주위에 설치, 변경하는 것
	자기보상	바람직한 행동을 완수했을 때 가치 있는 보상을 자신에게 제공함으로써 사기를 진작하고 의욕을 북돋우는 전략
	자기비판	바람직하지 못한 행동을 했을 때 자신에게 비판을 가함으로써 실수를 줄이는데 도움을 주고자 하는 것
내적자기보상 전략	자연적 보상	주어진 목표 성취를 위해 긍정인식을 갖고자 노력하고 시간, 장소, 업무환경 변화를 통해 자아존중감 고취
건설적 사고구축 전략	건설적 사고패턴확립	성취에 대한 건설적인 자기암시, 긍정적인 자신과의 내적 대화, 비합리적인 신념과 가정 재평가

행동기반전략은 Bandura(1971)의 사회인지 학습 이론에 근거를 두고 인간이 자신과 타인의 행동과 그 결과를 관찰하고 행동하는 이유와 목적을 스스로 인식, 행동을 변화시키는 전략으로서 자기관찰, 자기목표설정, 자기암시, 자기보상, 자기비판 등의 하위요인이 있다. 한편, 내적자기보상전략은 내재적 동기에 기저를 두고 과업이나 활동에 있어서 '즐거움'에 중점을 둔다. 하고 있는 일이 즐겁다면 이미 그 사람은 내적 자기보상을 받고 있다는 것이다. 이를 증진시키기 위한 과업의 재설계, 시간, 장소 등 업무 환경 변화 등을 포함하는 전략이다. 마지막으로 건설적 사고 구축전략은 자기 영향력과 습관적인 사고의 패턴을 통제하는 것과 관련되어 있다. 개인의 동기는 성공적인 수행을 상상하는 과정을 통해 개선되고 유지될 수 있으며, 이 성공적인 수행을 상상하는 과정은 그들의 신념에 긍정적인 영향을 주거나 목표를 이루는 과정에 관한 자기 대화 등을 통해 건설적인 습관을 기르는 것이다.

나) 진성리더십

① 진성리더십의 개념

진성리더십은 진정성(authenticity)의 개념을 바탕으로 정의되며 이것은 '너 자신을 알라', '자신에게 진실하라'로 표현되는 고대 그리스 철학에서 유래한다(Avolio & Gardner, 2005; Harter, 2002). 진정성은 자신의 진실한 내면의 성찰에 집중하고 자기를 이해하는 과정 속에서 참된 자신의 모습을 찾아가는 것으로 이해할 수 있다. 이러한 진정성의 개념에 맞게 Avolio, Gardner, Walumbwa, Luthans와 May(2004)는 진성리더를 '내면에 대한 성찰을 통해 자신의 강점 및 약점에 대해 잘 인지하고 있고, 도덕적 가치를 바탕으로 의사결정을 내리며, 제시하고자 하는 비전과 그 의미에 대해 부하들과의 투명한 의사소통을 보여주는 사람들'이라고 정의하였다. 이러한 행동들은 조직에 진실성, 높은 수준의 도덕적 기준, 신뢰와 같은 긍정적인 분위기를 만들어 주며 이러한 긍정적인 분위기는 조직 구성원들의 발전에 긍정적인 영향을 주게 된다.

이러한 리더의 진정성이 중요한 이유는 '리더십의 홍수' 속에서 리더들에게 하나의 나침반으로 작용하면서 다른 리더십 스타일의 바탕을 제공하고 있기 때문이다.

② 진성리더십의 구성요소

Walumbwa, Avolio, Gardner, Wernsing과 Peterson(2008)은 진성리더십을 '긍정적 심리역량과 윤리적 분위기를 함께 이용하고 촉진하여 구성원들과 함께 일하는 리더들이 더 높은 수준의 자아인식, 내재화된 도덕적 관점, 균형 잡힌 정보처리, 관계적 투명성을 통해 긍정적인 자기 개발을 촉진하도록 하는 리더의 행동 유형'이라고 정의하며 이상의 네 가지를 진성리더십 구성요소로 정리하였다. 자아인식(self-awareness)은 리더가 자신이 어떻게 세상을 인식하는지, 자신의 강점, 한계를 인식하는 정도, 타인이 자기를 어떻게 인식하고 있는지, 또는 어떻게 영향을 주는지를 아는 정도를 의미한다. 내재화된 도덕적 관점은 자신의 내적인 도덕기준과 가치관에 따라 행동하는 자기규제 과정이다. 즉, 그룹, 조직, 사회적 압력에도 불구하고 자신의 내재화된 가치와 일치되는 의사결정이나 행동을 하는 것을 말한다. 한편, 균형 잡힌 정보처리는 의사결정을 할 때 관련된 모든 데이터를 객관적으로 분석하는 리더의 행동을 말한다. 마지막으로 관계적 투명성은 가까운 인간관계에서 개방성과 진실성을 소중하게 생각하고 진실된 자아를 타인에게 나타내는 것으로, 이는 부적합한 감정표현을 최소화하기 위해 노력하면서 정보공유나 진실된 생각과 감정표현을 드러냄으로써 신뢰를 증진시키게 된다.

다) 감성리더십

① 감성리더십의 개념

훌륭한 리더는 조직 구성원의 마음을 움직이고 열정을 자극하여 구성원들이 가지고 있는 최고의 것을 끄집어낸다. Goleman(1995)은 위대한 리더십의 도구로 감성지능을 제시하며 뛰어난 리더를 결정짓는 중요한 요소로 감성적 능력을 강조하였다. 감성리더십은 한마디로 말하면 '감성'을 통해 리더십을 행사하는 것이고 '감성'이라는 것은 감정적이라는 말과는 엄연히 구분이 된다.

② 감성리더십의 구성요소

Goleman(2002)에 의하면 감성리더십의 구성요소는 자기인식능력, 자기관리능력, 사회적 인식능력, 관계관리 능력으로 구성되어진다. 우선 자기인식(self- awareness) 능력은 자신의 감정, 능력의 한계, 가치, 목적에 대해 깊이 인식하는 것을 말하며, 또한 자신의 감정을 이해하고 자신의 감정이 타인에게 미치는 영향을 이해하는 능력을 말한다. 자기인식능력을 갖춘 리더는 자신의 능력과 한계에 대한 인식이 뛰어나고 자신에게 부족한 부분을 배움에 있어 겸허하고 타인의 비판과 의견을 기꺼이 받아들인다. 둘째, 자기관리(self-management)능력은 감정적 자기제어능력, 솔직함, 적응력, 성취력, 진취성, 낙천성 등의 요소를 포함하는 것으로 이러한 능력을 보유한 리더는 자제력, 책임감, 변화에 대한 개방성을 갖추고 자신의 마음상태를 잘 다스릴 줄 안다. 셋째, 사회적 인식(social-awareness)능력은 감정이입의 능력을 말하는 것으로 타인의 감정을 잘 이해하고, 타인의 감정 상태에 대응하여 처리할 수 있는 능력을 말한다. 감정이입능력은 감성적 리더가 갖추어야 할 매우 중요한 요소 중의 하나이며 리더가 다른 사람의 마음을 움직이기 위해서는 자신의 메시지를 잘 표현하는 것도 중요하다. 마지막으로 관계관리(relationship-management)능력은 자기인식, 자기관리, 사회적 인식능력의 세 요소가 종합적으로 발휘되는 능력을 말하며, 이는 확고한 비전과 목표를 갖고 사람들을 동기부여하고 사람들로 하여금 기꺼이 따르는 공동의 사명을 제시할 수 있게 한다.

(2) 조직차원의 리더십 개발

가) 팀리더십

① 팀리더십의 개념

팀이란 조직 내에서 공동의 목표를 공유하고 상호의존적이며 그 공동의 목표를 달성하기 위해 서로의 역할과 활동을 조정해 가는 구성원들로 조직된 조직 내 집단이다. 따라서 팀 리더십은 팀이 목표로 하는 것을 달성하여 성과를 내고, 팀의 유지와 발전을 이끄는데 필요한 역량이다. 리더는 팀의 조력자로서 팀이 목표를 달성할 수 있도록 방향성을 제시하고, 문제해결에 필요하거나 해결책을 찾는데 필요한 자원을 제공함으로써 팀을 격려하고 지원한다. 따라서 리더의 주요한 역할은 팀의 역량과 기술을 평가하여 필요에 따라 적절한 교육훈련 기회를 마련해 줌으로써 팀에 필요한 기술을 개발하는데 도움을 주는 것이다. 또한 팀 리더들은 자신의 고유 업무를 수행하면서 갈등관리와 인간관계 관리 등의 역할을 수행한다.

② 팀리더십 모델

팀 리더십 모델은 리더가 팀이 처한 문제점을 진단하고 그와 같은 문제점들을 해결하기 위한 적절한 조치를 취하도록 하는데 도움을 주려는 것이다(Northouse, 2007). 효과적인 팀의 업적은 리더가 가지고 있는 일종의 '생각안내도'(mental road map)로부터 시작되는데, 이 모델은 팀이 당면하고 있는 문제점의 구성내용들을 포괄하고 있을 뿐만 아니라 집단을 둘러싼 조직 내의 상황 및 조직 외부환경에서 일어나는 만일의 사태도 반영하고 있다. 따라서 유능한 팀 리더는 팀이 기능하는 것을 관찰하여 팀의 문제점을 위한 정확한 '생각안내도' 모델을 구축하고 있어야 하고, 그 모델에 따라 문제해결을 위한 적절한 조치를 취할 수 있어야 한다.

나) 변혁적 리더십

① 변혁적 리더십 개념

변혁적 리더십은 가치 창조에 중점을 두어 부하의 신념, 욕구, 가치를 바꾸고, 틀 자체를 변화시켜 새로운 기회를 창출하고자 하는 매우 진취적인 리더십이다(안병진, 2013). 변혁적 리더십은 Burns(1978)에 의해 최초로 소개되었고, Bass(1985)가 변혁적 리더십 이론으로 발전시켰다. Burns(1978)는 변혁적 리더십을 리더와 부하가 서로 동기와 도덕성을 높은 수준으로 끌어올리는 과정으로 설명하며 변혁적 리더십의 하위 구성요소로 카리스마, 지적자극, 개별적 배려의 세 가지를 제시하였다. 이후 Bass와 Avolio(1997)에 의해 카리스마는 이상적 영향력으로 수정되고 영감을 주는 동기유발이 추가되었다.

② 변혁적 리더십의 구성요소

이상적 영향력은 카리스마(charisma)와 유사한 개념으로 리더가 타고난 천부적 재능으로 새로운 세상에 대한 비전을 제시하고 구성원에게 거대한 영향력을 행사하는 과정을 의미한다. 지적자극은 변혁적 리더가 구성원들이 현재 고수하고 있는 문제해결 및 인식의 방식을 변화시키기 위해 노력함으로써 새로운 도전을 격려하고 장려함을 뜻하며, 영감을 주는 동기유발은 호소력 있는 비전을 제시함과 동시에 이를 실천하기 위한 기준을 제시하고 격려를 아끼지 않는 행동을 의미한다. 마지막으로 개별적 배려는 변혁적 리더가 구성원의 개인적 욕구와 능력, 포부 등을 고려하여 조언을 아끼지 않으며 궁극적으로 개발을 촉진하는 과정이다.

다) 전략적 리더십

전략적 리더십은 일상생활 속에서 조직에서 일어나는 많은 상황들과 연계되어 광범

위하게 활용되고 있다. Finelstein과 Hambrick(1996)은 조직 차원에서 전략적 리더십을 회사의 대표, 최고 경영진, 이사회 등의 조직 상위 관계자들의 선택과 집중을 통한 의사결정으로 회사의 미래에 대해서 총체적으로 발휘하는 영향력이라고 하였다. 임철언(2011)은 전략적 리더십이란 최고경영자의 인지적 특성과 리더십 행동을 결부시켜, 환경변화와 조직성과에 대한 지각을 바탕으로 변혁적 리더십 행동과 거래적 리더십 행동을 상황에 맞게 발휘함으로써 조직 효과성을 극대화 시켜 나가는 최고 경영자의 리더십이라고 정의하였다. 즉, 전략적 리더십은 상기한 바와 같이 조직 및 집단의 일상적인 활동 안에서 리더 그룹에게 요구되는 핵심역량이라고 볼 수 있다. 전략적 리더십의 구성요인에 대해서는 많은 학자들이 연구를 통해 제시하고 있는데 다음의 여섯 가지를 전략적 리더십을 잘 발휘할 수 있는 핵심요소로 제시하였다.
① 기업의 목적 및 비전 제시, ② 조직의 핵심역량 개발 및 유지, ③ 인적자본 육성, ④ 효과적인 조직문화 정립 및 유지, ⑤ 윤리적 실천, ⑥ 균형된 통제수단 수립이다.

3. 리더십 개발 프로그램

1) 리더십 개발 프로그램의 이해

리더십 개발 프로그램은 리더십 개발이 단순한 교육을 통해 단기간에 습득 가능한 것이 아니라는 점을 전제로 한다. 리더십은 의사소통, 의사결정, 정보처리, 대인관계, 인력육성, 동기부여 등 여러 가지 요소가 함께 어우러져있다. 또한 조직 및 집단의 환경과 문화적인 특성에 따라 해당 조직에서 요구되는 핵심역량이 존재한다. 따라서 리더십 개발을 위해서는 다양한 경험과 노력이 필요하고, 최고 의사결정권자의 지원도 필요하다. 지속적인 행동의 변화를 이끌어내기 위해서는 일회적인 교육훈련으로는 충분치 않으며 보다 현장 지향적이고 지속적인 자기개발 학습이 병행되는 프로그램

개발이 요구되고 있다. Apps(1994)에 의하면 리더십은 실행으로 옮기기에는 너무 추상적인 개념으로 '리딩'(leading)이라는 개념은 우리가 발전시키려고 하는 그 이상의 것을 담고 있으며, 리딩(leading)은 근접한 사람과 상황들에 대한 관계를 포함하고 있는 활동이다. 이 시대는 창의적으로 리딩(leading)할 것을 요구하고 있고, 창의적으로 리딩(leading)한다는 것은 그 상황의 필요를 충족시키는 그 이상을 의미한다. 결국 리더십 개발은 자기 자신과 다른 사람을 개발시키는 것이 근간이며 조직을 새롭게 하고 또한 모든 사람을 이롭게 하는 목표를 전제로 해야 한다(최은수, 2016). 4차 산업혁명 시대를 맞이한 현 시대에 창의적으로 리딩(leading)하는 능력을 개발하는 것은 리더십의 광범위한 적용으로 이어지고 이를 통해 상호 윈윈하는 미래를 만들 수 있다.

2) 리더십교육 프로그램 개발 사례

K기업은 M&A 이후 조직 내부의 문화적 갈등과 충돌이 문제점으로 대두되어 조직 구성원들은 자신의 역할에 대한 인식 부족, 자신감 및 책임감 결여, 조직차원에서는 협력적인 시너지 부족으로 조직 일체감이 약화되었다. 따라서 조직의 비전을 공유하고 확산하여 개인과 조직 간의 일체감을 조성하고 조직 운영 시스템과 기업문화간의 구조적인 연계구축이 필요하다는 인식하에 다각적인 진단을 통해 조직 구성원 전체를 아우를 수 있는 계층별 리더십 프로그램 개발을 추진하였다.

(1) 계층별 리더십교육 프로그램의 특징

첫째, 기업 고유의 리더십 역량 모델을 도출하였다. 조직의 비전과 목표의 달성은 과거 Top-down 방식의 전통적인 상·하 관계가 아닌 전 계층에 걸친 조직 구성원 개개인의 리더십 역량의 곱에 의해 결정된다고 할 수 있다. 따라서 일부 계층만을 위한 일회성 리더십 역량이 아닌 철저한 분석 과정을 통해 자사에 적합한 고유의 계층별 리더십 역량 모델을 도출하였다. 둘째, 현장 중심적 연구 방법을 채택하였다. 자사에 적합한 고유의 리더십 프로그램을 개발하기 위하여 계층별 표준이 되는 직원들을 선발하여 1차로 도출된 리더십 역량에 대한 별도의 검수 작업을 수행하는 패널 테스트를 실시하였다. 셋째, Blended Learning 전략을 활용하였다. 오프라인(off-line)교육은 여러 가지 장점에도 불구하고 사후 관리가 어렵다는 한계를 가지고 있어 온라인(on-line)과 연계하여 사후 관리가 가능하도록 하였다. 리더십 교육은 개인의 변화에서 출발한다고 볼 수 있다. 기존의 행위로부터 자유로워지기 위한 일련의 훈련 과정을 리더십 교육 과정이라고 본다면 오랜 시간 습관화된 많은 행위들을 한 번의 교육만으로 바꾸기란 어려운 일이다. 이러한 한계점을 극복하기 위하여 온라인 리더십 과정을 별도로 개발하여 교육에 참여하기 전, 사전 교육을 통하여 자신의 리더십 역량 수준을 360도로 평가 받은 후 집합 교육에 참가하고, 교육을 마친 후 3개월 후부터 온라인 교육을 실시하였다.

(2) 리더십 교육 프로그램의 주요 내용

계층별 리더십 프로그램에는 각 직급에 맞는 특수성이 고려되었다. 이와 같은 계층별 리더십 역량을 중심으로 한 리더십 프로그램의 학습 주제를 정리하면 〈표 16-3〉과 같다.

〈표 16-3〉 직급별 리더십 프로그램의 구성요소

구분	공유 패러다임	직급별 필요역량	학습테마
사원	Value Sharing	자기계발	〈SMP〉 Spiritual 가치관 Mental 태도화 Physical 행동화
중견사원	Mind Sharing	업무전문성, 업무추진력	〈PAT〉 Passion 열정 Affection 애정 Trust 신뢰
중간 관리자	Excellence Sharing	업무전문성, 코칭, 멘토링, 솔선수범	〈VCM〉 Vision Cascading 비전전파 Coaching 코칭 Mentoring 멘토링
부서장	Future Sharing	조직 활성화, 전략기획력, 윤리성, 분석력	〈EII〉 Expansion 넓히기 Integration 모으기 Ignition 불붙이기

일반 사원 그룹은 직장 경력이 상대적으로 짧고 매니저가 되기 이전의 직급으로 자기 계발을 중심으로 한 내용으로 구성되었다. 미래의 건전한 조직구성원으로서의 자격을 갖추기 위하여 정신적인 힘과 바람직한 태도의 겸양 그리고 실천적 행위 부분에 초점이 맞추어져 있다. 따라서 주요 내용으로는 조직의 비전과 미션에 대한 이해와 자신감 형성 및 미래에 대한 자기 역할 찾기 등으로 구성되어 있다. 중견 사원 그룹은 조직의 허리 역할을 하는 가장 중요한 계층이다. 아래로는 비정규직과 사원을 통솔하고 위로는 중간관리자급과 부서장급을 보필하면서 고객 만족과 조직 관리를 동시에 책임지고 있는 실무 책임자 계층이다. 따라서 자신이 담당하고 있는 일에 대한 열정과 실무 책임자로서 직원 상호간의 관계를 이어줄 수 있는 애정의 중요성을 이해하고 실천하는 점을 부각하였고, 직원 상호간에 반드시 구축해야 할 신뢰에 대한 가치에

집중하였다. 중간관리자급은 부하 직원들에 대한 관리 및 책임에 대한 명확한 역할과 의무를 스스로 찾기 위한 방안으로서 비전을 전파하는 역할과 부하 직원에 대한 지도는 물론이고 이들에 대한 격려와 지원에 대한 가치에 초점을 맞추었다. 부서장급은 지점 혹은 부서를 책임지는 단위 조직의 장으로서 의사 결정권자이므로 조직의 성과 향상에 가장 직접적인 역할을 수행하는 지위에 있다. 따라서 성과 향상을 위한 새로운 사고와 전략을 넓힐 수 있는 능력, 그리고 부점 직원들의 생각과 마음을 모으는 능력 및 직원들을 동기 부여 시킬 수 있는 능력 등에 초점을 맞춘 내용으로 구성되었다.

2) 리더십 개발을 위한 제언

리더십은 어느 한순간도 중요하지 않은 순간이 없다. 그러나 사회 환경 및 조직의 변화 속에서 눈에 보이는 가시적인 성과를 높이기 위해 그 중요성에도 불구하고 우선 순위에서 밀려나는 경우가 많다. 전술한 바와 같이 리더십은 단기적인 처방이나 일회적인 교육훈련만으로 향상되는 것이 절대 아니다. 또한 4차 산업혁명의 흐름 속에서 디지털 생태계 구축을 우선 과제로 앞두고 있는 다양한 조직은 기존의 패러다임으로는 살아남기 어려운 상황이다. 수익성 회복 및 극대화를 위해서 비즈니스 보델의 근본적인 변화도 요구된다. 다양한 연구 자료에 의하면 성공적인 디지털 생태계 구축을 위한 필수역량 4가지는 조직구조의 변화, 사람과 문화, Partnership, Data and Technology를 꼽는다. 어느 시대, 어떠한 환경의 변화에서도 '사람'을 배제하고는 생각할 수 없다. 새로운 패러다임의 소용돌이 속에서 보다 다양해진 리더의 역할에 대해 신제구(2017)의 제언을 중심으로 살펴보면, 첫째, 소식과 관련된 역할이다. 조직이 추구하는 비전과 전략을 정확히 인지하고 핵심역량에 집중하여 조직성과에 기여할 수 있는 방법과 절차를 체계적으로 밟아가야 한다. 개인적인 역량이 아무리 뛰어나다고 하더라도 조직의 방향과 함께하지 못한다면 조직에서의 존재감을 상실할 가능성이 크다. 둘째, 리더는 자신에게 주어진 실적을 달성하기 위해 최선을 다해야 한다. 그러나 이 과정에서 리더가 지나치게 성과에만 집착하면 조직 구성원의 자발적인 참여를 잃을 수 있다. 장기적으로 달성해야할 성과와 단기적으로 달성해야할 과제의 우선순위를 정하여 비전을 제시하고 전략을 함께 교감하며 협력을 이끄는 것이 무엇보다 중요한 시점이다. 셋째, 네트워크의 확대도 리더에게 매우 중요한 역할이다. 조직 내부의 자원과 역량만으로는 외부의 다양한 경쟁자들의 위협을 극복하기 어렵다. 4차 산업혁명시대에서 무엇보다 중요한 키워드는 '융합'이다. 조직의 전통적인 비즈니스 구조와 기술의 융합, 기술과 사람의 융합, 이업종과의 융합 등이 중요한 경쟁력이 된 환경에서 리더의 개인적인 혹은 조직적 문제를 창의적으로 해결하기 위해 다양한 정보와 지식을 연결할 수 있는 네트워크 형성은 무엇보다 중요하다. 넷째, 리더 자신의 자기관리의 중요성이다. 아무리 뛰어난 능력과 역량을 발휘하는 리더라 할지라도 도덕적, 윤리적인 기반에서 벗어나 부도덕한 행위나 선택을 한다면 개인뿐만 아니라 조직도 심각한 위기에 빠트릴 수 있음을 명심해야 할 것이다. 지속적인 자기인식 및 성찰을 통해 자신을 돌아보고, 내면화된 도덕적 시각으로 구성원을 존중하고 배려하며, 균형 잡힌 정보처리를 통해 올바른 의사결정을 하고, 투명한 관계형성을 통해 구성원의 신뢰와 헌신을 이끌어내고, 스스로 자신의 업무에 몰입하게 하는 진정성 있는 리더십이야말로 이 시대에 우선적으로 필요한 리더십이라 할 수 있다. 따라서 현장에서 보다 살아있는 리더십을 개발하기 위해서 다양하게 요구되는 리더의 역할을 규명하고 이에 맞는 리더십 교육 프로그램을 보다 장기적인 관점에서 설계하는 것이 조직의 생존을 위해 중요한 요소임을 간과하지 말아야 할 것이다.

참고문헌

백기복 (2000). 이슈리더십. 창민사.

백기복 외 공저 (2009). 리더십의 이해. 창민사.

안병진 (2013). 상사의 리더십유형이 조직 유효성과 직무성과에 미치는 영향: 긍정심리자본과 팀워크를 중심으로. 동국대학교 박사학위논문.

여인길 (2003). 리더십 유형이 조직 성과에 미치는 영향. 경희대학교 박사학위논문.

이찬 외 공저 (2017). 인적자원개발론. 양서원.

임철언 (2011). 최고경영자의 전략적 리더십이 인적자원개발체제 성과에 미치는 영향. 숭실대학교 박사학위논문.

최은수 (2016). 리더십 개발 프로그램: 이론과 사례. 공동체.

Apps, J. W. (1994). Changing with the emerging age. Jossey-Bass Publishing.

Bass, B. M. (1985). *Leadership and performance beyond expectation.* New York: Free- Press.

Bass, B. M., & Avolio, B. J. (1997). *Full Range Leadership Development: Manual for the Multifactor Leadership Questionnaire*, Mind Garden, Palo Alto. CA.

Burns, J. M.(1978). *Leadership*. New York: Harper & Row.

Finelstein, S., & Hambrick, D. C. (1996). *Strategic leadership: Top executives and their effects on organizations*. St. Paul, MN:West Publishing Company.

Goleman, D. (1995). *Emotional Intelligence: Why it can matter more than IQ*. Bantam Books.

Hersey, D., & Blanchard, K. H. (1982). *Management of organizational begavior: Utilizing human resources*. Englewood Cliffs, N. J. Prentice-Hall.

House, R. J. (1971). A path goal theory of leader effectiveness. *Administrative Science Quarterly, 16*(3). 321-339.

Houghton, J. D., & Neck, C. P. (2000). The revised self-leadership questionnaire: Testing a hierarchical factor syrusture for self-leadership. *Journal of Managerial Psychology, 17*(8), 672-691.

Manz, C. C., & H. P. Sims (1980). Self-management as a substitute for leadership: A social learning perspective. *Academy of Management Review*, 5,361-367.

Neck, C. P. & Manz, C. C. (2004). *Mastering self-leadership: Empowering yourself for personal excellence* (3rd ed.). Pearson Prentice-Hall, NJ.

Northouse, P. G. (2007). Leadership: Theory and practice (4th ed.). Sage Publication.Inc.

요약

21세기 현대사회는 기존의 사고와 생활방식으로는 상상할 수 없을 정도로 빠른 변화와 함께 전문화, 세분화되어 가고 있다. 특히 4차 산업혁명이 가져온 새로운 패러다임은 일자리의 상당부분이 인공지능으로 대체되거나 혹은 함께 일하는 방식이 될 것으로 전망된다. 이러한 시대에 요구되는 리더의 다양한 역할에 따라 조직의 리더십은 더욱 더 중요해졌다고 볼 수 있다. 리더십은 학자들에 따라 매우 다양하게 정의되어 왔으나 종합적으로 '조직의 비전과 목표를 달성하기 위해 조직 구성원의 모든 활동에 긍정의 영향을 미쳐 그들이 자발적으로 자신의 역할을 수행하고 몰입하도록 유도하며 자극을 불어 넣어주는 과정'이라고 정의할 수 있다.

다양한 리더십의 정의와 함께 연구자들은 시대적인 발전을 중심으로 특성이론, 행동이론, 상황이론 세 가지 범주로 구분하여 논의하였다. 특성이론은 리더는 명확하게 구별되는 몇 가지 개인 특성과 자질을 가지고 있다는 관점이고, 행동이론은 개인의 성과 또는 집단의 성과에 영향을 미치는 행동을 어떻게 측정할 수 있는가의 문세에 초점을 두었다. 마시막으로 상황이론은 리더십을 형성하는 결정적인 요소가 리더의 개인적인 특성에 있는 것이 아니라 리더가 처해있는 조직이나 집단의 상황과 환경요인에 있다는 주장이다.

리더십 개발을 위해서는 조직 및 개개인의 다양한 특성과 환경적 요인을 고려하여 개인 차원, 팀 및 조직 차원에서 요구되는 리더십을 담아낼 수 있는 방향으로 개발이 이루어져야 한다. 개인 차원에서 요구되는 대표적인 리더십 유형으로는 셀프리더십, 진성리더십, 감성리더십 등을 들 수 있고, 조직 차원에서의 리더십 개발은 팀리더십, 변혁적 리더십, 전략적 리더십 등을 들 수 있다.

리더십은 단기적인 처방이나 일회적인 교육으로 향상되는 것이 절대 아니다. 현장에서 요구되는 보다 살아있는 리더십을 개발하기 위해서 다양하게 요구되는 리더의 역할을 규명하고 이에 맞는 리더십 교육 프로그램을 보다 장기적인 관점에서 설계하는 것이 조직의 지속가능한 생존을 위해 무엇보다 중요하다.

탐구 질문

1. 자신이 생각하는 리더십이란 무엇인가?
2. 리더의 다양한 역할 중 가장 중요한 역할은 무엇인가?
3. 개인차원 및 조직차원에서 요구되는 대표적인 리더십은?
4. 바람직한 리더십은 어떠한 방향으로 개발되어야 하는가?
5. 리더십 프로그램 개발 시 중요한 요소는 무엇인가?

/ 저자소개 /

오현아(ilovekb.oh@gmail.com)

이화여자대학교 대학원 교육공학/HRD 박사를 거쳐, 현 KB국민카드 브랜드전략부 부장으로 재직 중이다. 관심 영역과 연구 주제는 기업교육 및 리더십 개발이다. 주요경력으로는 2004~2010 KB국민은행 인재개발원에서 리더십 과정개발 및 강의 등이다.

제17장

테크놀로지 기반 HRD

김진희 (연세대학교)

목표

1. 학습자는 기술 혁신과 이에 따른 노동시장의 변화를 설명할 수 있다.
2. 학습자는 미래 핵심역량의 변화를 논의할 수 있다.
3. 학습자는 급변하는 환경 속에서 현 HRD의 문제점을 토론할 수 있다.
4. 학습자는 미래의 HRD 역할 변화를 제시할 수 있다.
5. 학습자는 미래의 HRD의 운영 방식의 변화 방향을 창출할 수 있다.

핵심용어

4차 산업혁명, 인공지능(AI: artificial intelligence), 자동화, 일자리 대체, 긱 이코노미(Gig Economy), 미래 핵심역량, 인간기술(human skill), 기계와의 협력적 소통 역량, 재숙련화, 협동로봇(co-robot), 일과 학습의 통합, 맞춤형 교육(adaptive learning), MOOC(Massive Open Online Course), 나노디그리(Nano-Degree), 소셜러닝(social learning)

1. HRD 환경 변화

HRD를 둘러싼 환경은 급속도로 변화하고 있다. 특히 기술의 혁신에 따라 노동시장과 핵심역량이 빠르게 변화하고 있다. 본 장은 HRD를 둘러싼 환경 변화에 대해 알아보고자 한다.

1) 기술의 혁신

4차 산업혁명은 인공지능(Artificial Intelligence, AI), 지능형 반도체, 초고성능 컴퓨팅 등 ICT(Information and Communications Technologies)는 물론 뇌과학, 수학, 첨단 소재, 기초과학부터 응용기술까지 인류가 전혀 경험하지 못한 빠른 속도의 획기적 기술 진보에 의해 생산, 관리, 지배구조 등을 포함한 전체 시스템과 산업구조 전반의 파괴적 혁신을 촉발할 것으로 보고 있다(World Economic Forum, 2017).

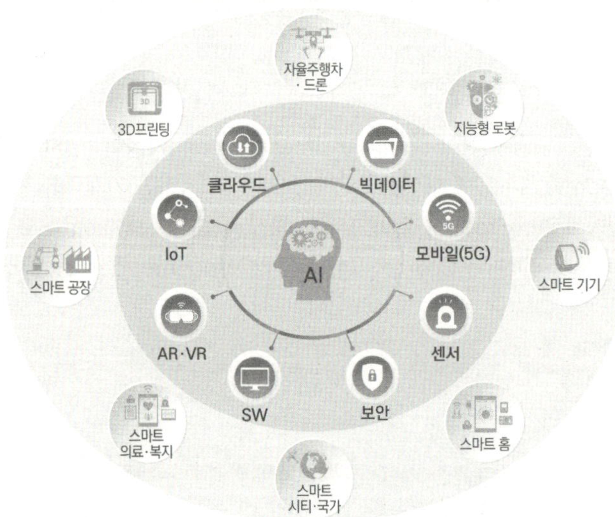

[그림 17-1] 4차 산업혁명을 주도할 핵심기술 및 산업

출처: 과학기술정보통신부(2017)

특히 [그림 17－1]과 같이 AI, 빅데이터, 사물인터넷(Internet of Things, IoT), 클라우드, 모바일(5G), 블록체인 같은 보안뿐만 아니라 가상현실(Virtual Reality, VR)・증강현실(Augmented Reality, AR), 초 감지 센서 기술 등은 기기, 자동차, 로봇, 공장, 의료・복지 서비스 등 기존산업에 융합・연결되고 나아가 국가・사회를 고도화시킴으로써 4차 산업혁명을 유발하는 핵심 동인이 될 것으로 보인다(과학기술정보통신부, 2017).

정보통신기술진흥센터는 정보통신산업의 진흥에 관한 2017년 연차보고서에서 4차 산업혁명을 네트워크(IoT, 5G), 데이터(클라우드, 빅데이터), AI, SW 등 디지털 기술로 촉발되는 초연결 기반의 지능화 혁명으로 정의하면서, 이 혁명을 선도하는 주요 기술로 AI, IoT, 빅데이터・클라우드, 3D프린팅, 지능형로봇 등을 들었다. 그 중 4차 산업혁명 관련 주요문헌상 기술 언급빈도를 분석한 결과, [그림 17－2]와 같이 AI가 가장 많이 언급된 것으로 나타났다. AI은 인간의 인지능력, 학습능력, 추론능력, 이해능력 등 인간의 고차원적인 정보처리 능력을 구현하는 기술을 가리킨다. AI 시장은 전 세계적으로 2015년 66억 달러에서 2022년 179억 달러로 급성장하고 있으며, 구글, 애플, MS, IBM, 페이스북, 인텔, 바이두 등이 대표적인 기업이다.

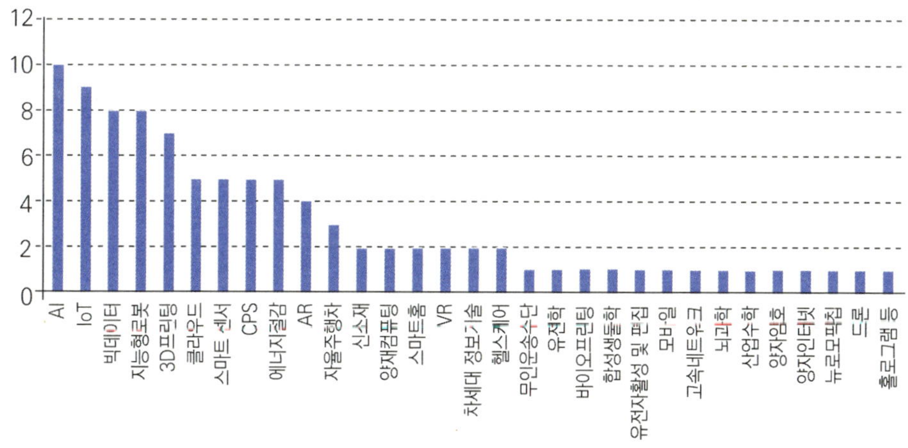

[그림 17-2] 4차 산업혁명 관련 주요문헌상 기술 언급 빈도 분석 결과

출처: 정보통신기술진흥센터(IITP, 2018)

미래의 생활과 산업 전반에 걸쳐 AI가 미칠 영향력에 대해 예측하는 연구들이 급격하게 늘어나고 있다. 특히 교육부분에 대한 영향력은 막강할 것으로 예측된다. 세계미래연구기구협의회 회장인 제롬 글렌(Jerome Glenn)과 유엔미래포럼 대표인 박영숙 교수는 AI가 바꿀 미래의 일곱 가지 핵심 산업 중 하나로 AI 교육산업을 뽑았다. 앞으로의 모든 학교는 인공지능 학교로 변하게 될 것이며 AI를 체계적으로 가르쳐 당장 제품과 서비스를 만들 수 있는 인력을 기르는 교육산업이 한국에 가장 시급하다고 강조했다. 이미 인실리코 메디스(Insilico Medicine)의 CEO 알렉스 자보론코프(Alex Zhavoronkov)는 아시아 AI 허브를 만들어 세계 최고 인공지능 브레인들을 한국을 포함한 아시아에서 데리고 와서 최고의 인공지능 전문가로 교육시켜 전 세계로 내보내고자 하는 계획을 가지고 있다고 언급했다.

2) 노동시장의 변화

AI의 핵심화두는 로봇으로 인해 인간이 일자리가 대체되지 않을까 하는 우려이다. 한국고용정보원과 과학기술정책연구원(2018)이 의료 · 바이오 · 인공지능 · 로봇 · 일자리 전문가 등을 대상으로 미래이슈에 대한 인식을 조사한 결과, 산업 · 경제 부분에 있어 영향력이 가장 큰 미래이슈는 인공지능 로봇과 인간의 일자리 경쟁 치열(4.17/5점)이었다.

World Economic Forum(2016)은 향후 5년간 710만 개의 일자리가 사라지고, 200만 개의 새로운 일자리가 생겨서 510만 개의 일자리가 감소할 것이라 예측했다.

한편 자동화는 일자리를 증가시키고 생산성을 증가시킨다는 연구 결과도 있다. 자동화는 1999년부터 2010년까지 EU 27개 지역에서 1,000만개 이상의 일자리가 순 증가(net increase, 증가분-감소분)하는데 기여하고, 1993년에서 2007년까지 로봇의 사용이 유럽 17개국 총 GDP 성장에 10% 기여했다고 보고되었다(한국로봇산업진흥원, 2017a). Mckinsey Global Institute(2017)는 향후 50년간 GDP 2.8% 성장을 위한 생산성 증가분의 절반이 자동화에 의해 주도될 것이라고 예측하였다. 따라서 고용에 대한 큰 위협은 자동화 자체가 아니며, 도리어 자동화를 도입하지 않을 경우 경쟁력 유지가 불가능하다는 것이라고 보았다. 그리고 자동화를 통해 대기업이 저임금 국가로 아웃소싱했던 공급체인이 자국으로 회귀하는 리쇼어링(reshoring)이 가능하여 일자리 창출에 기여할 것으로 보았다.

또한 로봇을 통해 업무의 질이 향상되고, 새로운 고소득 일자리가 창출될 것으로 예상하였다. 예를 들어 Paradigm Electronics는 일자리 손실 없이 생산성 50%를 향상시켰는데 큰 스피커를 연마하기 위해 로봇을 사용하되 기계 운영자들은 로봇 프로그래머로 승진시키고, 인간이 최종 광택 및 품질 검사를 수행하도록 했다. 이처럼 기술의 발달로 새롭게 창출된 일자리는 기존 일자리보다 임금이 30% 높은 것으로 나타났다(한국로봇산업진흥원, 2017).

영국의 과학주간지 Nature(2017)가 디지털 혁명으로 빠르게 변화할 미래 노동시장에 대해 제기한 이슈 중 하나는 근로자의 대체에 대한 부분이다. AI 연구 분야의 하나인 머신러닝(Machine Learning)은 경험적 데이터를 기반으로 학습하고 예측을 수행하고 스스로 성능을 향상시키는 시스템과 알고리즘을 연구하고 있다. 이러한 머신러닝 기술을 통해 교통 및 배송업, 제조업, 행정지원 업무 등 47%의 일자리는 대체 가능성이 높은 것으로 나타났다. 그러나 최근 자동화에 취약한 업무가 실제로 기계로 대체할 수 없는 세부 작업이 많다는 점에서 자동화 대체 비중은 9%로 전망했다. 따라서 머신러닝으로 인한 고숙련 대체는 당초 예상보다 낮을 것으로 예측했다.

2016년 OECD에서 작성된 '21개 국가를 대상으로 자동화에 따른 일자리 위협에 대한 보고서'에 따르면, 전체 평균으로 9%의 직업만이 자동화될 것으로 나타났다. 특히 한국은 자동화 가능성이 낮은 국가로 직업 수준의 대체는 6%에 불과할 것으로 전망되었다(Arntz, Gregory, & Zierahn, 2016). 또한 교육수준과 현 임금수준에 따라 자동화 대체 가능성이 달라지는 것으로 나타났다. [그림 17-3], [그림 17-4]에서 보는 것 같이 낮은 수준의 교육과 임금수준을 가진 근로자가 높은 자동화 대체 위협에 처해 있는 것으로 나타났다.

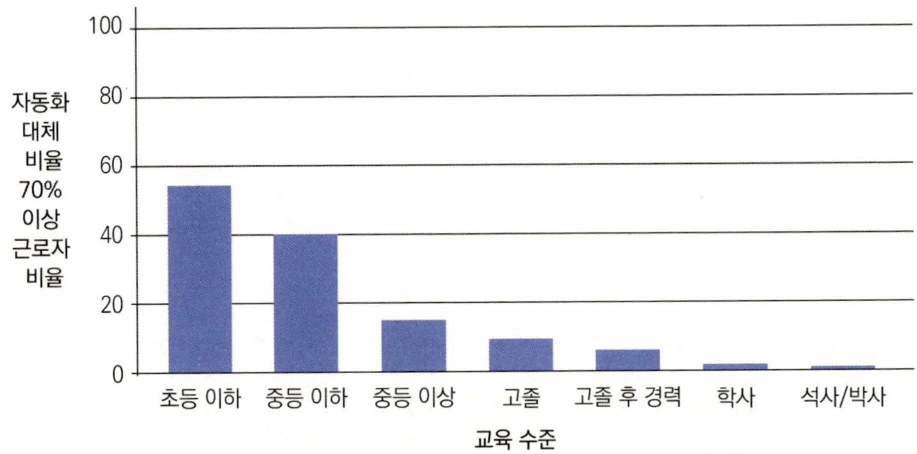

[그림 17-3] 근로자의 교육수준에 따른 높은 자동화 대체 비율(%)

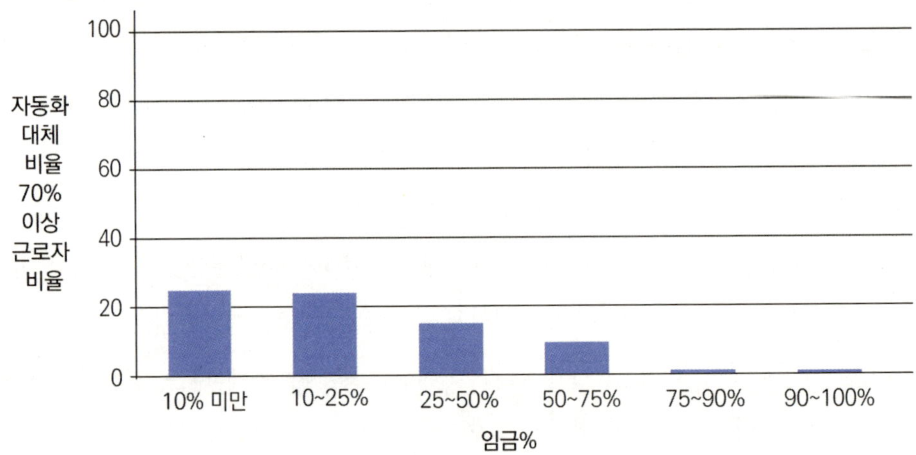

[그림 17-4] 근로자의 임금수준에 따른 높은 자동화 대체 비율(%)

출처: Arntz, Gregory, & Zierahn 번역(2016)

Rawlinson(2018)이 World Economic Forum을 통해 밝힌 연구 결과도 동일한 것으로 나타났는데 높은 수준의 교육과 경험을 필요로 하는 직업은 자동화 가능성이 낮은 것으로 나타났다([그림 17-5]). 물론 본 연구결과는 현 기술 수준에서 자동화 가능성을 예측한 것이기 때문에 앞으로의 급변하는 기술의 발전에 따라 예측한 결과는 달라질 수 있다.

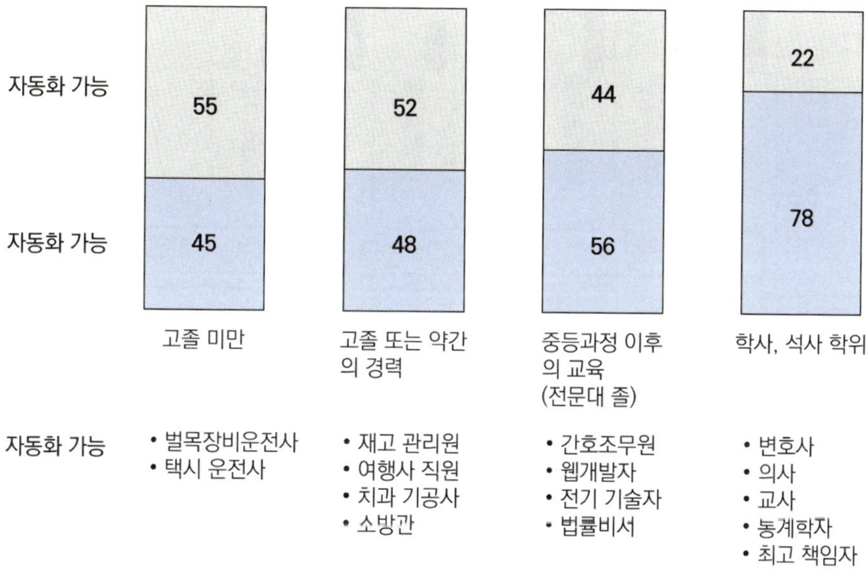

[그림 17-5] 미국에서의 직군별 업무 자동화 가능성(%)

출처: Rawlinson, P. 번역(2018, Mar)

이처럼 자동화가 전반적으로 노동 수요의 증가와 고숙련 종사자의 임금에 긍정적인 영향을 미치는 것으로 나타났다. 그러나 중산층 및 중숙련 일자리의 경우 자동화로 인해 높은 대체 위협에 처하는 것으로 나타나고 있다. 1995년부터 2010년까지 OECD 국가를 대상으로 한 역량별 요구 증가율에 대한 연구에 따르면 추상적인 고숙련과 규칙적이지 않은 육체노동을 하는 저숙련은 그 요구수준이 증가했지만, 규칙적으로 반복되는 중숙련의 요구수준은 감소한 것으로 나타났다([그림 17-6]). 이처럼 규칙적으로 반복되는 중숙련의 일자리는 자동화로 인해 대체될 위협이 높아질 수밖에 없다.

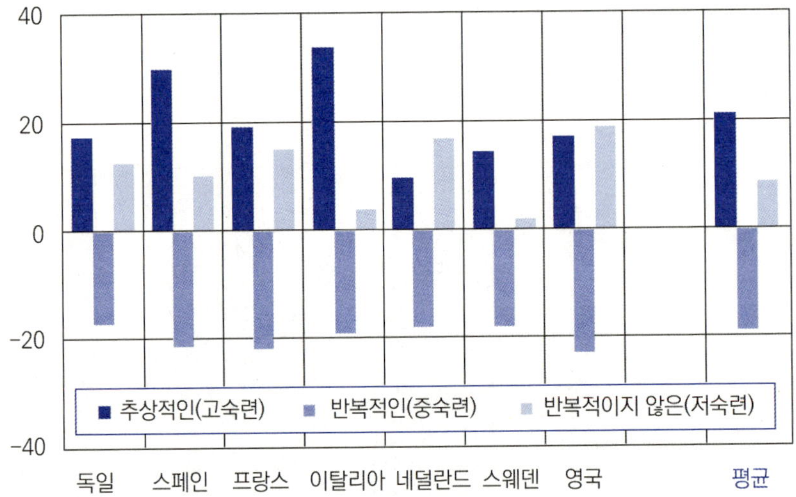

[그림 17-6] 역량에 대한 요구 증가률(%)(1995-2010년)

출처: OECD(2015)

따라서 중산층 및 중숙련 소득자의 기술을 어떻게 향상시키고 재교육할 것인지에 대한 문제가 제기되고 있다. 이에 대한 대응 방안으로 외부 인력을 채용과 기존 내부 인력의 재숙련을 예측할 수 있다.

먼저 필요에 따라 임시로 외부 인력을 채용하는 형태의 긱 이코노미(Gig Economy) 극대화를 예측할 수 있다. 디지털 기술의 영향력으로 모든 근로자들이 한 공간에 모여 있을 필요가 없어졌다. 따라서 모든 사람은 독립적인 근로자가 되어 특정한 프로젝트가 있을 때에 느슨하게 연계될 것이라고 예측된다. 이에 따라 산업 현장에서 필요에 따라 인력을 구해 임시로 계약을 맺고 일을 맡기는 형태의 임시적 경제인 긱 이코노미가 극대화 될 것이라 예측된다. 맥킨지 앤드 컴퍼니(Mckinsey & Company)의 자동화

시대의 일자리 변환에 대한 연구(2017)에 따르면 유럽과 미국은 1억 6,200만 명, 생산 연령인구의 20~30%가 어떤 형태로든 독립형 근로에 참여하고 있는 것으로 나타났다. 독립형 근로는 주 수익원 혹은 보조적인 수익원 여부와 자발적 혹은 비자발적 선택에 따라 4가지 유형으로 나눌 수 있으나, 모든 유형에서 자발적 선택한 경우가 재정적인 이유로 비자발적 선택을 한 근로자보다 수입 수준에 상관없이 업무 만족도가 더 높다는 결과가 나타났다. 따라서 독립형 근로가 확대될 경우 자발적 선택으로 독립형 근로를 할 수 있는 환경이 조성되어야 할 것이다. 그러나 문제는 변화에 대응하지 못하고 본인의 의사와 관계없이 비자발적 형태의 독립형 근로를 하게 되는 사람들이 늘어날 수 있다는 점이다. 또한 미국과 유럽 등 고소득 국가에서 대부분의 프리랜서 일자리를 제공하고 아시아의 저소득 국가가 업무를 수행하는 지리적 불균형 현상이 초래될 수 있다(Anthes, 2017). 또한 정해진 노동시간 없이 임시직 계약을 한 뒤 일한 만큼 시급을 받는 노동 계약으로 최소 근무 시간과 최소 임금을 보장하는 파트타임보다 못한 근로 조건을 가진 제로아워 계약(Zero-Hours Contracts)과 임금에 대한 노동조합 참여율 감소로 인한 임금 정체의 악화를 예상하기도 한다.

한편 다른 방안은 내부 인력을 변화에 대응할 수 있도록 재숙련 시키는 것이다. World Economic Forum(2016)의 조사에 따르면 미래 인력 전략으로 현 종업원에 대한 새로운 기술 습득 투자가 압도적으로 높은 것으로 나타났다. 즉 내부의 핵심인재를 양성하고 외부의 단기 노동자를 고용할 확률은 매우 낮은 것으로 나타났다. 그러나 급격한 변화에 대한 이해 부족(51%), 자원의 제약(50%), 스톡홀더와 단기 이익률에 대한 압력(42%) 등이 변화를 관리하는데 큰 장애물인 것으로 나타났다. 따라서 내부 종업원들을 대상으로 급격한 변화를 직시하고 새로운 기술을 습득힐 수 있도록 지원하는 HRD의 필요성이 높아지고 있다.

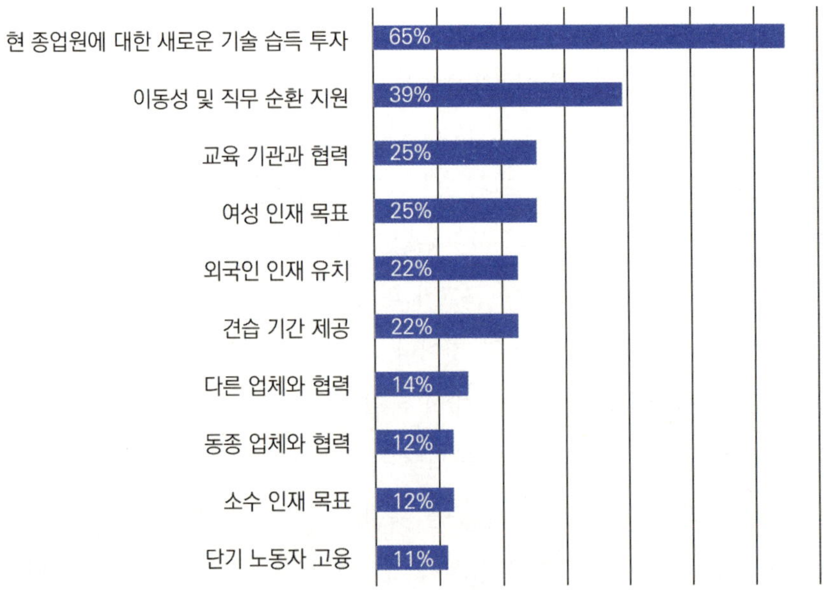

[그림 17-7] 미래 인력 전략

출처: World Economic Forum(2016)의 Future of Jobs Survey 번역

3) 미래 핵심역량 변화

World Economic Forum(2016)은 미래 인재가 갖추어야 할 10가지 역량을 제시하였는데 이를 순위대로 살펴보면 다음 [그림 17-8]과 같다. 여기서 복잡한 문제해결 능력이 미래에 가장 필요한 역량으로 나타났고, 이어 비판적 사고력, 창의력, 판단 및 의사결정능력 등이 필요한 것으로 나타났다.

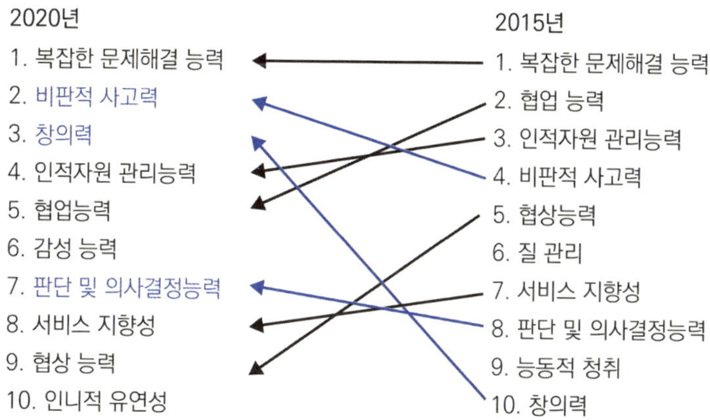

[그림 17-8] 미래 역량 Top 10

출처: World Economic Forum(2016)의 Future of Jobs Survey 번역

전문가들에 따르면 가장 쉽게 자동화할 수 있는 유형의 작업은 물리적인 작업이나 데이터 처리 작업에서 예측가능 수준을 측정하는 반복성이 짙은 분야이다. 머신러닝과 같은 높은 수준의 AI기술을 성공적으로 탑재했다고 가정하더라도 가까운 미래에 자동화되기 어려운 작업은 창의력, 공감, 설득력, 생산적 결정에 도달하기 위한 임의의 상황에서 어떤 지식을 활용할 것인지에 대한 암묵적 지식, 높은 수준의 감각운동 기술 등을 활용한 작업이라고 예측하였다(한국로봇산업진흥원, 2017a). 따라서 Mckinsey Global Institute(2017)은 교육 커리큘럼을 로봇이 대체 못할 인간기술(human skill)로서 창의성, 공감, 체계화된 사고 등 발전 장려할 수 있어야 한다고 강조했다.

미래에 전 산업분야에서 직무와 연관되어 요구되는 주요 역량은 복잡한 문제 해결 능력(36%)인 것으로 전망되었다. 다음으로 설득, 정서 지능, 교수(teaching)와 같은 사회적 능력은 전 산업분야에 걸쳐 요구수준이 높을 것이라고 예측했다(19%). 능동적 경청 및 비판적 사고를 포함한 처리 역량(18%), 창의력 및 수학적 추론을 포함한 인지 능력(15%) 등도 미래에 전 산업분야에서 필요성이 증가하는 핵심역량으로 예측되었다(World Economic Forum, 2016).

기술의 변화가 가져오는 직무의 변화를 살펴보기 위해 미국의 직업사전의 진화된 형태인 O*NET을 분석한 결과(황규희, 이상호, 장혜원, 2016)에 따르면, 2002년과 2016년에 공통적으로 기술된 682개 직종의 역량 요구 수준 변화 중 고차원적 인지 능력에 기반을 둔 사회적 소통 능력, 설득, 협상하기, 경영하기 등과 관련된 역량의 중요도는 증가한 반면, 직종 내에서 기계 설비와 관련된 육체적 역량의 중요도는 감소한 것으로 나타났다([그림 17-9] 참조).

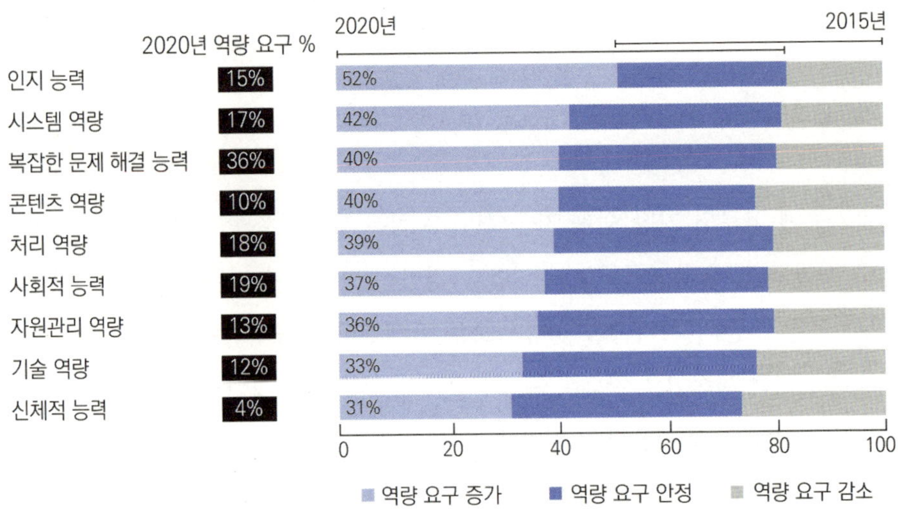

[그림 17-9] 직무관련 주요 역량 요구 변화(2015-2020)

출처: World Economic Forum(2016)의 Future of Jobs Survey 번역

이와 같은 맥락에서 미래창조과학부 미래준비위원회, KISTEP, KAIST(2017)는 [그림 17-10]과 같이 블룸의 인지적 교육목표 분류에 따른 미래핵심역량으로서 기계와 차별화되는 인간의 고유의 도출 역량인 고차원적인 인지능력을 강조하였다.

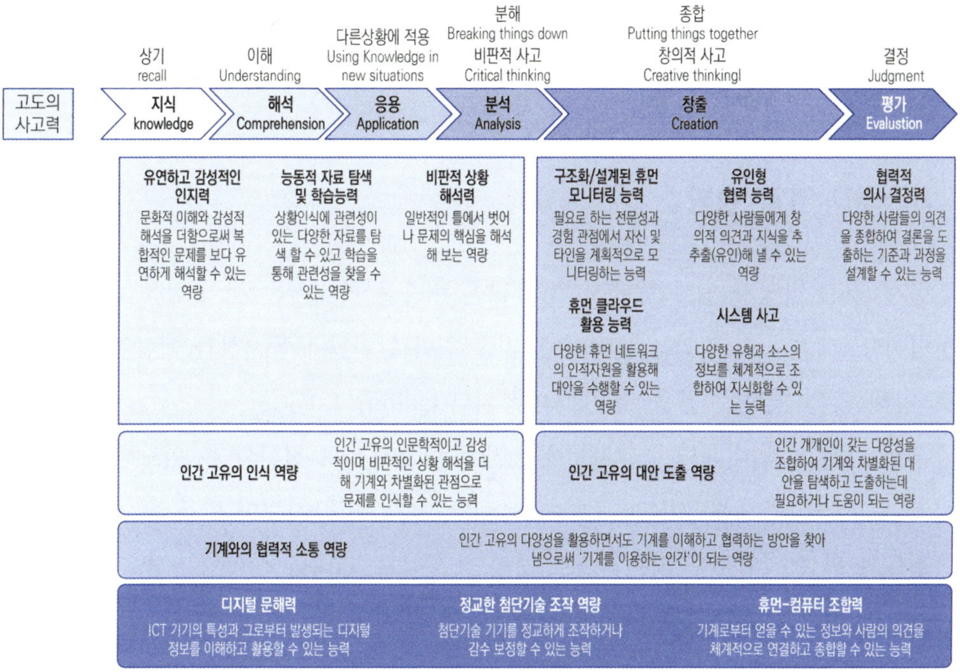

[그림 17-10] 블룸의 교육목표분류론에 따른 미래 핵심 역량

출처: 미래창조과학부 미래준비위원회, KISTEP, KAIST(2017)

더 나아가 기계를 이해하고 협력하는 방안을 찾아 기계를 이용하는 인간이 될 수 있는 기계와의 협력적 소통 역량이 강조되었다. 이를 위해 디지털 정보를 이해하고 활용할 수 있는 디지털 문해력, 정교한 첨단기술을 조작할 수 있는 역량, 기계로부터 얻는 정보와 사람의 인격을 연결하고 종합할 수 있는 조합력이 강조되었다.

2. HRD 미래 변화 방향

기술의 혁신에 따라 노동시장과 핵심역량이 빠르게 변화하고 있다. 이에 따라 회사의 미션에 부합하는 인재 양성을 위한 장기적인 계획을 중심으로 집체교육을 실시한 전통적인 인적자원관리는 반드시 변화해야 할 필요성에 직면하게 되었다. 본 장에서는 미래 HRD 역할과 운영 방식의 변화 방향에 대해 논의하고자 한다.

1) HRD 역할 변화

현재 HRD 담당자 업무 중에서 가장 많은 비중을 차지하는 것이 전통적 교육훈련 영역이다. 그러나 이 영역은 AI와 같은 기술 변화로 인한 노동시장과 핵심역량의 변화로 인해 많은 영향을 받을 것으로 예상된다(Quinn, 2017).

우선 AI에 의해 대체되는 일자리에서 새로운 일자리로 전환할 수 있도록 준비시키는 교육훈련이 중요해진다(Frey & Osborne, 2017). 인공지능이 반복적 성격의 인지 숙련도가 필요한 업무를 지속적으로 대체할 것이고, 결국에 살아남는 소수를 제외한 대다수는 경력 전환이 필요하다. 따라서 새로운 일자리로 경력을 전환할 수 있는 재숙련화가 필요하다.

AI 및 직업교육훈련 관련 전문가 38명을 대상으로 한 향후 5~10년 내 인공 지능 기술 발전 및 확산에 대한 교육 훈련 정책의 상대적 중요도와 시급도에 대한 조사 결과([그림 17-11] 참조), AI 기반 창업 활성화를 위한 창업 교육의 중요도와 시급도가 가장 높은 것으로 나타났다. 그리고 재숙련화를 위한 현장 중심 훈련에 대한 중요도와 시급도가 저숙련 직종에서 인지 숙련, 사회적 숙련 강화 교육훈련의 중요도와 시급도보다 다소 높게 나타났다. 또한 일부 저숙련 직종도 여전히 유지될 것으로 예측되며, 이들 직종에서도 인지능력(자료 읽고 해석하기부터 복잡한 문제 해결 및 비판적 사고와 같은 높은 차원의 인지적 사고 역량까지 포함), 사회적 능력(말하기와 같은 기초적인 의사소통부터 협상하기, 협업하기, 코칭 등과 같은 높은 수준의 사회적 협업 역량까지 포함)의 중요성이 상승하는 추이이므로 저숙련 직종 교육훈련에서 인지 능력, 사회적 능력 등의 강화 방안도 필요할 것으로 제안되었다(황규희, 이상호, 장혜원, 2016).

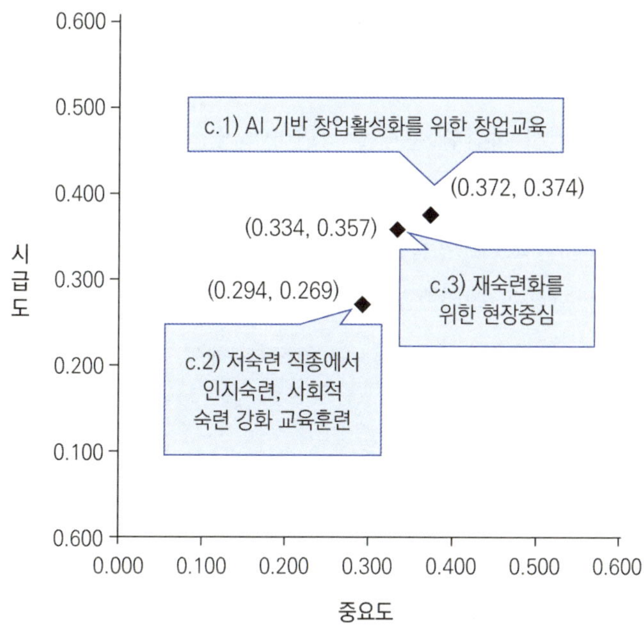

[그림 17-11] 향후 5~10년 내 인공지능 기술 발전 및 확산에 대한 교육 훈련 정책

출처: 황규희, 이상호, 장혜원(2016)

첨단기술 산업에서 전문성을 확보하기 위해서는 인지능력(문해능력, 수리능력, 문제해결력 등)을 보완하는 사회적 능력과 감정능력(관리능력, 소통능력, 자기조직화 능력)을 갖추어야 한다. 실제 인지능력과 사회적 능력, 감정능력 등 직업역량을 갖춘 국가는 다른 국가들에 비해 평균 10% 이상 높은 전문화수치를 보이고 있다(OECD, 2017). 그러나 현재 OECD 국가 전체에서 4명 중 1명의 성인이 문해능력과 수리능력이 낮은 수준이며, 이들 중 60%는 두 능력이 모두 부족한 것으로 나타났다. 또한 디지털 기술이 업무 현장에 도입됨에 따라, 오늘날 거의 모든 업무에 ICT를 사용하게 되었지만, 성인의 절반 이상이 기술 환경에서 단순한 문제 해결 업무를 수행할 능력이 없는 것으로 나타났다([그림 17-12] 참조). 특히 우리나라의 경우, OECD 국가 중 ICT 기술을 사용해서 기본적인 문제 해결 업무를 수행할 능력이 가장 낮은 것으로

나타났다(OECD, 2016a). 뿐만 아니라 우리나라는 현업에서 문제해결력, 정보통신기술(ICT) 역량 활용도가 OECD 국가의 평균보다도 떨어지고 있는 것으로 나타났다([그림 17-13] 참조). 현업에서 복잡한 문제를 직면하여 좋은 해결책을 찾기 위해서 적어도 30분 이상 소요하는 빈도인 문제해결력의 경우, OECD 국가의 평균보다 낮은 수준인 것으로 나타났다(OECD, 2016b). 결론적으로 AI에 의해 대체되는 일자리에 대한 재숙련화 과정에서 인간 고유의 역량으로 인지능력과 사회적 능력과 감정능력 등을 강화하고 현업에서 역량을 활용도를 높일 수 있도록 해야 한다.

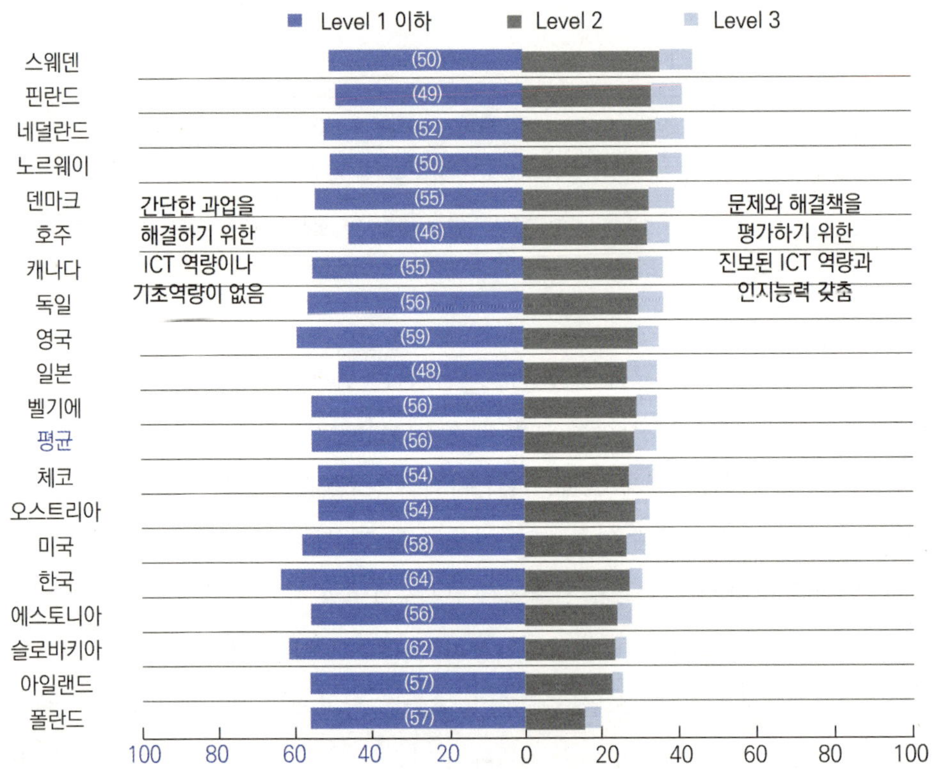

[그림 17-12] 기술 환경에서 문제해결력

출처: OECD(2016a) 번역

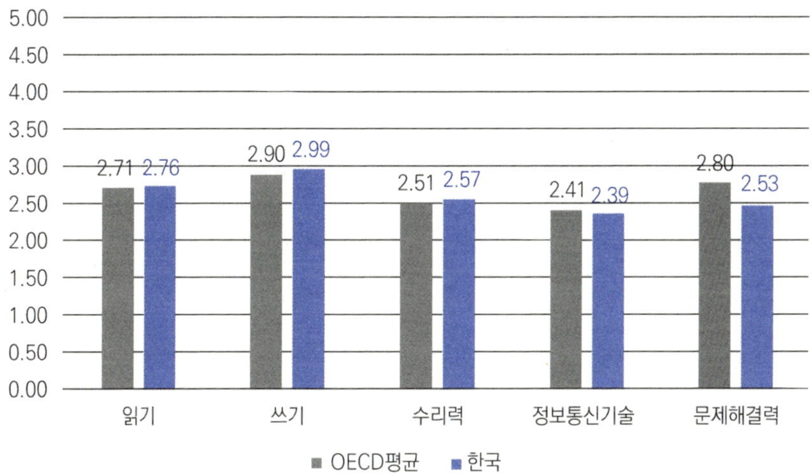

[그림 17-13] 현업에서 역량 활용도

출처: OECD(2016b) 번역 재구성

둘째로, AI와 인간의 협업 능력을 키워야 한다. 한국고용정보원과 과학기술정책연구원(2018)에서 '3년 후 발생가능성과 영향력이 가장 높은 미래이슈(산업 · 경제 부문)'를 조사한 결과, 인공지능과 협업하는 근로자, 사업가의 등장(3.81, 3.96/5점)이었고, 이어 국내 10대 기업, 인공지능 활용 채용 및 부서배치 도입(3.71, 3.88/5점), 인공지능의 확산으로 구직 포기 청년 증가(3.17, 3.93/5점)였다.

기존의 산업용 로봇은 인간과 분리되어 왔으나 기술의 발전으로 비제조업 분야와 일상생활로 나와 인간과 안전하게 상호작용하고 공동으로 작업하는 협동로봇으로 변모해 나가고 있다. 미국 정부가 추진하는 로봇 산업 육성정책인 National Robotics Initiative(NRI) 2.0의 목표는 Ubiquitous Co-Robot(보편화된 협동로봇)으로, 다수의 인간과 로봇이 협업하여 물리적 공동 작업을 진행하는 형태까지 확장하여 연구하고 있다. 즉 업무수행의 효율성과 효과성을 위해 협동로봇이 인간과 다른 로봇으로부터 학습하며, 로봇이 다른 인간이나 로봇에게 정보를 주고 명령하는 협업이 가능한 형태로 발전하게 될 것이다. 미국의 BMW 공장의 경우 협동로봇이 그동안 종사자의 손목

부상을 많이 유발하던 자동차 문의 단열 및 반응처리 공정에 사용된다. 일본 역시 2015년부터 로봇정책실을 설치하고 고령화, 저출산 등 사회문제 대응을 위해 로봇을 적극 도입하고 있다. 호텔과 같이 인력난이 심각한 서비스 업종에 로봇을 투입하여 프론트 업무나 청소 등에 활용하고, 고령자 간호에 서비스 로봇을 투입하여 고령자의 약 34%의 생활 자립도 개선 효과를 보고 있다. 또한 물류 업계에 로봇 창고로 AutoStore를 사용하여 약 50%의 인원만으로 창고 관리가 가능해지고 있다(한국로봇산업진흥원, 2017b). 이처럼 다양한 산업현장에서 로봇이 활용이 확대되면서 적절한 역할 분담을 통해 실제 직무에서 어떠한 형태로 협업해야 할 것인지에 대한 고민이 필요하다.

이를 위해서 기본적으로 기계에 대한 보다 폭넓은 이해와 기계로부터 전달받은 정보를 종합할 수 있는 역량을 증진시켜야 한다. 정보통신 기기의 특성과 그로부터 발생하는 디지털 정보를 이해하고 활용할 수 있는 디지털 문해력을 기본적으로 갖추어야 한다. 또한 기계로부터 얻을 수 있는 정보와 사람의 의견을 체계적으로 연결하고 종합할 수 있는 휴먼-컴퓨터 조합력이 필요하다. 예를 들어 기계의 분석 결과를 바탕으로 사회적 책임이나 철학적 기준을 반영한 최종적인 의사결정을 내리는 것은 기업가의 영역이다(미래창조과학부 미래준비위원회, KISTEP, KAIST, 2017).

셋째로, 늘어나는 외부 우수 인력이 직무에 빠르게 적응할 수 있도록 훈련하는 역할을 해야 할 것이다. 구글이 선정한 미래학 분야 최고의 석학인 토머스 프레이(Thomas Frey)는 일터와 고용시장을 변화시키는 커다란 추세로 프리랜서 사회로의 변화를 들었다. ICT의 발전으로 과거보다 훨씬 정확한 방법으로 기업의 수요와 개인의 재능을 일치시킬 수 있으며, 정규직으로 고용하기보다 기업의 요구에 따라 월, 일, 시간 단위로 고용할 수 있게 되기 때문이라고 하였다. 일자리의 약 36%가 프리랜서로 채워지고, 2020년까지 약 40%~50%에 이를 것으로 예상하였다. 따라서 프리랜서와 기업 국가 또는 기업 식민지, 프로젝트 매니저와 프로젝트를 매치시키는 일의 중요성이 커질 것이라고 예측했다(박영숙, Glenn, 2017). 이에 따라 직무에 도입되는 외부 인력을 즉각적으로 교육하고 적응시키는 일이 미래의 HRD 분야의 업무 분야가 될 수 있다.

2) HRD 운영 방식의 변화

새로운 디지털 기술이 현장에 도입되고 확산됨에 따라 반복적인 업무는 AI로 대체하고 사람은 고차원적인 업무를 수행하도록 기존 업무 수행 방식이 변화하게 될 것이다. 따라서 어느 때보다 현장에서 빠르게 변화하는 기술에 대해 적응하고 지속적으로 학습해 나가야 할 필요성이 증대되었다. 자동화가 직무와 역량에 미치는 영향에 대한 연구에 따르면, 아직까지 자동화로 인해 기계가 일자리를 대체하고 있지 않지만, 기술 변화에 적극적으로 대응한 직원이 기술적 변화에 미숙한 직원을 대체하고 있는 것으로 나타났다(Bessen, 2016). 이러한 자동화와 관련한 새로운 기술에 대한 학습은 직장에서 습득되고 있음으로 기술 훈련에 대한 기업의 적극적인 투자가 이뤄져야 한다. 따라서 기업은 조직의 활동을 검토하여 자동화의 잠재적 가치가 가장 높은 곳을 평가하고 자본 투자와 재교육된 인적 자원을 고려한 전략 계획을 수립해야 한다(Mckinsey & Company, 2017).

이와 같이 기술에 따라 급변하는 노동시장과 이에 따른 핵심 역량을 갖춘 인적 자원을 양성하기 위해서 일과 학습이 통합되는 무형식 학습이 활성화되고, 기술을 활용하여 학습자의 요구를 반영한 맞춤형 교육이 이뤄져야 하며, 협력을 통한 소셜러닝을 지향해야 한다.

(1) 일과 학습의 통합

업무 흐름 속의 지식 기반을 위해 산업혁명을 추종하는 기계론적 관점에서는 사람들의 지식을 목록화해서 관리할 대상으로 생각하였다. 이 때문에 정보 부족을 해결하기 위한 기술 사전이 증가하게 되고, 이러한 지식을 획득하기 위한 교육훈련이 등장하였다. 교육훈련은 필요시에 개인의 학습요구를 지원하기보다 의무적이거나 하향식으로 제공되었다. 그러나 지식은 끊임없이 변화하고 있으며, 각각의 목록화된 지식이라기보다 하나의 흐름이다. 그렇기에 학습은 이론과 실제, 일과 학습 사이를 오가는 지식을 획득하고 개선하는 역동적인 프로세스이다. 따라서 필요한 시점 또는 직전에 성과를 지원하기 위해서는 업무흐름의 일부분으로 지식이 제공될 필요가 있으며 그러한 지식은 현재 업무와 관련 있는 내용이어야 한다. 예를 들어 70:20:10 모델은 일하는 과정(약 70%), 다른 사람과 함께 하는 과정(약 20%)에서 학습이 발생하며 단순히 교육훈련(약 10%)의 결과로 성취되는 것이 아니라는 것을 보여주고 있다. 곧 사람들이 업무수행과 타인과의 상호작용을 통해 많은 지식을 습득하는 것을 의미하며, 특정 상황 속에서 그 비율은 업무환경과 조직에서 요구하는 결과물에 따라 달라질 수 있다. 일을 통한 학습은 개념과, 실험, 경험, 성찰을 통한 학습을 의미하며, Joseph Raelin의 업무기반학습모델(2008)을 차용하였다(이찬, 조광남, 전도원, 2016).

(2) 학습자의 요구 반영한 맞춤형 교육

기술혁신 속도가 빨라짐에 따라 지식의 생명주기는 급감하고 있다. 복잡계 물리학자 Arbesman가 각 분야 전문서적의 반감기를 측정했을 때 물리학은 13.07년, 경제학은 9.38년, 수학은 9.17년, 심리학은 7.15년 등이었고, 가장 빠르게 바뀌는 지식은 IT 관련 지식인 것으로 나타났다. 따라서 이미 알고 있다고 생각하는 분야의 지식도 계속해서 탐색하여 업데이트하는 것이 중요하다고 강조하였다(이창희, 2014). 따라서 교육 당시에 최신 기술임에도 불구하고 구직 또는 재직 과정의 시차로 인해 실제 직무와 괴리가 발생한다. 예를 들어 10년 전에 존재하지 않았던 앱 개발자, 드론 조종사, 소셜미디어 관리자는 현재 유망 직업이다(World Economic Forum, 2016). 이와 같은 기술 시차로 인한 미스매치를 막기 위해서 단기간 동안 현장에서 필요로 하는 핵심직무역량을 훈련받을 수 있도록 해야 한다. 특히 지속적으로 등장하는 신기술과 본인의 직무에서의 기술 활용방안에 대해 지속적으로 교육을 받음으로써 기술 혁신으로 인한 산업구조재편, 산업 내 경쟁 구도의 변화, 직업별 업무 처리 방식 변화 등에 대해 빠르게 적응할 수 있도록 해야 한다. 예를 들어, 인공지능 알고리즘을 결합해 고급 지식을 가공하는 교육, 3D 프린터 등과 같은 다양한 기술 활용 방안 교육 등을 실시할 수 있다. 이처럼 학습자의 요구를 반영하여 핵심직무역량 강화에 필요한 콘텐츠를 원하는 시기와 장소에서 단기간에 지속적으로 교육하기 위해서는 기술을 활용한 맞춤형 교육을 진행해야 한다. 이러한 교육 형태로 MOOC(Massive Open Online Course)와 개인 프로필에 기초한 교육 훈련과 업무 추천 사례를 소개한다.

① MOOC 활용

Nature가 제시한 미래 노동시장에 대한 주요 이슈 중 하나는 고숙련 디지털 인력에 대한 수요와 공급 간의 격차이다. 고숙련 디지털 일자리에 대한 공급 부족에 대비하여 디지털 튜터링과 MOOC 등 혁신적 교육 훈련 프로그램 개발을 추진해야 한다고 보았다(Anthes, 2017). 2016년 콜롬비아, 필리핀, 남아프리카공화국의 MOOC에 참여한 1,400명의 수강생 중 80%가 저소득층으로 이 중 41%만 기초 컴퓨터 기술을 보유하였고, 컴퓨터 과학이 MOOC 주제로 가장 인기가 높은 것으로 나타났다.

세계적인 MOOC 플랫폼 중 하나인 Udacity는 AT&T와 협력하여 최초로 나노디그리(Nano-Degree)로 소프트웨어 개발자를 위한 모바일 및 웹 컴퓨팅 기술 트레이닝 교육과정을 제공하였다. AT&T의 업무 내용에 기초로 구성되어 수료생은 AT&T의 기술을 습득하고 기술직에 취업할 기회를 얻을 수 있었다. 현재는 나노디그리로 데이터분석, VR 개발자, 로봇틱스 등 최소 160시간부터 최대 9개월 이내의 짧은 시간에 최신 기술 역량을 습득할 기회를 제공하고 있다.

우리나라도 2018년도부터 10개 과정의 한국형 나노디그리를 교육부 주도하에 운영한다. 4차산업 분야(AI, IoT, 클라우드, 빅데이터 등)에 대한 교육내용을 기업의 수요에 맞추어 내용을 구성하고, 이수결과를 직접 평가하도록 운영하여 노동시장의 직무

능력 수요에 즉각적으로 대비하는데 기여할 것으로 기대하고 있다(교육부 평생직업교육국, 2017).

② 개인 프로필에 기초한 교육 훈련과 업무 추천

대다수 기업이 이미 언제든지 이용할 수 있는 온라인 학습 모듈을 직원들에게 제공하고 있으나 이런 방식은 직원 스스로 배워야 할 내용을 찾아 익혀야 하는 어려움이 있다. 따라서 데이터를 분석해서 특정한 업무와 승진에 필요한 기술을 파악한 뒤, 개별 직원의 경력과 흥미를 고려해서 받아야 할 훈련과 적당한 향후 업무를 제안해줄 필요성이 있다. IBM은 개인 프로필을 바탕으로 AI을 활용해서 직원들의 과거와 현재 업무, 예상되는 경력 방향, 이수한 훈련 프로그램 등의 조언을 제공해주고 있다. 왓슨 애널리틱스를 통해 직원들이 사내에 있을 때 남기는 디지털 흔적에서 직원들의 전문지식을 추론해 내는데 기술 추론 기능의 정확도는 약 96% 정도이다. 이를 바탕으로 현재 이들이 속한 직군에서 어떤 업무가 가장 적합한지 알아낼 수 있다. 또한 직원이 가진 기술에 관한 데이터를 수집해서, 게인에 맞는 학습 콘텐츠를 추천해 주는데 특정 웨비나(webinar: 웹과 세미나의 합성어. 보통 인터넷이 연결된 컴퓨터와 마이크를 이용해 강사와 참석자 간에 실시간, 양방향으로 진행됨)와 회사 안팎의 교육 과정을 추천한다. 지능형 추천 기능이 있어서 업무에 맞는 콘텐츠를 지속적으로 업데이트해주고, 넷플릭스 같은 방식으로 구성되어 여러 개 채널로 제공되며, 다른 이용자들이 다양한 콘텐츠를 평가한 결과를 볼 수 있고, 학습자들이 도움이 필요할 때 즉시 지원해주는 라이브챗 어드바이저 기능도 있다. 이를 통해 습득한 새로운 기술을 적용한 직원은 디지털 배지 제도로 인증해 준다(하버드 비즈니스 리뷰 코리아, 2018b).

(3) 소셜러닝

미국의 대표적인 미래 학자이자 유엔미래포럼 회장인 제롬 글렌(Jerome Glenn)은 미래 사회에서 살아남을 수 있는 핵심 경쟁력으로 인간의 집단지성(Collective Intelligence)을 강조하였다. 이제 더 이상 한 사람의 천재나 한 국가가 인류의 문제를 전부 해결할 수 없으므로 인간들이 모여 집단으로 정보를 교환하면서 새로운 지식을 생산하는 사회로 갈 수 밖에 없다고 예측하였다. 따라서 사회적 협력을 통해 문제를 해결하고 학습해 나가는 소셜러닝의 필요성이 강조되고 있다(박영숙 & Glenn, 2017).

인간은 언제나 다른 사람으로부터 배워왔고 Albert Bandura(1997)은 이것을 소셜러닝, Etienne Wenger(2000)은 실천 공동체, Rob Cross(2009)는 소셜네트워크 학습이라고 하였다. Jane hart(2015)는 활용 가능한 기술의 증가로 소셜러닝이 새로운 의미를 갖게 되었고, 새로운 추진력을 갖게 되었다고 주장하였다. 기술 덕분에 사람들은 더 빨리 그리고 더 넓게 의사소통하고 협력할 수 있게 되었고, 새로운 형태의 협동적인 온라인 학습이 가능해졌다. 이것은 사회적 협력이라고 말한다. 사회적 협력은 팀 내, 협동적인 네트워크, 그리고 실천 공동체에서 일어난다. 사람들은 함께 문제를 해결하면서 학습하고 더 빠르게 올바른 정보에 접근할 수 있으며, 우수 성과자에게 배울 수 있고, 조직 내에서 활용 가능한 지식을 문서화 할 수 있다(이찬 외, 2016).

애자일 프로젝트 중 관리자를 대상으로 한 코칭 훈련에서도 소셜러닝을 적용할 수 있다. 오늘날 빠르게 진화하는 기술역량 및 업무모델에 대한 회사의 요구를 충족하기 위해서 HR 부서들은 실리콘밸리의 IT 기업들이 90% 이상 도입하고 있는 애자일 프로젝트 관리법을 도입하게 되었다. 애자일 프로제트 관리법은 단기간 내 빠른 혁신을 달성하기 위해 참여자의 피드백이 주도하는 더 단순하고 빠른 모델로서 신속한 시제품화, 반복적인 피드백, 팀에 기반을 둔 의사결정, 과제 중심적 스프린트(짧고 집중적인 개발과 테스트 주기)의 방법을 활용하고 있다. 직원들은 팀 중심의 여러 단기 프로젝트에 참여하는 일이 많기 때문에 수시 성과평가로 전환하면서 관리자는 직원들 평가보다 적절한 코칭을 제공할 수 있는 기술을 향상시킬 필요성이 높아졌다. 예를 들어 시그나의 관리자들은 바쁜 관리자를 위해 고안된 '코칭' 훈련을 거친다. 이들은 매주 한 번씩 짬나는 대로 90분짜리 동영상을 본다. 그리고 '학습 스프린트'와 비슷한 수업에도 참여한다. 수업은 짧게 진행되고, 참여자들이 새로 배운 기술을 반영해 실제로 적용해 볼 수 있다. 동료 간 피드백은 시그나의 관리자 훈련 프로그램에도 포함돼 있다. 이 프로그램에서는 동료직원들이 학습 코호트를 조직해서 아이디어와 전략을 공유한다. 코호트 구성원들은 회사가 원하는 관리자와 직원들 간의 바람직한 방식으로 대화를 나누지만, '평가'를 두려워하지 않고 자유롭게 자신의 실수를 이야기할 수 있다(하버드 비즈니스 리뷰 코리아, 2018a). 이처럼 동료직원간의 협력을 통해서 코칭을 위한 기술을 습득할 수 있다.

참고문헌

교육부 평생직업교육국 (2017). 한국형 나노디그리 운영 기본계획(안).

과학기술정보통신부 (2017). 정보통신산업의 진흥에 관한 2017 연차보고서.

미래창조과학부 미래준비위원회, KISTEP, KAIST (2017). 10년 후 대한민국 미래 일자리의 길을 찾다. 경기: 지식공감

박영숙, Glenn, J. (2017). 일자리 혁명 2030: 제4차 산업혁명이 변화시킬 업의 미래. 서울: 비즈니스북스.

이찬 외 공역 (2016). 702010 framework: HRD 혁신을 위한 뉴 패러다임. 서울: 두하우컨설팅.

이창희 역 (2014). 지식의 반감기. 서울: 책읽는수요일

정보통신기술진흥센터 (2018). 4차 산업혁명을 선도하는 주요기술 대상 기술수준평가 및 기술수준 향상방안.

하버드 비즈니스 리뷰 코리아 (2018a). HR, 애자일을 도입하다.

하버드 비즈니스 리뷰 코리아 (2018b). IBM 직원 경험 함께 만들기.

한국고용정보원, 과학기술정책연구원 (2018). 2020년 플랫폼 노동 늘고 특수고용종사자 많아진다. 한국고용정보원 보도자료 (2018. 3. 20). Retrieved from https://www.keis.or.kr/user/bbs/main/137/775/bbsDataView/39882.do?page=1&column=&search=&searchSDate=&searchEDate=&bbsDataCategory=

한국로봇산업진흥원 (2017a). 로봇이 생산성, 고용, 일자리에 미치는 영향. Robot Issue Brief(17-3호). Retrieved from http://www.kiria.org/planweb/board/view.9is?dataUid=ff8080815c9a6cc2015d2b932be53f7f&contentUid=000000004ece761601519f117de71a74&layoutUid=f600c8943ec6343b013ec684f941007d&searchType=&keyword=&currentPage=1&categoryUid1=f600c8943eea3b21013f1c6ea03c07cd

한국로봇산업진흥원 (2017b). 미국 로봇정책 현황. Robot News & Ingo(17-8호). Retrieved from https://www.kiria.org/planweb/board/view.9is?dataUid=ff8080815fcdb35c0160492c38283207&contentUid=f600c8943ec6343b013ec64a6ebd0022&layoutUid=f600c8943ec6343b013ec684f941007d&searchType=&keyword=&currentPage=1

황규희, 이상호, 장혜원 (2016) 지능정보기술 확산과 숙련수요의 변화. 한국직업능력개발원.

Anthes, E. (2017, October). *The shape of work to come. Nature News Feature* Retrieved from https://www.nature.com/news/the-shape-of-work-to-come-1.22839

Arntz, M., Gregory, T., & Zierahn, U. (2016). *The Risk of Automation for Jobs in OECD Countries: A Comparative Analysis. OECD Social, Employment and Migration Working Papers*, 189, OECD Publishing, Paris. Retrieved from http://dx.doi.org/10.1787/5jlz9h56dvq7-en

Bessen, J. (2016). *How computer automation affects occupations: Technology, jobs, and skills*. Law & Economics Working Paper No. 15-49. Retrieved from https://siepr.stanford.edu/system/files/SSRN-id2690435.pdf

Frey, C. B., & Osborne, M. A. (2017). The future of employment: How susceptible are jobs to computerisation? *Technological Forecasting and Social Change, 114*, 254-280.

OECD (2015). *In It Together: Why Less Inequality Benefits All*, OECD Publishing. Retrieved from https://www.oecd.org/els/soc/OECD2015-In-It-Together-Chapter1-Overview-Inequality.pdf

OECD (2016a). *Future of Work in figures*. Policy Forum on the Future of Work. Retrieved from http://www.oecd.org/employment/ministerial/future-of-work-in-figures.htm

OECD (2016b). *OECD Skills Studies: Skills Matter further results from the survey of adult skills*. Retrieved from https://www.oecd.org/skills/piaac/Skills_Matter_Further_Results_from_the_Survey_of_Adult_Skills.pdf

OECD (2017). *OECD Sills Outlook 2017 Skills and Global Value Chains*. Retrieved from https://www.oecd-ilibrary.org/education/oecd-skills-outlook-2017_9789264273351-en

World Economic Forum (2016). *Future of Jobs: Employment, Skills and Workforce Strategy for the Fourth Industrial Revolution.*

Rawlinson, P. (2018, Mar). *Will lawyers become extinct in the age of automation?* World Economic Forum Global Agenda. Retrieved from https://www.weforum.org/agenda/2018/03/will-lawyers-become-extinct-in-the-age-of-automation

Mckinsey & Company (2017). *Jobs lost, jobs Gained: Workforce transitions in a time of automation*. Mckinsey Global Institute.

요약

HRD를 둘러싼 환경 변화로 기술의 혁신, 노동시장과 미래 핵심역량의 변화를 들 수 있다. 4차 산업혁명 시대에 인공지능, 빅데이터, 사물 인터넷 등 디지털 기술의 혁신이 이뤄지고 있으며 이에 따라 노동시장에서 인공지능 로봇에 의한 일자리 대체에 대한 우려가 나타나고 있으나 실제로 전반적으로 노동 수요가 증가하고 자동화로 대체할 수 없는 세부 작업이 많다는 점에서 낮은 대체 비율을 전망하고 있다. 또한 교육수준과 임금수준에 따라 자동화 대체 위협이 다르며, 이 중 중산층과 중숙련 일자리의 경우 자동화 대체 위협이 높은 것으로 나타났다. 대응 방안으로 외부 인력을 필요에 따라 계약을 맺고 일을 맡기는 긱 이코노미의 극대화와 기존 내부 인력을 위한 새로운 기술 습득 투자 확대를 통한 재숙련을 들 수 있다. 그리고 미래 핵심역량으로 로봇으로 대체 못할 인간 고유 역량인 고차원적 인지능력이 강조되고, 더 나아가 기계를 이해하고 협력하는 기계와의 협력적 소통 역량이 강조될 것으로 예측되었다.

이에 HRD의 역할이 달라질 것으로 예측된다. 우선 인공지능에 의해 대체되는 일자리를 새로운 일자리로 전환시키는 교육훈련이 중요해진다. 이를 통해 인간 고유 역량인 고차원적인 인지능력과 사회적 능력을 강화하고, 현업에서 디지털 기술을 활용하여 문제해결 업무를 수행할 능력을 향상시켜야 한다. 또한 인공지능 등의 기술에 대한 폭넓은 이해와 기계로부터 전달 받은 정보를 이해하고 활용할 수 있는 역량을 증진시켜야 한다. 마지막으로 늘어나는 외부 우수 인력이 직무에 빠르게 적응할 수 있도록 훈련하는 역할을 해야 한다. HRD 운영 방식 역시 급변하는 노동 시장과 이에 따른 핵심 역량을 갖춘 인적자원을 양성하기 위해 일과 학습이 통합되는 무형식 학습을 활성화하고, 기술을 활용하여 학습자의 요구를 반영한 맞춤형 교육이 이뤄져야 하며, 협력을 통한 소셜러닝을 시행해야 할 것이다.

탐구 질문

1. 기술혁신과 노동시장의 변화 속에서 현 HRD의 문제점은 무엇인가?
2. 미래의 핵심역량을 키우기 위해서 HRD가 나아가야 할 방향은 무엇인가?
3. 기술을 활용한 HRD의 미래 운영 방향은 무엇인가?

/ 저자소개 /

김진희(blessing@yonsei.ac.kr)

현재 연세대학교 고등교육혁신원 전문연구원으로 재직 중이다. 연세대학교 Open Smart Education 센터에서 교수역량 향상 프로그램을 개발 및 운영했다. 교수법 가이드를 집필하였고, 소셜러닝, MOOC, 플립드러닝 등 대학에서 최신 교수법 효과 및 적용방안에 대한 연구를 했다. 이화여자대학교 교육공학과에서 평생교육 및 기업교육 전공으로 박사학위를 받고, 현재 동대학원 교육대학원에서 강의를 하고 있다.

에필로그

나의 인생 그리고 HRD

금혜진 (백석대학교)

HRD 전문가로서 일한 지 20여 년, 과거를 되돌아보니 아주 다양한 교육현장과 교육대상을 경험하고 배울 수 있었던 행운을 난 가졌던 것 같다. 수행했던 프로젝트들은 우리나라 HRD 역사에 중요한 의미를 담은 귀한 프로젝트들이었다. 한 조각, 한 조각 자투리 천이 엮어져 아름다운 색동이나 퀼트 같은 조각보가 되듯이 작은 실천과 경험들이 모여져 HRD에 대한 현재 나의 안목과 전문성이 완성된 것 같다. 1994년 이후 대기업, 외국계회사, 컨설팅회사의 HRD 현장에서 업무를 하다가 교육공학(HRD 세부전공)박사과정을 이수한 후 미국에서 개인연구 기간을 거쳐서 나는 지금 대학의 교수로 교수역량개발과 교육과정 인증관련 센터장 역할을 맡고 있다. 그간의 경험들이 현재 고등교육을 바라보는 관점에 지대한 영향을 미쳤기 때문에 먼저 경험한 HRD현장 이야기를 통해 고등교육의 방향성에 대해 모색해 보겠다.

1994년, 첫 번째 나의 HRD 현장인 삼성전자에서는 ISD(Instructional Systems Design) 모델을 활용한 다양한 직무능력 교육체계 수립과 과정개발을 수행했다. 그전까지는 통상적으로 기업의 직무교육은 해당 분야 전문교수를 초빙해 관련된 이론과 트렌드에 대한 특강을 듣는 수준이었다. 이 프로젝트를 통해 현장의 Best Practicer(예: 마케팅실무의 전문가)를 발굴해 그들의 노하우를 역량으로 도출해 직무전문가 커리큘럼과 교재를 개발하였다. 지식전달위주의 교육이 아닌 현장의 Practice를 기반으로 역량을 도출하고 교수설계한 선구자적인 프로젝트로 인정되어 1995년 한국능률협회(KMA)주관 인재개발대회에서 삼성전자를 대표하는 과정개발 우수사례로 선정되기도 하였다.

지식기반이 아닌 역량기반 교육과정 개발을 통해 교육내용과 교육방법의 혁신이 이루어졌던 것이다.

1997년, 삼성전자는 보다 전문화된 리더십 훈련을 위해 삼성전자 리더십개발센터를 설립하였고 프로젝트 리더로서 개발과 운영에 참여한 리더십 프로그램인 Team Leader Course(TLC)는 기업체 리더 양성에 PBL(Problem Based Learning)방식을 국내 최초로 적용한 교육과정으로서 99년에는 Linkage Inc.(세계적인 리더십개발기관)주관 The International Executive Development Conference에 초청 받아 사례발표를 하였으며, ASTD(American Society for Training & Development) Conference에서도 사례로 선정되는 영광을 얻었다. 변화유도형 리더십 원리의 이해와 훈련을 문제해결과정을 통해서 훈련받는 매우 독특하고 창의적인 프로그램으로서 리더십개발에서도 구성주의적 접근이 가능함을 확인할 수 있었다. 특히 교육의 기획, 운영, 평가의 전체 과정이 성공적일 수 있었던 것은 다양한 분야의 전문가간의 시너지가 잘 발휘되었기 때문이었다. 경영진의 지원과 관심, 리더십전문가, PBL전문가, 현장의 리더들의 지원 등등 2년간 진행된 프로젝트이다 보니 그 때 같이 일한 동료와 지금도 만나면 수많은 이야기꺼리가 넘쳐난다. 나에게 가장 많은 도전과 배움 그리고 귀한 인연들을 만나게 한 프로젝트였다.

1999년에 기획한 Strategic Human Resource Program은 삼성전자 인사/교육과장을 대상으로 한 HR 전문가과정으로서 삼성전자 인사혁신 프로젝트의 아이디어 산실로서 자리매김을 했다. Action Learning 방식을 도입한 것으로 HR전공 대학교수와 현장의 HR전문가가 공동 기획, 운영하여 실제 회사 내 인적자원관련 과제를 도출하여 솔루션을 개발하여 적용하는 것까지가 전 과정으로서 교육이면서 현장문제해결이 동시에 이루어지는 접근이었다. 이후 다양한 직무분야의 교육프로그램들이 이와 같은 방식으로 개발되었으며 2018년 현재까지도 지속적으로 운영되어 조직변화의 구심점으로 자리매김하고 있다.

성인교육, 특히 기업교육에서 교육의 존재 가치는 배운 것을 활용해 개인과 조직의 성과와 변화에 기여하는 것이다. 그러나 10여 년 기업현장에서 활동하면서 우수한 품질의 교육을 받은 교육생들조차 '교육 따로 실제 따로'로 하는 현상을 경험하였다. 교육을 통한 현장 변화를 도모하기 위해서는 교육 프로그램 개발에 대한 노력과 더불어 실제 현장의 학습전이(learning transfer)에 영향을 미치는 요인들에 대한 이해와 탐구가 필요함을 절감하였다. 이에 '학습전이'를 박사학위 논문주제로 선정, 연구를 수행하였다. 특별히 배운 내용을 보다 응용하여 광범위한 상황에 전이해야하는 원전이(far transfer)의 예측 변인은 초인지(metacognition), 근전이(near transfer)이고 근전이를 매개로 해서 원전이에 간접적 효과를 주는 변인은 자기효능감, 초인지 및 전이풍토의 사회적 지원인 것으로 분석되었다. 교육훈련을 통해 배운 내용들이 다양한 삶에 활용되는 원전이로 이루어지기 위해서는 교육훈련 프로그램 내에 자기효능감을 향상시킬 수 있는 성공경험과 초인지 개발을 촉진할 수 있는 성찰 기회를 가지는 것이 중요하고 실제 적용과정에서 현장의 동료와 상사의 지지가 원전이를 촉진시킬 수 있다는 결론을 내릴 수 있었다.

한국에서 삶을 뒤로 하고 미국에서 영유아와 초등학생 학부모로서, 개인연구가로서 미국의 교육현장을 경험하였다. 이전 한국에서 나의 교육 관심대상이 성인 직장인으로 제한되어 있었다면 미국에서 영유아, 부모, 노인까지 교육대상이 확장되었다. 성숙한 인간으로서 성장하기 위해 교육이 할 수 있는 것이 무엇인지, 인간에게 좋은 교육이란 어떤 것인지 답을 찾고자 치열하게 스스로에게 질문을 던지며 성찰하였다. 특별히 좋은 교육이란 어떤 것이어야 하는지 내게 특별히 강한 인상을 준 2014년의 기억을 떠올려 본다.

미국에 거주하던 시기인, 2014년 5월 나는 뉴욕의 브루클린 식물원을 방문했다. 그 때 브루클린 어린이 정원(Brooklyn Botanic Children Garden) 교육프로그램 100주년 행사가 대대적으로 진행되고 있었다. 미국 역사상 가장 오래된 어린이 정원 프로그램을 기념하는 현장이었다. 전시 홀에는 100년간 어린이 정원의 교육역사를 보여주는 교육사진, 학생들의 노트, 포스터, 정원도구, 상장들이 흥미롭게 전시되어 있었고 그

옆의 어린이 정원에서는 100년 전 교육장, 정원 모습 그대로 학생들과 교사만 바뀐 채 정원교육이 그 날도 여전히 진행되고 있었다.

하나의 교육프로그램이 100년 동안 지속될 수 있다는 사실이 놀라워서 그 비밀을 알고 싶은 순수한 탐구심으로 브루클린 보태닉 가든 도서관을 드나들면서 어린이 정원 교육프로그램의 자료를 수집하고 연구를 수행했다. 100년의 오랜 역사이기에 할머니, 어머니, 손녀까지 3대에 걸쳐 교육을 받는 가족들도 직접 인터뷰하는 행운도 누렸다. 100년간 교육이 지속가능한 데에는 리더들의 오랜 기간 헌신이 가장 큰 요인으로 작용하였다. 1대 디렉터인 Ellen Eddy Shaw와 2대 디렉터인 Frances M. Miner가 1914년 설립부터 1973년까지 그 프로그램을 위해 헌신한 것이다. 특별히 Miss Shaw는 열악한 가정환경을 가진 브루클린지역 어린이들에게 정원을 가꾸는 경험과 훈련을 통해 자연에 대한 이해, 정원 일을 배우는 것과 더불어 삶의 중요한 덕목인 다른 사람과 지내는 법, 존중하는 법, 일에 대한 책임감과 봉사정신을 익힘으로써 건강한 시민으로 성장하는 교육목적을 구현하기 위해 본인의 인생을 헌신하였다. 이 프로그램의 효과성 연구논문을 통해 뉴욕의 빈민지역 아동들이 프로그램 참여를 통해 인지적, 정서적 영역부문이 향상되었고 졸업생 가운데 환경 분야에 투신하는 연구자와 현장 실행가들이 상당히 많이 배출된 사실도 확인했다. 한 소박한 정원교육프로그램을 통해 불우한 환경의 아이들이 자신에 대한 자부심과 삶의 의욕과 꿈을 가지게 되고 그 아동의 가정까지 행복 바이러스가 전염됨으로 건강한 지역사회로까지 변화시킨 구심점이 되었음을 그 시절 학생들의 노트, 언론 자료, 연구논문들을 통해 확인할 수 있었다. 100년간 조그만 자투리땅에서 일군 기적이었다. 그해 여름, 100년이란 세월동안 지속된 그 교육프로그램을 초등학생인 우리 두 딸들도 직접 참여해 학부모로서 참관했던 감격스러운 기억은 지금도 생생하다. 45년 전에 사용했던 낫을 우리 아이들이 그대로 사용하고 있다는 선생님의 이야기 속에 소중한 가치들을 지키고 계승해가는 그들의 교육철학을 느낄 수 있었다.

그 해 여름의 경험들은 내가 생각한 '좋은 교육'에 대해 관점을 변화시키는 중요한 계기가 되었다. 흔히 '좋은 교육'이 이루어지기 위해서는 대단한 교육적 투자와 새로운 테크놀로지의 방법론들이 필요하다고 생각한다. 그 해 경험을 통해 생명력이 긴 좋은 교육이 되기 위해서는 한사람의 교육에 대한 '큰 비전과 포기하지 않는 작은 실천'이면 충분함을 깨달았다. 즉 인간됨의 가치를 전수시키고자하는 확고한 교육철학과 교육수월성(excellence)에 대한 헌신적인 리더십 그리고 교육의 결과로 지역사회에 선한 영향력이 지속적으로 확산될 때 좋은 교육이 완성될 수 있음을 깨달았다. 현재 나는 대학의 사범학부 교수이면서 PBL(Project Based Learning)지원센터와 커리큘럼 인증센터를 맡으면서 대학교육의 교수법과 교육과정 혁신을 위해 치열한 고민을 하고 있는 중이다.

이전의 HRD 경험들이 고등교육을 마친 직업인을 개발하기 위한 노력이었다면 지금 대학에서의 나의 노력들은 직업인을 준비시키는 과정에 대한 것이라 할 수 있다. 인간의 성장과 발달과정을 계절의 변화에 비유하면 인생의 봄은 열매를 만들어 가는 인생의 여름, 그 열매를 완성시키는 인생의 가을, 그 다음에 맞게 되는 휴식의 계절인 인생의 겨울, 이 세 계절들의 첫 디딤돌이 된다. 인생의 봄에 해당하는 유아기, 청소년기, 청년기에 좀 더 비옥한 교육환경을 공급받을 수 있다면 인생의 여름에 풍성한 열매를 맺기가 더 수월하지 않을까 특별히 대학은 인생의 봄을 마무리하고 인생의 여름을 출발하기 직전의 시기다. 이러한 인생 발달과정에서 대학이 해야 할 역할은 무엇일까? 특별히 유아기, 청소년기의 성장과정 중에 건강한 한 인간으로서 성장하는데 중요한 것들이 결핍되었다면 봄의 마무리단계에서 보충되면 더욱 좋을 것이다.

대학의 존재 목적에 대해 헤리 루이스 전 하버드대 학생처장은 '영혼 없는 우수성(Excellence Without a Soul)'이라는 저서에서 "대학의 주요 목적이란 학생들로 하여금 자신이 누구인지 알게 하고, 삶의 더 큰 목적을 탐색하도록 돕는 일이다. 또 대학 문을 들어섰을 때보다 조금 더 나은 인간으로 대학 문을 나서게 하는 것이다."라고 주장하였다. 파커 파머는 '대학의 영혼'이라는 저서에서 학문을 가르치는 것보다 인간성을 변화시키는 일이 더 중요할 수 있다고 강조하고 있다. 왜냐하면 졸업 후 대학에서 배운 내용을 잊어버린 뒤에도 대학에서 형성한 "인간됨"은 지속적으로 학생들의 인성에 영향을 미쳐 어떤 방식으로든 사회에 기여하고 어떤 식으로든 개인적인 삶의 의미를 찾을 것이기 때문이다. 대학의 중요한 목적은 결국 인간으로서의 자기 탐구라 요약할 수 있다.

한편, 현재 대학은 그 어느 때보다 격동하는 변화의 전환기를 겪고 있다. 4차 산업혁명이라는 환경변화는 삶의 모든 영역의 익숙한 것들을 새롭게 세팅하도록 요구하고 있다. 변화하는 업무 현장에서 가장 필요로 하는 인재는 어떤 인재일까? 한마디로 '창의적 융합인재'로 요약된다. 창의적 융합인재는 복잡한 사회현상, 일터에서 자신의 지식과 기술을 새로운 관점에서 재구성하고 융합하여 문제해결 할 뿐 아니라 새로운 지식과 기술로 창조하는 인간일 것이다.

그러나 현재 고등교육은 현장이 필요로 하는 '창의적 융합인재'를 적절히 양성하지 못하는 것이 현실이다. 과거의 학문적 지식을 전수하는 고등교육으로는 창의적 융합 인재를 배출하지 못한다. 화이트헤드도 이러한 대학교육의 문제점에 대해 다음과 같이 이야기하고 있다. "우리는 '죽은 지식'을 기르치지 않도록 주의해야 한다. 죽은 지식은 실제에 적응하거나 검증하거나 새롭게 연관 짓지 않고 그저 머리로만 받아들인 지식이다. 과거의 사상과 지식은 그 자체로 귀중하나 그것이 지금을 사는 우리의 상상력을 열어 주려면 검증해보고 재창조해 보고 또 거기에 우리의 창의적인 생각을 더하여 후손에 물려주어야 한다."

나의 HRD 현장경험, 고등교육에 대한 전문가들의 통찰, 사회변화 등을 종합할 때 대학교육 혁신의 키워드는 '개방'과 '협력'으로 압축될 수 있다. 구체적으로 '학교와 현장간의 개방과 협력', '학문 간의 개방과 협력', '지성, 감성, 인성, 영성발달 교육영역 간의 개방과 협력'이 될 수 있다. 이러한 개방과 협력을 구현할 수 있는 가장 최적의 교수학습환경은 어떤 것일까?

경험적으로 학문적으로 탐색한 개인적 결론은 Project Based Learning(PBL)을 기반으로 한 대학 교육과정과 교수학습방법의 혁신이라고 할 수 있다. 자신의 재능과 다른 사람들과 협력을 통해 지역사회의 실제 문제를 해결하는 프로젝트학습을 통해 진정한 자아발견과 전인적인 조화로운 창의적 융합인재로 성장 발달할 수 있을 것이다. 온전한 참인간은 앎과 삶이 분리되지 않아야 하며 앎과 삶이 통합되는 가장 좋은 배움의 한 방식은 프로젝트학습이다.

이제 난 긴 인생의 여정을 통해 HRD 현장에서 경험하고 배운 지혜를 모아서 '학생 한명 한명이 대학 문을 들어섰을 때보다 조금 더 나은 인간으로 대학 문을 나서게 하는 대학'으로 한국고등교육 현장인 대학을 발전시키는데 조금이라도 힘을 보태는 한사람이 되기를 꿈꿔본다.

찾아보기

[인명]

[내용]

[기타]

집필자 소개

금혜진 백석대학교 교수. hjkeum@bu.ac.kr

김두규 부경대학교 인적자원개발 교수. kdugy@hanmail.net

김은지 **경기대학교 직업학과 주임교수. ekim@kyonggi.ac.kr**

김진희 연세대학교 고등교육혁신원 전문연구원. blessing@yonsei.ac.kr

두민영 강원대학교 교육학과 교수. Scion2006@gmail.com

박경연 다다름컨설팅 대표. ppp@dadareum.kr

박선영 미국 루이지애나주립대학교 리더십/인적자원개발학과 교수. spark65@lsu.edu

박수홍 부산대학교 교육학과/사회적기업협동과정 교수. suhongpark@pusan.ac.kr

오현아 KB카드 고객서비스부장. ilovekb.oh@gmail.com

이성흠 사단법인 박약회 학술부회장. suhlee17@hanmail.net

이영민 숙명여자대학교 인적자원개발대학원 교수. ymlee@sookmyung.ac.kr

이진구 한국기술대학교 테크노인력개발전문대학원 교수. lemtury@koreatech.ac.kr

임규연 이화여자대학교 교육공학과 교수. klim@ewha.ac.kr

장환영 동국대학교 교육학과 교수. lemtury@koreatech.ac.kr

정재삼 이화여자대학교 교육테크놀로지/인재개발 교수. chungj@ewha.ac.kr

하영자 교육부 중앙교육연수원 교수. 433haja@hanmail.net

모두를 위한 인재개발

Exploring HRD 1

2022년 10월 20일 1판 1쇄 인쇄
2022년 10월 25일 1판 1쇄 발행

편저자 : 정 재 삼
발행자 : 한 정 주
발행처 : 교 육 과 학 사

저자와의 협의하에 인지생략

경기도 파주시 광인사길 71
전화 (031)955-6956~8 / 팩스 (031)955-6037
Home-page : www.kyoyookbook.co.kr
E-mail : kyoyookbook@daum.net, kyoyook@chol.com
등록 : 1970년 5월 18일 제2-73호

잘못된 책은 바꾸어 드립니다.
Printed in Korea.

정가 28,000 원
ISBN 978-89-254-1732-5